Lofoten Top Ten

Die Reihenfolge ordnet sich geografisch.

1. TROLLFJORD: Diese wie mit einer Axt in die bis über 1.000 m hohe Bergwelt der Lofoten gehackte Fjordkerbe wird in Norwegen nur vom berühmten Geirangerfjord an Popularität übertroffen; zu erreichen mit Ausflugsbooten ab Svolvær oder mit der Hurtigruten. Siehe Seiten 137 f. und 194.

2. MAGIC ICE: Mit Abstand das coolste Erlebnis im Inselreich dürfte der Besuch in dieser Galerie und Bar in der Lofoten-Hauptstadt Svolvær sein. Selbst das Interieur besteht aus durchsichtigem Eis, das Ganze ist fast mystisch beleuchtet und mit »magischer« Musik untermalt. Siehe Seiten 171 und 174.

3. WALSAFARIS: Zwischen November und Januar starten in Svolvær (sowie in Tysfjord drüben auf dem Festland) Schwertwal-Fotosafaris im Vestfjord, während man im Sommer in Andenes, auf dem benachbarten Archipel Vesterålen, sogar an Pottwal-Safaris teilnehmen kann. Siehe Seite 138 f.

4. STORVÅGAN: Zur Wikingerzeit die erste permanent bewohnte Ortschaft nördlich von Trondheim – wer sich für Kultur und Kunst interessiert, seien das Lofoten-Museum und die Galleri Espolin empfohlen, während Naturfreunde das benachbarte Lofoten-Aquarium ansprechen wird. Siehe Seite 180 ff.

5. HENNINGSVÆR: Ein traditionelles Fischerdorf mit dicht ums Hafenbecken gedrängten Holzhäusern, Fischerhütten und Trockenfischspeichern, und dies vor der Kulisse gewaltiger Berge und des Vestfjords; dazu die Galleri Lofotens Hus und die Kunsthandwerker der Engelskmannsbrygga. Siehe Seite 188 ff.

6. LOFOTR WIKINGERMUSEUM: An historischer Stätte hat man das größte je entdeckte Langhaus aus der Wikingerzeit originalgetreu wieder aufgebaut. Im Sommer startet zudem ein Nachbau des berühmten Gokstad-Schiffes zu Touren ins Nordmeer. Einmalig in Nordnorwegen. Siehe Seite 216 f.

7. HAUKLAND/UTAKLEIV: Medien küren heute Sportler und Modeschöpfer, Hotels und Restaurants zu den besten ihrer Art. Auf den Lofoten sind es zwei schneeweiße Traumstrände, nahe beieinander am offenen Nordmeer gelegen, die es in solche Hitlisten von Gazetten geschafft haben. Siehe Seite 212 ff.

8. NUSFJORD: Der malerisch in einer Fjordklamm verborgene Fischerort ist fast auf der World Heritage List der UNESCO gelandet – mit seiner dichten Sammlung original erhaltener Gebäude aus dem frühen 19. Jahrhundert gehört er zu den beliebtesten Fotomotiven auf den Lofoten. Siehe Seite 223.

9. HAMNØY/REINE: Diese beiden über Brücken miteinander verbundenen Nachbarorte breiten sich vor der Mündung des Kjerkfjords in den Vestfjord auf Schären und Inseln aus; ihre bunten Holzhäuser klammern sich an jeden freien Felsen und stehen zahlreich im und über dem Wasser. Siehe Seite 228 ff.

10. MÅSTADHEIA: Der Vogelberg von Værøy – im Rahmen einer Wanderung oder Boostour zu erkunden – gehört zu den größten in Norwegen. Wer ein Mal auf der Höhe in »Wolken« von Papageitauchern zu stehen kam, wird dieses Erlebnis nie wieder vergessen. Siehe Seiten 237 f. und 322 f.

DIE AUTOREN: Michael Möbius und Annette Ster haben als freie Reisejournalisten mehr als 30 Reiseführer über den pazifisch-australischen, asiatischen, südamerikanischen, südeuropäischen und eben auch den skandinavischen Raum veröffentlicht. Doch selbst als »Nomaden« brauchen sie immer wieder einen Rast- und Ruhepunkt, den sie Anfang der 1990er Jahre auf der Lofoten-Insel Austvågøya fanden. Dort leben sie, sofern nicht auf Reisen – und genießen nach wie vor die Eindrücke, die unvergesslichen Augenblicke, die sie, wann immer möglich, im Rahmen von Bergbesteigungen und Klettertrips, Wanderungen, Kajak- und Fahrradtouren erleben. Trotz (oder gerade wegen) der Polarnacht sind sie auch im Winter aktiv, wenn sie an der Lofoten-Fischerei teilnehmen sowie zu Ski- und Schneeschuhtouren aufbrechen, die bis nach Zentral-Lappland hinüberführen, wo sie schon ungezählte Kilometer per pedes zurückgelegt haben.

Autoren und Verlag bedanken sich ganz herzlich bei allen Fotografen, bei der Galleri Espolin für die zur Verfügung gestellten Illustrationen sowie bei allen LeserInnen, die uns ihre Erfahrungen auf den Lofoten mitgeteilt haben.

VESTERÅLEN
3
nach Andenes 142 km ab Melbu
Stokmarknes
HADSELØYA
Melbu
Fähre
E10
Lofast nach Narvik
Strømstad
AUSTVÅGØYA
Fiskebøl
Grunnfør
Laukvika
TROLLFJORD
1
Raftsund
GIMSØYA
W6
Laupstad
Higrav
W4
Vestpollen
Hov
W12
Saupstad
Kvalnes
Brenna
Sandsletta
Digermulen
Holands-hamn
Vik
W9
Gimsøy-sand
Gravermarka
Sydalen
E10
Finnvika
Årstein
E10
Sundklakk
W3
W8
Kleppstad
W1
W7
STORE MOLLA
6
Borg
E10
W10
2
Svolvær
Brettesnes
815
W11
W2
4
Kabelvåg
Ørsvågvær
LILLE MOLLA
W5
815
5
Henningsvær
817
Stamsund
Fähre nach Skutvik
Schnellboot nach Bodø
3
VESTFJORD
N
0
10 km
Hurtigruten nach Bodø
LOFOTEN STRASSENKARTE
en die Lofoten Top Ten von Seite 1

Michael Möbius und Annette Ster

LOFOTEN

Edition Elch

Die Autoren dieses Reiseführers haben die zusammengetragenen Angaben nach bestem Wissen erstellt, die Redaktion hat sie mit größtmöglicher Sorgfalt überprüft. Trotzdem sind inhaltliche Fehler nicht vollständig auszuschließen. Daher besteht auf die Angaben keinerlei Garantie seitens des Verlages oder der Autoren. Im Fall von inhaltlichen Abweichungen übernehmen weder der Verlag noch die Autoren dafür Verantwortung und Haftung; dies gilt sowohl für »normale« Änderungen, zum Beispiel von Telefonnummern, Preisen und Öffnungszeiten, als auch im Hinblick auf mögliche Unfälle.
Bitte denken Sie vor Ort zuallererst an Ihre Verantwortung für sich und Ihre Mitreisenden und gehen Sie niemals ein Risiko ein. Auf den Lofoten gilt dies vor allem für Wanderungen, Seekajak- und winterliche Touren. Die Pfade in die Bergwildnis verlaufen oft durch anspruchsvolles Terrain; in den letzten Jahren kam es durch Leichtsinn zu mehreren Todesfällen. Und um geschützte Uferzonen mit einem (tauglichen) Seekajak zu verlassen, bedarf es so einiger Erfahrung sowie der Kenntnis des zu erwartenden Wetters und der Gezeiten.

LESERTIPPS

Schreiben Sie uns bitte, sofern Sie vor Ort Änderungen erlebt oder falls Sie Ergänzungsvorschläge haben. Wird Ihr Tipp in der nächsten überarbeiteten Ausgabe verwendet, bedanken wir uns mit einem Freiexemplar. Verlag und Autoren freuen sich über jede Zuschrift:

Edition Elch
Stichwort: Lofoten
Hamburger Straße 70
D – 63073 Offenbach am Main

E-mail: ee34@edition-elch.de
Internet : www.edition-elch.de

Neunte, vollständig aktualisierte Auflage 07/2018

ISBN 978-3-937452-34-0

Elch-Logo: © *Petra Gran*
Fotos: © *siehe Bildnachweis auf Seite 334*
Redaktion und Satz: *Pekka Sjöblom*
Karten und Umschlag: *Brigitte Otto, Konstanz*
Produktion: *druckhaus köthen, Köthen/Anhalt*

Inhalt

STECKBRIEF LOFOTEN

◎ **LAGE**: um 100 bis 200 km nördlich des Polarkreises im Europäischen Nordmeer, etwa auf dem 67./68. Breitengrad; das entspricht ungefähr der Lage von Zentral-Grönland und Nord-Alaska.

◎ **ENTFERNUNGEN**: ca. 2.700 km ab Frankfurt am Main, 1.700 km ab Oslo, 1.000 km zum Nordkap, 1.300 km bis Kirkenes, 2.500 km zum Nordpol.

◎ **FLÄCHE**: Gesamtfläche rund 1.230 km^2; die verteilen sich auf die Kommunen Vågan (477 km^2), Vestvågøy (422 km^2), Flakstad (180 km^2), Moskenes (117 km^2), Værøy (18 km^2), Røst (11 km^2); davon landwirtschaftliche Nutzfläche etwa 50 km^2, Waldfläche etwa 55 km^2.

◎ **MITTERNACHTSSONNE**: Auf der West- und Nordseite (sowie von den Bergen aus) kann die Mitternachtssonne vom 27. Mai bis zum 17. Juli beobachtet werden.

◎ **BEVÖLKERUNG**: insgesamt rund 24.500 Einwohner (1950 waren es noch 30.000 Einwohner), davon etwa 9.500 in Vågan, 11.300 in Vestvågøy, 1.350 in Flakstad, 1.073 in Moskenes, 744 auf Værøy, 535 auf Røst.

◎ **BEVÖLKERUNGSDICHTE**: ca. 20 Einwohner/km^2 – in der BRD sind es rund 227 Einwohner/km^2, in ganz Norwegen rund 15 Einwohner/km^2.

◎ **STÄDTE**: Die größten Städte sind Svolvær / Austvågøya (ca. 4.600 Einwohner), Leknes / Vestvågøya (ca. 3.400 Einwohner), Kabelvåg / Austvågøya (um 1.850 Einwohner), Gravdal / Vestvågøya (ca. 1.600 Einwohner) sowie Stamsund / Vestvågøya (um 1.100 Einwohner).

◎ **VERKEHRSVERBINDUNGEN**: Seit Ende 2007 ist LOFAST fertiggestellt, die 53 km lange Festlandverbindung zwischen Gullesfjordbotn (an der E 10 westlich von Lødingen) und Fiskebøl (auf Austvågøya). Es gibt Flughäfen (mit Verbindungen nach Bodø u.a.) auf Austvågøya (Svolvær), Vestvågøya (Leknes), auf Røst und Værøy (nur noch mit Helikopter); Fährverbindungen bestehen zwischen Svolvær und Skutvik/Hamarøy (Autofähre), Melbu/Vesterålen und Fiskebøl (Austvågøya), Moskenes (sowie Værøy und Røst) und Bodø sowie Moskenes, Værøy und Røst; Schnellboote verkehren auf der Strecke von Svolvær via Skutvik nach Bodø; die Schiffe der Hurtigruten legen in Stamsund/Vestvågøya und Svolvær/Austvågøya an.

◎ **WIRTSCHAFT**: Noch etwa 8 % der Erwerbstätigen sind im sog. Primärsektor (Landwirtschaft/Fischerei) beschäftigt (Norwegen-weit unter 2 %), etwa 15 % in der Industrie (insbesondere Schiffbau), 9 % im Bauwesen und zwei Drittel im Dienstleistungsbereich. Hauptexportgut ist Fisch.

◎ **TOURISMUS**: profitabelster Wirtschaftssektor der Lofoten noch weit vor dem Fischgeschäft; insgesamt wird der Archipel jährlich von knapp 1,7 Mio. Touristen besucht: 2017 kamen 18 % mehr als 2016, wobei die Deutschen die Mehrheit unter den ausländischen Reisenden bilden.

Inseln über dem Polarkreis

Die 190 km lange Inselgruppe der Lofoten umfasst ein Reich voll spektakulärer Natur. Dementsprechend kürte sie das »National Geographic Traveller«-Magazin 2007 zu den DREI SCHÖNSTEN INSELREISEZIELEN unseres Planeten. Vielerorts wirkt die Landschaft wie surreale Fantasie: Da ist die LOFOTENWAND, eine Bergkette, die als bizarr skulptierte Zackenlinie bis zu 1.000 m hoch aus dem Atlantik ragt. WASSERFÄLLE stürzen an senkrechten Wänden hinab, zwischen denen sich gewaltige TROGTÄLER erstrecken. Vegetationslose SCHÄREN liegen als schwarze Tuschestriche auf dem Wasser, von Felsgesimsen werfen sich SEEVÖGEL wie zerfetzte Fahnen in den Wind. Es gibt SEEN, in deren Tiefen sich urzeitliches Meerwasser findet; GEZEITENSTRÖME, die alles zermalmen, was ihnen in die Quere kommt; weiße, fast karibisch anmutende STRÄNDE, die sich plötzlich zwischen dunklen Felsen auftun.

In launischen Momenten führt sich die Natur in einer Weise auf, die nur nachvollziehen kann, wer es erlebt hat: Orkane schleudern die Gischt hundert Meter hoch, peitschen Hagel, Schnee, Regen vor sich her, reißen Sekunden später den Himmel auf, und in faszinierendem Licht fließen Wolken wie Wasserfälle die Berge herab, um sich in Regenbogenfarben aufzulösen.

Wenn dann noch die MITTERNACHTSSONNE als gelber Lampion über dem Horizont steht oder die grünweißen oder rosaroten Lichtfahnen von Aurora borealis (NORD-/POLARLICHT) gegen die Silhouetten der Berge branden – dann wird die Inselgruppe endgültig Mythe, nordische Sage, dann wird es verständlich, warum die Wikinger, die hier schon im 9. Jahrhundert siedelten, dem Archipel den Beinamen »Inseln der Götter« gaben.

Der Name LOFOTEN kam erst später auf und leitet sich ab von *Lofotr,* was so viel wie »Luchsfuß« bedeutet: Ursprünglich nur die umgangssprachliche Bezeichnung für Vestvågøya, die mit 422 km² Fläche größte Insel, steht sie heute für die gesamte Inselgruppe, die sich etwa 100 bis 200 km nördlich des

Polarkreises über den 67. und 68. Breitengrad in einem leichten Bogen hoher Berge ins Europäische Nordmeer streckt. Vom Festland trennt sie der keilförmige VESTFJORD, im Norden schließen sich die nur wenige Kilometer entfernten Vesterålen an; die wichtigsten Inseln des Archipels sind (von Nordost nach Südwest) AUSTVÅGØYA, GIMSØYA, VESTVÅGØYA, FLAKSTADØYA und MOSKENESØYA, die mittlerweile alle durch Brücken und Tunnel miteinander verbunden sind. Weiter südwestlich dieser Hauptgruppe der Lofoten-Inseln liegt jenseits des MOSKENSTRAUMEN – des zweitstärksten Gezeitenstroms der Erde – die nur knapp 18 km² große Insel VÆRØY, an die sich, am äußersten Lofoten-Ende, die aus 365 Eilanden bestehende Inselgruppe von RØST anschließt. Die Gesamtfläche der Lofoten beträgt rund 1.230 km², auf denen heute etwa 24.000 Menschen leben.

Die Lofoten haben viele Gesichter, und wer sie einmal erlebt hat, kommt entweder niemals wieder oder verbindet (landschaftliche) Schönheit für alle Zeiten mit dem hohen Norden. Ein Anliegen dieses Buches ist, dass Sie unsere Liebe und Sucht teilen mögen. Aber wir helfen auch praktisch, verraten die besten Orte zum Übernachten und Einkehren, wo es draußen am schönsten ist und einiges mehr. Viel Freude nördlich des Polarkreises!

Geologie

Die Lofoten offenbaren mit ihren zahlreichen Bergen, Seen und Fjorden allerorten ihre geologische Vergangenheit, wurden sie doch – wie ganz Norwegen, ja wie ganz Skandinavien – maßgeblich von der Erosion sowie den Eiszeiten gestaltet.

ERDGESCHICHTLICHES

Was die Millionen Jahre währende Erosion mit den Lofoten angerichtet hat, findet auf der Welt kein Gegenstück, und betrachtet man die tausendfach beschriebene Lofoten-Wand von draußen, vom Vestjord aus, so verdeckt sie wie ein gigantisches Bollwerk aus uralten Zeiten den Horizont. Einer wissenschaftlichen Theorie zufolge – die inzwischen allerdings kontrovers diskutiert wird – gehört sie in der Tat zu den »Erstgeborenen« auf diesem Planeten und ist damit fast so alt wie die Erde selbst. Als der flüssige Glutball abkühlte, bildete sich über dem noch glühend heißen Mantel eine Kruste, aus der vor etwa 3,5 Mrd. Jahren die ersten Berge emporstiegen. Die Ur-Lofoten waren geboren, und noch fast 3 Mrd. Jahre sollten bis zur Entstehung des »Mutterlandes« Norwegen vergehen. In dieser unvorstellbaren Zeitspanne sanken die Lofoten mehrfach ins Erdinnere zurück, wurden dort gefaltet und zusammengestaucht, bis sie vor ca. 1 Mrd. Jahren erneut gehoben wurden.

600 Mio. Jahre später faltete sich das KALEDONISCHE GEBIRGE auf, das heute den Bergbogen des norwegischen Festlands prägt, und im Quartär erfolgten die Angriffe der EISZEIT (siehe Seite 12), der die Inselgruppe weitgehend ihre heutige Topografie verdankt.

◀ **Herbstwanderung zur Kleppstadheia (siehe Wanderung 3 ab Seite 257), unten die Brücke zwischen den Inseln Austvågøya und Gimsøya**

AUS EIS GEBOREN

Der Einbruch der Eiszeit führte dazu, dass die Sommer immer kürzer, die Winter immer länger wurden, der Schnee in größeren Mengen fiel und länger liegen blieb, bis es zuletzt das ganze Jahr über schneite. Die weiße Pracht häufte sich an – insbesondere natürlich in den Gipfelzonen der Berge – und wandelte sich nach Überschreiten eines Grenzwertes durch den entstandenen Druck in Firnschnee (dichter, körniger und luftärmer als Schnee), sodann in Firneis (plastische, dadurch bewegliche, gekörnte Masse mit Luftzwischenräumen) und schließlich in dichtes, da luftloses Gletschereis, dessen spezifisches Gewicht ca. 0,9 kg/dm^3 beträgt (weshalb Eisberge schwimmen können) und dessen Eiskörnchen lamellar aufgebaut sind, weshalb es sich unter Druckeinwirkung verschiebt. So kam das Eis, der Schwerkraft folgend, in Bewegung, stieß von den Bergen herab und vereinigte sich mit den aus Richtung Pol kommenden Gletscherströmen zu einer Eiskappe, die mit einer Geschwindigkeit von bis zu 30 km pro Jahr nach Süden floss, in der Mitte bis zu 3 km stark gewesen sein soll und sich zu guter Letzt bis zu den Britischen Inseln und hinunter nach Norddeutschland erstreckte.

Dieser Glazialpanzer band unvorstellbar viel Wasser, und so schrumpften die Ozeane derart stark zusammen, dass der Meeresspiegel nahezu 90 m unter den heutigen sank. Dennoch nahm die Landmasse nicht etwa zu, sondern sogar ab, da unter der gigantischen Eislast große Teile Skandinaviens bis zu 900 m in die Erdrinde hinabgedrückt wurden. Und als sich das Eis – besiegt von seinem einzigen Feind: einem Klimawechsel zum Wärmeren hin – schließlich zurückzog, hob sich das Land wieder, und zwar an manchen Stellen bis zu 300 m – ein Vorgang, der noch immer nicht abgeschlossen ist, auch wenn er heute mit maximal 9 mm pro Jahr relativ langsam verläuft.

Die Eiswalze stauchte das Land nicht nur zusammen, sondern veränderte es grundlegend. Sie arbeitete wie eine Kombination aus Planierraupe, Bulldozer, Fräse und Dampfwalze. Nichts konnte widerstehen, am wenigsten der präglaziale Schutt, den sie forttrug und an den Rändern ihres späteren Abschmelzens (etwa in Südschweden und Norddeutschland) als Endmoränen wieder preisgab. Die feste Gesteinsoberfläche wurde von der zusammenhängenden Inlandeisdecke in charakteristischer Weise und je nach Gesteinsvorkommen modelliert, wodurch der beherrschende Relieftypus entstand, das **FJELL**, mit dem die hügeligen Regionen oberhalb der Baumgrenze gemeint sind. Drei Arten Fjell gilt es zu unterscheiden:

Das ALLGEMEINE FJELL umfasst die für Teile der Lofoten typische Buckelberg- oder Rundhöcker-Landschaft, deren Namen gebende Hügel sich über die geschliffene und felsige ehemalige Gletschersohle in Richtung der Eisbewegung erheben. Auf der Stoßseite sind sie flach ansteigend, auf der Leeseite steiler abfallend. Zwischen ihnen erstrecken sich, als Resultate selektiver Erosion im Bereich weicherer Schichten, lang gedehnte Furchen oder flache, ausgeschliffene Wannen verschiedener Ausprägungen. Meist sind sie von Seen und/oder Mooren erfüllt sowie durch Flüsse verbunden. Solche Landschaftsformen sind auch für die zweite Variante des Fjell charakteristisch: das mäßig reliefierte, sanft GEWELLTE PLATEAUFJELL, über dem sich schließlich das ALPINE FJELL erstreckt, das eigentliche Hochgebirge.

Hier hinterließ die Vergletscherung Spuren in einer Reihe von Formen, die in eisfrei gebliebenen Gebieten vollkommen fehlen. Unter den Firsten der Gebirgskämme trifft man steilwandig in die Hänge eingelassene Felskessel, die einen flachen, oft von einem See bedeckten Boden haben sowie eine Schwelle aus aufgelagertem Schutt. Das sind die unterschiedlich großen, rund, eckig, länglich, geknickt oder gewunden ausgebildeten **KARE** – die URSPRUNGSSTELLEN der alpinen Gletscher.

Oft sind die Berggestalten derart von allen Seiten von Karen (auch: Botner) angefressen, dass die trennenden Kämme zu schmalen Graten reduziert sind und die Berge, die früher eine Hauben- oder Kegelform gehabt haben dürften, nunmehr als scharfkantige Pyramiden oder Trapeze oder lang gestreckte Felsmauern erscheinen. Solche Berge werden als **KARLINGE** bezeichnet; sie bilden BIZARRE GESTEINSFORMATIONEN, scheinen sie doch in ihren plastischen Konturen die Grundgesetze der Gravitation zu verhöhnen.

An das Kar schließt sich das Talstück an, in dem sich das Gletschereis talabwärts bewegte. Man nennt es das **TROGTAL** oder den Taltrog, weil es häufig steilfelsige Talhänge und einen im Querschnitt gerundeten Talboden aufweist, der dem Ganzen die Form eines Troges gibt. Besonders steil sind die Hänge an der Außenseite einer Biegung, und überall fallen die Schleifwirkungen des Eises auf, die dem Fels oft den Anschein eines monumentalen Kunstwerkes geben.

Die Böden der in das Trogtal des Hauptgletschers mündenden Seitentalgletscher enden oft hunderte Meter über dem Haupttal. Es sind glaziale **HÄNGETÄLER**, aus denen sich nicht selten kräftige Wasserfälle ergießen.

Diejenigen Trogtäler schließlich, die nach Abschmelzen der Gletscher durch Landsenkung vom Meer überflutet wurden, werden **FJORDE** genannt. Auf den Lofoten gibt es allenthalben Fjorde, die weit ins Land reichen und deren Grund oft wesentlicher tiefer liegt als der des Meeres. Dieses PHÄNOMEN ist Fjord-typisch; es resultiert daraus, dass die Gletscher, die diesen Relieftypus schufen, an ihren Mündungen ins Meer an Dicke abnahmen – weshalb die Mündungsschwellen relativ flach sind –, daher im eigentlichen Trog auf der Stelle schürften. 1.000 m Tiefe und mehr wurden schon ausgelotet, und wieder 1.000 m hoch und mehr recken sich die umwandenden Steilflanken aus grün oder silbrig, türkis oder tiefblau leuchtenden Wassern in die Höhe. Jeder Fjord hat seinen ganz eigenen Charakter, jeder ist eine perfekte Metapher für die Sage, aber ihn in Worte zu fassen ist unmöglich, denn nicht mal im Sehen kann man ihn ganz erleben, ist er doch Bild und Ereignis zugleich.

SELTSAME SEEN

Wie dunkle Edelsteine sind über alle Höhenlagen des Archipels viele Gebirgsseen verstreut, deren Betten durch einstige Gletscherarbeit geschaffen wurden. Manche von ihnen liegen isoliert in ehemals von Gletschern ausgefüllten Karböden und werden von den Geologen **CIRQUE-SEEN** genannt. Andere liegen in Linien aufgereiht in Tälern, durch die vor langer Zeit einmal die Eiswalzen langsam herabglitten. Jeder dieser Seen markiert eine Stelle, wo ein Felsriegel den glazialen Panzer aufhielt und ihn zwang, sich erst einmal eine Zeitlang horizontal zu bewegen, bevor er seinen Weg nach unten fortsetzen konnte. So bildete sich eine Reihe von Vertiefungen, die sich dann, alle vom selben Flusslauf gespeist, mit Wasser füllten und die, weil sie wie Perlen eines Rosenkranzes aufgereiht sind, **PATERNOSTER-SEEN** heißen.

Stuvdalsvatnet und Tennesvatnet liegen an der Wanderroute zu Munkebu-Hütte sowie Hermannsdalstinden (siehe Seite 313 ff.) ▶

Mit beiden Seetypen hat es auf den Lofoten eine besondere Bewandnis, denn sie sind SEHR TIEF im Verhältnis zu ihrer Größe: am tiefsten auf Austvågøya und insbesondere auf Moskenesøya. Die Seen (*vatn/vann:* See) Studalsvatn, Reinevatn, Ternnesvatn und Botnvann ragen bezüglich der relativen Tiefe gravierend hervor. Nur wenige vergleichbare Seen in erloschenen Vulkanen gibt es (beispielsweise den Crater Lake in den USA), die sich mit ihnen messen können. Auch dies ist eine Folge der Eiszeiten, denn die Kraft eines Gletschers korreliert mit seiner Mächtigkeit und auch mit dem Gefälle des Zehrgebietes, das eben im anstehenden Archipel außerordentlich groß war.

Die Lofoten-Seen gelten auch als BESONDERS KLAR: Eine nur Handteller-große, weiße Scheibe (die sogenannte Secchi-Scheibe) kann bis auf ca. 25 m Tiefe versenkt werden und ist dann noch immer sichtbar. So wie der Boden hier sehr kalkarm ist, verhält es sich auch mit dem Seewasser. Kalk aber ist ein wichtiges Nährsalz für die in Binnenseen vorkommenden Mikroorganismen, und fehlt er, fehlt das Leben, mithin auch die Wassertrübung.

Eine dritte Besonderheit haben die Seen Studalsvatn und Solbjørnvatn auf Moskenesøya sowie Svolværvann und Rørhopvann auf Austvågøya inne. Sie erregten vor einigen Jahren die Aufmerksamkeit internationaler Geografen, denn in ihren Tiefen findet sich nicht etwa Süßwasser, sondern URZEITLICHES MEERWASSER, KONSERVIERT in einer »toten Welt« und fossiles Überbleibsel jener Zeit, als das Land unter Wasser lag. Im Rørhopvann beispielsweise, 92 m tief, beträgt die Mächtigkeit des Meerwassers 48 m und die des Süßwassers 44 m. Warum es zu keiner Vermischung kommt, liegt einerseits in der Schwere der beiden Wasserarten begründet, andererseits darin, dass steile Berglehnen diese Seen dermaßen abschirmen, dass der Wind ihr Wasser nicht in Zirkulation versetzen kann; jedenfalls nicht in dem Grad, wie es nötig wäre, um eine zur Vermischung führende Strömung hervorzurufen.

DIE TIEFSTEN SEEN DER LOFOTEN

	Oberfläche	*Tiefe*	*Höhe ü.d.M.*
Solbjørnsvatnet/Moskenesøya	5,120 km^2	171 m	70 m
Tennesvatnet/Moskenesøya	0,873 km^2	168 m	230 m
Stuvdalsvatnet/Moskenesøya	0,444 km^2	127 m	77 m
Botnvann/Austvågøya	0,293 km^2	122 m	495 m
Rørhopvann/Austvågøya	0,600 km^2	92 m	3 m
Reinevatnet/Moskenesøya	0,170 km^2	69 m	60 m
Langstrandvann/Austvågøya	0,207 km^2	65 m	212 m

Klima und Wetter

SEGEN DER NÖRDLICHEN BREITE

Dass im Winter eine beträchtliche Wärmemenge über den Atlantik nach Nordskandinavien gelangt, schrieb man früher normalerweise dem Golfstrom zu, in dessen direktem Einflussbereich die Lofoten liegen. Da aber dieser, wie jede Meeresströmung, primär eine Folge der vorherrschenden Winde ist, beruht das Temperatur-Plus in erster Linie auf den Bewegungen der Luftmassen. Es sind also die **WEST- UND SÜDWESTWINDE**, um die sich hier (fast) alles dreht. Der Transport von warmem Wasser aus dem Golf von Mexiko in nördliche Breiten und die Erwärmung der Luft darüber ist zwar ein sekundärer Faktor, aber ein folgenreicher: besonders für das Winterklima der Lofoten, das mit Temperaturen aufwartet, die IM JANUAR/FEBRUAR UM 24°C ÜBER DEM DURCHSCHNITT DIESER BREITENLAGE gemessen werden. Überall sonst auf gleicher geografischer Breite ist es während dieser Monate also um durchschnittlich 24°C kälter.

Während nur 100 km landeinwärts in Lappland die Temperaturextreme über 30°C im Sommer und unter –40°C im Winter erreichen können, sind die Schwankungen im Jahres-, aber auch Tagesverlauf auf dem Archipel derart gering, dass man von einem MARITIMEN KLIMA spricht. Die Temperatur-Minima liegen im Jahresmittel nur 2,7°C (auf Røst) bzw. 4,3°C (auf Vestvågøya) unter den -Maxima. Der Jahresdurchschnitt beträgt auf Vestvågøya 5°C, auf Røst fast 6°C, was immerhin den Werten von Oslo entspricht und rund 3°C unter denen von Bremen liegt, das rund 2.500 Autokilometer entfernt ist!

Die Lofoten-Wand pflegt zwischen Oktober und Juni mit Schnee bedeckt zu sein, während die Küste meistens schneefrei und der Ozean stets EISFREI bleibt. Das Wasser ist im Februar mit knapp 7°C am kältesten und im August mit bis zu 12°C am wärmsten. Dementsprechend sind auch die durchschnitt-

Wetterkapriolen über Flakstadøya: Radtouristen bei Ramberg
(Foto/Copyright: Alex Conu / Visitnorway.com) ▶

lichen Lufttemperaturen im Januar/Februar mit ca. –1°C am geringsten, im Juli/August mit bis über 12°C am höchsten. Jeodch bedürfen die statistischen Werte einer Erläuterung: Die Wassertemperatur ist die am offenen Meer gemessene, und am Vestfjord und anderen weit ins Land reichenden Fjordarmen kann sich das Wasser so aufheizen, dass Temperaturen zwischen 16 und 19°C durchaus Baden gestatten. Die Luftwerte hingegen werden stets im Schatten gemessen: 12°C dort können über 24°C in der Sonne entsprechen. Auch in T-Shirt und Shorts kann es einer/m im Sommer also warm werden.

Dass es nicht »zu« warm wird, man womöglich ins Schwitzen gerät, dafür sorgt der WIND, der zwischen Juni und August an rund 96 % aller Tage weht, im Winterhalbjahr fast ununterbrochen. Aus welcher Richtung er kommt und welche Stärke er hat, hängt insbesondere von den Jahreszeiten ab:

Im Winter sind Winde aus westlicher Richtung absolut dominierend; ihre durchschnittliche Geschwindigkeit beträgt 3,0 Bft. bei Nordwestwind, 5,4 Bft. bei West- und sogar 7,1 Bft. bei Südwestwind, der demgemäß auch den Übernamen *husvarver* (Wind, dass die Häuser beben) trägt. Im Sommer halten sich nordöstliche und westliche Winde in etwa die Waage; im Durchschnitt zwischen 2 und 3,5 Bft. stark. Die Niederschlagsmengen sind mit 37 mm im Juni und 61 mm im Juli nicht mal halb so hoch wie im November und Dezember.

Wie die Lofoten in vielerlei Hinsicht mit Superlativen aufwarten, so auch in Sachen **REGEN**: Liegt der Jahresniederschlag in Nordnorwegen zwischen 1.000 und 1.500 mm, in Mittelnorwegen stellenweise bei 3.000 (bis 6.000 mm), auf den Färöern bei durchschnittlich 1.500 mm und in Bremen unter 700 mm, so rühmt sich das Inselreich mit 552 mm auf der Ostseite von Austvågøya, mit 750 mm auf der Westseite und 709 mm auf Røst.

Für die Lofoten-Urlauber, die sich ja die meiste Zeit unter freiem Himmel aufhalten, sind Klima und Wettergeschehen deshalb von ziemlicher Bedeutung. Gehen wir also einmal kurz die **JAHRESZEITEN** durch und beginnen mit dem WINTER, der zwischen November und März herrscht und für den zwei Wetterlagen typisch sind: Bei West- und Südwestwind (an über 80 % aller Tage) wird erwärmte Polarluft herangetragen; dann steigen die Temperaturen, und es kommt vor, dass die Quecksilbersäule bis an die 10°C-Marke heranreicht; gleichzeitig gehen ordentliche Niederschlagsmengen nieder, und der Regenhut trägt nicht ohne Grund den Namen *sørvesten* (Südwester). Im anderen Fall erstreckt sich ein Hochdruckrücken von Sibirien bis weit auf den Atlantik hinaus; dann bringen östliche (Land-)Winde (*lanrøning*) kontinentale Polarluft, vertreiben die Wolken. Das Thermometer fällt auf bis zu –10 °C.

Auch im April wird es noch empfindlich kalt, denn häufig bildet sich zwischen Skandinavien und Grönland ein Hochdruckgürtel, und kalte Polarluft strömt aus Nord- oder Nordost nach Westen. Der Mai dann macht den FRÜHLING, wenn das Wetter maßgeblich von einem Hochdruckgebiet über dem Polarmeer sowie einem zweiten über dem südlichen Atlantik bestimmt wird. Die Lofoter holen die Sommerkleider hervor, die ersten Touristen treffen ein, und weil es nachts schon nicht mehr dunkel wird, kann sich die Landmasse stark aufwärmen. Das Ergebnis ist ein häufiger Nordostwind, der zwar keine hohen Temperaturen (im Mai durchschnittlich 7 °C), aber eitel Sonnenschein beschert: Der Mai hat laut Statistik die meisten Sonnenstunden im Jahr.

Bis in den Juni hinein können aber auch Hagel oder Schneeregen niedergehen – wenn der Wind aus Nordwest bläst. West- und Südwestwind machen sich rar, weshalb die Niederschlagsmenge klar unter 50 mm/Monat liegt.

Der Nordostwind, der dem Mai die Sonne beschert, dreht jetzt auf Ost bis Südost, führt warme Luft heran und leitet mit Temperaturen von durchschnittlich 10 °C (bis 23 °C) den SOMMER ein, der bis August, aber auch mal

KLIMAWANDEL, STATISTIK, WETTERBERICHT

»Das Wetter spielt verrückt« ist eine Redensart, die nicht nur den Bewohnern unserer mitteleuropäischen Breiten oft über die Lippen kommt und auch nicht erst in unseren Tagen erfunden wurde. Als der Lofoten-»Jahrhundertsommer« 2014 wochenlanges Sonnenwetter bei Temperaturen bis über 30 °C bescherte – nachdem es auch schon in 2013 zwischen Mai und August viel Sonne gegeben hatte –, sahen manche Bewohner darin die Auswirkungen der globalen Klimaverschiebung; ebenso wie 2006, als der Lofoten-Sommer bei »Eiseskälte« nahezu buchstäblich ins Wasser fiel, während zur selben Zeit Südskandinavien und Mitteleuropa unter Hitze zu leiden hatten. Nicht selten ist das Wetter auf den Lofoten gerade anders herum als im Süden des Landes oder in Mitteleuropa.
Trotzdem: Niemand sollte sich allzu sehr auf Statistiken über das Wetter verlassen und stattdessen lieber an den kurz- und mittelfristigen Wetterberichten orientieren, die man unter www.yr.no abrufen kann, auch auf Englisch; gibt man dann in der Suchmaske »Lofoten« ein, geht es direkt zum aktuellen Lofoten-Wetter sowie zur Wettervorhersage, die dank der Symbole leicht zu verstehen ist; man kann sogar stundengenau sehen, was wann zu erwarten sein dürfte.

bis Mitte/Ende September regiert. Zwar driften während dieser Monate öfter Regen bescherende Zyklone gegen die Lofoten (weshalb die Niederschlagsmengen doppelt so hoch sind wie im Juni), aber die Wolken stauen sich selten an und die Tiefausläufer ziehen binnen weniger Stunden über den Archipel hinweg zum Festland, wo sie sich abregnen. Die regionalen Unterschiede sind jetzt gravierend: So kann auf der Westseite der Lofoten (dort wo die Wolken zum Aufsteigen gezwungen werden und sich ggf. abregnen) tagelang eine »dicke Suppe« und eine steife Brise die Urlaubszeit vermiesen, während nur 5 km entfernt auf der Ostseite eitel Sonnenschein bei Windstille herrscht.

Ab September, wenn es nachts wieder richtig dunkel wird, kühlt das Land rasch ab und gerät zunehmend in den Einflussbereich atlantischer Tiefausläufer, die sich im Oktober oft so schnell abwechseln, dass den ganzen Monat lang kaum Sonne zu sehen ist: HERBST auf den Lofoten. Der Wind frischt auf, bläst meist aus Westen und Südwesten; mit Sturm bis über Orkanstärke und mitunter sintflutartigem Regen dämmert der Archipel in den Winter hinüber.

Licht über Lofot

ZWISCHEN MITTERNACHTSSONNE UND POLARNACHT

In kräftigen Tönen streichen die Lofoter ihre Häuser und Dächer, zumindest aber die Türen und Fensterrahmen. – DIE FARBEN SIND EMINENT WICHTIG FÜR DIE MENSCHEN, denn im Winter, wenn die Allnacht zum Alltag wird, ist alles schwarz, weiß und grau.

Ab Ende September, wenn der Äquinoktialpunkt überschritten ist, dehnt sich die Nachtzeit beschleunigt aus, und schon die Novembertage, in denen die Sonne oft wie ein Glutball nur noch knapp über dem Horizont steht, kennen eigentlich lediglich noch Morgen- und Abendrot. Langsam sinkt der Archipel in die Schatten, bis ab Mitte Dezember vom Tageslicht nichts mehr zu sehen ist. Rings um den Horizont herrscht sternentiefe Polarnacht, die aber eigentliche keine Nacht; sondern eher eine graue, diffuse Helligkeit ist – dank Sternenlicht, Mondenschein und dem Polarlicht, das sich meist als grün-weiß-blaue Lichtfahne über den hoch gewölbten Himmel spannt. Selbst unromantisch veranlagte Naturen können schier süchtig werden nach diesem einzigartigen »Astrallicht«.

Mitte Januar lichtet sich die Nacht: Erst ist es nur ein Hauch von Rosa, der den Himmelsrand illuminiert. Dann erscheint ein pastellener Lichtstreifen, der täglich breiter wird, kräftiger in den Farben. Bis plötzlich und zum ersten Mal seit über 30 Tagen die Sonne auftaucht, um glutrot und seltsam geformt wie eine riesige Banane das Land in ein homerisch anmutendes Licht zu tauchen. Erst nur für Sekunden, bald für Minuten, dann für Stunden.

Mit jedem Tag wird es größer und heller, dieses verheißungsvolle Gestirn, und wird das Glühen der Polarnacht schwächer. Im März kennt das Licht bereits wieder alle Rot- und Braun-, Gelb- und Blautöne, im April währt der Tag

Licht über Lofot: oben eine Komposition im Oktober zur Mittagszeit, beobachtet vom Festvågtinden aus, unten Nordlicht über dem Strand von Utakleiv (Foto/Copyright: Samuel Taipale / Visitnorway.com) ▶

bereits mehr als 12 Stunden, und ab Anfang Mai bezieht der Tag die Nacht mit ein. Für mehr als zwei Monate lassen die Strahlen der **MITTERNACHTS-SONNE** die Inseln in farbigem Licht ertrinken: Diese Farben, die alle Skalen durchlaufen, sind von einer glühenden Tiefe, wie man sie im mittleren Europa nie in der Landschaft, sondern höchstens in auserlesenen Blumen findet.

Noch sind die Berge schneebedeckt, ihre herrlichen Schwingen in Gold und Rosa getaucht. Dann fällt der weiße Schleier, die verschieden farbigen Steine treten hervor; was die Berge ins Helle stellen, ist ein seltsam unwirkliches Licht. Die Granite variieren zwischen zartgelb und leuchtendrot, die Mangerite strahlen orangen, die Gneise sind schwarzrot oder graugrün gezeichnet, und am smaragdblauen Himmel treiben weiße Wolken, die sich an den Bergen zu blauvioletten Mauern auftürmen oder an ihnen wie Wasserfälle herabfließen, um sich in Regenbogenfarben und Sonnenrauch aufzulösen.

Diese Ausführungen mögen helfen, sich auf einer Lofoten-Fahrt von Stimmungen berühren lassen, von Augen-Blicken, der Essenz des Reisens selbst, lassen aber freilich noch viele Fragen offen. Grob verallgemeinert, ist die geografische Breite für all diese Lichtphänomene verantwortlich. Weil die Achse der Erde nicht rechwinklig zur Umdrehungsebene steht, sondern eine Neigung (von 23,5°) hat, die das ganze Jahr über konstant bleibt, kommen die Gebiete nördlich (wie auch südlich) des Polarkreises zeitweise in den vollen Strahlungsbereich der Sonne. Das bedingt, dass die Sonne in diesen Zeiten, die desto länger dauern, je weiter nördlich man kommt, nicht untergeht, sondern als Flammenball im Abendrot zum Himmel sinkt und kurz vor dem Untergang im Morgenrot wieder aufsteigt.

Die Kehrseite der Mitternachtssonne, korrekter wäre der Begriff Polartag, ist die Polarnacht, wenn die Gebiete über dem Polarkreis aus dem Strahlungsbereich der Sonne geraten.

Doch dunkel ist es während der Nacht, die den Tag umfasst, keineswegs. Denn nun erscheint am Horizont, was den Völkern des Nordens stets ein Mirakel, denen des Südens hingegen ein Menetekel und den Wissenschaftlern seit langem Objekt der Forschung ist: Das **POLARLICHT** auch Nordlicht genannt bzw. Aurora borealis, »Morgenröte des Nordens«, wie der französische Wissenschaftler *Pierre Gassendi* das Schauspiel auf himmlischer Bühne im 17. Jahrhundert getauft hatte, hat nichts von seiner FASZINATION eingebüßt.

POLARLIGHTCENTER

Im Polarlichtzentrum von *Rob Stammes* und *Therese van Nieuwenhoven* in Straumsnes auf Austvågøya wird das Verlangen nach dem Spektakel des Polarlichts gestillt, seien es VORTRÄGE mit Multimediaeinsatz (3 Std. am Abend für 400 NOK – am besten im Voraus telefonisch informieren), Tipps zum Fotografieren oder Antworten auf alle möglichen Fragen.
Wer zwischen September und März auf den Lofoten weilt und an einem Vortrag teilnimmt, kann sich zu einem SMS-Service anmelden (Vorhersagen zu Wetter bzw. der Polarlichtwahrscheinlichkeit und -stärke); dann stehen auch NACHTWANDERUNGEN auf dem Programm. Ganz leidenschaftliche Polarlichtfans können gleich vor Ort übernachten: www.polarlightcenter.com (siehe auch Seite 193).

APP FÜR NORDLICHTJÄGER

»Innovation Norway« (siehe Seite 81) hat die App NORWAY LIGHTS lanciert, mit deren Hilfe man die winterliche Himmelserscheinung des hohen Nordens zielsicher ansteuern kann. Erstens zeigt sie die aktuell wahrscheinlichsten Nordlichtgebiete an, zweitens werden Nordlichter bis zu 3 Tage im Voraus prognostiziert und drittens wird am Tag des Geschehens die Vorhersage stündlich aktualisiert. Natürlich kann man auch eine Karte aufrufen, die die Positionen der Nordlichter sowie die eigene Position im Abstand zum nächsten Nordlicht zeigt. Zu guter Letzt gibt die App zahlreiche allgemeine Informationen über das Nordlicht sowie Tipps für Hobby-Fotografen. Kostenlos erhältlich im Google Play Store und bei iTunes.

Schon im 18. Jahrhundert hatte der schwedische Astronom *Celsius* festgestellt, dass es einen Zusammenhang zwischen der Aurora und der Magnetnadel gibt; nämlich den, dass gleichzeitig mit dem Nordlicht die Magnetnadel um mehrere Grade abgelenkt wird. So wurde der Kompass auch zum Wegweiser für die Erforschung dieses Phänomens, das, wie man heute weiß, exakt nach den magnetischen Feldlinien der Erde ausgerichtet ist und sich in Höhen zwischen 80 und 1.000 km als rote, grüne, violette oder blaue Draperien, Strahlen, Bögen oder Bänder in Szene setzt, die wie Tänzer oder Schleier über das Firmament hüpfen oder wehen.

Wie stark es leuchtet und wie weit es über die Polkappen hinaus zu sehen ist, korreliert mit den magnetischen Störungen, die uns die Sonne beschert.

Bei starken Magnetstürmen, wie sie vereinzelt vorkommen, kann das Nordlicht in Mitteleuropa, ja, sogar mitunter im Mittelmeerraum beobachtet werden. In Deutschland waren es seit 2000 meist zwischen 10 und 15 Vorkommnisse, 2001 und 2012 sogar über 20. Als die südlichste je nördlich des Äquators gesichtete Aurora borealis gilt die am 25.09.1909 über Singapur.

Heinrich Schwabe war es, Apotheker und Astronom aus Dessau, der 1826 den Sonnenflecken-Zyklus entdeckte und herausfand, dass mit der Zahl der Flecken auch das Magnetfeld der Erde und die Aktivität des Polarlichtes schwankt. Heute gilt als erwiesen, dass die Sonnenflecken und andere »magnetisch wirksame« Regionen auf dem Gestirn etwas abstrahlen, was aus Elektronen, Protonen und schweren Kernen besteht sowie Materie mit sich führt, das sogenannte Plasma, das zu gleichen Teilen aus positiver und negativer Ladung besteht, also elektrisch neutral ist. Diese Strahlung wird »Sonnenwind« genannt, ihre Temperatur liegt um 100.000°C. Sie stürzt sich mit der unvorstellbaren, rasenden Geschwindigkeit von 300–900 km/s mitsamt dem eigenen Magnetfeld auf das der Erde. Die mitfließenden Dynamoströme von mehreren Mio. Ampère deformieren diesen Magnetosphäre genannten Raum, der das Plasma nun solange speichert, bis seine Aufnahmekapazität erschöpft ist. Wird diese überschritten, gibt er es explosionsartig frei, und mit nun über 10.000 km/s folgt die jetzt Polarlichtteilchen genannte Materie den magnetischen Feldlinien der Erde, die in die Atmosphäre der Polkappen münden. Dort werden sie schrittweise abgebremst; ihre Energie geht auf die Atome und Moleküle der Luft über, die sie als Licht innerhalb der Ionosphäre zwischen meist 120 und 130 km Höhe wieder abstrahlen. Die Farbe des Lichts korreliert mit der Höhe, und seine Helligkeit selbst beträgt 5.000 Kilorayleigh, was unter der des Vollmondes (130 Millionen Kilorayleigh), aber über der des totalen Sternenlichts (0,4 Kilorayleigh) liegt.

So ist also die Sonne der Sender, die Magnetosphäre der Empfänger und die Atmosphäre der Bildschirm, den wir staunend betrachten, wenn er uns Bilder von »Götterfackeln« übermittelt, wofür viele Naturvölker die Lichterscheinungen hielten. Gigantische Fackeln sind es, häufig tausende Kilometer lang, doch dabei nur einige hundert Meter bis wenige Kilometer dick. Und MASSLOS ENERGIEGELADEN, denn wie errechnet wurde, verbraucht ein eine Stunde währendes Nordlicht rund 100 Milliarden Kilowattstunden, was etwa dem Stromverbrauch Norwegens in einem ganzen Kalenderjahr entspricht.

Pflanzenwelt

STEINGARTEN DER NATUR – REICHTUM IM KARGEN

Lange Zeit bevor die Eismassen die Lofoten unter sich begruben, waren diejenigen Pflanzen, die dazu in der Lage waren, nach Süden abgewandert, in Gebiete, in denen die konstant sinkenden Temperaturen des Quartärs ähnliche Umweltbedingungen geschaffen hatten wie auf dem Archipel, den die Pflanzen aufgeben mussten. Diejenigen Arten, die dem vorrückenden Eistod nicht ausweichen konnten – es waren dies insbesondere einjährige Pflanzen – gingen zugrunde.

Vor rund 13.000 Jahren dann begann das Klima milder zu werden, und der Einfluss der natürlichen Warmwasserheizung Golfstrom stabilisierte sich. Spasmodisch (geol.: in Schüben) zog sich das Eis zurück und hinterließ – wo immer dies von der Topografie her möglich war – ein Gemisch aus Sand und Ton, Kies und Fels. Anfangs war dieser Belag völlig kahl, doch dann rückten Flechten, Moose und andere niedere Pflanzenarten aus Süden vor, die auf solchen glazialen Böden gedeihen konnten, welche nahezu keinerlei organische Nährstoffe mehr enthielten. Diese ersten Siedler starben ab, verwesten und reicherten den Boden mit ihren Überresten an, was die Existenzgrundlage für Arten mit höheren Ansprüchen schuf. Die Lofoten hatten eine Wiedergeburt erlebt bzw. (wie die Ökologen es formulieren) den Prozess der postglazialen Sukzession.

Aus der Ferne betrachtet, präsentiert sich das Inselreich noch immer so, wie es zur Zeit des Pleistozän-Frühlings ausgesehen haben muss: als kahles Bollwerk. Beim Näherkommen löst sich dieser gigantische Monolith zu einer Kette schartiger Gipfel, Zinnen und Bastionen auf. Und erst wenn man ganz nahe vor ihnen steht, erkennt man staunend, dass in die steilen Berglehnen ein Ensemble unwirklich bunter Gebirgsflora eingestickt ist, deren kleine Flammenzungen einen aparten GEGENSATZ zu den grau-schwarz-braunen Felsbahnen und üppig grünen Moosflächen bilden, die selbst noch hoch gelegene Schattenhänge bedecken, wo sie von weißen Schneeflecken umgeben sind.

Schweift der Blick tiefer, auf die schmalen Küstenzonen, streift er Wiesen und Moore, ebenfalls mit Blütenkleidern geschmückt, um schließlich auf Strände und Klippen zu fallen, auf denen arktischer und südlicher Flor in direkter Nachbarschaft gedeihen.

DIE VEGETATIONSSTUFEN

Man weiß es längst: Die Lofoten sind ein Reich voller Überraschungen. Aber mit solcher Vielfalt und überschwänglicher Farbenpracht hätte man nie gerechnet. Auch nicht damit, was die Botaniker seit jeher an der Flora des Archipels fesselt: dass die VEGETATIONSZONEN – stets Abbilder der klimatischen Gegebenheiten – MITEINANDER VERMISCHT GEDEIHEN.

In ebenem Gelände, wo das Oberflächenwasser nicht abfließen kann, bilden sich – unabhängig von der Höhe über dem Meeresspiegel – Moore. In den **FEUCHTGEBIETEN** gedeihen alle Arten von RIEDGRAS, SCHILF, MOOSEN sowie diverse FLECHTENARTEN zwischen SUMPFVEILCHEN und WOLLGRAS, das seine weißen Quasten dem Wind aussetzt. Aus Pfützen und Tümpeln ragt der BITTERKLEE heraus, SUMPFDOTTERBLUMEN und HUFLATTICH bilden wogende Felder in knalligem Gelb, während die GEMEINE ÄHRENLILIE zartgelbe (und im Herbst hellbraune) Akzente setzt.

Wo die Moorlandschaft nicht zu nass ist, gedeihen zahlreiche WEIDENARTEN: etwa Silber- und Kriechweiden, Grün- und Wollweiden, um nur einige zu nennen. Als Wunder an Anpassung gilt die Gebirgsweide, die – in ausgewachsenem Zustand kaum über 5 cm hoch – Norwegens kleinsten Baum repräsentiert. Auch die Heidekrautgewächse sind reich vertreten, und ihre geschmackvollsten Arten – die BLAU- UND PREISELBEEREN – gestalten so manche Wanderung ab August zu einer Schlemmertour. Allerdings darf man vor

In der Edition Elch ist 2017 ein Pflanzenbestimmungsbuch zur skandinavischen Gebirgsflora in aktualisierter 2. Auflage erschienen: »Skandinavien – Pflanzen im Fjäll«. Autor ist Hans-Jürgen Gottschalk. Siehe hintere Umschlagklappe.

lauter Beeren nicht das HEIDEKRAUT vergessen, das bis weit in den Herbst hinein blüht und noch den kargsten Landstrich verschönt.

Auch MOLTEBEEREN kommen hier vor, die dicken und vitaminreichen Noppenfrüchte, die reif sind, wenn von gelber und nicht roter Farbe.

Reminiszenzen an Dartmoor steigen auf, nähert man sich den großen TORFMOOREN (insbesondere auf Gimsøya), die in Skalen von Braun leuchten und über denen nicht selten dicke Nebelschwaden liegen. In früheren Zeiten wurde der Torf als Brennmaterial verwendet. An vielen Stellen weisen noch deutliche Zeichen darauf hin, dass hier früher dieses Produkt unvollkommener Zersetzung pflanzlicher Substanzen gestochen wurde. Auf diese Weise ging natürlich ein großer Teil landwirtschaftlich nutzbaren Bodens verloren, aber die Lofoten waren von jeher äußerst waldarm, und irgendetwas zum Heizen brauchte der Mensch.

Sobald das Terrain ansteigt – was hier inseleinwärts stets der Fall ist –, kommt man mit den **BERGHÄNGEN** in Berührung, die mit dichten Teppichen aus HEIDEKRAUT und GRAS, ALPENROSEN und BÄRENTRAUBEN, VEILCHEN, LÖWENZAHN und BORSTGRAS, FLECHTEN und MOOS-Polstern bedeckt sind und erst im Herbst »Farbe bekennen«, indem sie die Berge mit leuchtenden Gelb-, Orange- und Rottönen verzaubern.

Selbst da, wo der kahle Fels herrscht, beispielsweise auf Geröllfeldern oder in den Gipfelzonen, finden sich Gebirgsblumen, oft in Spalten versteckt. Insbesondere die STEINBRECH-Arten sind hier reich vertreten, so der weiße Rosetten bildende Becher-Steinbrech, der Rote Steinbrech, der direkt nach der Schneeschmelze zu blühen beginnt, der mit drüsenhaarigen Blättern versehene Aufsteigende Steinbrech, der Mauerpfeffer-Steinbrech – ausgestattet mit gelb gepunkteten Kronblättern –, der dichte Polster bildende Polster-Steinbrech und noch viele andere mehr.

Auch TANNEN- UND ALPEN-BÄRLAPP sind hier zu Hause, selbst in exponiertesten Lagen stößt man auf die Mitglieder der großen Flechtenfamilie.

Wo die **BERGHÄNGE BEWALDET** sind, erschwert üppiges Wachstum oft das Vorwärtskommen. Fast watet man bis zu den Knien und höher durch FARN, tritt in versteckte Wasserlöcher und -läufe und kann sich rasch die Füße zwischen überwachsenen Steinen im Geröll verstauchen oder übler verletzen.

Der Lofoten-Wald wächst dicht, aber niemals hoch und selten gerade. Alle Bäume sind krumm und verdreht, ein jeder muss sich im Steilen einrichten, kein Stamm hat die Richtung des anderen.

Die BIRKE ist hier neben den vielen Arten der Weide die vorherrschende, und sie wird desto krummer und niedriger, je höher oder je näher man dem Meer kommt. Auch die GEMEINE EBERESCHE kommt vor: Diese anspruchslose Baumart findet man am ehesten rings um Häuser, wo sie angepflanzt wurde, um diese gegen den Wind zu schützen; aber auch, um in schlechten Zeiten den schlimmsten Hunger zu stillen, denn ihre Rinde ist essbar. Die Erle macht sich rar; nur vereinzelt stößt man auf ein isoliert stehendes Exemplar dieses Zapfen bildenden Baumes.

Wo immer es nicht zu nass ist, gedeiht der WACHOLDER, der übrigens als der einzige natürlich wachsende Nadelbaum im Inselreich gilt. Seine Beerenzapfen benötigen rund drei Jahre zum Reifen, und währenddessen ändert sich die Farbe von Grau über Dunkelgrün bis Schwarz – ein Lofoten-Sprichwort sagt: »Wenn jede Wacholderbeere schwarz ist, werden alle Mädchen verheiratet sein« – was nie eintritt. Alle anderen Nadelbäume wurden vom Menschen »importiert«, oder – besser gesagt – von einem einzigen Menschen, nämlich *Einar Berg* aus Svolvær, der 1890 gleich 60.000 Bäume (diverse Tannen, Kiefern und Fichten; Arten aus Sibirien und Alaska) auf Austvågøya pflanzte bzw. pflanzen ließ.

Aber an den bewaldeten Berghängen finden sich nicht nur Bäume, sondern auch und insbesondere GRÄSER, MOOSE und Blumen, u.a. mehrere Orchideenarten, wobei die zahlreichen KNABENKRAUT-Gewächse dominieren. Oft stehen diese Pflanzen zu Tausenden nebeneinander, und um die Zeit der Sommersonnenwende herum zeigen sich ganze Inselregionen in das helldurchsichtige Violett ihrer Blüten getaucht. Oder ins irrisierende Blau des GEMEINEN FETTKRAUT, ins gelb getupfte Weiß des ALPEN-FETTKRAUT und des SILBERWURZ, wohingegen die STORCHSCHNABEL-Gewächse dem Land einen pastellenen Rosaton verpassen.

Zu guter Letzt seien noch Vertreter der Flora gewürdigt, die Kundigen auch als HEILPFLANZEN ein Begriff sind: Dazu gehören das Echte Mädesüß, der Blutwurz, der Holunderblättrige Baldrian, die Gemeine Goldrute, der Erzengelwurz, die Alant-Distel und die Schafgarbe. Das Thema ist recht speziell, so dass wir bei Interesse auf die einschlägige Literatur verweisen.

Reichtum im Kargen: oben Wollgras, unten Eberesche und Moosbewuchs ▶

DIE FLECHTE – EIN »MIKROKOSMOS«

Nutzen und Schönheit der wohl anspruchslosesten Pflanzengruppe fallen nicht sofort ins Auge. Gemeint ist die Flechte, in der ALGEN UND PILZE IN SYMBIOSE leben, wobei die Chlorophyll-führenden Algenzellen durch die Photosynthese Traubenzucker und andere Stoffe produzieren, während die Pilze vor allem die Aufnahme von Wasser und Nährsalzen besorgen.

Ihrem ganzen Habitus nach scheint die Flechte Teil des Felsens zu sein, an den sie sich klammert; sie scheint eher Mineral als Pflanze, überlebt selbst in Regionen des Permafrostes, kann hunderte Jahre alt werden und wächst so langsam, dass der Zuwachs des Thallus lediglich 1–2 mm pro Jahr beträgt.

Ihre SCHÖNHEIT erkennt eigentlich nur, wer sich auf den Boden legt und die feinen Maserungen betrachtet, die gleichermaßen an komplizierte Netzwerke erinnern oder, je nach Art, an filigrane Miniaturen, mikroskopisch kleine Schornstein-Landschaften oder auch Kirchenfenster à la Chagall.

Um den Nutzen der Flechte mit eigenen Augen zu verfolgen, müsste man ähnlich zeitlos sein wie sie, denn das, was sie hervorbringt, bedarf Jahrhunderte, wenn nicht Jahrtausende: fruchtbaren Boden, geschaffen vom Pilz, dem Pionier, der konstant organische Säure (der chemischen Zusammensetzung nach Polycarbonsäure) absondert, die nirgends sonst in der Natur vorkommt, und das Substrat, den Fels, auf dem er sitzt, in einem unermesslich langsamen chemischen Erosionsprozess zersetzt.

Aber noch zu etwas anderem ist die Flechte nützlich: Sie gilt nämlich als INDIKATOR FUR SAUBERE LUFT: Viele Arten (unter den 19.000 bekannten) gehen ein, tritt auch nur eine geringe Verschmutzung auf. Ihr üppiges Vorkommen auf den Lofoten zeigt an, wie es hier um das bestellt ist, was sich auf dem Globus weit verbreitet in üblem Zustand befindet.

WANDERZEIT – SAMMELZEIT

Kaum eine Sommerwanderung, von der man nicht etwas Schmackhaftes aus dem großen Wildgarten der Lofoten-Natur mitbringen könnte, oder auf der sich nicht zumindest teilweise die Wegzehr sammeln ließe.

TROLLCREME

Das, wie die Norweger finden, mit Abstand Leckerste, was man aus Preiselbeeren machen kann, ist *Trollkrem*, bekannt als klassisches norwegisches Dessert und obendrein leicht und billig zuzubereitet. Zwar finden sich so viele Rezeptvariationen, wie es Großmütter gibt, doch auf einen einfachen Nenner gebracht, benötigt man für 4 Portionen etwa einen halben Liter Preiselbeeren, 150 g Zucker sowie 1 Eiweiß: All diese Zutaten gebe man in eine Schüssel oder Küchenmaschine und rühre so lange auf stärkster Stufe, bis die rosarot gefärbte Masse luftig aufgeschäumt und steif ist. – Das kann durchaus schon mal bis zu 15 Minuten dauern, doch das ist nichts im Vergleich zu früher, als wie wild und zeitraubend mit dem Holzlöffel gerührt werden musste. (Angst vor Salmonellose übrigens ist unbegründet, zumindest wenn man in Norwegen rührt, wo bislang noch in keinem Ei Salmonellen nachgewiesen werden konnten.)
Bleibt abschließend nur noch zu erwähnen, dass die »Erwachsenen-Variante« der Trollcreme die zusätzliche Ingredienz Aquavit enthält – norwegischen natürlich, zum Beispiel von »Linie« oder (nach Meinung vieler »Experten« besser, aber auch merklich teurer) von »Gilde« gebrannt.

Beginnen wir mit den allgegenwärtigen **BEEREN**, von denen insbesondere die Heidel- oder Blaubeere sowie Rauschbeere neben Preiselbeere, Molte- oder Multebeere zu nennen sind.

Die BLAUBEERE *(Vaccinium myrillus)* wächst zwar auf den Lofoten in den meisten Vegetationszonen, aber in den niedrigeren Lagen (etwa bis 300 m) gedeiht sie in stellenweise wirklich unglaublicher Menge und einer Größe, die der bei uns beheimateten Beere spottet. Die Blaubeer-Zeit herrscht, je nach dem Verlauf des Sommers, zwischen Anfang / Mitte August sowie Anfang / Mitte September.

Die RAUSCHBEERE *(Vaccinium uliginosum)* ist übrigens die direkte Verwandte der Blaubeere, sieht dieser auch äußerlich zum Verwechseln ähnlich, ist aber innen von weißer Farbe und kann etwas säuerlich schmecken.

Auch die kleine, rote PREISELBEERE *(Vaccinium vitisidae)* ist in vielen Vegetationszonen zu finden, bevorzugt sonnenreiche Südhänge in tiefen bis mittleren Lagen, ist aber in unbehandeltem Zustand – also ungekocht und nicht gezuckert – von ziemlich herbem, den Mund zusammenziehendem Geschmack. Auch im August kann man sie hier und da schon sammeln, aber im September und bis etwa Mitte Oktober geht es erst richtig (und gefäßfüllend) zur Sache. Manch eine/r erntet dann mit einem *bærplukker* (erhältlich in den meisten Geschäften; ideal auch für Blaubeeren) geradezu großflächig ab.

Die beliebteste aller Beeren aber ist den Lofotern die in Mitteleuropa unbekannte MOLTEBEERE *(Rubus chamaemorus),* die hier als Delikatesse wie keine andere Wildfrucht sonst gefragt ist. Das auch als Multebeere bekannte Rosengewächs gedeiht skandinavienweit in mooriger, jedoch nicht sumpfiger Landschaft vom Meersniveau bis hinauf auf etwa 300 m Höhe, besitzt einen extrem hohen Vitamin-C-Gehalt und ist außerdem reich an Benzolsäure (die Schimmel und Gärung verhindert und dadurch lange Haltbarkeit garantiert), weshalb die etwa kirschgroße Frucht, die an krautigen, 10–15 cm hohen Pflanzen gedeiht, bis in unsere Tage hinein eine wichtige zusätzliche Nahrungsquelle für den langen Winter war. Deshalb auch war sie geschützt, fiel also nicht unter das Allemannsretten, das sogenannte Jedermannsrecht (siehe Seite 168 f.). Erntezeit ist zwischen Mitte Juli und August, und der Geschmack der Frucht, die reif eine orange bis hellgelbe Färbung hat, kann an eine Mischung aus Aprikose, Erdbeere und Mango erinnern. Mit Sahne oder Sauerrahm genossen und leicht gezuckert schmeckt sie am besten, obwohl sie auch vielfach zu Marmelade oder Gelee verarbeitet wird.

Aber nicht nur um Beeren geht es dem Sammler auf den Lofoten, sondern auch und insbesondere um **PILZE.** Wer Ahnung hat oder mit einem Pilzbuch ausgestattet ist, auf die/den warten kulinarische Genüsse. Die Pilzzeit beginnt hier, grob gesagt, Anfang bis Mitte August und währt etwa bis Mitte / Ende September. Im direkten Einflussbereich des Meeres sucht man sie, wie auch im Hochgebirge, vergebens; die größte Vielfalt bietet sich in unteren und niederen Lagen bis etwa 150 m ü.d.M. überall da, wo es weder zu trocken noch zu nass ist.

So groß die Zahl an Speisepilzen nun ist, die Lofoter sammeln eigentlich nur Pfifferlinge. Weder Hallimasch, Birkenpilze und Rotkappen, ja nicht einmal Steinpilze, die es hier teils in enormen Größen gibt – wir fanden einst ein 1,5 kg schweres Prachtexemplar –, haben es den Inselbewohnern angetan, weshalb die möglichen Sammelmengen oft jeder Beschreibung spotten.

Tierwelt

JÄGER UND GEJAGTE

Von der Formen- und Artenarmut aller nordischen Inseln an höheren Tieren machen die Lofoten keine Ausnahme. Allerdings war die Fauna nicht immer so spärlich vertreten wie heute. Das konnten die Archäologen den Zoologen beweisen, als sie bei Ausgrabungsarbeiten in Storbåthellaren auf Essensreste der Steinzeitmenschen stießen, die zweifelsfrei belegen, dass es im Inselreich vor etwa 4.000 bis 5.000 Jahren Bären gegeben haben muss, worauf ja auch mehrere Ortsnamen (die mit einem *bjørn* im Wort) hinweisen. Ebenso konnten Überreste von Bibern, Hirschen und Rentieren sowie vom Riesenalk – einem gigantischen Vogel, der nicht fliegen konnte und längst ausgestorben ist – nachgewiesen werden. Die Funde berechtigen zur Annahme, dass es Zeiten gab, als das Klima wärmer war und die Wälder größer waren, wie es heute der Fall ist.

Der größte frei lebende Säuger, den man vereinzelt zu Gesicht bekommen kann, ist der **ELCH**, der, seit die Elch-Population auf dem Festland stark angewachsen ist, in verstärktem Maße von der benachbarten Vesterålen-Insel Hinnøya über den Raftsund zum Archipel hinüber SCHWIMMT. Inzwischen sind dutzende Exemplare dieses bis über 500 kg schweren und früher nur im borealen Nadelwald vertretenen Tieres auf den Lofoten beheimatet, und insbesondere auf Austvågøya sorgt der Elch immer wieder für Verkehrsunfälle, zumal viele Autofahrer hier nicht an sein Da-Sein gewöhnt sind.

Anders Reineke **ROTFUCHS**, der ursprünglich nur auf Austvågøya und Vestvågøya beheimatet war und dort in den 1930er Jahren eine dermaßen reiche

HASEN-Ernte hielt, dass die Langohren heute auf Austvågøya ausgestorben sind und man wohl auch auf der südlichen Nachbarinsel in Bälde einen Nachruf verfassen darf. Auf Flakstadøya gab es zwar bis vor wenigen Jahren noch viele Hasen, aber keine Füchse, was die Gartenbau betreibenden Einwohner dazu veranlasste, welche auszusetzen. Der Erfolg war groß: Meister Lampe macht sich seither rar, doch die schlauen Räuber wurden schnell zur Inselplage und vergriffen sich an Enten und Hühnern, wofür man ihnen schießend den Garaus bereitete.

Der gemeinen **RATTE** war und ist nicht beizukommen, und weil Müll anfällt, der nicht verbrannt wird, weil auch die Fischindustrie so manche Leckerbissen für die Nager bereit hält, vermehren sie sich wie eh und je und wie fast überall sonst auf der Erde. **MÄUSE** gibt es auch – die Feld- sowie die Große Wühlmaus; die ist unbeliebt, weil sie sich winters an den Rinden der Bäume (bevorzugt Espe, Eberesche und Weide) gütlich tut.

Um eine andere Wühlmaus, 14 bis 17 cm groß, wurden abenteuerliche Legenden gesponnen: etwa die, die *Conrad Gesner* im 16. Jahrhundert wiedergab und die besagt, dass selbige bei verschmutzter Luft nach einem Platzregen zu Tausenden vom Himmel fällt. Alfred Brehm zitierte im 19. Jahrhundert die Vermutung der Nordländer, dass diese Wühlmaus, wenn sie stirbt, die Luft verpeste, wodurch der Mensch von Schwindel und Gelbsucht befallen würde. Anderen Berichten zufolge soll es sich begeben, dass sich die Nager, wenn sie die Nähe ihrer Mitmäuse nicht länger ertragen können, in Prozession von den höchsten Felsen aus ins Meer stürzen. Man ahnt es schon, die Rede ist vom **LEMMING**, und wahr ist an all den Legenden rein gar nichts, außer dass sie – wird die Populationsdichte zu hoch und damit der Stress übermächtig – in großen Zügen abwandern (was viele nicht überleben). Vom Massensuizid kann also keine Rede sein (zumal sie perfekte Schwimmer sind). Aber man muss Glück haben, will man den possierlichen Wühlern begegnen, denn sie, die als die ältesten Einwohner Norwegens gelten (da schon direkt nach der Eiszeit vorhanden), leben meist im Verborgenen. Und nur alle 3 – 4 Jahre, wenn ihr Lebensrythmus als Folge der Überbevölkerung durcheinander gerät, kann man sie zuhauf während ihrer Wanderschaft beobachten. Zu solchen Zeiten schwillt auch die Zahl ihrer Fressfeinde an, vor allem Rotfuchs,

Möwe und Rabe. Sinkt die Mäusedichte schließlich, sterben wiederum auch viele ihrer Jäger.

Die anderen frei lebenden Säuger auf den Lofoten gehören allesamt zur Familie der **MARDER.** Da ist zuallererst das WIESEL – ein interessanter Neugieriger, dem man überall da begegnen kann, wo Steine sind; und wo sind die nicht auf den Lofoten? Dass er eine Plage sein kann, wissen die Fischer zu berichten, denen er immer wieder mal einen Fang stiehlt.

Ein schlimmerer Räuber ist der NERZ, denn er fischt selbst, und zwar sowohl in Flussläufen als auch im Meer; und wo viele Nerze beisammen sind, ist es um den Forellen- und Saibling-Bestand meist schlecht bestellt.

Auch der OTTER ist ein eifriger Meeresfischer. Seine Neugierde trieb ihn schon mehrfach auf die Straßen der Archipel-Metropole Svolvær, seine Lust am Spielen ist belegt, und winters – so sagen die Lofoter – kann man ihn beim Klippen-Schlindern beobachten, was stets mit einem Klatsch im Meer endet, woraufhin er aufsteigt und von Neuem beginnt.

DIE VOGELFELSEN

Auf den Lofoten stehen Land und See in ständigem Kontakt und Wechselspiel. Der Archipel bietet mit einer FÜLLE GESCHÜTZTER NISTPLÄTZE auf Klippen und Felstürmen gewaltigen Kolonien von Seevögeln eine Heimat. Die See, die die Inseln umspült, ist reich an Plankton und ernährt riesige Fischschwärme, die – solange sie nicht ausbleiben – wiederum den Vögeln als Nahrung dienen. Kaum eine andere Gegend kann sich so vieler verschiedener Seevogelarten in solcher Zahl rühmen; die Vogelfelsen Vedøya auf Røst sowie Måstadheia auf Værøy gelten als mit die reichsten des Nordens.

Schaut man sich einen Vogelfelsen aus der Nähe an, fällt sofort sein stockwerkartiger Aufbau ins Auge: Bereits wenige Meter über dem Meeresspiegel finden sich die Nester der perlgrau gefärbten und an ihrem langen Schwanz gut erkennbaren **DREIZEHENMÖWEN** *(krykkje)*, deren Fundamente aus Erde und Schlamm und deren Polsterungen aus Gras, Tang oder Moos bestehen.

Ein Stückchen weiter oben brüten die **BASSTÖLPEL** *(havsule)*, die mit mehr als 3 kg Gewicht und einer Flügelspannweite von bis zu 2 m die größten Seevögel der Nordhalbkugel sind. Ihre Nester finden sich direkt unterhalb derer der **TORDALKE** *(alke)* und **TROTTELLUMMEN** *(lomvi)*, die beide zur großen Familie der Alken gehören, welche in der nördlichen Hemisphäre die Pinguine vertreten und ganz ähnlich wie diese leben. Daher ist ihr Flugapparat wesentlich besser zum Tauchen als zum Fliegen geeignet, weshalb sie auch den größten Teil ihres Lebens auf hoher See verbringen.

So auch die ebenfalls zur Familie der Alken zählenden **PAPAGEITAUCHER** *(lundefugl)*, die die größte Kolonie im Fels bilden und stets die Grashänge im oberen Bereich der Klippen bevölkern, wo sie in selbst gegrabenen Erdhöhlen von bis zu 3 m Länge brüten. Mit ihren rot gebänderten Schnäbeln, roten Augenringen und roten Füßen sehen sie überaus lustig und eben wie Papageien aus. Leider ist die Population der fotogenen Vogelart im Nordmeer aus verschiedenen Gründen stark reduziert worden (siehe Seite 37).

Abseits vom eigentlichen Vogelberg, auf hoch gelegenen Partien der Steilhänge, brüten die **EISSTURMVÖGEL** *(havhest)*. Auch der gewaltige **SEEADLER** *(havørn)* errichtet seinen Horst nur an hoch liegenden, unzugänglichen Stellen, und von dort gleitet er regelmäßig herab, um für sich und seine Jungen die (hoffentlich) reich gedeckte »Vogelbergtafel« zu plündern.

TRAGÖDIEN AUF DEN VOGELFELSEN

Die Tiergemeinschaften auf den Lofoten, ja im hohen Norden schlechthin, unterscheiden sich von den Ökosystemen südlicherer Breiten durch eine größere Biomasse bei geringerer Produktivität: Statt vieler Arten mit relativ wenigen Exemplaren findet man hier relativ wenige Arten mit vielen Exemplaren. Solche Systeme aber reagieren auf Eingriffe des Menschen wesentlich anfälliger als die gemäßigter Zonen, wo lange Wachstumsperioden und die Vielfalt der Lebewesen manche Misshandlung ausgleichen können. Beispielhaft für diesen Zusammenhang können die Seevogelkolonien von Værøy sowie Røst auf den südlichen Lofoten zählen: Über die Jahrhunderte hinweg galten sie als die größten und am dichtesten besiedelten von Norwegen, ja von ganz Europa, doch seit sich in den 1960er Jahren die Nahrungsverhältnisse der Seevögel aufgrund der hoffnungslosen Überfischung der Barentssee und des Nordmeeres drastisch verschlechterten, ging es plötzlich rapide abwärts im Bestand aller auf den Vogelfelsen heckenden Arten. Die zunehmende Ölverschmutzung tat und tut ein Übriges, und auch die Auswirkungen der Klimaveränderungen darf man nicht unterschätzen; zigtausende Seevögel kommen jährlich zudem in den ausgelegten Fischernetzen zu Tode, und so kommt es, dass heute ganze Kolonien vom Aussterben bedroht sind:
Wurde die Zahl der auf Røst heckenden Papageitaucher-Paare beispielsweise noch 1980 auf nahezu 1,5 Mio. geschätzt (Værøy ca. 500.000), so waren es 1985 nur noch rund 750.000. Bis zum Sommer 2017 war der Bestand auf 285.000 geschrumpft (Værøy: ca. 33.000), und es besteht triftiger Grund zu der Annahme, dass es in Zukunft noch viel schneller bergab geht mit dem *lundefugl:* Wie nämlich 2007 in der Tageszeitung »Lofotpost« zu lesen war, blieb in diesem Jahr der *sil* (Sandaal) vor Røst nahezu gänzlich aus. Dieser Fisch aber ist im Sommer Hauptnahrungsquelle der Papageitaucher, und so kam es, dass nahezu alle Paare ihre Nester und Eier auf Futtersuche verlassen mussten, um selbst zu überleben. Damit war die Brut eines gesamten Jahres dem Untergang geweiht, und weil dieses Phänomen auch in den vergangenen Jahren immer wieder auftrat, reduzierte sich der Bestand der Papageitaucher auf Røst und Værøy allein von 2012 auf 2013 um über 30 % sowie von 2015 bis 2017 noch mal um etwa 10 %.

FORTSETZUNG NÄCHSTE SEITE

◀ In aller Schönheit: Lundefugl alias Papageitaucher
(Foto/Copyright: Ernst Furuhatt / www.nordnorge.com / Vågan)

FORTSETZUNG: **TRAGÖDIEN AUF DEN VOGELFELSEN**

Noch gravierender verhält es sich mit derjenigen der Trottellummen, die bereits im Jahr 2004 als gefährdete Art auf die Rote Liste der International Union for Conservation of Nature and Natural Resources (IUCN) gesetzt wurden. Der Rückgang in ihrem Bestand bezifferte sich von 1981 bis 2013 auf sage und schreibe 99,71 %, und nur noch eine Handvoll heckende Paare fanden sich zuletzt auf Røst und Værøy. Zurzeit schrumpft der Bestand jährlich um weitere 10 %, womit steht ihr Aussterben bevorsteht.

Des Weiteren besteht die Gefahr, dass Ornithologen demnächst auch für die Dreizehenmöwe einen Nachruf verfassen müssen: Wurde ihr Bestand Mitte des 20. Jahrhunderts allein auf Røst auf mehrere Millionen geschätzt, beläuft sich heute die Gesamtpopulation in ganz Norwegen auf weniger als 200.000 Tiere. Auf Røst und Værøy hat ihr Bestand seit 1980 um über 90 % abgenommen: 2017 waren es noch 2.500 Paare. Und da die Kolonie zurzeit um etwa 10 % pro Jahr schrumpft, kann man leicht überschlagen, dass es sie bald nicht mehr geben wird. Also wurde auch dieser Seevogel längst auf die Rote Liste gesetzt.

Die Population des Eissturmvogels hat sich in den vergangenen 20 Jahren um gut 90 % reduziert: Nur etwa 55 Nester wurden 2016 noch auf Røst registriert, und jährlich schrumpft der Bestand um etwa 13 %.

Die Tordalken auf Røst und Værøy haben seit den 1970er Jahren ca. 95 % ihres Bestands verloren. Jedes Jahr werden es zurzeit rund 9 % weniger, und landesweit soll es weniger als 8.000 heckende Paare geben.

Bleibt noch der Basstölpel als klassischer Protagonist auf den Vogelfelsen, von dem zurzeit landesweit nur noch 200 Paare vermutet werden, nachdem wir in der vorletzten Auflage dieses Buches noch von 4.500 berichteten.

Einen Zuwachs verzeichnen dagegen die Kormorane und Krähenscharben (beide über 600 % seit 1998!), die unter Schutz stehenden Seeadler sowie vor allem Seevogelei-Räuber wie Raubmöwen, Raben und Krähen.

Weiterführende Informationen zum Bestand der Vogelpopulationen bieten u.a. auf Englisch die Websites www.seapop.no, deren Name für »seabird population« steht, und www.miljostatus.no.

KORMORANE und **KRÄHENSCHARBEN** sehen sich ziemlich ähnlich. Während der Kormoran ein vollkommen dunkles Federkleid trägt, ist die Krähenscharbe am Schnabelgrund und unter dem Auge gelb gefärbt und zur Brutzeit durch eine nach vorn gebogene Federhaube gekennzeichnet.

Geschichte

ZEITEN UND ZEITZEUGEN AUF DEM ARCHIPEL DES KABELJAU

AB 13. JT. V. CHR.: Die Eismassen der letzten Kaltzeit schmolzen ab, es finden sich erste Spuren menschlicher Anwesenheit in Norwegen. Die Lofoten lagen, wie ganz Nordnorwegen, zu dieser Zeit noch unter einem Eispanzer begraben.

8.–4. JT. V. CHR.: Im Süden von Norwegen wurde bereits das Töpferhandwerk ausgeübt und Handel entlang der Küste betrieben (Nøstvet-Kultur).

Entlang der Nordmeerküste setzte ab dem 7. Jt. eine erste Besiedlung in größerem Umfang ein, doch aus dieser Zeit sind auf den Lofoten lediglich ein paar wenige *helleristninger* (Felsritzungen) zu finden, die erst im Jahr 2001 in einer Höhle nahe Storvågan (siehe Seite 176 ff.) entdeckt wurden.

4. JT. V. CHR. BIS ZUR ZEITENWENDE: Im Süden von Norwegen wurde wahrscheinlich schon seit dem 4. Jt. v. Chr. Ackerbau und Viehzucht betrieben, wie zahlreiche Felsritzungen belegen.

Auf den Lofoten war ab etwa 4.000 v. Chr. und womöglich bis zur Zeitenwende die Höhle STORBÅTHELLAREN an der Ostseite von Flakstadøya bewohnt. Wie die gemachten Funde vermuten lassen, waren die »Alten« Jäger, Fischer und Sammler, die von einem Jagd-, Fisch- oder Sammelplatz zum nächsten zogen und sich nur im Winter in ihre sichere Höhle zurückzogen. Aus der gleichen Zeit stammen mehrere Hausfundamente, die ebenfalls bei Storvågan (siehe Seite 176 ff.) entdeckt wurden.

500 V. CHR.–500 N. CHR.: Es trat eine drastische Klimaverschlechterung ein, die – wie manche Wissenschaftler meinen – die große germanische Völkerwanderung auslöste. Belegt ist, dass ab dem 3. Jh. n. Chr. Nordgermanen aus dem Süden von Skandinavien bis in den hohen Norden wanderten.

Zur gleichen Zeit etwa erfolgte auf den Lofoten der Übergang von einer hauptsächlich auf Sammeln, Jagen und Fischen ausgerichteten Lebensweise zu einer vorwiegend auf Ackerbau und Viehzucht in Verbindung mit Fischfang basierenden Wirtschaft.

500–900: Diese Ära wird als **WIKINGERZEIT** bezeichnet. Im Jahre 872 gelang es *Harald Hårfagre,* die norwegischen Stämme zu einem Reich zu vereinen. Er gilt als erster König norwegischer Nation, und wer nicht für ihn war, musste das Land verlassen, wodurch übrigens die Besiedlung Islands und auch Grönlands ihren Anfang nahm und in der Folge auch die nordamerikanische Küste lange vor Kolumbus entdeckt wurde.

Wie Ausgrabungen aus Siedlungs-/Hausresten belegen, wurden auf den Lofoten zwischen 600 und 900 n. Chr. nahezu alle Regionen besiedelt, die es auch heute noch sind. Es fällt auf, dass es sich bei allen Häusern (die der Laie freilich kaum als solche erkennen kann) um sogenannte LANGHÄUSER handelt – deren 25 bis 30 m Länge legen nahe, dass sie VON EINER GRÖSSEREN SOZIALEN GRUPPE als der Kernfamilie BEWOHNT waren. Ihr Boden bestand aus Erde, die Wände fertigte man aus Stein, Erde und Torf, die Dächer ruhten auf Holzpfählen, und Teile des Inneren dienten diversen Haustieren als Ställe. Ihre Lage verrät etwas über das Wirtschaftsleben jener Zeit, denn Weiden und wohl drainierte Sandböden befinden sich in direkter Nähe, das Meer hingegen in weiterer, aber nicht »zu« weiter Ferne. Das lässt den Rückschluss zu, dass dem Ackerbau und der Viehzucht dominierende Bedeutung zukamen, Fischfang und Seefahrt zwar auch betrieben wurden, aber eben nicht in dem Maße wie ab dem 12. Jahrhundert bis in unsere Tage hinein.

Den besten Einblick in das Leben in einem Langhaus zur Eisen-/Wikingerzeit kann man in Borg auf Vestvågøya (siehe Route 9) nehmen, wo das mit 83 m Länge GRÖSSTE je gefundene LANGHAUS entdeckt und ORIGINALGETREU NACHGEBAUT wurde. Auch ein Großteil der vor Ort gefundenen Gegenstände sind dort ausgestellt – was der prächtige Holzbau von außen verspricht, das hält er in seinem authentisch eingerichteten Inneren.

900–1030: Entlang der nordnorwegischen Küste entwickelte sich ein lukrativer HANDEL. Um das Jahr 900 herum gründeten die Wikinger Vågan (auch: Vágar), die Keimzelle des heutigen Storvågan (siehe oben) bei Kabelvåg auf der Insel Austvågøya – als sehr wahrscheinlich erste permanent bewohnte Siedlung nördlich des Polarkreises.

Mit der endgültigen CHRISTIANISIERUNG Norwegens ab 1030 gilt die Wikingerzeit als beendet. Die norwegischen Könige streckten ihre Hände nun bis auf die Lofoten aus und unterstellten den Archipel ihrer Herrrschaft. Insofern lässt sich die Geschichte **AB DEM 12. JAHRHUNDERT** auchleichter nachvollziehen: König *Øystein* ließ 1120 DIE ERSTE LOFOTEN-KIRCHE errichten und ordnete zudem den Bau der ersten *rorbuer* an: Hütten (»Wohnstätten für Ruderer«) für von auswärts kommende Fischer, die schon damals jeden Winter auf dem Archipel auftauchten, um Kabeljau zu fangen. Die Lofoten-FISCHEREI hatte ihren Anfang genommen, und von jetzt an herrschte in Vågan lebhafte Tätigkeit. Kaufleute aus Bergen kamen mit Frachtschiffen voll des begehrten Korns, das sie gegen Stockfisch tauschten. Vågan erlebte seine Blütezeit, sogar Münzen wurden hier geprägt – die *Vågasølv,* Vågasilber. Es dauerte nicht lange, da entstand eine KAUFMANNSGILDE der Lofoter, die nun ihrerseits nach Bergen schifften, wo sie Stockfisch, Walrosszähne, Pelze und Gerfalken gegen Wein, Honig und Stoffe tauschten.

Die große Zeit Vågans war ziemlich kurz. **1349** trug ein englisches Kauffahrerschiff die PEST nach Bergen. Die fürchterliche Krankheit breitete sich in Windeseile über das ganze Land aus und verschonte auch die Lofoten nicht.

Ein Jahr später entzog der norwegische König den reisenden Kaufleuten aus Bergen das Recht, Handel nach Gutdünken zu treiben; die Folge der Bevormundung von Staatsseite war, dass die Konkurrenz der deutschen **HANSE** übermächtig wurde. Schon um 1250 hatte die Hanse – ein Zusammenschluss deutscher Kaufleute mit Hauptsitz in Lübeck – von dem norwegischen König *Håkon Håkonsson* das Privileg erhalten, in Bergen Handel treiben zu dürfen. Jetzt aber richteten sie in der westnorwegischen Handelsmetropole ein eigenes Kontor ein, mieteten Landungsbrücken und Lagerräume, kauften bald auch Grund und Boden und errichteten schließlich eigene Landungsbrücken – darunter die allen Nordland-Fans bekannte Tyskebryggen (Deutsche Brücke), die damals für Norwegen das war, was heute die Wall Street für die Börsen-Gläubigen bedeutet. Die Hanse KONTROLLIERTE DEN HANDEL, da nur sie in der Lage war, das unentbehrliche Korn in den Norden zu liefern.

Über Bergen hinaus durften die deutschen Kaufleute nun nicht fahren, und weil die Bergenser Kollegen ruiniert waren, kam niemand mehr nach Vågan, was den NIEDERGANG dieses Handelszentrums zur Folge hatte. Die Lofoter mussten sich jetzt selbst aufmachen, das lebenswichtige Getreide aus Bergen zu holen. Mit Stockfisch schwer beladen, fuhren sie ab 1350 alljährlich im Mai nach Süden.

So ging es 200 Jahre lang, während deren die Hanse eine derartige Wirtschaftsmacht erlangte, dass sie sich sogar Handelskriege (u.a. mit England und Flandern) leistete. Sie beherrschte den Ostseeraum, vereinigte die Nord- und Ostseeländer zu einem einheitlichen Wirtschaftsraum und nahm bedeutenden politischen Einfluss auf alle Länder Nordeuropas.

14.–18. JH.: 1378 starb der letzte norwegische König (Olav IV.) mit 17 Jahren, und das durch die Pest geschwächte Norwegen kam unter dänische Herrschaft. Norwegen wurde praktisch zu einer Kolonie des südlichen Nachbarn, und bald schon hatten die Norweger sowohl im Handel als auch in der Verwaltung jegliches Mitspracherecht verloren. Das Monopol der Hanse brachte dagegen nicht nur Nachteile, sondern auch Vorteile für die Nord- und Ostseeanrainer mit sich, denn der Handel regte Produktion und Gewerbe an und verhalf einer Städtekultur zu ihrer Entfaltung. Auch die Lofoten profitierten, denn STOCKFISCH war im katholischen Europa des Mittelalters eine gefragte Speise, nicht nur während der Fastentage. Besonders die Italiener (die wiederum die Hanse versorgte) waren erpicht auf den luftgetrockneten Fisch. Ab Mitte des 15. Jhs. kauften sie nahezu 85 % des Lofoten-Stockfisches auf.

Durch verschiedene Gesetze büßte die Hanse ab dem 16. Jh. ihre Handelsmacht größtenteils ein, und ab 1570 floss das Korn nur noch spärlich nach Bergen, die Preise stiegen, die für Stockfisch aber fielen, und als viele der traditionellen Stockfisch-Importländer auf den noch billigeren und soeben »erfundenen« Klippfisch umstiegen (mit Hilfe von Salz konservierter, dann getrockneter Kabeljau, der vor Neufundland gefangen wurde), lag der Fischfang als einzig nennenswerter Wirtschaftszweig der Lofoten bald darnieder.

ITALIENISCHES INTERMEZZO

Man schrieb das Jahr 1432: Schneegestöber verfinsterte den Februarmorgen, und Sturmböen peitschten die Möwen von den Dächern. Das Meer kochte, der Kabeljau trieb in Schwärmen in den Vestfjord, und so stürzten sich die Fischer von Røst in ihre Boote und vertrauten sich den tobenden Elementen an.

Die gespenstische Regatta in der Morgendämmerung fand erst am späten Nachmittag ihr Ende, als sich die Boote durch die schweren Brecher wieder dem schützenden Hafenbecken näherten. Die Jugend fieberte schon dem großen »Hau« entgegen und stand mit geschärften Messern bereit, denn ihnen gehörten die Zungen von *gaddus morrhua,* dem Kabeljau – wie es ein uralter Lofoten-Brauch besagte. Auch die Frauen und die Alten standen am Ufer, getrieben von Angst um ihre Männer und Söhne, die nicht immer vollzählig zurückkamen von dem gefährlichen Vorhaben, »den lieben Gott zu einem armen Mann zu machen«.

Aber an diesem Tag war es anders: Niemand war für immer auf See geblieben, sondern es kamen mehr zurück, als morgens abgefahren waren. 19 zusätzliche Männer – verwildert, krank und halb wahnsinnig – wurden an Land geschleppt. Die meisten von ihnen hatten die Sprache verloren, und die wenigen, die ihrer noch mächtig waren, konnte niemand verstehen.

»Lasst uns den Pfarrer holen«, schlug jemand vor, denn der Pfarrer von Røst war ein deutscher Mönch und hoch gelehrt. Und wirklich: Er verstand die Sprache der dunkelhäutigen Männer, und bald schon wussten alle 120 Bewohner von Røst, was geschehen war:

Die Fremden kamen aus einem weit entfernten Land – aus Italien. Ihr Anführer hieß *Pietro Querini,* und kurz vor Weihnachten 1431 hatte er sich mit seinem Schiff und 68 Männern von Belgien aus Richtung Norden aufgemacht, wo er am Heiligen Abend in ein fürchterliches Unwetter geraten war. Das Schiff wurde unter einer Sturzsee begraben, nur 19 Seeleute konnten sich in ein Boot retten. 16 Tage trieben sie umher, dann strandete das Boot auf einem unbewohnten Felseiland, wobei es zerschellte. Über einen Monat lang saßen die Überlebenden dort und nährten sich von Salzwasser, bevor sie die Røst-Fischer fanden.

Bis in den Mai hinein blieb das fremde Volk auf dem Archipel, und als Pietro Querini wieder in Italien war, bekam er eine Audienz beim Papst, dem er begeistert von dem wundersamen luftgetrocktenen Stockfisch erzählte und wohl auch zu kosten gab. Der Heilige Vater war zutiefst angetan von dieser neuen (Fasten-) Speise, »die der Himmel geschickt hatte«. So kam es, dass Italien zum damals größten Stockfisch-Importeur wurde und bis heute einen großen Teil der Produktion abnimmt.

Im 17. Jahrhundert verließ jeder vierte Lofoter vom HUNGER getrieben seine Inselheimat, auch wenn inzwischen die Holländer in Bergen aufgetaucht waren und jährlich ca. 20 % der Stockfischproduktion abnahmen; ein Relikt aus jener Zeit ist der Begriff *Kabeljau,* der aus dem Niederländischen stammt. Doch die Exporte nach Holland waren nur ein Tropfen auf dem heißen Stein, der die bis Mitte des 18. Jahrhunderts währende FLAUTE der Lofoten-Fischerei nicht aufhalten konnte.

BIS 1814: Die letztendlich fehlgeschlagene Französische Revolution, die Napoleon Bonaparte an die Macht brachte, sorgte schon zu Beginn des 19. Jhs. für eine Rezession. Dänemark nämlich, nach wie vor Herrscher auch über Norwegen, verbündete sich 1807 mit dem kriegslüsternen Korsen, wofür sich England, einer der Gegner, mit einer totalen Seeblockade revanchierte. Der Handel stagnierte, niemand kaufte mehr Klipp- und Stockfisch (die sich jetzt die Waage hielten), die Preise sanken ins Bodenlose, was 1810 in der größten Hungerkatastrophe gipfelte, die der Archipel je erlebt hatte. Dass es nicht noch schlimmer kam, ist den Russen zu verdanken, die von Norden herabsegelten, wo es keine englische Blockade gab, und Fisch gegen Mehl tauschten. Viel war es nicht, was umgesetzt wurde, aber es half in der bittersten Not.

AB 1814: Nach den Napoleonischen Kriegen musste Norwegen eine Union mit Schweden eingehen, doch das Land gab sich eine eigene Verfassung als selbstständiges Königreich mit eigenem Parlament. Mit den Lofoten ging es wirtschaftlich nun bald wieder aufwärts, so dass ein jährlicher Zuwachs von rund 5.000 Booten in Nordnorwegen verbucht wurde, die winters alle in den VESTFJORD zwischen Lofoten und Festland strömten, um Teil zu haben an den silbernen Schätzen. Die Folge war ein Chaos aus Netzknäueln, und so kam es 1816 dazu, dass die Obrigkeit die wichtigsten GEWOHNHEITSRECHTE der Lofoten-Fischer in Paragrafen festlegte.

Der Vestfjord wurde in ein kompliziertes Netz von Fangparzellen aufgeteilt; es war untersagt, vor 6 Uhr morgens die Anker zu lichten, der Sonntag bekam den Status eines Ruhetages. Und damit niemand auf die Idee kam zu mogeln, richtete der Staat eine Lofoten-Wasserpolizei ein, die dem Befehl der *værkonger* unterstellt war. Das war freilich ein Fehler, denn diese FISCHGRUND-KÖNIGE, traditionell hervorgegangen aus den früheren Dorfhäuptlingen und ohnehin schon potent, erhielten durch diese Regelung so viel Macht, dass sie sich zu Herren über Leben und Tod der (bei ihnen meist hoffnungslos verschuldeten) Fischer aufwarfen und sich nicht selten zu skrupellosen DESPOTEN entwickelten. Ihre Herrschaft war absolut und unantastbar, und die Macht korrumpierte einige so weit, dass sie sie auf alle möglichen Lebensbereiche ausdehnten, indem sich mancher das *ius primae noctis* (das »Recht auf die erste Nacht«) anmaßte, wenn ihm ein heiratsfähiges Mädchen gefiel.

Nicht jeder værkong war solch ein Scheusal, mancher zeigte sich großmütig, aber Könige waren sie allemal, und ganz so hatten sich die Behörden die Folgen ihrer Gesetze nicht vorgestellt. So schickte das Innenministerium zu Beginn der 1850er Jahre einen gewissen *Ketil Motzfeldt* auf den Archipel, der 1857 schließlich ein neues Lofoten-Gesetz auf den Weg brachte, das so revolutionär war, dass es als *Motzfeldtrevolusjonen* in die Annalen einging. Es war ein Angriff auf die Fischgrund-Könige, schrieb freies Meer, freien Fischfang bei öffentlicher Kontrolle fest und brach obendrein das Handelsmonopol der værkonger: Nur sie durften bis dato mit Fisch handeln, und nur an sie durften die Fischer verkaufen. Die Wellen der Entrüstung schlugen zwar hoch, aber das Gesetz blieb Gesetz und gilt auch heute noch.

1905: Norwegen sagte sich von Schweden los, die Norweger wählten Prinz Carl von Dänemark (1872–1957) zu ihrem neuen König *Håkon VII.*

Bis 1945: Im Ersten Weltkrieg verlor das neutrale Norwegen durch deutsche U-Boot-Angriffe fast die Hälfte seiner Handelsflotte.

Im Zweiten Weltkrieg besetzte die deutsche Wehrmacht das neutrale Norwegen, und erst die deutsche Kapitulation brachte 1945 die Befreiung. Nun wurde das volle Ausmaß der Zerstörung offenbar, das die deutschen Streitkräfte in Nordnorwegen auf ihrem Rückzug vor der Roten Armee angerichtet hatten (nach der Taktik »Verbrannte Erde«).

NACHKRIEGSZEIT: Im November 1945 trat Norwegen der UNO bei, 1949 der NATO, 1953 dem Nordischen Rat, 1960 auch der Europäischen Freihandelszone (EFTA). Bis 1965 ununterbrochen an der Regierung, führten die Sozialdemokraten Norwegen vom Agrar- und Fischereiland zu einer unabhängigen

An der Schwelle zum 20. Jahrhundert:
Digermulen am Raftsund und Kabeljaufischer ▶

Nation mit auch einigen Industriesparten. Spätestens mit den Ölfunden in der Nordsee Ende der 1960er Jahre begann ein immenser Wirtschaftsaufschwung.

Ab 1969: Mit der Lofoten-Fischerei ging es wegen maßloser Überfischung drastisch bergab. Hatten im Rekordjahr 1947 mehr als 20.000 Fischer aus ganz Norwegen noch 145.897 t der begehrten Beute in ihre Boote gezogen, waren es bereits 1963 nur noch 28.302 t gewesen, so vermeldete man 1988 mit nur 11.533 t das schlechteste Fangergebnis, seit die Zahlen erfasst wurden. Ökonomisch gesehen, besaß das Fischereiwesen nur noch eine geringe Bedeutung für Norwegen, das inzwischen dank großer Gas- und Ölfelder in der Nordsee zum reichsten Land Europas avancierte, einem der reichsten überhaupt und das mit dem HÖCHSTEN LEBENSSTANDARD (wobei es bis heute geblieben ist). Dennoch war die Fischerei besonders für strukturschwache Regionen von großer Wichtigkeit, wurden die Hoheitsgrenzen ausgedehnt und strenge Schutzmaßnahmen beschlossen, damit sich die Fischbestände erholen konnten. (Und tatsächlich scheinen sich diese Maßnahmen mittlerweile auszuzahlen, wie wir es im anschließenden Kapitel zum Fischfang berichten können, siehe Seite 54.)

Um den »Ausverkauf Norwegens« zu vereiteln, sprachen sich 1972 53,5 % der Norweger gegen die bereits vereinbarte EWG-Mitgliedschaft ihres Landes aus. Auch bei der Abstimmung im November 1994 siegten die Europa-Gegner mit 52,3 %, wobei sich auf den Lofoten mehr als 70 % gegen eine Mitgliedschaft in der EU aussprachen.

Ab 2007: Da die Ölfelder in der Nordsee in absehbarer Zeit versiegen werden, lässt Norwegen immer weiter im Norden nach Öl suchen. 2008 gab die damalige Regierung grünes Licht für seismische Untersuchungen vor der Küste der Lofoten, in dessen Schelf ein Ölfeld mit geschätzten 3,4 Milliarden Barrel Öl liegt (entspricht rund 465 Mio t). Manche Wissenschaftler gehen gar davon aus, dass bis zu 20 Prozent von Norwegens verbliebenen Reserven zwischen den Lofoten und nördlich angrenzenden Vesterålen zu finden sind; dementsprechend forder(te)n Ölindustrie und wirtschaftsnahe Parteien die Durchführung einer sogenannten Konsequenzenanalyse, um die ökologischen Folgen einer allfälligen Ölförderung abzuklären.

GESCHÜTZT FÜR DIE MENSCHHEIT ODER AUSGEBEUTET FÜR WENIGE ?

In einer Zeit, da die Landschaften unserer Erde in kaum überschaubarem Maß verändert werden, nehmen sich die Lofoten fast wie ein Anachronismus aus: In weiten Teilen erscheint der Archipel heute ebenso unschuldig und friedvoll wie am ersten Tag. Nicht umsonst stehen die Lofoten, die auch kulturell Herausragendes zu bieten haben, in der Regel sehr weit vorne, wenn Medien und Publikum nach den schönsten Reisezielen suchen.

Solch authentische Zeugnisse kultureller Traditionen und überragender Naturerscheinungen unter besonderen Schutz zu stellen, hat sich das World Heritage Committee der UNESCO zum Ziel gesetzt, das seit 1975 1.073 Stätten in 167 Ländern zum Welterbe der Menschheit erklärte; davon sind 832 als Kulturdenkmäler und 206 als Naturdenkmäler gelistet; weitere 37 werden sowohl als Kultur- als auch als Naturerbe geführt.

In Norwegen stehen insgesamt 8 Stätten auf der World Heritage List (so die Tyske Brygge in Bergen, Geirangerfjord und Nærøyfjord), doch keine wird bislang sowohl als Natur- als auch Kulturerbe geführt. Geht es nach den Vorstellungen der norwegischen Naturschutzbehörde »Direktoratet for naturforvaltning« und des Denkmalschutzes »Riksantikvaren«, so sollen die Lofoten diese allerhöchste Stellung im Lande innehaben: Alle Kriterien der UNESCO sind erfüllt, das Prozedere der Aufnahme wurde bereits 2002 eingeleitet, aber bislang lässt die endgültige Entscheidung noch immer auf sich warten.

Die Voraussetzungen für die Aufnahme könnten besser nicht sein – doch sind die Lofoter selbst geteilter Meinung, denn es gibt wirtschaftliche Interessen, die in die entgegengesetzte Richtung weisen. Die hinter ihnen stehende politische und Finanzmacht ist enorm, die Medien zucken ohnehin gleich Marionetten in den Händen Weniger. Im »Land des schwarzen Goldes«, wie Norwegen wegen seines Ölreichtums auch genannt wird, geht es vor allem um die Ressource Erdöl. Wie Probebohrungen im Vestfjord und anderswo entlang der Nordmeerküste ergaben, lagern unter dem Meeresboden Ölreservoirs und Erdgasvorkommen von enormem Ausmaß.

Im Storting, dem Parlament im fernen Oslo, äußerten ein paar Politiker zudem die Idee, das Windpotenzial der Lofoten in gigantischen Windparks zu nutzen. »Zukunft« kann eben sehr verschieden begriffen werden.

Es bleibt abzuwarten, wer am längeren Hebel sitzt: die Bewahrer oder die Ausbeuter, die »natürlich« nicht die geringsten Risiken und Schäden darin sehen, zahllose Windkraftwerke in die einzigartige Natur und Ölbohrplattformen aufs Meer zu setzen. »Haben wir alles unter Kontrolle«, lautet wie immer das Motto der »Macher«. Auf massiven Druck von Fischereibranche und Umweltschützern konnte das bis heute verhindert werden: Zur bislang größten Protestaktion gegen eine mögliche Öl- und auch Gasförderung vor den Lofoten kam es im Sommer 2013, als sich dort junge Umweltschützer aus aller Welt zu einem einwöchigen Sommercamp einfanden. Laut der Tageszeitung »Aftenposten« vom 27.03.2017 sprachen sich rund zwei Drittel der Norweger gegen eine Förderung vor den Lofoten aus.

Genauso verhält es sich, wie erwähnt, mit den Lofotern selbst, die zwar (wie alle Norweger) ein entspanntes Verhältnis zur Erdölbranche haben, doch andererseits ein ökologisches Desaster fürchten. Damit verbunden wären nämlich der endgültige Niedergang der Fischerei und negative Auswirkungen auf den Fremdenverkehr, der seit den 1990er Jahren schon der profitabelste Wirtschaftssektor im Archipel ist und zahlreiche Arbeitsplätze geschaffen hat. Und es könnten noch viel mehr werden, dann nämlich, wenn die Lofoten tatsächlich auf die World Heritage List der UNESCO gesetzt würden.

Die seit 2018 amtierende Regierung aus Konservativen, Rechtsliberalen und Rechtspopulisten hat zwar verkündet, dass die Lofoten und Vesterålen vor Bohrungen nach Erdöl und Erdgas sicher sein sollen, steht aber immer unter dem Druck von Industrie und Wirtschaftsdaten.

Unabhängig davon aber werden aller Wahrscheinlichkeit nach die Landspitze Lofotodden von Moskenesøya sowie der gesamte dem offenen Meer zugewandte Küstenstreifen dieser Insel als LOFOTODDEN NASJONALPARK ausgewiesen. Die Entscheidung darüber soll 2018/2019 fallen.

2014/2018: Seit dem Sommer 2014 sind die Preise für Rohöl drastisch gefallen, was Norwegen sehr hart getroffen hat. Seitdem gingen in der Ölindustrie 30.000 Arbeitsplätze verloren; weitere 70.000 könnten bis 2020 noch abgebaut werden. Dementsprechend wurden viele Investitionspläne in Sachen Ölförderung auf Eis gelegt. Für die Lofoter nicht unbedingt schlechte Nachrichten, freilich je nach Standpunkt, wie auch der unerhörte Touristenboom, der dem Archipel 2017 fast 1,7 Mio. Besucher bescherte, zwei Seiten hat.

Lofoten zu allen Jahreszeiten: oben beim Aufstieg zum Glomtinden (unsere Wanderung 2 ab Seite 252), unten Anfang Januar auf Austvågøya, Blick über Ørsnes auf den Sandvika-Campingplatz sowie Lille/Stora Molla am Horizont ▶

Fischfang – Segen der See

DORSCH – EIN GESCHENK DES HIMMELS

Dem Dorsch oder – um genau zu sein – dem Kabeljau (wie der Dorsch genannt wird, wenn er geschlechtsreif ist) müssten die Lofoter eigentlich ein Denkmal setzen. Wahrlich monumental müsste es sein, denn *gaddus morrhua* bildet seit mehr als tausend Jahren das wirtschaftliche Rückgrat des Archipels (und bis vor wenigen Jahren weiter Teile Norwegens) und ist auch heute noch eine wichtige Existenzgrundlage der Inselbewohner.

Auf Norwegisch wird er *skrei* oder *torsk* genannt; ersterer Name bedeutet so viel wie »Wanderer«, was auf die lange Winterreise des Kabeljau von der Barents-See in den Vestfjord hinweist. Torsk hingegen leitet sich von *tørrfisk* ab: »Trockenfisch«, da der Kabeljau – nach dem Fang geköpft und ausgenommen – nach uralter Tradition paarweise an den Schwänzen zusammengebunden und auf hohe, als *stokk* bezeichnete Holzgestelle gehängt wird, wo er in Wind und Wetter 8–10 Wochen lang verbleibt, bis er trocken und knochenhart geworden ist. Nach dieser Prozedur, die als die älteste Konservierungsmethode für Fisch überhaupt gilt, wird der Kabeljau schließlich *stokkfisk* genannt, übersetzt auf Deutsch »Stockfisch«.

Da dem Kabeljau durch den Trocknungsprozess lediglich Wasser entzogen wird – rund 80 % –, bleiben der Geschmack sowie Proteine, Vitamine und Mineralien vollständig erhalten. So entspricht der Nährwert von 1 kg Stockfisch demjenigen von 5 kg Frischfisch. Vor allem anderen sonst aber ist er jahrelang haltbar, was schon vor über einem Jahrtausend, als in Mitteleuropa die ersten größeren Städte entstanden, die Nachfrage geradezu explodieren ließ. Noch aber gab es keinen geregelten Handel, was sich ab dem 12. Jh. etwa mit Aufkommen der Lübecker Hanse nachhaltig ändern sollte. Ihr Haupt-

◀ Im März: Stockfisch-Gerüste auf Kjeøya/Svolvær (siehe Nr. 11 im Stadtplan auf Seite 173)

umschlagplatz wurde die Stadt Bergen. Von nun an und bis ins 16. Jh. hinein hielt die geschäftige Kaufmannsgilde das Monopol im Stockfischhandel fest in Händen und sorgte dafür, dass Stockfisch europaweit bekannt und beliebt wurde: einerseits als nahezu unverderbliche, energiereiche Nahrung, andererseits als Fastenspeise für die vorgeschriebenen Fastenperioden streng katholischer Länder, in denen es darüber hinaus zudem verboten war, an Freitagen Fleisch zu essen. Der Umsatz an Stockfisch zu jener Zeit war ungeheuerlich. Ganz ungeheuerlich auch waren die Reichtümer, die der Handel mit der »Speise, die uns der Himmel geschickt hat«, wie es der Papst einmal ausdrückte, der Hanse einbrachte; deren Wappen zeigt nicht ohne Grund einen Stockfisch, der eine Krone trägt.

Aber auch in den kommenden Jahrhunderten blieb Stockfisch eines der am meisten verbreiteten Lebensmittel überhaupt, diente er doch unter anderem der Grundversorgung von Schiffsmannschaften. – So ist nicht übertrieben zu sagen, dass der Stockfisch in erheblichem Maße an der Geschichte der Entdeckungen der westlichen Welt beteiligt war. Noch heute wird der größte Teil der alljährlichen Lofot-Fischerei wie vor tausend Jahren zum Lufttrocknen auf Holzgestellen aufgehängt und stehen nicht weniger als weltweit 30 Länder auf der Liste der Fischhändler. Größter Abnehmer ist nach wie vor Italien, wo *stoccafisso* fester Bestandteil der kulinarischen Kultur ist. Über 90 % der allerbesten Klasse – ihrem Adressat entsprechend »Prima» genannt – gehen noch heute dorthin, während devisenschwache Länder wie etwa Nigeria die schlechtesten und dementsprechend als »Afrika-Qualität« bezeichneten Stockfischkategorien abnehmen. Ein Großteil aber verbleibt in Norwegen selbst, wo Jahr für Jahr immerhin rund 2.300 t allein an *lutefisk* vertilgt werden, dem ultimativen Weihnachtsessen und sozusagen Norwegen-Spezialität Nummer 1 (siehe Seite 55 f.).

ARCHIPEL DES KABELJAU

Die Lofot-Fischerei bestimmte als wichtigster Saisonfischfang des Nordens ein gutes Jahrtausend lang die Geschichte (und die Kultur) der Menschen auf den Lofoten sowie auch Vesterålen, und bis in das 20. Jh. hinein war Dorsch

STOCKFISCH KULINARISCH

Stockfisch (und Klippfisch) kann gegrillt, gekocht oder mariniert, zu Suppen, Salaten, Vorspeisen und Hauptgerichten, ja sogar Desserts verarbeitet werden, kann eine deftige Hausmannskost abgeben oder eine Haute Cuisine-Leckerei.

Letzteres ist **LUTEFISK** (»Laugenfisch«) garantiert nicht: Unter Touristen wird mitunter gewitzelt, dass man wohl in Norwegen geboren sein müsse, um luefisk genießen zu können…
Fakt ist, dass er sich als geblichweiße Masse präsentiert, die dadurch entsteht, dass Stockfisch für mindestens 3 Tage in Wasser eingeweicht und darauf für 2 Tage in Natronlauge (d.h. 4–5 Esslöffel Ätznatron alias Natriumhydroxid oder Holzasche auf 10 l Wasser) gelegt wird, bevor er noch mal für 2 Tage in Frischwasser kommt. Mittlerweile hat er sein Volumen verfünffacht und eine weiche Konsistenz erhalten.
Es folgt die Zubereitung, indem man den Lutefisk (zuvor mit Salz bestreut und in Alufolie verpackt) in einen auf 200 ° C vorgeheizten Backofen gibt und innerhalb von 30–40 Minuten gart. Alternativ legt man ihn ohne Wasser in einen Topf und streut pro Kilogramm Fisch 2 Esslöffel Salz darüber; das lässt man stehen, bis sich Flüssigkeit bildet, die nun (bei geschlossenem Topf) aufgekocht wird, bevor man die Platte ausschaltet und den Fisch etwa 10 Minuten lang ziehen lässt. Serviert wird der fertige Lutefisk mit Kartoffeln und Erbsenpüree sowie zerlassener Butter.

STOCKFISCH KLASSISCH: In Nordnorwegen sind kulinarische Feinheiten traditionell eher weniger gefragt, und vom Lutefisk (siehe oben) einmal abgesehen, wird hier Stockfisch auch heute noch vorzugsweise auf die »klassische« Art zubereitet und genossen. Zu diesem Zweck nehme man einen ganzen Stockfisch und klopfe ihn mit einem Hammer oder Stein so weich, bis er fasrig wird; dabei löst sich die Haut ab (die man nicht mitisst). Anschließend nehme man die einzelnen trockenen, nahezu hölzernen Fasern und kaue sie gut durch, bis die »unglaublich delikaten Geschmacksstoffe im Mund förmlich explodieren«, wie es manche traditionsbewusste Lofoter beschreiben.
Wer es »kultivierter« mag, kann den überall auf den Lofoten erhältlichen „Lofotkonfekt" erstehen, bei dem es sich um portionsweise verpackten und schon vorgehämmerten Stockfisch handelt.
FORTSETZUNG SIEHE NÄCHSTE SEITE

FORTSETZUNG: **STOCKFISCH KULINARISCH**

STOCCAFISSO UND BACALAO: Ein Blick auf norwegische Speisekarten kann verwirren, denn neben Lutefisk stehen sowohl Stoccafisso als auch *bacalao* oftmals nebeneinander. Wer Stoccafisso bestellt, kann sicher sein, dass er auch Stockfisch bekommt, wohingegen es sich bei Bacalao sowohl um Stock- als auch um Klippfisch handeln kann, also um Kabeljau, der vor dem Trocknen gesalzen wurde.

Herkunftsort des norwegischen *klippfisk* sind nicht die Lofoten, sondern ist insbesondere das in Westnorwegen gelegene Kristiansund, wo er im 17. Jh. von dem Niederländer *Jappe Ippes* auch »erfunden« wurde. Der Grund nun, warum unter der Bezeichnung »bacalao« beide Kabeljauprodukte fallen können, liegt darin begründet, dass bacalao das spanische Wort für Kabeljau ist, dieser Fisch aber in spanischen Gewässern so selten ist, dass das Wort synonym sowohl für lediglich getrockneten als auch für zuvor gesalzenen Kabeljau verwendet wird. Geschmacklich geben sie sich recht verschieden: Nach der gängisten Beschreibung besitzt Stockfisch eine feste Textur und ein eher mildes Fischaroma, während Klippfisch ganz ausgesprochen »fischig« schmeckt.

das Hauptexportgut des Nordens überhaupt, ja, es gab Zeiten, da nahm nahezu ein Viertel der gesamten Bevölkerung der Region Nordland an diesem Saisonfischfang teil. Das waren bis zu 33.000 Fischer (1895), und noch 1947 machten rund 20.000 Fischer 147.000 t Dorschbeute – ein Rekord.

Nach Jahrzehnten sinkender Erträge, die vor allem der maßlosen Überfischung bei gleichzeitiger Modernisierung der Fischerboote und Fangflotten geschuldet waren (siehe auch Seite 48), sieht es in jüngster Vergangenheit wieder vielversprechend aus: Wie die Vereinigung der norwegischen Küstenfischer 2012 verlauten ließ, ist der Dorschbestand zurzeit der höchste seit den späten 1940er Jahren. Diese Angabe wurde auch von wissenschaftlicher Seite bestätigt: Betrug die Laich-Biomasse in der Region 1,16 Mio. t in 1946, so waren es 2016 1,1 Mio. t. Als Hauptgrund für diese unerwartet positive Entwicklung wird das VORBILDLICHE norwegische FISCHEREIMANAGEMENT der letzten Jahre angeführt, insbesondere die konsequente Verringerung der Fangquoten sowie die Sperrung bestimmter Gebiete für den Fischfang. Auch die Fangmethoden wurden von der Regierung geändert: Vor allem der Einsatz wesentlich großmaschigerer Netze soll dazu geführt haben, dass heute viel weniger Jungtiere als früher gefangen werden. Obendrein wurden die Kontrollen auf See drastisch verstärkt, wodurch auch die vornehmlich russische Piratenfischerei eingedämmt werden konnte; die norwegische Küste gilt als ziemlich streng überwacht.

Die Lofoten-Fischer freuen sich, denn die Fangquoten erreichen wieder Rekordhöhe und waren mit 60.608 t für 2013 etwa doppelt so hoch wie 2007. 2018 lag die Quote bei rund 55.120 t im Wert von fast 1 Mrd. NOK.

Doch was ist das GEHEIMNIS dieses Fisch-Reichtums? Warum kommt der Dorsch zum Laichen gerade in den Vestfjord und nicht irgendwo anders hin oder bleibt in der Barentssee, wo er herkommt? – Der Grund für dieses Phänomen ist wieder einmal mehr der Golfstrom, jene natürliche »Warmwasserheizung«, die ihren Ursprung im Golf von Mexiko hat. Ungewöhnlich am Golfstrom – der seit 1786 systematisch erforscht wird – sind seine hohe Fließgeschwindigkeit (die rund 4–5 Seemeilen pro Stunde entspricht), sein enormer Massetransport (bis zu 150 Mio. Kubikmeter pro Sekunde) sowie die Tatsache, dass seine Wassersäule von der Wasseroberfläche bis zum Meeresboden reicht. – So sorgt der Golfstrom letztlich nicht nur für ein mild-maritimes Küstenklima vom Skagerrak bis hinauf an die Barentssee sowie für ein eis-

◀ **Geruchsprobe am Stockfisch, hier im Lanthandel von Nusfjord auf Flakstadøya (Foto/Copyright: CH / Visitnorway.com)**

freies Meer an der gesamten norwegischen Küste, sondern im VESTFJORD, in den er direkt hineindrückt, für 4–6° C wärmere Wasserschichten als üblich. Genau das ist es, was die Dorsche zum Laichen benötigen, und so ziehen sie seit Menschengedenken allwinterlich in (nun wieder wahrhaft gigantischen) Hochzeitszügen aus der Barentssee in den Vestfjord.

MEERESANGELN IM WECHSEL DER JAHRESZEITEN

Im JANUAR, FEBRUAR UND MÄRZ dreht sich auf den Lofoten alles um Kabeljau (Dorsch), der zum Laichen aus der Barentssee in den Vestfjord zieht, wo er in 5,3°C warmen Wasserschichten laicht, weshalb die Angeltiefe von Jahr zu Jahr und je nach Wintertemperatur variieren kann. Bevorzugt wird zwischen 45 und 75 m Tiefe geangelt; am besten beißt der Kabeljau zur Zeit des Sonnenaufgangs sowie vor Sonnenuntergang.

Im APRIL UND MAI erwärmt sich das Meer zusehends, und außer Dorsch beißen jetzt insbesondere Schellfisch und Steinbeißer.

Im JUNI, JULI UND AUGUST herrscht die größte Vielfalt an Fisch sowohl im Vestfjord als auch im offenen Meer: Dorsch, Schellfisch, Seelachs, Pollak, Steinbeißer, Makrele und viele andere Arten mehr sind jetzt reich vertreten, doch gilt es nun, sich die Seekarte vorzunehmen und mit Ortskundigen zu sprechen, um die ertragreichen Ströme zu finden.

Von SEPTEMBER BIS NOVEMBER werden vor allem große Köhler gefangen, von denen es kapitale Brocken von bis über 20 kg gibt. Zu dieser Zeit auch zieht der Heilbutt zum Laichen an die Küste, und im Vestfjord wimmelt es von Heringen.

DIE DREIZEHN GEBOTE DES KÜSTENANGLERS

Damit das Küstenangeln vor den Lofoten in Zukunft keinen weiteren Einschränkungen unterliegen wird, nachfolgend ein paar Regeln und Ratschläge, deren Befolgung eigentlich selbstverständlich sein sollte:

1. Zwar ist das Sportfischen im Meer mit Handgeräten Nicht-Norwegern unbegrenzt erlaubt, doch darf man seit 2018 nach der neuen Zollbestimmung nur noch **10 kg Fisch ausführen** bzw. 20 kg, wenn man seinen Urlaub in einem registrierten Touristenfischereibetrieb zugebracht hat. Diese Regelung betrifft aber nur reine Salzwasserfische, also z.B. keine Lachse, Meerforellen und Saiblinge. – Wer sich nicht daran hält, riskiert eine hohe Geldbuße.

2. Ebenso verboten ist das Angeln unter 100 m ABSTAND und der Aufenthalt unter 20 m Abstand zu Fischzuchtanlagen, Schlepptrossen, Fangnetzen.

3. Jede/r, die/der SCHÄDEN an zum Fang ausgesetzten Fischereigeräten verursacht, ist zum Schadenersatz und zur Vergütung des verursachten Fangverlustes sowie der Ausfallzeit verpflichtet.

4. Das ANKERN in der Nähe von Bereichen, in denen Treibnetz- und Schlepphakenfischen vor sich geht, ist nicht gestattet.

5. Es ist verboten, aktuelle Lebensräume der Fische durch STÖRENDE GERÄUSCHE zu beeinträchtigen.

6. Das Angeln mit LEBENDEN NATURKÖDERN ist streng untersagt.

7. Ebenfalls untersagt ist es, Fischereigeräte oder andere Gegenstände zu HINTERLASSEN, die den Fischfang oder Fischereifahrzeuge behindern, gefährden oder beschädigen können.

8. Das Hummerfischen sowie generell das Fischen mit etwas anderem als mit Handgerät, ist ausschließlich Norwegern VORBEHALTEN sowie Ausländern, die ihren festen Wohnsitz im Lande haben.

9. Das Angeln auf Lachs, Meerforelle und Seesaibling mit der Rute ist zwar ganzjährig gestattet, doch müssen alle Sportangler dafür im Besitz einer staatlichen JAHRESANGELLIZENZ *(fiskeriavgiftskort)* sein, für 260 NOK erhältlich in jeder Poststelle sowie online via fiskeriavgift.miljodirektoratet.no.

10. Während der für Flüsse geltenden Schonzeit muss beim Angeln ein MINDESTABSTAND von 200 m ZUR FLUSSMÜNDUNG eingehalten werden

11. VOM 1. JUNI BIS ANFANG AUGUST ist das Angeln auf Lachs, Meerforelle und Seesaibling mit Haken oder Schleppangeln mit mehreren Haken nur von freitags 18 Uhr bis montags 18 Uhr gestattet.

12. Aus Gründen der SICHERHEIT ist in kleineren Booten das Anlegen einer Rettungsweste Pflicht, und man tut gut daran, zudem Signalgeräte (etwa Leuchtpistole etc.) sowie natürlich Ruder mitzunehmen.

13. Halten Sie die Natur SAUBER!

VON FISCH ZU FISCH – ANGELTIPPS

Der **KABELJAU** kann bis zu 1,50 m lang werden, die Fangzeit währt von Januar bis April; sein (nur etwas kleinerer) Bruder, der *fjordtorsk* (Küstendorsch), ist ganzjährig vertreten. Das Durchschnittsgewicht für Dorsch liegt derzeit bei 4,5 kg, der größte mit der Rute vor den Lofoten gefangene Dorsch wog 26,5 kg, und der norwegische Rekord liegt bei 37,5 kg.

Im großen Stil wird Dorsch heute mit Grund- und Schwimm-Schleppnetzen gefangen, teilweise auch in Reusen, die in offene Fjordarme oder zwischen Schären gesetzt werden. Der Sportangler greift in der Regel zum Pilker, dessen Gewicht zwischen 350 und 500 g liegt. Da es Tage gibt, da der Dorsch weniger auf Pilker, sondern mehr auf Gummiwürmer beißt, bietet es sich an, mit einem oder zwei Gummiwürmern – Farbe egal – über dem Pilker zu fischen. Im Sommer und Herbst sollen leuchtend orangefarbene Pilker das Beste für den Dorschfang sein; die Lofoter nehmen aber üblicherweise den blanken Pilker. Man lässt den Pilker auf Grund, holt 2 – 4 m ein und lockt durch regelmäßiges langsames »Pumpen«. Wichtig ist, dass die Schnur nach dem Anbiss stramm bleibt: also entschlossen und gleichmäßig einholen!

»Wer **HERING** hat, hat alles zum Leben« – sagt ein norwegisches Sprichwort; die Norweger sind eine Nation der Heringesser. Zum Frühstück, Mittag- oder Abendessen oder als Betthupferl: *sild* ist FÜR JEDE MAHLZEIT GUT. Man unterscheidet zwischen Frühjahr- und Sommer-, Herbst- und Winter-, Fett-, Island- und Fjordhering – Fisch aber werden sie nicht genannt, die Heringe, denn Hering ist Hering und nichts sonst.

Er kann bis zu 32 cm lang werden, wird auf dem offenen Meer mit Schleppnetzen und Ringwaden gefangen, ansonsten mit sogenannten Landwaden – langen Netzen, die in einem großen Bogen vom Land weg und dann wieder hin gerudert werden. Für Sportangler bietet sich Fliegenfischen oder Paternosterangeln an.

»Ein armer Junge, wer es nicht schafft, den Weihnachts-**HEILBUTT** zu bekommen, denn der muss am Heiligen Abend auf dem Dach des Bootshauses sitzen«. – So erklärt der Lofoten-Volksmund, dass dieser Gigant unter den Flachfischen (der bis zu 300 kg schwer und 3 m lang werden kann) sehr beliebt ist

Privater Lofoten-Fischfang im Februar ▶

W-17103
COMBI
FLADEN

auf dem Archipel; heute meist als Speisefisch, früher insbesondere wegen seines Fettreichtums, weshalb ihm die Lofoter den Beinamen *sjøgrisen* verpassten: das SEESCHWEIN.

Im vergangenen Jahrhundert wurde der *kveite* vorzugsweise im Herbst gejagt (Fangzeit von April bis Dezember, sonst Schonzeit), wenn er nahe an die Wasseroberfläche herankommt und man ihm mit einer Heilbutt-Harpune zu Leibe rücken kann. Am gebräuchlichsten aber war die Gangwade: Langleine, nach oben gebogener Angelhaken, als Köder Hering, Krabbe oder Krebs. Biss der Butt, begann ein Kampf auf »Biegen und Brechen«, in dessen Verlauf nicht selten das Boot kenterte.

Seit 1936 sind Bodennetze im Einsatz, und heute macht er sich rar, der dicke Flachfisch, der normalerweise mit sehr kräftigem Schleppsystem geangelt wird, wobei kleine Köhler und Dorsche als Köder dienen. Man lässt das Bleigewicht auf den Grund sinken und wartet, kann das Gewicht aber auch zum Grund ablassen, dann bei offener Rolle 100 bis 200 m fahren und holt anschließend die Schnur langsam ein. Geduld gilt als bestes Rezept, ohne ein starkes Vorfach ist man chancenlos, und als Sekundärliteratur empfiehlt sich »Der alte Mann und das Meer«...

Die **SCHOLLE** gehört zur gleichen Familie wie der Heilbutt, wird aber nur durchschnittlich 40 cm lang und auf den Lofoten nicht ganz zutreffend *flyndra* genannt, also Flunder, die eigentlich eine kleinere Verwandte der Scholle ist. Sie ist auf dem Archipel zwischen dem 1. März und 1. Juli GESCHÜTZT, vor Røst hingegen bis 1. September, weil sie dort – wegen des Einsatzes von Bodenschleppnetzen – nahezu ausgerottet ist.

Traditionell ging man sommers mit der *flyndrepik* (Flunderspitze) auf Jagd, wobei es sich um eine lange Bambusstange handelte, an deren unterem Ende zwei gerade Angelhaken befestigt waren. Ansonsten kam die *makkline* (Wurmfangleine) zum Einsatz, die mit einem Federwurm versehen war. Sportfischer bedienen sich in der Regel des Grund- oder Paternosterangelns, sei es mit Natur- oder Kunstköder; bewährt hat sich auch das Vorschalten von sogenannten Lockblinkern.

Auf den Lofoten unterscheidet man **SEELACHS** oder **KÖHLER**, hier *sei* genannt, in *småsei* (kleiner Köhler), *klubbsei, storsei* (ausgewachsener Köhler).

Die beiden ersten Arten kommen in aller Regel gegen Mai an die Wasseroberfläche und können dann von den Steilküsten aus auch beim BRANDUNGSANGELN gut gefangen werden. Die kleinen Exemplare halten sich in der Nähe von Inseln und Felsbändern auf, während die bis etwa 2 kg schweren Exemplare flacheres Wasser und kräftige Strömungen bevorzugen und der große Köhler zumeist im offenen Wasser steht.

Unabhängig davon beißt er gerne auf mittelgroße grüne und gelbe Neonwürmer; im Sommer sollen auch schwarze Gummiwürmer, blanke Köhlerlöffel sowie Pilker erfolgreich sein. Es ist wichtig, den Köder stets in Bewegung zu halten, wofür man ca. 8–10 m einholt und wieder absenkt.

Die richtig großen Köhler – der Rekord liegt bei 22,5 kg – ziehen im Spätsommer und im Herbst in die Fjorde und beißen am ehesten auf leuchtend rote und schwarze Gummiwürmer, wobei sich am Schnurende ein blanker Pilker empfiehlt. Dann lässt man schnell ab und holt rasch wieder ein, wobei die Schnur wegen der Verletzungsgefahr niemals um die Hand gewickelt werden sollte.

Der **SCHELLFISCH**, der am besten zwischen Mai und September beißt, kommt stellenweise in enormen Mengen vor. Die Lofoter bereiten aus ihm besonders gerne *fiskekaker*, also FISCHFRIKADELLEN.

Dieser Fisch beißt meist auf Pilker, bevorzugt aber Naturköder und steht in der Regel sehr tief, meist nur einen Meter über dem Meeresboden. Die größten Erfolgschancen hat, wer mit einem Schleppsystem angelt: Dabei wird ein 125-g-Bleigewicht am Ende montiert sowie einen halben Meter darüber ein kräftiger Wirbel befestigt, an dessen oberes Ende wiederum eine 2 m lange, mit Hering oder Makrele als Köder bestückte Schnur angebracht wird. Das Gewicht bleibt auf dem Boden liegen, und man wartet auf den Anbiss.

Der **STEINBEISSER** *(steinbit)*, auch als Wolfsfisch, Seewolf oder Katfisch ein Begriff, ist an seinem moränenartigen Aussehen und wahrlich Furcht erregenden Gebiss unschwer zu erkennen. Er gilt als DELIKATESSE, hat im Geschäft und noch mehr im Restaurant seinen Preis und sollte nur von versierten Sportanglern mit der entsprechenden Ausrüstung gefangen werden: Dazu gehört unbedingt ein schwerer Knüppel, ohne den es oft unmöglich ist, den wild um sich beißenden Fisch zu bändigen und ins Boot zu bekommen: Die Experten raten zum ausgehöhlten und dann mit Blei gefüllten Schlaginstrument. Und selbst wenn der Steinbeißer tot ist, gilt es VORSICHT walten zu lassen: Der Fisch verfügt nämlich über einen Bissreflex, der mitunter noch nach dem Ableben aktiv ist und zu durchgebissenen Benzinleitungen, abgebissenen Fingerkuppen, aber auch zu deutlich schwereren Verletzungen führen kann. Es sind sogar Einzelfälle von allein aufs Meer gefahrenen Anglern überliefert, die – kein Seemannsgarn – in ihrem Boot verbluteten, nachdem ein Steinbeißer zuvor eine Beinschlagader aufgebissen hatte.

Der Steinbeißer hält sich im Sommer gerne über steinigem Untergrund auf, oft auch im direkten Küstenbereich, wobei er seine Bahnen zumeist im tiefen Wasser zieht. Hierbei ist es wichtig, sein Revier zu kennen. Als Tipp sei verraten, dort, wo man vor Anker geht, eine sogenannte Geruchstüte auf den Grund zu lassen.

Der **LACHS** *(laks)* IST EIN FISCH AUF WANDERSCHAFT, der sich während seiner Hauptlebens- und Wachstumszeit im Meer aufhält und lediglich zum Laichen ins Süßwasser vordringt, dort wo er auch seine ersten beiden Jugendjahre verbringt.

Da dieser Salmonide desto weniger Nahrung aufnimmt, je länger er sich im Süßwasser aufhält, hat man die besten Fangchancen vor der Küste (an der er zwischen April und Mai auftaucht) und insbesondere im Mündungsgebiet der Flüsse (in die er ab August einschwimmt), wo sich die Spinnangel (vom Boot aus eingesetzt) bewährt hat.

Die Lofoter lauern diesem bis zu 35 kg schweren und maximal 1,5 m langen Fisch vorzugsweise mit einem keilförmigen Stellnetz auf (Keilwade), das draußen im Schärengürtel aufgestellt wird, während außerhalb der Festlandlinie zumeist Treibnetzketten zum Einsatz kommen, die allerdings nur auf der Westseite des Archipels erlaubt sind.

Norwegen bietet mit die besten Lachsflüsse überhaupt, landesweit derzeit rund 400 an der Zahl – sofern der Bestand nicht durch Krankheiten dezimiert oder (vorübergehend, das bedeutet im Normalfall jedoch auf Jahre) ausgerottet ist. Mitunter stammen die Tod bringenden Krankheiten aus dem Kontakt von wilden und gezüchteten Lachsen rund um die Lachszuchtanlagen in einheimischen Gewässern.

Die starke Reduzierung der Lachsflüsse in Norwegen hat auch mit der Lachszucht alias Aquakultur zu tun, die auf den nächsten beiden Seiten ausführlich vorgestellt wird.

SCHWIMMENDES GOLD – LACHSZUCHT

Norwegen ist der größte Zuchtlachsproduzent. Während Zuchtlachs einst als minderwertig galt, hat sich das zumindest in Norwegen geändert. Der Fisch aus den Farmen ist von sehr guter Qualität und fast antibiotikafrei. Dennoch birgt er Gesundheitsrisiken, nicht nur für den Wildlachs.

Vergangen sind die Zeiten, da Herbst für Herbst die Flüsse kochten, weil *salmo salar,* der atlantische Lachs, aus dem Meer zum Laichen in seinen Heimatfluss zurückkehrte. Maßloses Überfischen, verschmutzte und übersäuerte Gewässer haben den Bestand reduziert bis ausgerottet. Damit der Luxusfisch delikat gebeizt oder geräuchert auch in Zukunft serviert werden kann, besann man sich in einigen Ländern wie Norwegen, Schottland, Irland, Kanada, den USA und Chile auf eine über 4.000 Jahre alte, von den Chinesen zur Mehrung des heimischen Karpfens ersonnene Tradition: die Fischzucht.

Diese Alternative zur Fischerei, heute **AQUAKULTUR** genannt, ist an der Nordmeerküste, wo die im Süden des Landes zerstörerische Algenpest noch nicht auftrat, ein etablierter und gerade auch auf den Lofoten unverändert boomender Wirtschaftszweig. Wurden Anfang der 1970er Jahre, als alles begann, weniger als 5.000 t Edelfisch (meist Lachs und Lachs-Forelle) auf diese Weise produziert, waren es ein Jahrzehnt später schon knappe 80.000 t. Heutzutage zählt man Jahr für Jahr bereits rund 1,5 Mio. Dieser Erfolg beruht auf der grundsätzlichen Trennung der komplizierten Zucht in Süßwasseranlagen und der anschließenden Intensivmast der Satzfische in verankerten Netzkäfigen im Meer.

Der **GESCHMACK** des »Königs der Fische«, der wie Schwein und Rindvieh gehalten wird, ist überwiegend gut, was selbst Gourmets bescheinigen können. Und wie die »Stiftung Warentest« Anfang 2018 zu berichten wusste, ist der in Deutschland erhältliche Zuchtlachs sogar qualitativ wesentlich besser als der Wildlachs (www.test.de, Stichwort »Zuchtlachs«). »Im Lachsfarming hat sich in den letzten Jahren eine Revolution vollzogen«, bestätigt auch *Harald Rosenthal,* Aquakultur-Experte vom Institut für Meereskunde der Universität Kiel. Gerade Norwegen werden gewaltige Fortschritte in der Aquakultur bescheinigt: Hier wird Lachs mit modernsten Zuchtmethoden aufgezogen, sodass seit Ende der 1990er Jahre vor allem der Antibiotika-Verbrauch in den Anlagen um 98 % (!) reduziert werden konnte. Die Lachse werden in einem frühen Stadium geimpft, um den Ausbruch von Krankheiten zu verhindern, und unterliegen strengen Gesundheitskontrollen.

FORTSETZUNG SIEHE NÄCHSTE SEITE

FORTSETZUNG: **SCHWIMMENDES GOLD – LACHSZUCHT**

Zuchtlachs als hochwertiges **LEBENSMITTEL** liefert viel bekömmliches Eiweiß und ist reich an Vitaminen, Mineralstoffen, Spurenelementen sowie Omega-3-Fettsäuren. Um die Qualität zu halten, wachen Institutionen darüber, dass die Zuchtbedingungen den natürlichen Bedürfnissen der Tiere entsprechen, was den Einsatz von Gentechnik ausschließt.

Unbedenklich ist die Aquakultur trotzdem nicht, denn Norwegens Lachsbranche verwendet als **FUTTER** vorwiegend Pflanzenrohstoffe aus Lateinamerika; diese enthalten Umweltgifte wie das Pestizid Endosulfan, für den die EU-Kommission den Grenzwert um das Zehnfache erhöht hat. Dahinter soll laut taz (23.06.13: »Nervengift im Lachsfilet«) die Lobbyarbeit der norwegischen Aquakulturbranche stehen. Natürlich wird kontrovers diskutiert, wie bedrohlich das Niveau von Umweltgiften im Zuchtlachs wirklich ist und ob Konsumenten Zurückhaltung zu empfehlen sei.

Sorge bereiten auch jene Zuchtlachse, die aus den Gehegen entweichen und rund 25 % der Wildlachs-Population in Norwegen ausmachen sollen. Mischen sich die Entflohenen mit ihren wilden Verwandten, verändert das die Erbmasse und eventuell auch die Überlebensfähigkeit. Außerdem besteht die Gefahr, dass Wildlachse sich mit Krankheiten und Parasiten infizieren, die für Zuchtlachse trotz aller Impfungen typisch sind. Im Gehege können sie (mit chemischen Mitteln) bekämpft werden, doch Wildlachse gehen ungeschützt daran zugrunde. Der **WILDLACHSBESTAND** ist aus mehreren Gründen GENERELL **GEFÄHRDET**, wie es der Rückgang der sog. Lachsflüsse in Norwegen um mehr als 60 % seit 1980 dokumentiert.

Das Lachs-Business erwirtschaftet zurzeit über 60 Mrd. NOK jährlich und ist eines der größten **EXPORTGESCHÄFTE** des Landes. Da Anzahl, Standorte und Größe der Betriebe durch eine staatliche Konzessionsordnung geregelt sind, konnten landesweit zahlreiche Dauerarbeitsplätze in einer breiten räumlichen Streuung geschaffen werden: Gerade auch ABGELEGENE REGIONEN, denen die Entvölkerung droht(e), PROFITIEREN davon. Insofern darf die Aquakultur als Wachstumsmotor auch in Zukunft mit Milliarden Kronen an Forschungsgeldern rechnen.

Lange wird es vermutlich nicht mehr dauern, bis »Made in Norway« auch für andere Fischarten aus der Zuchtanlage stehen wird, wobei sich die Haltung bei manchen im Versuch bisher als schwierig erwiesen hat. Aber wer weiß: Vielleicht wird aus der planmäßigen Bewirtschaftung des Wassers einmal jene »blaue Revolution« hervorgehen, die – einstweilen nur in Science-Fiction-Romanen – die Nahrungsversorgung der Menschheit zukunftsfähig sichert.

WAL-KAMPF

Kaum ein Volk in Europa hat ein derart inniges, ja, fast schon metaphysisch anmutendes Verhältnis zur Natur wie die Norweger. So kommt es nicht von ungefähr, dass Norwegen in Sachen Umweltschutz eine führende Position innehat. Die Bewunderung für die Natur ist ein lebendiger Bestandteil der nationalen Identität. Umso mehr irritiert es, dass sich Norwegen durch ein 1993 eingelegtes Veto formal nicht an das Fangverbot der International Whaling Commission (IWC) von 1985 gebunden fühlt und seitdem (neben Island) immer noch kommerziellen Walfang betreibt.

Jedes Jahr gibt die Regierung eine selbst gesetzte Fangquote bekannt, die den einheimischen Walfängern erlaubt, Jagd auf den 7–10 m langen sowie 5–15 t schweren Zwerg- oder Minkwal zu machen. Diese Gattung blieb zurzeit des »großen Walschlachtens« im 19. und frühen 20. Jh. weitgehend verschont, da sie kommerziell als weniger wichtig galt als die Großwale, die nahezu ausgerottet wurden: Buckelwale etwa wurden auf weniger als 5 % ihres ursprünglichen Bestands reduziert, Finnwale auf 2–3 % und Blauwale auf gerade mal noch 1–2 %. So ist der Zwergwal der einzige Bartenwal, der zur Mitte des 20. Jhs. noch relativ häufig war; erst als in den 1960er Jahren der Nachruf auf die Großwale abzeichnete, stieg man auf die Jagd nach Zwergwalen um, von denen von da an und bis zum Walfangmoratorium von 1985 jährlich rund 12.000 Exemplare erlegt wurden. Heute gibt es im Nordatlantik laut WWF-Schätzungen wieder etwa 100.000 Zwergwale, deren Bestand als stabil gilt. An dieser Zahl orientiert sich Norwegens Fangquote, die seit 1993 von 296 Zwergwalen auf zuletzt 1.278 Tiere (im Jahr 2018) anwuchs.

Dieser Umstand mag absurd wirken, da es in Norwegen überhaupt keinen Markt mehr für Walfleisch gibt. Mit der steigenden Information über die extrem hohe Belastung des Walfleischs ist auch dessen Beliebtheit gesunken. Einer Umfrage von 2010 zufolge haben zwar 80 % der Norweger schon mal Walfleisch probiert, aber nur 5 % essen es regelmäßig. Die Lagerhallen quellen entsprechend über, so dass in den letzten Jahren die selbst genehmigten Fangquoten nicht einmal zur Hälfte ausgeschöpft wurden und die norwegische Walfangflotte von vormals 35 auf 14 Schiffe geschrumpft ist. Im Klartext ist der Walfang als Wirtschaftszweig unrentabel, woraus sich die Frage ergibt, warum er unverdrossen staatlich subventioniert wird.

Zur Belastung des Walfleischs: Die Konzentrationen von Quecksilber und PCB in erlegten Tieren ist dermaßen hoch, dass Walkadaver heute als Sondermüll entsorgt werden müssen.

Norwegen bezahlt seinen Walfang teuer: einerseits mit enormen Zuschüssen, andererseits mit Prestigeverlust. Dass er nicht einfach abgeschafft wird, liegt darin begründet, dass es weder um Geld noch um Ansehen geht, sondern schlicht um Politik: Der Walfang ist in Norwegen und insbesondere auf den Lofoten, wo die allermeisten Walfänger beheimatet sind, eine Sache NATIONALER IDENTITÄT UND TRADITION. Man will sich nicht in seine Fischereirechte hineinreden lassen (was die EU oft genug versucht hat), und ein Nachgeben beim Walfang könnte so interpretiert werden, dass Norwegen auch beim Aushandeln von Fischfangquoten »einknicken« könnte, meint der Meeresbiologe und Walexperte von »Greenpeace Deutschland«, Thilo Maack.

VOM NORDLANDBOOT ZUM TRAWLER

Mehr als 1.000 Jahre lang bedienten sich die Lofoten-Fischer kleiner, offener Ruder- und Segelboote, die in Sachen Konstruktion und Proportion zum gleichen Bootstyp wie die Langschiffe der Wikinger gehören und als außerordentlich seetüchtig gelten. Sie wurden, so viele unterschiedliche Typen es auch gab, generell als *nordlandsbåter* bezeichnet und beherrschten bis weit ins 19. Jahrhundert hinein unangefochten die Fischerei.

Allen Booten war gemeinsam, dass sie aus Fichten- oder Kiefernholz gezimmert und mit Teer (meist mit Harz gemischt), später auch Leinöl imprägniert wurden. Von äußerster Wichtigkeit war auch das richtige Platzieren des Mastes für das Rahsegel, das hauptsächlich einen Raumschotkurs zuließ, zum Kreuzen und Am-Wind-Fahren jedoch nur sehr bedingt geeignet war. Da alle Nordlandboote grundsätzlich tief im Wasser lagen, konnten schnell die Wellen überschlagen – um sie zu zähmen, ihnen ihre Wucht zu nehmen, wurde Tran oder Paraffin aufs Meer geschüttet. Lief das sehr elastische Schiff dennoch voll, kam es auf die Fähigkeiten des Skippers an, das Wasser durch geschickte Manöver »herauszusegeln«. Erst ab etwa 1870 gelang es moderneren Schiffstypen, sich gegen die Traditionsverbundenheit der Nordnorweger durchzusetzen, die – wenn sie zum Fischen aufs Meer hinausfahren – noch heute wie vor 1.000 Jahren von *ro feske* sprechen, was soviel wie »Fisch rudern« bedeutet. Und demzufolge sagt der, der vom Fischen zurückkommt:

I dag va' jeg roen – »heute habe ich gerudert«. Wen wundert es da, dass bei solchem Festhalten an der Vergangenheit auch der uralte Lofoten-Witz noch im Schwange ist, bei der ein Festland-Norweger einen anderen fragt, warum der Lofoten-Bewohner so lange Arme hat: *»For han har tøyd så mykje på åran«* (da er für so viele Jahre am Ruder gezogen hat), lautet die richtige Antwort.

»STALINS LETZTE ARMEE«: DIE KÖNIGSKRABBE

Um die Versorgungslage in Moskau zu verbessern und um der verarmten Bevölkerung von Murmansk Arbeit zu verschaffen, hegte *Josef Stalin* bereits in den 1930er Jahren den Plan, die Königskrabbe *(Paralithodes camtschaticus,* auf Norwegisch *kongekrabbe)* aus dem nördlichen Pazifik in der Barentssee nahe Murmansk anzusiedeln. Unter Nachfolger *Nikita Chruschtschow* dann wurde das ehrgeizige Vorhaben **1961** im großen Stil umgesetzt – und siehe da, es funktionierte: Das aufgrund ihrer Heimat auch als Kamtschatkakrabbe bezeichnete Krustentier gedieh auch im Nordmeer ganz prächtig.

Allerdings kümmerte sich die Kamtschatkakrabbe keinen Deut um den »Eisernen Vorhang« und begab sich bald schon auf den Weg nach Westen, wo sie **1977** erstmals norwegischen Fischern ins Netz ging. Die glaubten zuerst ihren Augen kaum und darauf an eine Mutation, hatten sie doch ein rötlichbraunes, mit zahlreichen Dornen besetztes Schwergewichtsmonster von bis zu 10 kg Gewicht vor sich, mit einem bis zu 25 cm durchmessenden Rückenpanzer und einer Spannweite von Bein zu Bein bis über 2 m.

Nachdem der erste Schreck überwunden war, kam dieses eingewanderte Ungetüm den (wegen Überfischung) unter leeren Netzen leidenden Fischern sogar recht, denn bald schon fand die Riesenkrabbe reißenden Absatz: nicht nur in Norwegen, sondern auf der ganzen Welt, wo sie **FEINSCHMECKER** in den siebten Gourmethimmel lobten. Die Preise für die neue Delikatesse entwickleten sich entsprechend horrend.

Doch die Erfolgstory hat einen Haken, denn die KÖNIGSKRABBE HAT SICH im Nordmeer dank fehlender Fressfeinde fortlaufend IMMENS **VERMEHRT**: Jedes Weibchen nämlich zeugt im Laufe ihres bis zu 20 Jahre währenden Lebens rund 10.000 Nachkommen, die das Erwachsenenalter erreichen: So ist

VOLLENDETER GENUSS

Königskrabben-Fleisch ist zart und fest zugleich, geschmacklich zwischen Hummer und Garnelen einzuordnen, mit einer Nuance ins Süßliche. Norweger schwören darauf, dass es am besten mundet, wenn *au nature* gekocht und mit zerlassener Butter eingerieben, was Vorspeise auch für das von Norwegen ausgerichtete Galadiner zum Anlass des »Bocuse d'or 2007« war. Wer sich selbst als Koch an dieser Delikatesse versuchen will, wird über die Kunde erfreut sein, dass man, wie es heißt, die angenehme Konsistenz und das Aroma der Königskrabbe weder durch zu lange Garzeiten noch Gewürzmissgriffe ruinieren kann. Alles was man tun muss ist, die Beine im Gelenk in 10–15 cm lange Stücke zu brechen, anschließend entweder ca. 10 Minuten im Dampf erhitzen oder in Salzwasser kochen. Was folgt, ist jeder/m selbst überlassen: Reichen die einen nur Butter dazu oder Butter und Zitrone, so andere eine Knoblauchsauce.

Auch aufwändigere Krabben-Kreationen sind populär: In der sogenannten neo-norwegischen Küche, die auch von Asien beeinflusst wird, erfreut sich die Kräuterkrabbe großer Beliebtheit. Wer diese *krydret kongekrabbe* selbst kreieren möchte, nehme für 4 Personen das Fleisch von 4–6 Scheren oder Beinen (das nach dem Kochen oder Dämpfen aus seiner Schale entfernt wurde), teile es in etwa 2 cm lange Stücke und gebe es anschließend in einer Pfanne oder besser in einem Wok für etwa 1 Min. in heißes Sojaöl. Hinzu kommen je eine gehackte Zwiebel und Knoblauchzehe, je ein gestrichener Esslöffel Ingwer (frisch, fein gehackt) nebst Soja- und Oystersauce, gehackter roter Chilli nach gewünschter Schärfe, der Saft einer Zitrone und 2 Esslöffel Honig. Das rührt man unter, lässt bei milder Hitze ein paar Minuten ziehen und bestreue es vor dem Servieren mit Koriander.

»Stalins letzte Armee«, wie es Umweltschützer ausdrücken, im hohen Norden zurzeit auf geschätzt über 10 Mio. »Kämpfer« angeschwollen, von denen mindestens 3 Mio. den Meeresboden vor der nordnorwegischen Küste belagern. Was sie dort tun, außer sich fortzupflanzen, ist Fressen, und zwar alles, was sie zwischen die Scheren bekommen: Würmer, Algen, Seesterne, Seegurken, Schnecken und mittelgroße Fische, vor allem auch Muschelbänke sowie Laich von Dorsch und Hering und allen anderen vorkommenden Fischen. Wo immer die Monsterkrabben auftauchen, und das ist stets in Einheiten von mindestens 10.000 Exemplaren, ist der Meeresboden in kürzester Zeit leer gefressen. Ist das geschafft, ziehen sie weiter, unterliegen einem ungezügelten Wandertrieb.

Schon weit nördlich vom Nordkap, auf dem Weg nach Spitzbergen, sind die Königskrabben gesichtet worden, längst haben sie sich zu den Lofoten durchgekämpft. Jüngst wurden Befürchtungen laut, dass auch die Nordsee und selbst Gibraltar heimgesucht werden könnten, fühlen sich die Tiere doch bei Wassertemperaturen von –2 bis 18° C und in Tiefen von wenigen Metern bis hinab zu etwa 400 m wohl. Kein Wunder, dass Umweltschützer wie auch der Weltnaturfond WWF schon seit Jahren eine ökologische Katastrophe herannahen sehen und unter stimmigem Verweis auf die UN-Konvention für biologische Vielfalt die sofortige Vernichtung der Königskrabben empfehlen oder zumindest ein drastisches Anheben der Fangquoten, die 2013 in Norwegen bei rund 360.000 Tieren lag.

Nun ist Monsterkrabbe bei Kunden äußerst gefragt, schafft Arbeitsplätze und sorgt für Devisen satt. Die ökonomisch bedingte Begeisterung für die »norwegische« Königskrabbe hat bis heute alle Initiativen zu ihrer Bekämpfung ausgesessen. Die Regierung in Oslo lehnt das Ausrotten kategorisch ab und will auch die Fangquote bei etwa 360.000 Tieren belassen.

Ein Magnet für Künstler

Das Reinste des Reinen, das Kälteste des Kalten, das Unberührteste des Unberührten, das Vornehmste, was man sich denken kann.
(Christian Krohg)

ALPENKULISSE DIE AUS WOGEN STEIGT – GROSSARTIGE MOTIVE

Eine der Kunst immer wieder zugeschriebene Funktion ist die der Nachahmung der Natur in all ihren Schattierungen. Betrachtet man die Fülle der Ölgemälde, Aquarelle und Lithografien der meisten heutigen Lofoten-Künstler, die eine erstaunlich große Kolonie im Archipel bilden, ist man geneigt zu behaupten, dass die Bildkunst im Inselreich unserer Tage nie über die sogenannte NATIONALROMANTIK des vergangenen Jahrhunderts hinausgekommen ist, in der sie in der Tat wurzelt. Die Darstellungen von Lofoten-Landschaft und Lofoten-Fischerei bestimmen nach wie vor die Bilder, und es ist, als wollten alle Künstler ständig wiederholen, was *Bjørnstjerne Bjørnson* (1832–1910), der große Dichter der norwegischen Klassik, mit seinem zum Nationalhymnentext gewordenen Gedicht »Ja, wir lieben dieses Land« aussagen wollte.

Auf wie vielen Bildern wurde die Lofoten-Wand wohl dargestellt? Oder gar der Trollfjord oder Reine, oder Fischer mit Fischerboot vor der Lofoten-Wand, dem Trollfjord oder Reine, oder ...? Mit oder ohne Mitternachtssonne, Vollmond oder Sternenglanz, Regen, Nebel oder Sturm. Niemand weiß es. Ihre Zahl dürfte Legion sein. Und man kann es verstehen, denn selbst ganz unromantisch veranlagte Insel-Besucher verlieren sich beim Anblick der dramatischen Archipel-Kulisse im »Natur-Gucken« und verspüren zuweilen den

◂ In der Galleri Espolin (siehe Seiten 44, 69, 77, 78 und 182, Foto/Copyright: Roger Johansen / www.nordnorge.com / Vågan)

Drang, nicht nur ihren Kameras ein »Klicken« zu entreißen, sondern die unweigerlich aufsteigenden inneren und äußeren Stimmungen sowie Landschaftsbilder schöpferisch-gestaltend in ein diese transzendierendes Werk umzusetzen – kurz: Sie verspüren den Lockruf der Kunst.

Aber »schwierig, unendlich schwierig, das zu malen! Das Erhabene herauszubringen, die Größe und der Natur unerbittliche und unbarmherzige Ruhe und Gleichgültigkeit«, wie Christian Krohg, so eine Art Guru unter den Lofoten-Künstlern, es in seinem 1896 verfassten (literarischen) Hauptwerk »Kampen for tilværelsen« (Der Kampf ums Dasein) formulierte.

Als der Erste, dem es gelang, diese Aufgabe zu meistern, gilt **GUNNAR BERG** (1863–1893), ein Lofoter aus Svolvær, der erst eine Ausbildung als Händler durchlief, bevor er auf der Akademie von Düsseldorf ausgebildet wurde. Die sogenannte DÜSSELDORFER SCHULE kündigte zwar den Übergang von der Romantik zum Naturalismus an, aber die norwegische Nationalromantik wäre ohne sie undenkbar. Obwohl der Rhein dem Schaffen des jungen Berg viele Sujets gab, galt doch sein Wirken vor allem der Heimat; wie er sagte, bestand seine »Lebensaufgabe darin, die mächtige Lofoten-Natur, das Leben der Fischer und die besonderen Stimmungen im Norden sowohl in der Dunkelzeit als auch in der hellen Jahreszeit darzustellen«. Er gilt als einer der herausragenden Vertreter der Nationalromantik (deren bedeutendster Adolf Tidemann war) und stellte im Juli 1887 sein erstes Bild in Düsseldorf aus (»Motiv aus Svolvær«), woraufhin ihm der Düsseldorfer Anzeiger »ein ganz eminent koloristisches Talent« attestierte. Im Herbst 1889 folgte eine 150 Gemälde umfassende Vernissage in Oslo, und im »Morgenbladet« (Morgenblatt) schrieb der Bischof Bang: »Als Darsteller des nordländischen Volkslebens hat Berg einen lobenswerten Anfang gemacht; er gibt Anlass, dass er in der Kunst für das Nordland das wird, was *Peter Dass* und Jonas Lie in der Literatur geworden sind.« Obwohl Berg schon im Alter von 30 Jahren starb, gelang es ihm als Erstem, die Natur und das Leben auf den Lofoten über die Landesgrenzen hinaus bekannt zu machen. Sein Hauptwerk – eine sieben Bilder zählende Serie von der »Trollfjordschlacht« – zierte früher sogar das Rathaus in Svolvær und kann heute auf der Stadtinsel Svinøya begutachtet werden (siehe Seite 174). Auch die Nationalgalerie in Oslo besitzt mehrere Gemälde von Gunnar Berg.

Gegen Ende des 19. Jahrhunderts verlor die Düsseldorfer Schule an Einfluss, zumindest auf die norwegischen Künstler, während der Stern von Karlsruhe, dann München, später Berlin und Paris aufging. Die Naturwissenschaften waren im Kommen und forderten künstlerischen Tribut in Form des NATURALISMUS (etwa 1870–1900), in dem nicht mehr das Romantische grandioser Naturszenerien im Vordergrund stand, sondern die positivistische, von der Milieutheorie beeinflusste Tendenz, den »Zufälligkeiten des Alltäglichen«, dem Realen, dem Alltag und seinen Schattenseiten sozialkritischen Ausdruck zu verleihen. Was Liebermann, von Ude oder Käthe Kollwitz für Deutschland, das ist **CHRISTIAN KROHG** (1852–1925) für Norwegen und auch für die Lofoten, die er viele Male bereiste und auf Leinwand verewigte. Als er 1896 zum ersten Mal auf den Archipel kam, hatte er die koloristische Seite seines Naturalismus bereits in überzeugender Weise entwickelt und galt schon als der Große seiner Epoche, auch wenn er – zumindest in Norwegen – mit seinen »groben, plumpen und wenig ästhetischen Gestalten« keine Bewunderung erweckte; die kam erst später. Heute gilt er als genialer Darsteller von »Wahrheit – Menschlichkeit«, womit er seine Werke auch selbst umschrieb.

Ketil Bjørnstad (geb. 1952, siehe auch ganz unten) schrieb die Biografie »Oda« (1983) über Christian Krohgs langjährige Ehefrau *Oda Krohg* (1860–1935). Sie war ein bemerkenswerter Freigeist, lernte selbst das Malen bei Werenskiold und Krohg und war mit ihrem selbst bestimmten Leben eine Art Wegbereiterin der Emanzipation – auch ohne Lofoten-Bezug ein lesenswertes Buch über (Oda und) die damalige norwegische **KÜNSTLERSZENE**.

THEODOR KITTELSEN (1857–1914), ebenfalls Naturalist, lebte 1877 in der Abgeschiedenheit als Leuchtturmwärter auf Skomvær. Die Jahre dort draußen prägten sein künstlerisches Schaffen, das einst – als er auch sozial engagiert und seine Technik noch ganz vom Strichstil bestimmt war – das berühmt gewordene Bild »Streik« (1878) schuf. In den Bann der Lofoten geraten, hielt er es fortan mit der nordischen Sagentradition, insbesondere mit den Trollen. Richtige Klabautermänner bannte er in seiner 1892 erschienenen Sammlung »Troldskab« (Zauberei) auf die Leinwand, nachdem er 1890 bereits eine Serie von Zeichnungen mit Namen »Fra Lofoten« (Von den Lofoten) veröffentlicht hatte. Als sein Meisterwerk aber gilt »Svartedauen« (Der schwarze Tod), eine Bildserie, die 1900 fertiggestellt wurde und die Pest zum Thema hat.

Als vielseitiger Künstler kommt Ketil Bjørnstad (geb. 1952) eigentlich aus der Musik. Als Pianist spielt er primär klassische Musik, auch Jazz. Viele Werke sind hervorragend zum Entspannen, oft eingängiger als bei Garbarek oder Rypdal.

Vielleicht war es die gewisse Formlosigkeit des Naturalismus – die sich aus dem Interesse an der reinen Erscheinungshaftigkeit erklärt –, dass sie auf spätere Lofoten-Maler keinen entscheidenden Einfluss mehr nahm; die kehrten vielmehr bald zu einer Art »Neo-Nationalromantik« zurück: so **OLE JUUL** (1852–1927), geboren in Djupfjord auf Vågan, malbegeistert seit Kindheitstagen und ausgebildet ebenfalls in Düsseldorf. Es mangelte ihm nicht an Genie, aber er konnte machen, was er wollte: Niemand mochte seine »lyrischen« Gemälde erstehen. So versuchte er sich im Portraitieren; die Leute jedoch wünschten Fotos – er wurde Fotograf. Und zählte schon 71 Jahre, als ihm als »neuentdeckter Maler« endlich der Durchbruch gelang. Kurioserweise aber nicht mit seinen ausgereiften Werken, sondern mit Jugendbildern, die er irgendwann einem süddeutschen Friseur verkauft hatte. Bekannt geworden, folgte der baldige Ruhm: Schon ein Jahr später (und drei Jahre vor seinem Tod) stellte er 250 Arbeiten im Kunstverein in Trondheim aus. Die Resonanz war beachtlich, die Kritiker zeigten sich angetan: »Er verdient einen Platz unter den begabtesten Naturbeschreibern unseres Landes«, proklamierte der norwegische Schriftsteller, Journalist und Gesellschaftskritiker *Alf Harbitz.*

EIN REICHES KÜNSTLERMILIEU

In den Anfängen unseres Jahrhunderts kamen die Lofoten bei schwedischen Künstlern in Mode. *Rikhard Lindström* etwa verbrachte viele Jahre seines Lebens im Inselreich, und seine Landsfrau *Anna Boberg* war es, die den Grundstein für eine schwedisch-lofoter Künstlerzusammenarbeit legte, die auch heute noch als wichtiger Lebensnerv im Kunstmilieu des Archipels gilt. Nachdem sie sich nahe Svolvær ein Atelier eingerichtet hatte, fanden sich plötzlich Maler aus aller Herren und Frauen Länder auf dem Archipel ein, denn Anna Boberg besaß einen guten Namen in Pariser resp. west- und südeuropäischen Kunstkreisen.

1934 verschenkte die begabte Schwedin ihre BOBERGHYTTA an die BILDENDE KUNSTNERES FORENING (Vereinigung Bildender Künstler), und bis 1940 – dem Jahr der »Vandalen«-Invasion – fungierte das Atelier als internationales Kunsthaus. Die dort gefertigten Werke – »entartet« – waren den

Teutonen Dornen in den Augen, so dass sie die Boberghütte zerstörten, auf dass kein Stein mehr auf dem anderen stand.

Doch die IDEE Künstlerhaus konnten die Besatzer nicht eliminieren. Die schwedische und die norwegische Künstlervereinigung finanzierten das 1953 eingeweihte **KUNSTNERHUSET** (Künstlerhaus). Seitdem ging es bergauf mit der Lofoten-Kunst: Maler, Grafiker und Zeichner aus dem In- und Ausland besuchten den Archipel; je größer ihre Zahl wurde, desto größer auch das Bedürfnis der Lofoter zu sehen, wie dort gearbeitet und was geschaffen wurde. Zahlreiche Ausstellungen wurden arrangiert, und die Lokalzeitung »Lofotposten« sowie das »Magasinet for Alle« (Magazin für alle) avancierten zum Sprachrohr dieses Milieus.

1963 dann riefen *Kaare Espolin Johnson* (der u.a. das Hurtigschiff »Harald Jarl« mit Bildern ausschmückte und dem bei Kabelvåg eine eigene Galerie gewidmet ist), *Dagfinn Bakke* (über den später mehr erzählt wird) und andere die Vereinigung KUNST-KONTAKT ins Leben, die Ausstellungen organisierte und das wachsende Kunstinteresse förderte, bevor sie sich Anfang der 70er Jahre auflöste. Die 1971 gegründete Stiftung ATELIER LOFOTEN führte die unterbrochene Arbeit jedoch weiter, die 1985 in der Errichtung einer eigenen Galerie gipfelte: **SVOLVÆR FASTE GALLERI**. Untergebracht ist sie im 1979 fertig gestellten **NORDNORSK KUNSTNERSENTRUM** (Nordnorwegisches Künstlerzentrum), das die Interessen von Bildenden Künstlern sowie Kunsthandwerkern gleichermaßen vertritt, Ausstellungen arrangiert, ein Magazin herausgibt, Arbeit vermittelt und dafür gesorgt hat, dass Svolvær und die Lofoten im Kunstmilieu Nord- und Gesamt-Norwegens eine nicht zu unterschätzende Stellung innehaben. Die Zahl der im Archipel niedergelassenen Künstler hat sich in den letzten 20 Jahren vervielfacht. Laut Schätzungen arbeiten rund ein Achtel aller Norwegen-Künstler auf den Lofoten.

Damit der Nachwuchs nicht zu kurz kommt, rief man Anfang der 1990er Jahre eine KUNSTSCHULE ins Leben, die junge Talente aus ganz Norwegen anzieht und mittlerweile den Status einer Institution genießt. Sie findet sich aber nicht in Svolvær, sondern nahebei in **KABELVÅG**, das überhaupt die größte Dichte an Künstlern im Archipel aufweist und wo zum Beispiel die renommierte GALLERI ESPOLIN beheimatet ist (siehe Seite 182).

GALERIEN AUF EINEN BLICK

Die nachfolgende Auflistung nennt die bedeutendsten Kunstgalerien im Archipel, jeweils mit Verweisen, auf welcher Route sie zu finden sind:

◎ **ATELIER TROLLFJORD OG HURTIGRUTEN – LOFOTEN**, Digermulen/Finnvika (Route 5), www.digermulen.de sowie www.hammerbeck-art.eu: Ausstellung des deutschen Landschaftsmalers *Christian-Ivar Hammerbeck,* der seit 1985 im hohen Norden lebt und, wie es heißt, Erlebtes gestaltet (u.a. als Dozent für Malerei, früherer Stadtmaler von Essen, mit vielen Ausstellungen).

◎ **NORDNORSK KUNSTNERSENTER**, Svolvær-Zentrum/Torget (Route 1), www.nnks.no: wechselnde Ausstellungen verschiedener Künstler, Verkauf von Bildern und Kunsthandwerk; eine Institution auf den Lofoten.

◎ **GALLERI DAGFINN BAKKE**, Svolvær-Zentrum (Route 1), www.dagfinnbakke.no: Dagfinn Bakke gilt als einer der bedeutendsten Bildkünstler der Lofoten unserer Tage; zu bewundern sind Lofoten-Aquarelle, -Grafiken sowie -Skulpturen; zahlreiche Ausstellungen.

◎ **GALLERI DINA**, Svolvær-Zentrum (Route 1), auf Facebook: *Sonja Krogh* präsentiert Lithografien von *Dag Arnljot Rødsand,* Bilder diverser norwegischer Maler und eigene Werke, deren Ausdrucksform als das klassisch Figurative umschrieben wird; Ausstellungen in Norwegen und Spanien.

◎ **GALLERI GUNNAR BERG**, Svolvær/Svinøya (Route 1), www.svinoya.no: die größte Sammlung an Werken von Gunnar Berg.

◎ **GALLERI STIG TOBIASSEN**, Svolvær-Zentrum (Route 1), www.stig-tobiassen.com: Typische Lofoten-Motive (Berge, Meer und Fischerboote) zeigen die Ölgemälde dieses Malers.

◎ **MAGIC ICE**, Svolvær-Zentrum (Route 1), www.magicice.no: kunstvoll beleuchtete Skulpturen und Installationen, die komplett aus Eis bestehen.

◎ **GALLERI ESPOLIN**, Kabelvåg/Storvågan (Route 2), www.galleri-espolin.no: Die Galerie des Meisters verdient besondere Erwähnung.

◎ **GALLERI LILLE KABELVÅG**, Kabelvåg, Torget/Marktplatz (Route 2), auf Facebook: Hier stellen die Bildkünstlerin und Kunsthandwerkerin *Inger Ann Nyaas* und der landesweit bekannte Maler *Thor Erdahl* aus.

◎ **GALLERI OLA STRAND**, Ørsnes, Våganveien, an der E 10 (Route 4), www.galleriolastrand.no: Linolschnitte, Aquarelle, naive Malerei, Grafiken und andere Werke des bekannten Lofoten-Künstlers.

Die Galleri Espolin stellte uns freundlicherweise Kunstpostkarten mit Werken des Künstlers zur Verfügung, die die Buchseiten 44 und 69 zieren.

◎ **GALLERI HARR/LOFOTENS HUS**, Henningsvær (Route 4), www.galleri-lofoten.no: eine der größten Kunstsammlungen Nordnorwegens.

◎ **KAVIAR FACTORY**, Henningsvær (Route 4), www.kaviarfactory.com: Die alte Kaviarfabrik (wo ab 1924 bis Mitte der 1990er Jahre die beliebte »Lofotenpaste«, Brotaufstrich aus geräuchertem Dorschrogen, hergestellt wurde) ist komplett umgebaut 2013 als Venue für norwegische und internationale Gegenwartskunst neu eröffnet worden. Die neue Kunstinstitution umfasst drei Abteilungen: die feste Ausstellung des bekannten nordnorwegischen Fotografen und Künstlers *Rune Johansen,* Wechselausstellungen in- und ausländischer Künstler und ein Atelier mit Wohnraum für Künstler. Angeschlossen sind ein Kunst- und Souvenirshop u.a. mit skandinavischem Design.

◎ **GALLERI VIDARS LYSE VERDEN**, Henningsvær (Route 4), auf Facebook: Die Nordlichtbilder des Naturfotografen *Vidar Lysvold* vermitteln das Gefühl, als stehe man selbst unter dem Nordlichthimmel.

◎ **GALLERI 2**: Stamsund (Route 8), www.galleri2.no auch auf Deutsch: vor allem den Werken und Projekten des Künstlerpaares *Vebjørg Hagene Thoe* sowie *Scott Thoe* gewidmete Ausstellung.

◎ **GALLERI AVKROKEN**, Ramberg auf Flakstadøya, E10 (Route 10), www.galleri-avkroken.blogspot.com: ausgefallene Arbeiten, bevorzugt aus Messing, Kupfer und Stahl, Kreationen des Multi-Künstlers *Johs Røde*.

◎ **REINE KULTURSENTER**: Reine-Ortszentrum (Route 10), www.reinekultursenter.no: In der ehemaligen Schule von Reine wurde 2007 diese Kunstinstitution eröffnet. Ausgestellt sind mehrere Dutzend Ölgemälde und Grafiken der norwegischen Malerin *Eva Harr* (www.evaharr.no), deren Ölgemälde und Grafiken größtenteils die Lofoten-Landschaft zeigen. Eine weitere Abteilung ist Wechselausstellungen norwegischer und internationaler Künstler vorbehalten, zu jeder vollen Stunde wird die Multimediashow »Whales and Eagles« präsentiert. Anbei ein gut sortierter Kunst- und Souvenirshop.

◎ **GALLERI KRYSSET**, Sørvågen/Moskenesøya (Route 10), www.lofoten-info.no/sorvagen/kunst.htm: Bildgalerie von *Tor Esaissen,* der auf über 120 Ausstellungen im In- und Ausland zurückblickt.

◎ **ATELJÉ ELSE-MAJ JOHANSSON**: Sørvågen (Route 10), www.lofoten-info.no/sorvagen/kunst.htm: Galerie der skandinavienweit populären Schwedin *Else-Maj Johansson*; u. a. besitzt der schwedische König zwei ihrer Bilder; die Künstlerin hält auch Malkurse ab.

Praktischer Teil

Vor der Reise – Anreise – Information – Transport – Unterkunft –
Essen und Trinken – Ferien aktiv – Praktisches A-Z – Wörterklad

Vor der Reise

Information

Allgemeine Informationen für Ihre Lofoten-Reise erhalten Sie – im deutschsprachigen Raum – bei »Innovation Norway« in Hamburg, das die Funktion eines Fremdenverkehrsamts wahrnimmt. »Lofoten-kompetenter« sind das überregionale Touristenbüro in Bodø, die regionalen in Svolvær sowie in Moskenes/Sørvågen und die lokalen (siehe jeweils Seite 100):

◎ **INNOVATION NORWAY**, Caffamacherreihe 5, 20355 Hamburg, Tel. 040 – 2294 15 0, www.visitnorway.de.

Zuständig für allgemeine Fragen zum Reisen und zu Reisezielen in Norwegen, Apps haben Broschüren abgelöst. Eher für Norwegen-Neulinge, die sich stets darüber im Klaren sein sollten, dass viele Inhalte bezahlt sind, also Marketing statt objektiver Information vorliegt.

◎ **NORDNORSK REISELIV** BODØ, Tollbugata 13 4 A, N–8001 Bodø, Tel. (aus dem Ausland 0047 –) 901 77 500, www.nordnorge.com detailliert auch auf Deutsch. Überregionale Kontaktstelle für Reiseziele in Nordnorwegen. Website mit Buchungsfunktion.

◎ **DESTINATION LOFOTEN**, Box 210, N–8301 Svolvær, Torget, Tel. (aus dem Ausland 0047 –) 760 69800 und 760 70575, www.lofoten.info ausgiebig auch auf Englisch, Download Lofotenguide auf Deutsch. Das größte Touristenbüro der Lofoten, Öffnungszeiten und mehr siehe Seite 100.

Diplomatische Vertretungen

◎ **IN DEUTSCHLAND**: Königlich Norwegische Botschaft, Rauchstraße 1, 10787 Berlin, Tel. 030 – 5050 58600, www.norway.no/de/germany.

◎ **IN DER SCHWEIZ**: Königlich Norwegische Botschaft, Bubenbergplatz 10, 3011 Bern, Tel. 031 – 310 5555, www.norway.no/de/switzerland.

◎ **IN ÖSTERREICH**: Königlich Norwegische Botschaft, Reisnerstrasse 55–57, 1030 Wien, Telefon 01 – 71660, www.norway.no/de/austria.

◎ **NIEDERLANDE**: Royal Norwegian Embassy, Eisenhowerlaan 77 J, 2517 AC Den Haag, Telefon 070 – 311 7611, www.norway.no/en/netherland.

Einreisebestimmungen

◎ **PERSONALPAPIERE**: Für die Einreise benötigen Bürger der Bundesrepublik Deutschland, der Schweiz und Österreichs einen gültigen Personalausweis bzw. eine Identitätskarte oder einen Reisepass. Das Dokument sollte noch mindestens drei Monate gültig sein.

◎ **FAHRZEUGPAPIERE**: Kraftfahrzeuge müssen beim Grenzübertritt

◀ Im Hafen von Svolvær: oben Scandic Hotel und Svinøya Rorbuer, unten das Hurtigruten-Schiff »Nordlys« (Nordlicht) beim Einlaufen, im Hintergrund die Gerüste, auf denen ab Februar der Dorsch baumelt

das Nationalitätskennzeichen tragen, was die üblichen »Euro-Kennzeichen« erfüllen. – Die Internationale (Grüne) Vericherungskarte ist nicht erforderlich, wird aber empfohlen. – Der nationale Führerschein reicht aus, auch um ein Fahrzeug vor Ort zu mieten.

ZOLL

Norwegen ist bekanntlich kein Mitglied der EU; dementsprechend sind mehrere Sondervorschriften zu beachten. Unter den beim Zoll üblichen Vorbehalten (»zum Eigengebrauch«) darf man als Tourist mit festem Wohnsitz innerhalb Europas mitbringen:

◎ **ALKOHOL**: Ab 18 Jahren dürfen ohne Tabakwaren 4,5 l Wein (bis 22 %) und 2 l Bier eingeführt werden, ab 20 Jahren statt 4,5 l Wein alternativ 3 l Wein und 1 l Spirituosen (bis 60 %); ab 18 Jahren dürfen mit Tabakwaren 3 l Wein (bis 22 %) und 2 l Bier eingeführt werden, ab 20 Jahren statt 3 l Wein alternativ 1,5 l Wein und 1 l Spirituosen (bis 60 %). Zusätzlich zu den zollfreien Waren dürfen maximal 4 l Spirituosen sowie 27 l Bier und/oder Wein verzollt eingeführt werden.

◎ **TABAKWAREN**: entweder 200 Zigaretten oder 50 Zigarren oder 100 Zigarillos oder 250 g Tabak plus 200 Blatt Zigarettenpapier. Ab 18 Jahren.

◎ Außer dem persönlichen Reisegepäck dürfen **WAREN IM WERT** BIS 6.000 NOK EINGEFÜHRT WERDEN, darunter Fleischwaren, aber nur bis zu 10 kg pro Person; die Altersfreigrenze für Lebensmittel liegt bei 12 Jahren.

◎ **VERBOTEN** ist die Einfuhr von Eiern, Kartoffeln, Pflanzen sowie Waffen, Munition, Narkotika, Giften und Medikamenten, abgesehen von einer Reiseapotheke für den erkennbaren Eigengebrauch.

◎ **HAUSTIERE** : Bei der Einreise aus EU/EFTA-Ländern nach Norwegen muss man eine Bescheinigung über erforderliche Impfungen und die Gesundheit des Tieres beim Zoll vorlegen. Dazu benötigt man den blauen EU-Pass. Mit der Vorbereitung ist mindestens 6 Monate vor Abreise zu beginnen. INFORMATION: Mattilsynet, Postbox 383, N-2381 Brumunddal, Tel. (aus dem Ausland 0047 –) 224 00 000, www.mattilsynet.no u.a. auf Englisch.

Geld

In Norwegen zahlt man mit NORWEGISCHEN KRONEN (generell mit NOK abgekürzt). Die kleinste Münze ist 1 Krone wert, die größte 20 NOK – d.h. es gibt seit 2012 keine Øre mehr, als die 50-Øre-Münze aus dem Zahlungsverkehr genommen wurde. Die Banknoten haben einen Wert von 50, 100, 200, 500 und 1.000 NOK. 1 Euro war zum Redaktionsschluss 9,55 NOK wert, gleich 10,43 Euro für 100 NOK.

◎ **WECHSELGELD** wird auf- oder abgerundet, zum nächstliegenden vollen Kronenbetrag hin.

◎ **BARGELD** (ob Euro oder Schweizer Franken) kann in vielen, aber nicht allen Banken getauscht werden. Das Ziel der Geldinstitute ist die Abwicklung nur über Geldautomaten.

Es ist günstiger, erst in Norwegen zu tauschen oder Geld abzuheben, beispielsweise am Flughafen in Oslo, vor dem Umsteigen in die Maschine

Achtung: Seit 2017 wechselt Norwegen schrittweise seine Banknoten aus; nach der Einführung neuer Geldscheine sind die alten im gleichen Wert jeweils nur noch 12 Monate gültig. Information unter www.edition-elch.de.

nach Nordnorwegen. Nur wer voraussichtlich spätnachts oder am Wochenende einreist, sollte sich vor der Ankunft mit Bargeld versorgen. Natürlich besteht auch auf den Fähren die Möglichkeit, an Bargeld zu kommen.

Es lohnt sich, eher große Beträge zu tauschen bzw. abzuheben, da (unabhängig vom Betrag) relativ hohe GEBÜHREN anfallen, bei üblichen Geldkarten häufig um 7,50 Euro.

◎ **GELDAUTOMATEN** finden sich mittlerweile in allen größeren Ortschaften (u.a. in Reine, Leknes, Kabelvåg, Svolvær); alle akzeptieren gängige Kreditkarten wie »Visa«, »Mastercard« und »American Express« sowie EC- alias Maestro-Karten. Für das Abheben mit Kreditkarten sind die Gebühren oft besonders hoch.

◎ Mit **KREDITKARTEN** (s.o.) kann man in den meisten Geschäften und Rorbuanlagen sowie in den besseren Restaurants bezahlen, an fast allen Tankstellen sowie in allen Hotels; aber Bargeld erhält man darauf nur an den o.g. Automaten sowie in den meisten Supermärkten, wenn man einen Einkauf mit Kreditkarte bezahlt.

Budget

Für viele EU-Bürger gehört Norwegen zu den teuren Reisezielen, doch ist es dank dem Verfall der Norwegischen Krone seit 2014 um gut 20–25 % billiger geworden, und damit sind die Lofoten heute so günstig wie selten zuvor. Dank sog. »Jedermannsrecht «ist das Übernachten in der freien Natur vielerorts zum Nulltarif möglich. Die Grundnahrungsmittel sind zwar etwa 30 % teurer als als in heimischen Gefilden (siehe im »Praktischen A–Z« unter der Rubrik »Lebensmittel«, Seite 155) – wer aber und sammelt, kann Fisch und Beeren und Pilze en masse umsonst genießen. Die Anreise mit Flugzeug oder Bahn ist kein zwangsläufig hoher Kostenfaktor mehr.

Das PREISWERTESTE BETT kommt auf 350 NOK, im Durchschnitt eher auf 500 NOK, Campinghütten sind (in der spartanischen Version) ab 300 NOK (für 2 Personen) zu mieten; soll's was Besseres sein, sind ab 600 NOK pro Nacht (jedoch für 4 Personen) fällig; die Endreinigung ist selbst vorzunehmen oder geht extra. Günstiger kommen Zimmer (ab ca. 350 NOK für 2 Pers.), Ferienwohnungen (ab ca. 550 NOK für 2–4 Pers.) sowie Ferienhäuser (ab ca. 700 NOK für ca. 4 Pers.), die über Airbnb gebucht werden.

Ein einfaches Gericht im Selbstbedienungsrestaurant kostet ab ca. 130 NOK. TEUER sind vor allem Dienstleistungen, Benzin (um 15/16 NOK) und Diesel (um 14/15 NOK) sowie Alkohol: Die Flasche Wein gibt's ab 80 NOK, »harte Sachen« verschlingen ab 350 NOK die Flasche.

WAS IST BILLIG? Billiger als etwa in Deutschland ist fast gar nichts; selbst Fisch, früher stets günstiger, kam im Jahr 2018 auf ca. 80 NOK für das Kilo (Seelachs) im Supermarkt. Kauft man direkt bei den Fischern oder folgt den am Straßenrand platzierten Hinweisen auf Fisch-Verkauf, darf man dort um 120 NOK fürs Kilo Dorsch rechnen – da die ausländischen Angeltouristen rasch dem »Fischroulette« verfal-

Elch-Tipp: Die Postbank Sparcard gilt an allen Automaten mit »Visa-Plus«-Symbol und kann bis zu vier Mal im Jahr gebührenfrei im Ausland zum Bargeld-Abheben verwendet werden (maximal 1.500 € im Monat zinsfrei).

len, bekommt man ihn in Rorbuanlagen und auf Campingplätzen öfter sogar geschenkt.

CAMPINGPLÄTZE sind mit Tarifen ab 150 NOK je Wohneinheit (2 Personen im Zelt) bzw. 300 NOK im Wohnmobil (bis 4 Personen) relativ PREISWERT – gratis ist natürlich Wildcampen, das in Norwegen zwar erlaubt ist, allerdings, streng genommen, nicht für motorisiert Reisende (siehe zum »Allemannsretten«, Seite 168); wer mit dem nötigen Wissen und dem Knowhow vor Ort (dank eines guten Reiseführers) unterwegs ist, kann die eine oder andere Krone sparen – wobei anzumerken ist, dass Lofoten-Urlauber gezielt und vorbereitet anreisen und so kaum auf einen Schnäppchen-Aufenthalt aus sind.

Reisezeit

Die Lofoten liegen auf gleicher geografischer Breite wie Südgrönland, das kanadische Baffinland, Zentral-Alaska oder Nordsibirien – nur dem Golfstrom (bzw. primär den westlichen Winden) ist es zu verdanken, dass der Archipel nicht ein ins Nordmeer gesprengtes Stück Eiswüste ist. Die Temperaturen liegen im Jahresdurchschnitt 24° C über den Breitenüblichen, das KLIMA gilt als MARITIM (mehr in den einleitenden Kapiteln). Als Urlaubsland gehören die Inseln dennoch zur Kategorie »Pullover« anstatt zur Kategorie »Bikini«. Darüber muss man sich im Klaren sein; dann gibt es auch keine Enttäuschung.

◎ Besonders reizvoll ist das Inselreich **IN DEN ERSTEN SOMMERMONATEN**, von Mitte Mai bis Mitte/ Ende Juni. Es ist die Zeit, in der zahlreiche Blumen blühen, die Berge noch ihr (vollständiges) Schneekleid tragen, es Tag und Nacht hell ist. Und außerdem: Die Statistik verspricht, dass es in den Monaten Mai und Juni seltener regnet als im Juli und im August, dass die Sonnenwahrscheinlichkeit am größten ist (und die Wahrscheinlichkeit, andere Touristen zu treffen am geringsten); wobei Statistiken ihre Behauptungen nicht zuverlässig belegen. Es kann jedenfalls warm genug sein, ohne FRIEREN den Anblick des Bergwinters zu genießen.

◎ Wenn's ein Bad im Nordmeer ist, was reizt, sollte man dem Juli oder – besser noch – dem **AUGUST** den Vorzug geben. Dann jedoch präsentiert sich die Lofoten-Wand nicht mehr beschneit, können die schönsten Wildcamp-Plätze zur Mangelware werden, wie es auch auf den Campingplätzen teilweise etwas eng zugehen kann; die Ferienhütten sind meist bis aufs letzte Bett ausgebucht. Denn es herrscht Hochsaison; nicht nur Mitteleuropa, sondern ganz Skandinavien hat jetzt Schulferien, und »Urlaub im eigenen Land« erfreut sich großer Popularität auch unter den Norwegern.

AB MITTE AUGUST ist der größte Rummel vorbei. Ab etwa 22 Uhr wird es schon wieder Nacht über dem Archipel. Das bringt eine starke Abkühlung mit sich: Morgens ist mit Nebel zu rechnen, in höheren Lagen auch mit Frost, aber tagsüber sind die Temperaturen in der Regel angenehm bis hin zu möglichem Badewetter.

◎ Gegen Anfang September streift das Land sein farbenfrohes **HERBSTKLEID** über.

In den Bergen fällt Schnee, während mancher Nacht huscht bereits das NORDLICHT als Sonnenbote über den Polarhimmel, der von Tag zu Tag wetterwendischer wird und auch viel Sturm und Regen bringen kann.

◎ Ab Oktober kann der **SCHNEE** auch im Küstenbereich fallen. Ab Anfang Dezember herrscht bis Anfang Januar die Polarnacht; im Gegensatz zu früher kehrt nur bedingt Ruhe ein: Der Nordlicht-Tourismus boomt, und zum Jahreswechsel kommt es in den Unterkünften zu Engpässen. Auch beginnt die Langlauf-, Topp-Tourenski- sowie Schneeschuh-Saison. Die berühmte Lofot-Fischerei ist zwischen Anfang Februar und Ende März angesagt, »gekrönt« von den Weltmeisterschaften im Dorschangeln. Gegen Ende März hat auch die Schneehöhe ihr Maximum erreicht und ist es merklich länger hell als in Mitteleuropa.

Kleidung & Ausrüstung

Wann immer Sie die Lofoten besuchen, und sei es im Hochsommer: REGENZEUG und WARMEN PULLOVER sollten Sie stets im Gepäck haben – aber gern auch Badesachen, denn bei Wassertemperaturen von immerhin bis zu 18° C kann man durchaus den Sprung ins Nordmeer wagen.

Gesellschaftskleidung ist nie und nirgends erforderlich; man würde damit nur aus dem Rahmen fallen.

Ein Minimum an sinnvoller Ausrüstung ist unabdingbar. Für eine erste Orientierung raten wir, sich den oder die Katalog(e)/Webseiten von (einer) Ausrüstungsfirma/en zuzulegen bzw. zu vergleichen; wobei sich viele Produkte durch überzogene Preise auszeichnen, oft von solchen Firmen, die dick im Werbegeschäft mitmischen.

Wir selbst machen seit Jahren ansprechende ERFAHRUNGEN mit Produkten der Firma »Exped«, die »alles unter einem Dach« hat – die Palette vom Schlafsack über Fahrradtaschen bis zu Ausrüstungen für Bergsport/Alpines und Outdoorspaß für Kinder.

RUCKSACK

Wer mit öffentlichen Transportmitteln reist und/oder auf längere Bergtouren gehen will, benötigt einen guten Rucksack mit mindestens 80 l Fassungsvermögen; er sollte möglichst bequem, leicht, schnörkellos, strapazierfähig, wasserresistent und höhenverstellbar sein sowie über breite, gut gepolsterte Schulterriemen und einen Hüftgurt verfügen: reduziert auf das, was man wirklich benötigt. Die Backcountry-Serie von »EXPED« ist genau darauf zugeschnitten: Der »Expedition 100« z.B. wiegt bei einem Volumen von 100 l nur 2,65 kg und ist 100 % wasserdicht, da »nahtbandversiegelt«.

Gut verarbeitet und vernäht muss er ohnehin sein; jeder Rucksack hält aber nur so lange wie seine Reißverschlüsse. Wir selbst sind jedenfalls seit Jahren mit zwei und denselben Rucksäcken unterwegs.

ZELT

Wenn das Beste gerade gut genug ist

Ausrüstungstipps speziell für Radfahrer finden sich im Kapitel »Transport« auf Seite 105 f.

und man bereit ist, dafür auch tiefer in die Tasche zu greifen, dann sind die Zelte von »Hilleberg« aus Schweden vorne dabei. Ob in Tunnel-, Kuppel- und geodätischer Form: Alle Modelle sind wasserdicht und sehr windstabil, mit undurchdringlichen Moskitonetzen versehen, optimal belüftet, trocknen schnell, und das leichteste wiegt nur 1,3 kg. Ab 1,4 kg geht es bei »Exped« los, deren Zelte (ebenso in Tunnel-, Kuppel- oder geodätischer Form) innovativ und clever im Detail sind; dazu relativ preiswert bei einer Qualität, auf die man sich auch bei äußerst widrigem Wetter verlassen kann.

SCHLAFSACK

Für den CAMPER LOHNT STETS ein Schlafsack. Zu berücksichtigen bzw. zu vergleichen sind dabei Gewicht, die Eignung für verschiedene Klimazonen und TEMPERATUR-ANGABEN für die Minimaltemperatur, die unseren Erfahrungen nach überwiegend zu großzügig ausfallen, also im realen Einsatz zum Nachteil der Kunden sind. Die Frage Daune oder Kunstfaser entscheidet der individuelle Geschmack: Schlafsäcke mit Daunenfüllung wärmen angeblich besser, sind leichter und günstiger im Packmaß. – Kunstfaserschlafsäcke aber trocknen rascher, wenn sie feucht geworden sind. Das Programm von »Exped« (s.o.) enthält mehrere Daunen- und Kunstfaserschlafsäcke, darunter sogar wasserdichte Modelle! Die Verarbeitung ist bei minimalem Gewicht hochwertig und die Temperatur-Angaben sind nach unseren Erfahrungen realistisch.

Beim Schlafsackkauf ist stets an die Unterlage zu denken; funktional sind sich selbst aufblasende ISOMATTEN, womöglich sogar mit Daunenfüllung.

SONSTIGES

Außerdem sollte die Campingausrüstung eine UNTERLEGEPLANE (für das Zelt, da oft steiniger Untergrund) und einen KOCHER umfassen. ANTI-MÜCKENMITTEL sind zweckmäßig, auch SONNENSCHUTZMITTEL sowie SONNENBRILLE. Und viele Situationen lassen sich mit TASCHENMESSER, REISEWECKER, VORHÄNGESCHLOSS einfacher meistern.

SCHUHE

Ohne adäquate Schuhe geht es nicht – wer auf den Lofoten (oder sonstwo) wandern oder auch nur abseits der Straßen spazieren gehen will, ist mit EINGELAUFENEN WANDERSCHUHEN (sogenannten walkern) bzw. Trekkingschuhen gut beraten.

IM WINTER

Der oft starke Wind senkt die eher milden Wintertemperaturen rasch auf gefühlte –30/40°C, so dass die Kleidung ordentlich warm (bevorzugt mit Daune gefüllt), winddicht sowie mehrlagig und atmungsaktiv sein sollte.

Für die Loipen reichen gewöhnliche Langlaufskier aus, für Ski-Bergsteigen hingegen (in Norwegen als TOPPTUR bezeichnet), worunter das Besteigen von Bergen auf Skiern und die Talfahrt abseits präparierter Pisten zu verstehen ist, braucht man Alpinskier sowie ggf. leichte Steigeisen und Eisaxt. Naturerlebnisse ohne Skier ermöglichen Schneeschuhe (z.B. »Tubbs Flex Alp«); für Bergexpeditionen müssen sie mit Steighilfe und Eiskrampen ausgestat-

Flugreisende kaufen Camping-Gaz-Kartuschen u.Ä. am besten in Svolvær oder Leknes in Sportgeschäften nach, oder in Bodø vor der Weiterreise (»Intersport«, Plassmyrveien 50, Tel. 755 14445, oder Storgata 5, Tel. 755 49850).

tet und alpintauglich sind. Stets dazu gehören Teleskopstöcke, und zwar mit großen Tellern, die das Einsinken im tiefen Schnee verhindern sollen.

Ein Muss im Winter sind zwei Paar Handschuhe, Stirnband und eventuell auch Mütze / Balaklava, immer gut zu gebrauchen eine Thermosflasche und eine Sitzunterlage für unterwegs. Normale Trekkingschuhe reichen für kälteempfindliche Personen nur bedingt aus; alternativ gibt es gefütterte Thermo-Trekkingschuhe.

Gesundheitsvorsorge

Die EUROPÄISCHE KRANKENVERSICHERUNGSKARTE wird von den Krankenkassen ausgestellt wird bzw. belegt eventuell die Rückseite Ihrer nationalen Krankenversicherungskarte. Dieser »Anspruchsnachweis« ist vor der Behandlung durch einen dem *rikstygdeverket* (nationalen Versicherungsbüro) zugehörigen Arzt oder bei der Einlieferung in ein Krankenhaus vorzuzeigen; beim Zahnarzt nicht, da dessen Behandlung nicht zu Lasten der norwegischen Krankenversicherung erbracht und bar bezahlt wird.

Trotz eines Anspruchsnachweises muss man für erbrachte Leistungen zuzahlen: Kostet eine normale Arzt-Konsultation 152 NOK, so werden bei einem Facharzt 240 NOK fällig. – Für Medizin sind 36 % der Gesamtkosten selbst zu zahlen (maximal 2.205 NOK). – Keine Eigenbeteiligung fällt bei einem Krankenhaus-Aufenthalt an.

◎ Empfohlen sei der Abschluss einer PRIVATEN **AUSLANDSREISEKRANKENVERSICHERUNG**, da die deutschen zum Beispiel keinen Rücktransport eines Erkrankten ins Heimatland finanzieren; diese Zusatzversicherung ist relativ preiswert.

Nähere Informationen kann man beim eigenen Versicherer abrufen sowie bei der DVKA (Deutsche Verbindungsstelle für Krankenversicherung im Ausland): www.dvka.de.

◎ Die Mitnahme einer üppig gefüllten, auf Vorratswirtschaft ausgerichteten **REISEAPOTHEKE** ist unnötig, da die Apotheken auf den Lofoten gut bestückt sind – aber nur mit Pharmapräparaten; für die meisten Präparate besteht REZEPTFLICHT. Homöopathische Medizin sowie Gesundheitstees sind vor Ort nicht verbreitet.

Reisende mit Handicap

Fast alle öffentlichen Einrichtungen und Hotels, aber auch Eingänge, Gehsteige, Lifts etc. sind in Norwegen auf die Belange von Rollstuhlfahrern zugeschnitten. Auch viele Unterkünfte sind auf die Belange von Behinderten eingerichtet, aber im Voraus vergewissern sollten Sie sich auf jeden Fall. Die NSB (norwegische Eisenbahn) hat eigens für Körperbehinderte ausgestattete Wagen. Allgemeine Informationen auf Englisch gibt es bei:

◎ **NORGES HANDIKAPFORBUND**, Postboks 9217 Grønland, N–0134 Oslo, Tel. 241 02400, www.nhf.no in verkürzter Version auch auf Englisch.

Hinweise und Ausrüstungstipps zum Ski-Bergsteigen, das sich auf den Lofoten großer Beliebtheit erfreut, finden sich unter der hilfreichen und gut gemachten Website www.outdooractive.com/de/skitouren/5124.

Reisen mit Kindern

Schon im Alter von zweieinhalb Jahren genossen es unsere Kinder sichtlich, Wasser aus fast jedem Bach trinken zu können, mit zum Fischfang hinauszurudern, ins Hochgebirge (in der Trage sitzend) zu wandern, auf von motorisierten Fahrzeugen nahezu freien Nebenstraßen Fahrrad zu fahren oder auch mal im Schwimmring hängend baden zu gehen; dies alles auf den Lofoten. Andere Kinder fanden sie dabei auch, die Lofoter sind außerdem sehr kinderfreundlich. In jedem Restaurant gibt's Wickelräume und Kinderstühle – und Spielplätze häufiger, als von zu Hause gewohnt.

Karten

STRASSENKARTEN

◎ **CAPPELEN KART**: in Deutschland bei »Kümmerly + Frey«: Straßenkarte in fünf Blättern, alle 3–4 Jahre zuverlässig aktualisiert. Kann vor Ort an vielen Tankstellen nachgekauft werden. Blatt 4 (1 : 400.000) beinhaltet Mittel-Norwegen (inklusive Lofoten, Narvik), Blatt 5 im gleichen Maßstab Nordnorwegen (ab etwa Narvik bis Kirkenes). In Deutschland um 11,95 €, in Norwegen um 149 NOK.

ÜBERSICHTSKARTE

◎ Eine gute Lofoten-Karte auf dem Markt ist die topografische **WANDER- UND FREIZEITKARTE LOFOTEN** von Projekt Nord / Brandl und Tietjens. Ursprünglich als Diplomarbeit entstanden, liegt sie mittlerweile in der 6. Auflage 2016 vor. Die Karte deckt im Maßstab 1 : 100.000 die Lofoten-Hauptinseln im geografischen Zusammenhang ab. Auf zwei Nebenkarten werden die vorgelagerten kleineren Inseln abgebildet. Sie enthält alle für Touristen relevanten Informationen und ist dank ihrer Farbgebung und Übersicht allen vergleichbaren Karten überlegen. Für 15,90 € empfehlenswert.

◎ Die **LOFOTEN**-Karte der norwegischen »Nordeca« aus der Reihe »Nasjonal turistveger« fußt darauf, dass die den Archipel durchquerende Europastraße 10 (E 10) als »nationale Touristenstraße« (siehe Seite 103) einige Extras zu bieten hat; die Karte aber wirkt uninspiriert, schwächelt mit kontrastarmer Farbgebung, die Legende auf der Karten-Rückseite ist unpraktisch, auf Wanderwege wurde verzichtet. Für rund 23 € in Deutschland bescheiden im Gegenwert. Maßstab 1 : 100.000.

WANDER-/TOPOKARTEN

◎ Wer in kniffligem Terrain wandern geht (und das trifft auf mehr Lofoten-Touren zu, als es sich viele Unkundige vorstellen), benötigt eine TOPOGRAFISCHE KARTE im Maßstab 1 : 50.000. Die norwegische **TURKART**-Serie repräsentieren, bezogen auf die Lofoten, die Einzelkarten Turkart Nr. 2671 Vågan, Nr. 2673 Vestvågøya, 2745 Vest-Lofoten (mit Teilen von Gimsøya, Flakstadøya, Moskenesøya sowie im Maßstab 1: 100.000 Værøy und Røst). Preis in Deutschland um 28 €, in Norwegen um 240 NOK. Von »Nordeca«.

◎ Wer nicht unbedingt wandern will, ist mit der **NORGE-SERIEN** von »Nor-

Für die Beschreibung der Karten ist die Redaktion verantwortlich, die auf Grund der fortlaufenden Projekte ständige Vergleichsmöglichkeiten hat. Wir kaufen grundsätzlich die vor Ort wichtigsten Karten.

deca« gut bedient. Ohne Værøy/Røst benötigt man nur zwei Karten, da sie beidseitig bedruckt sind: 10137 Svolvær und 10133 Leknes. Der Maßstab ist 1 : 50.000, das Material reißfest-robust und die Farbgebung (subjektiv, aber aus der Erfahrung) etwas besser als bei der Turkart. In Deutschland um 27 €, in Norwegen um 233 NOK.

BEZUGSQUELLEN

Folgende Versender geben auf ihren Webseiten das Erscheinungsjahr von Karten an, ein hilfreiches Kriterium.

◎ **NACH NORDEN**, Geobuchhandlung Kiel, Schülperbaum 9, 24103 Kiel, Telefon 0431 – 910 02, www.geobuchhandlung.de.

◎ **NORDLAND VERSAND**, Vornholtstraße 7, 49585 Neuenkirchen, Telefon 0800 – 667 3526 und 05465 – 476, www.nordland-shop.com.

Literatur

Ein paar Lesetipps für Bücherwürmer mit SCHWERPUNKT HOHER NORDEN, alphabetisch geordnet nach den Verfassernamen.

◎ *Drolshagen, Ebba D.:* Gebrauchsanweisung für Norwegen. Wie die Norweger so ticken und warum. Reich an Fakten und bisweilen humorvoll.

◎ *Fuchs, Arved:* Polarlicht in den Segeln – Eine Winterreise zu den Lofoten. Der berühmte deutsche Polarforscher (der schon zu Fuß am Nordpol sowie – mit Reinhold Messner – auch am Südpol war) legt mit diesem reich bebilderten Buch einen faszinierenden Reise- oder schon eher Expeditionsbericht vor, der Abenteuerlustige nicht kalt lassen wird. Geschildert wird ein winterlicher Törn zum Archipel zur Zeit des Lofot-Fischfangs.

◎ *Geh, Alexander:* Fjorde, Gletscher, Wasserfälle. Acht Wochen im Fahrradsattel durch Norwegen, zwei davon auf Lofoten und Vesterålen.

◎ *Granhus, Frode:* Der Mahlstrom. Ein Krimi, eher Psycho-Thriller, der auf den Lofoten spielt, die Landschaft sowie ihre Menschen nahe bringt; schade nur, dass er ziemlich grausam ist.

Der Nachfolgetitel »Tödliche Brandung« spielt ebenfalls auf dem Archipel.

◎ *Lybeck, Sebastian:* Latte Igel reist zu den Lofoten. Von Elfen, Adlern, einem Igel, einem Eichhorn, einer Bisamratte u.a. Für Kinder ab 6 Jahre.

◎ *Poe, Edgar Allan:* Sturz in den Mahlstrom. Nicht sein brillantestes Horror-Werk, aber gut genug für eine stürmische Nacht (nicht nur) nahe des Moskenstraumen. In Sammelbänden sowie antiquarisch auch als Hörspiel.

◎ *Wassmo, Herbjørg:* Das Buch Dina. Es geht um eine starke, ungewöhnlichen Frau, die im 19. Jahrhundert zwischen den Lofoten und Tromsø lebt. Nur noch antiquarisch erhältlich.

◎ *Rabe, Verena:* Das Glück in weißen Nächten. Eine richtig schön romantische Liebesgeschichte, die auf den Lofoten spielt und dem Leser den Archipel, gerade auch im Winter, durch eindrucksvolle Landschaftsbeschreibungen näher bringt. – Man liest, und möchte dort sein.

Anreise

Mit dem eigenen Fahrzeug

Wir skizzieren die Anreisevarianten durch Norwegen und Schweden: Die kürzeste Straßendistanz von Oslo zum Archipel beträgt rund 1.640 km oder 1.325 bzw. 1.210 km bei Benutzung der Fähren Skutvik – Svolvær bzw. Bodø – Sørvågen; die Route ohne eine Fähre ab Skutvik oder Bodø führt über Narvik. Ab Göteborg sind ca. 2.005 km anzusetzen bzw. 1.690 km mit der Skutvik-Fähre – in Schweden sind die Straßen seltener kurvig und es darf schneller gefahren werden. Auf allen Routen sind jedenfalls über 24 Stunden reine Fahrzeit zu veranschlagen.

Hierzu addieren sich die Anfahrtzeiten zum dänischen oder zum deutschen Fährhafen und die Fährzeiten vom Kontinent nach Skandinavien. Die Øresund-Verbindung zwischen Dänemark und Schweden ermöglicht zwar die Anfahrt ohne Fähre, bedingt jedoch hunderte weiterer Kilometer, da man zunächst Dänemark in seiner ganzen Breite durchqueren und anschließend von Südschweden aus weiter muss; zudem kostet das Tunnel- und Brückenband Gebühr (www.oresundsbron.com: für einen Pkw inklusive aller Personen zurzeit 50 €, dazu Kombitickets für die Brücke sowie bestimmte Fähren der Reederei »Scandlines«), so dass diese Variante für die Reise nach Nordskandinavien nicht billiger und schon gar nicht schneller ist. Nebenbei: Auf der Fähre können Sie schlafen, am Lenkrad nicht.

Fazit: Es ist unrealistisch, von Norddeutschland aus schneller als in etwa zweieinhalb Tagen die Lofoten zu erreichen; für hin und zurück sollte man wenigstens eine Woche ansetzen, will man etwas von der Fahrt haben und nicht mehr als 12 Stunden täglich hinter dem Lenkrad verbringen.

FÄHRVERBINDUNGEN NACH NORWEGEN UND SCHWEDEN

Eine Schiffsreise ist ein angemessener Auftakt für die Lofoten-Tour. Wer zwischen Mitte Juni und Mitte August anreist, ist gut beraten, rechtzeitig zu RESERVIEREN, da sonst mit mehrtägigen Wartezeiten am Anleger zu rechnen ist; dies gilt besonders, wenn man an bestimmte Tage – freitags und samstags – gebunden ist. Welche der Verbindungen (siehe Seite 91 f.) in Frage kommen, hängt vom Wohnort, von der Routenwahl und selbstverständlich auch vom Budget ab.

Ein PREISVERGLEICH lohnt immer: Man sollte die Angebote der Reedereien genau miteinander vergleichen und das Ticket schon vor der Abreise erstehen: das kommt in vielen Fällen merklich billiger, als zahlte man die Passage erst am Fährhafen; außerdem gibt es zahlreiche Spartarife (zum Beispiel Autosparkete mit allen Personen inklusive), die jedoch kontingentiert und mitunter rasch vergriffen sind.

Einen Vergleich der Fährtarife und Abfahrtzeiten ermöglicht www.aferry.de.

FÄHRROUTEN
Hurtigruten
NORWEGEN
SCHWEDEN
DÄNEMARK
DEUTSCHLAND
Nordsee
Ostsee
Bergen
OSLO
Larvik
Langesund
Stavanger
Kristiansand
Hirtshals
Frederikshavn
Göteborg
Varberg
Grenaa
Helsingborg
Helsingør
Malmö
Kopenhagen
Trelleborg
Rødby
Gedser
Kiel
Puttgarden
Sassnitz
Travemünde
Rostock
Direkt nach Norwegen:
Kiel – Oslo
Kopenhagen – Oslo
Frederikshavn – Oslo
Hirtshals – Larvik
Hirtshals – Langesund
Hirtshals – Kristiansand
Hirtshals – Stavanger – Bergen

◎ **DEUTSCHLAND-NORWEGEN**: Kiel–Oslo (Reederei »Color Line«).

◎ **DÄNEMARK-NORWEGEN**: Frederikshavn–Oslo (»Stena Line«), Hirtshals–Larvik (»Color Line«), Hirtshals–Langesund (»Fjord Line«), Hirtshals–Kristiansand (»Color Line« und »Fjord Line«), Kopenhagen–Oslo (»DFDS Seaways«), Hirtshals–Stavanger–Bergen (»Fjord Line«); diese Route nach Westnorwegen ist auch in der Kombination mit der Weiterreise per Hurtigruten-Schiff denkbar (siehe Seite 99).

◎ **DEUTSCHLAND-SCHWEDEN**: Kiel–Göteborg (»Stena Line«), Travemünde–Trelleborg (»TT-Line«), Rostock–Trelleborg (»Stena Line« sowie »TT-Line«), Sassnitz–Trelleborg (»Stena Line«).

◎ **DEUTSCHLAND-DÄNEMARK-SCHWEDEN**: Puttgarden–Rødby/DK oder Rostock–Gedser/DK, beide in Kombination mit der Øresundbrücke oder der Fährroute Helsingør/DK-Helsingborg (»Scandlines«).

◎ **DÄNEMARK-SCHWEDEN**: Frederikshavn–Göteborg (»Stena Line«) sowie Helsingør–Helsingborg (»Scandlines«); da diese Routen kurz sind und von West nach Ost verlaufen, taugen sie nicht, die totale Wegstrecke nach Zeit oder Kilometern zu verkürzen.

DIE REEDEREIEN

◎ **COLOR LINE**, Postfach 60 80, (Norwegenkai) 24143 Kiel, Tel. 0431 – 7300 100, www.colorline.de.

◎ **DFDS SEAWAYS**, Högerdamm 41, 20097 Hamburg, Tel. 040 – 38903-71, www.dfdsseaways.de.

◎ **FJORD LINE**, Nizzestraße 28, 18311 Ribnitz-Damgarten, Tel. 03821 – 709 7210, www.fjordline.com.

◎ **SCANDLINES**, Am Bahnhof 3 a, 18119 Rostock, Tel. 0381 – 7788 7766, www.scandlines.de.

◎ **STENA LINE**, Schwedenkai 1, 24103 Kiel, Telefon 01800 – 6020 100, www.stenaline.de.

◎ **TT-LINE**, Zum Hafenplatz 1, 23570 Lübeck-Travemünde, Telefon 04502 – 801-81, www.ttline.de.

ANFAHRT DURCH NORWEGEN

Im Vergleich der Distanzen schneiden die Routen von Oslo nach Bodø (Fährhafen), Skutvik (Fährhafen) oder Svolvær (via Narvik und E 10) am besten ab: Insgesamt sind in etwa bis Bodø gut 1.210 km zurückzulegen, bis Skutvik 1.325 km, bis Narvik 1.400 km (plus knapp 240 km bis Svolvær).

Die Strecke ab Kristiansand via Oslo ist ca. 320 km länger, die ab Larvik um 135 km und die ab Bergen gut 180 km (plus einige Inlandfähren).

Wo immer man in Norwegen startet, stets stellt die Europastraße 6 die kürzeste und schnellste Verbindung zum hohen Norden her. Diese E 6 ist auf den ersten rund 220 Kilometern eher unspektakulär, dann wieder streckenweise von eindrucksvoller landschaftlicher Schönheit, nördlich von Trondheim zwischendurch auch mal kurvenreich. Viel mehr als 60–70 km im Schnitt pro Stunde wird man (trotz der Neubaustrecken, jedoch bei zunehmendem Verkehr) kaum bewältigen, zumal Erholungs-, Guck- und Fotopausen einige Zeit beanspruchen.

Ob man von Bodø oder Skutvik aus die Lofoten-Fähre nimmt oder via Narvik auf der E 10 mit Lofast (siehe Seite 93) auf den Archipel gelangt, hängt von der geplanten Reiseroute ab.

Wichtiges zur Routenplanung: Die Kilometer sparende Inlandfähre ab Skutvik zur Lofoten-Hauptstadt Svolvær verkehrt nur noch im Sommer vom 1.6. bis zum 31.8. (siehe auch Seite 95).

AUTO FAHREN IN NORWEGEN

◎ Verschiedene **HOCHGEBIRGSSTRASSEN** sind im Winter (teils ab Oktober) und Frühling (teils bis in den Juni hinein) gesperrt. Wer über Bergen/Westnorwegen anreist, muss einige dieser Passstraßen beachten. Eine Liste enthält www.visitnorway.de unter »Reiseplanung, Mobilität vor Ort, Auto«. Aktuelle Auskünfte erteilt der Service von »Statens Vegvesen«, Tel. 175 oder (aus dem Ausland) 0047 – 220 73000.

◎ Die **NAF-NOTRUFZENTRALE** (Norsk Automobil Forbund) ist 24 Std. besetzt: Tel. 08505 oder 0047 – 232 13100. Die reine Pannenhilfe ist, wie international üblich, für Mitglieder der deutschen Automobilclubs kostenlos.

◎ **VERKEHRSREGELN**: Die erlaubte Höchstgeschwindigkeit liegt bei 50 km/h innerhalb geschlossener Ortschaften, 80 km/h außerhalb bzw. 60 km/h für ungebremste Gespanne. Das Überschreiten der erlaubten Höchstgeschwindigkeit kann teuer zu stehen kommen: Fährt man nur 6 km schneller als erlaubt, zahlt man 2.100 NOK! 1.500 NOK muss zahlen, wer »gurtlos« erwischt wird, 2.000 NOK, wer ohne Abblendlicht fährt, das in Norwegen auch tagsüber vorgeschrieben ist. – Die Strafgrenze bei Alkohol liegt bei 0,2 Promille, wobei die Strafen von hohen, einkommensabhängigen Bußgeldern bis zum Gefängnisaufenthalt reichen. – Auch tagsüber: Fahren mit Abblendlicht.

◎ **FAHRZEUGMASSE**: Die auf norwegischen Straßen genehmigte Wagenbreite beträgt 2,50 m, und – wichtig! – die Höchstbreite von Campingwagen darf 2,30 m nicht überschreiten. Auf einigen schmalen Gebirgsstraßen ist das Fahren mit Wohnwagengespannen und Bussen verboten! Knifflige Straßen siehe www.vegvesen.no unter »Road obstructions«.

◎ **MAUTPFLICHT** herrscht in Norwegen auf derzeit 46 Streckenabschnitten meist im Bereich kostenaufwändiger Tunnel, Brücken etc. Die Höhe der Gebühren schwankt zwischen 15 NOK (für den Mautring Bergen) und 150 NOK. Wer sich nicht unter www.autopass.no registriert, erhält eine Rechnung.

LOFAST – DIE LOFOTEN-FESTLANDVERBINDUNG

Die Fahrt auf der 2007 frei gegebenen Lofoten-Festlandverbindung, kurz Lofast genannt, gleicht einem 53 km langen »Fest für die Sinne«. Die Berg- und Fjordlandschaften entlang der Strecke sind dramatisch, spektakulär. Es geht größtenteils durch unbewohntes, unberührtes Gebiet, weshalb sich Naturschützer auch gegen dieses Projekt aussprachen, vergeblich. Sieben Tunnel sind zu durchfahren, die zum Teil Fjordarme unterqueren und deren längster, der SØRLANDSTUNNELEN, 6.338 m misst. Dazu kommen drei imposante Brückenkonstruktionen, wie die frei tragende, 42 m hohe und 711 m lange RAFTSUNDBRUA mit fast 300 m Spannweite. Lange 14 Jahre dauerten die Bauarbeiten an der Verbindung, zumal von 1998 bis 2003 ein Baustopp wegen der zwischenzeitlich stark erhöhten Kosten bestand. Insgesamt wurden 2–3 Mrd. Kronen verbaut.

PRAKTISCHER TEIL

Da es jedoch schwierig ist, die Fahrt durch Norwegen so genau zu timen, dass man nicht Stunden beim Warten auf die Fähren verliert, empfiehlt es sich, auf der Hinfahrt zum Archipel via Narvik und Lofast zu fahren sowie die Rückfahrt mit der Fährpassage nach Skutvik oder nach Bodø einzuleiten.

Den »Umweg« über Narvik und Lofast generell auszusparen bedeutete jedenfalls, eine dieser SPANNENDEN Fjell- und Fjordstrecken in Norwegen zu verpassen. Ab Narvik sind es noch knapp 240 km auf der E 10 bis zur Lofoten-Hauptstadt Svolvær, nimmt man die Festlandverbindung LOFAST. Wer die Vesterålen (siehe Seite 198 ff.) besuchen will, kann unterwegs von der E 10 auf die Straße 85 nach Sortland abbiegen und unsere Wal-Route später (ab Andenes) in umgekehrter Richtung Richtung Lofoten nehmen, abzuschließen mit dem Fährtransfer zwischen Melbu (Vesterålen) und Fiskebøl (Austvågøya/Lofoten).

ANFAHRT DURCH SCHWEDEN

Ob man nun von Deutschland oder Dänemark aus nach Trelleborg oder Helsingborg oder Göteborg übersetzt: Stets hat man die Wahl zwischen der Route durch Norwegen und der durch Schweden.

Wer die Norwegen-Route bevorzugt, muss zuerst einmal nach Oslo. Die Distanz von Trelleborg dorthin beträgt (via E 6) rund 600 km, ab Helsingborg 510 km, ab Göteborg knapp 300 km.

Die nachfolgend skizzierte Schweden-Route ist zwar alles in allem länger als die durchs Nachbarland, kann aber dennoch schneller sein, da unterwegs weniger Zeit raubende Engpässe wie Städte, Passstraßen, Tunnel vorkommen. Zudem führt die Route durch weites Waldland und über Straßen, die eine Durchschnittsgeschwindigkeit von mehr als 80 km/h ermöglichen; in den nördlichen Landesteilen sind bis 110 km/h erlaubt. Der einzige Nachteil ist die Langeweile, die sich beim Durchqueren des unendlich wirkenden Schweden-Walds einstellt.

Die geschilderte ca. 2.005 km lange Route beginnt in Göteborg (dorthin ca. 305 km ab Trelleborg und 210 km ab Helsingborg). Die Route führt auf der E 20 bis hinter Mariestad und anschließend auf der Straße 26 östlich des großen Vänern-Sees sowie später auf der E 45 bis nach Mora in Dalarna (470 km); alternativ kann man schon ab Göteborg die E 45 westlich des Vänern nehmen, ist darauf aber eher länger unterwegs. Weiter ab Mora auf der E 45 via Sveg und durch ganz viel Nadelwald nach Östersund (325 km). Ab Östersund sind es weitere 295 km bis Storuman, unverändert auf der E 45.

In Storuman gilt es sich zu entscheiden: entweder über die E 12 ins norwegische Mo i Rana (245 km) und ab dort nordwärts auf der E 6 bis Narvik (430 km, zuvor die mögliche Abzweigungen zu den Fähren in Bodø oder Skutvik); oder weiter auf E 45 und E 10 ins nordschwedische Kiruna (517 km) und weiter nach Narvik (180 km); die zweite Variante benötigt etwas mehr Kilometer und Zeit.

AUTOFÄHREN (BILFERJER)

Für alle Fährrouten auf die Lofoten sowie auch die Schnellbootverbindungen ist »Torghatten Nord« zuständig: RESERVIERUNGEN können größtenteils über www.torghatten-nord.no vorgenommen werden.

◎ **FAHRPLANAUSKÜNFTE** für alle Strecken erhält man über die Touristenbüros. Auf der Website von Destination Lofoten – www.lofoten.info – sind unter dem Menü »Plan your trip« alle Fahrpläne aufzurufen, ebenso via www.177nordland.no und www.rutebok.no. Telefonisch erreicht man die Fahrplanauskunft (auch auf Englisch) über Tel. 177 (nur innerhalb des fylke Nordland) sowie Tel. 815 00178 (auch wenn man von außerhalb Nordlands anruft). Erklärung »fylke« siehe unten.

◎ **VERBINDUNGEN**: zwischen Bodø und Moskenes (bis zu 6 x täglich; Dauer rund 4 Stunden; 174 NOK/Pers., 621 NOK/Fahrzeug bis 6 m Länge) sowie Værøy und Røst (1 x täglich; 174/ 211 NOK/Person, 621/766 NOK/Fahrzeug bis 6 m Länge). – Nur noch vom 1.6. bis 31.8. verkehrt die Fähre zwischen Skutvik auf Hamarøy (36 km ab E 6) und Svolvær (3–5 x täglich; 2 bis 2,5 Stunden; 115 NOK/Person, 499 NOK/ Fahrzeug bis 6 m Länge). – Zwischen Melbu/Vesterålen und Fiskebøl/Lofoten (ca. stündlich von 6.20 bis 21.30 h; Dauer 25 Minuten; 52 NOK/Person, 152 NOK/Fahrzeug bis 6 m Länge).

Mit der Eisenbahn

Berücksichtigt man die Benzin- und Fährkosten, die Abnutzung am Fahrzeug, den Fahrstress und den Verlust von fast einer Woche, kann die Eisenbahnfahrt in den hohen Norden eine attraktive Alternative zum Autofahren sein. Man sitzt in bequemen Panoramawagen, genießt die Landschaft wesentlich intensiver als hinter dem Lenkrad und ist bis Bodø oder Narvik, zwei der klassischen Ausgangspunkte an der Küste, etwa 20 Std. ab Oslo, 16 Std. ab Stockholm oder 22 Std. ab Malmö unterwegs – macht immerhin eine Fahrzeit von total ca. 36 Std. ab Hamburg oder Berlin.

◎ **ZWEI ROUTEN** haben den hohen Norden zum Ziel, so dass es sich anbietet, die eine für die Hin- und die andere für die Rückfahrt zu nutzen, was einer Rundreise durch Norwegen und Schweden gleichkommt.

Von Oslo aus fährt der Zug nach Trondheim (9 Std.), von wo aus die NORDLANDSBAHN bis Bodø (11 Std.) verkehrt. Alternativ führt ab dem südschwedischen Malmö der LAPPLANDPFEIL oder ab Stockholm der NORDPFEIL über Kiruna nach Narvik. Beide Bahnstrecken zählen zu den schönsten in Nordeuropa.

◎ Die **PREISE** sind akzeptabel – vorausgesetzt, man nimmt einen der Sondertarife wahr; der reguläre Tarif ist jedenfalls viel teurer als der Flug.

Über die aktuellen Spartarife im Tarifgebiet der Deutschen Bahn sollte man sich bei der Zugauskunft oder auf der Homepage der »Deutschen Bahn« informieren: www.bahn.de.

◎ Wer ganz Norwegen vor allem mit dem Zug erkunden und auch mit der Bahn anreisen will, wird mit dem **INTERRAIL GLOBAL PASS** am besten wegkommen. Er berechtigt zur freien Fahrt in 30 Ländern Europas, darunter auch Skandinavien, erhältlich in sieben Varianten für Jugendliche/Erwachsene (ab 28 Jahre): Für 208/269 € darf

Siehe Fahrplanauskünfte, Stichwort fylke Nordland: Ein »fylke« kann man, grob vereinfacht, mit einem Bundesland vergleichen, ist aber anders strukturiert. Die Lofoten gehören zum fylke Nordland.

PRAKTISCHER TEIL

man an 5 von 15 Tagen unbegrenzt mit der Bahn reisen, für 305/381 € an 10 von 30 Tagen, für 376/421 € an 15 aufeinanderfolgenden Tagen, für 394/493 € an 22 aufeinanderfolgenden Tagen und für 510/637 € 1 Monat durchgehend.

Eine Alternative bietet der **INTERRAIL ONE COUNTRY PASS:** Er ersetzt den früheren EuroDomino-Zugpass, berechtigt zu kostenlosem Fahren in Norwegen und ist in 4 Varianten für Jugendliche/Erwachsene (ab 28 Jahre) erhältlich: Für 148/170 € fährt man an 3 Tagen innerhalb eines Monats, für 171/197 € an 4 Tagen, für 210/242 € an 6 Tagen und für 243/281 € an 8 Tagen, jeweils innerhalb eines Monats.

INFORMATION bei www.bahn.de (auch Online-Buchung) und www.interrail.eu/de.

◎ Nur in Norwegen gilt das Rabattsystem **MINI-PRIS**: Das Ticket muss mindestens einen Tag vor Reiseantritt (nur online!) gekauft werden und kostet für die längstmögliche Strecke (etwa Oslo–Bodø) ab 249 NOK. Information und Buchung an den Bahnhöfen, in den meisten Reisebüros sowie über »Norske Statsbaner« (NSB), Tel. 2315 0000 sowie 8150 0888 (dann »4« für englischsprachiges Personal wählen), www.nsb.no. Die o.g. Telefonnummern gelten landesweit für Buchungen; sogar telefonisch bezahlen kann, wer eine Kreditkarte besitzt.

◎ Für die **BAHNSTRECKE DURCH NORDSCHWEDEN** (Stockholm / Göteborg / Malmö bis Narvik) sind »SJ«, die Schwedischen Staatsbahnen, zuständig. Die Preise sind attraktiv: So kostet die Reise von Stockholm nach Narvik beispielsweise ab 635 SEK (etwa 63 €) für den Sitzplatz und 858 SEK für den Liegeplatz. Buchung: Tel. 0046 (für Schweden) – (0)771 – 757 575, online www.sj.se auch auf Englisch.

Wer es so will, kann sogleich online oder telefonisch bezahlen und sich das Ticket zu einer Adresse nach Wahl zuschicken lassen.

◎ **AB BODØ** gibt es VIER VARIANTEN der Weiterreise: erstens mit der Fähre (siehe Seite 95); per Flugzeug (mehrere Verbindungen täglich, Tarife ab 399 NOK); mit dem Schnellboot (siehe Seite 97); oder mit der Hurtigruten (siehe Seite 99), die nachmittags um 15 Uhr von Bodø nach Stamsund und Svolvær ablegt. Der Personentarif lag nach Svolvær zuletzt bei 447 NOK im Winter bzw. 562 NOK im Sommer, die Überfahrt dauert rund 6 Stunden.

◎ **AB NARVIK** kann man in 4,5 Stunden mit dem Überlandbus nach Svolvær reisen. Der Preis beläuft sich auf 335 NOK, die Abfahrzeiten sind so gelegt, dass man Direktanschluss an einen Zug aus/nach Schweden hat; der Bus hält übrigens beim Bahnhof. Zur Fahrplanauskunft siehe Seite 95.

◎ Die Beförderung des **FAHRRADS** im Zug kostet in Norwegen die Hälfte des regulären – nicht verbilligten – Ticketpreises, maximal aber 204 NOK; das Ticket sollte man möglichst frühzeitig telefonisch oder online über die »Norske Statsbaner« (siehe oben) buchen, da je Zug nur eine begrenzte Anzahl Fahrräder mitzunehmen ist.

Auf der Bahnstrecke durch Schweden kann im Zug kein Fahrrad mehr mitgenommen werden!

Die Fähren sowie Schnellboote ab Bodø und Skutvik befördern dagegen Fahrräder.

SCHNELLBOOT (HURTIGBÅT)
»Nordlandsexpressen« befördert nur Personen und Fahrräder, keine Autos.
◎ **BODØ – SVOLVÆR**: täglich je 1 x, Dauer rund 3,5 Stunden, Person 668/334 NOK. Fahrplanauskunft: »Torghatten Nord«, Tel. 906 20700, Reservierung: booking.177nordland.no.

Mit dem Bus

Die Anreise erfolgt über Oslo, das von vielen Großstädten in Deutschland zu erreichen ist. In Oslo gilt es allerdings auf Bahn oder Flugzeug umzusteigen.

Es gibt mehrere Spartarife/Rabatte; ab Berlin z.B. kostet die Fahrt ab 52 €.

Ab Österreich und der Schweiz gibt es keine Direktbusse nach Norwegen.
◎ **EUROLINES**, Tel. (Mo–Sa 8–18 Uhr) 069 – 971 944 833, www.eurolines.de.

Mit dem Flugzeug

Aufgrund der großen Entfernungen ist das Flugzeug eine attraktive Alternative zu Auto oder Bahn. Das erste Flugziel wird meistens OSLO sein, wo man, auch wenn man ein Durchticket nach Svolvær, Leknes, Bodø oder Harstad/Narvik hat, stets das GEPÄCK ABHOLEN UND DURCH DEN ZOLL BRINGEN muss – AUSNAHME: Fliegt man von Oslo VIA TROMSØ nach Svolvær, was oft am günstigsten ist, muss man das Gepäck in Oslo nicht abholen, da man dann in Tromsø durch den Zoll geht. Zurück zum Oslo Airport: Nach der Gepäckabholung eine Etage höher zum Abflug, dort das Gepäck bei der Airline für den Anschlussflug abgeben und durch die Sicherheitskontrollen zum Gate gehen. Alles in allem sollte man WENIGSTENS 1,5 Stunden Spielraum zwischen Ankunft und Weiterflug in Oslo haben.

Ab Oslo geht's mit »SAS«, »Norwegian« oder »Widerøe« nach BODØ (mit Anschluss nach Svolvær, Leknes, Værøy oder Røst) oder TROMSØ (mit Widerøe-Anschluss via Andenes nach Svolvær) oder HARSTAD/ NARVIK (weiter mit Mietwagen oder Bus, siehe Seite 98). So ist es möglich, die Lofoten etwa von Frankfurt am Main aus in 5–6 Stunden fliegend zu erreichen.

NACH OSLO, BODØ, NARVIK/HARSTAD
◎ **SAS**, www.flysas.com/de, Buchungstel. Deutschland 01805 – 117 002, Österreich Tel. 0043 – 8209 88 530, in der Schweiz Tel. 0848 – 117 100, in Norwegen Tel. 05400. »SAS« fliegt ab 80–100 € nach Oslo-Gardermoen.

Die Anschlussflüge nach Bodø (sowie weiter nach Svolvær und Leknes) oder nach Harstad/Narvik sind gleich mitzubuchen, was vom Preis her sehr lukrativ ist – von Deutschland aus bis auf die Lofoten ab etwa 220 € je Weg, hin und zurück ab 440 €.
◎ **NORWEGIAN**, www.norwegian.no, Tel. 8152 1815 (innerhalb Norwegens), Tel. 0047 – 2149 0015 (aus dem Ausland); man kann nur online oder telefonisch buchen. Ein dichtes Netz für Flüge nach Norwegen hat die norwegische Billigflug-Airline gespannt, die mehrmals wöchentlich bis täglich

Die Ticketbuchung erfolgt entweder direkt bei den Airlines oder über Flug-Vergleichs-Websites. Mittlerweile gilt die Verpflichtung, den Endpreis klar erkennbar anzuzeigen, um die Kunden vor versteckten Zusatzkosten zu schützen.

PRAKTISCHER TEIL

ab ca. 60 € von Hamburg, Hannover, Berlin, Köln/Bonn, München, Salzburg, Wien, Genf nach Oslo-Gardermoen.

Von Oslo aus bedient »Norwegian« jeweils 4 x täglich die Strecken nach Bodø und Harstad/Narvik (jeweils ca. 1,5 Stunden, ab 520 NOK).

◎ **WEITERE AIRLINES**: Anschlussflüge ab Oslo sind SEPARAT zu buchen. »Eurowings« bedient ab Stuttgart, Köln, Düsseldorf, Nürnberg, Karlsruhe und Dresden sowie Zürich, Genf, Klagenfurt und Wien mindestens 1 x täglich die Strecke von/nach Oslo, Buchung via www.eurowings.com oder Tel. 0180 – 632 0320 (Deutschland), Tel. 0800 – 802 682 (Österreich), Tel. 0900 – 000 407 (Schweiz) ab 39,90 € (dieser Tarif nur mit Handgepäck). – »Easyjet« startet im August 2018 eine neue tägliche Direktflugroute ab Berlin nach Oslo ab ca. 47 € (www.easyjet.com, tel. Buchung über Website oder Tel. 0180 – 606 0606 in D).

AB BODØ / TROMSØ

◎ **WIDERØE**, www.wideroe.no, Tel. 8100 1200 (Inland), Tel. 0047 – 7511 1111 (vom Ausland). In Bodø/Tromsø gilt es erneut umzusteigen, um Svolvær, Leknes und Røst (mit 2-Propeller-Maschinen) oder Værøy (per Helikopter) zu erreichen. Zuständig für diese Strecken (außer Værøy) ist »Widerøe«, die mehrmals täglich viele Reiseziele bedient. Da die Airline zur SAS-Gruppe gehört, kann man – bucht man den Flug nach Bodø zu Hause bei »SAS« – den Anschlussflug gleich mitbuchen, was den Tarif und vor allem den Aufwand reduziert. Alle drei Ziele werden mehrmals täglich bedient, die Flugzeiten liegen bei rund 25 Minuten (ab Tromsø 1,5 Std.) voll traumhafter Panoramen! Die Tarife, falls nicht zuvor bei »SAS« gebucht, beginnen je Strecke bei 399 NOK.

◎ **LUFTTRANSPORT**, www.lufttransport.no, Tel. (aus dem Ausland 0047 –) 754 31800. Im Sommer täglich per Heli nach Værøy ab 472 NOK.

AB HARSTAD/NARVIK

Denkbar, jedoch eher umständlich ist der Flug nach Harstad / Narvik mit anschließender Weiterreise auf der Straße via Lofast (siehe Seite 93), entweder mit einem Mietwagen oder dem Bus. Dazu sind drei Punkte zu beachten: den Mietwagen im Voraus zu bestellen, dort aber auch abzugeben (da sonst hohe Überführungskosten entstehen) bzw. unbedingt den Busfahrplan mit Ankunft und Abflug der gewünschten Flugverbindungen abzugleichen, damit nicht lange am Flughafen gewartet oder sogar unbequem dort übernachtet werden muss: www.177nordland.no.

FAHRRADTRANSPORT

Ist in der Regel problemlos, doch müssen die Pedale abgeschraubt und der Lenker umgedreht werden; der Luftdruck in den Reifen ist zu reduzieren, eine Verpackung muss nicht sein, hilft aber natürlich, die Räder zu schonen. Das Fahrrad ist bei Buchung des Tickets anzumelden – sofern man inkl. Rad nicht mehr als 23 kg Gepäck hat, wird es gratis befördert, sonst als 2. Gepäckstück; das kostet bei »Norwegian« 350 NOK, bei »SAS« 30 € für die internationale Strecke. Für Inlandflüge nehmen »Norwegian« und »SAS« 350 NOK sowie »Widerøe« 275 NOK.

Mit der Hurtigruten

12 sogenannte Postdampfer der weltberühmten HURTIGRUTEN verkehren (inzwischen ohne Post zu befördern) täglich bis mehrmals wöchentlich auf der SIEBEN TAGE währenden Route Bergen – Kirkenes (und zurück). Die Schiffe transportieren auch Pkw, was für Nutzer der Bergen-Fähre ab Dänemark interessant sein kann.

Drei Tage nach dem Start in Bergen (täglich 22 Uhr) und via 13 Häfen, die kurz angelaufen werden, sind STAMSUND auf Vestvågøya sowie zweieinhalb Stunden später auch das Lofoten-Zentrum SVOLVÆR erreicht.

Zwar nimmt die »Schönste Seereise der Welt« eine herausragende Stellung im internationalen Tourismusgeschäft ein, doch spiegelt sich dies auch in den Preisen wider, die vor allem während der Sommersaison extrem hoch sind!

Inzwischen besteht für Übernacht-Passagen Kabinenpflicht: Nimmt man die preisgünstigste Kabine, so kostet die Passage Bergen–Lofoten im Winter ab ca. 2.600 NOK (inkl. Frühstück), im Sommer gar ab ca. 5.100 NOK. Mit besseren Kabinen kann man schnell das Doppelte oder Dreifache ausgeben. – Für Mittag-/Abendessen sind je Passage 2.130/1.840 NOK anzusetzen; alternativ gibt es für Budget-orientierte Reisende eine Cafeteria an Bord.

◎ **HURTIGRUTEN ASA,** Tel. 0047 – 775 97140, www.hurtigruten.no. – In Deutschland Hurtigruten GmbH, Tel. 040 – 8740 9441, www.hurtigruten.de.

Mitfahren

Die in fast allen größeren Städten etablierten Mitfahrerzentralen vermitteln preisgünstige Mitreisegelegenheiten (etwa 6 Eurocent/km Betriebskostenbeteiligung), doch die Lofoten stehen nicht auf der »Hitliste« der Reiseziele. Spekulieren Sie also nicht darauf, kurzfristig fündig zu werden.

Oder möchten Sie selbst eine Mitfahrgelegenheit anbieten? Zentralen in neun größeren Städten/ Regionen bilden einen Verbund, zu erreichen via www.citynetz-mitfahrzentrale.de.

Pauschalarrangement

Bei den ganz großen Firmen der Reisebranche wird man die Lofoten vergeblich im Prospekt suchen, aber viele kleinere Nordland-Spezialreisebüros haben den Archipel im Programm, zumal die Hurtigruten seit Jahren gut im Geschäft ist. Die kleinen Reiseveranstalter aufzulisten ginge an dieser Stelle zu weit, so dass wir auf Internet sowie Innovation Norway (siehe Seite 81) verweisen.

Besonders von Interesse sind dabei Fly & drive-Arrangements und Angebote im Zusammenhang mit Aktivurlaub (die freilich auch bei Veranstaltern in Norwegen bzw. auf den Lofoten zu buchen sind, siehe Seite 138 ff.).

Information

TOURISTENBÜROS

Mit allen Fragen wende man sich ans Touristenbüro auf der jeweiligen Insel: *Turistinformasjon* oder *Turistkontor;* dort wird ENGLISCH, OFT AUCH DEUTSCH gesprochen.

AUF AUSTVÅGØYA

◎ **LOFOTEN TURISTINFORMASJON**, Postbox 210, N–8301 Svolvær, Torget (Marktplatz am Hafen), Tel. 760 70575, info@lofoten.info, www.lofoten.info auch auf Englisch. Ganzjährig geöffnet. Zuständig für die Insel Austvågøya und Archipel-weit. Über die Website ist die jährliche Lofoten-Broschüre zu laden, die im Touristenbüro zudem gedruckt ausliegt.

Etwa 15.5.–15.6. Mo–Fr 9–18 Uhr, Sa 9–15 Uhr; ca. 15.6.–15.8. Mo–Fr 9–20.30 Uhr, Sa+So 8–18 Uhr; Rest August Mo–Fr 9–18 Uhr, Sa 9–15 Uhr; 1.9.–15.5. Mo–Fr 9–15.30 Uhr, Sa 10–14 Uhr.

AUF VESTVÅGØYA

◎ **LEKNES TURISTINFORMASJON**, Storgata 27, N–8370 Leknes, Tel. 760 56963, vti@online.no, www.lofoten.info auch auf Englisch. Im Kulturzentrum beheimatet.

Ca. 20.6.–20.8. Mo–Fr 9–17 Uhr, Sa 9–16 Uhr, So 12–16 Uhr, sonst Mo–Fr 10–16 Uhr, Do bis 18 Uhr, Sa 10–14 Uhr.

AUF FLAKSTADØYA

◎ **FLAKSTAD TURISTKONTOR**, Ramberg, Tel. 452 27447, maria@investfjord.no.

15.6.–15.8. täglich 10–17 Uhr.

AUF MOSKENESØYA

◎ **MOSKENES TURISTINFORMASJON**, N–8392 Sørvågen, Tel. 980 17 564, tour-off@lofoten-info.no, www.lofoten-info.no auf Englisch.

15.6.–16.8. täglich 10–19.30 Uhr, ab Anfang Mai sowie bis ca. 5.9. Mo–Fr 10–14 Uhr, sonst nur zeitweise besetzt; die Kontaktaufnahme via Telefon und E-mail kann deswegen etwas dauern.

AUF VÆRØY

◎ **VÆRØY TURISTKONTOR**, N – 8063 Værøy (Fähranleger), Tel. 754 20614, turistkontor@varoy.kommune.no.

Ca. 20.6.–20.8. Mo–Fr 9.30–15 Uhr, sonst Mo–Fr 9–14 Uhr (im Rathaus), Tel. 754 20600.

AUF RØST

◎ **RØST TURISTKONTOR**, N – 8064 Røst, Tel. 454 92186, postkasse@rost.kommune.no/ Am Fähranleger, besetzt 15.6.–15.8. bei Fährankunft.

ZU DEN ÖFFNUNGSZEITEN

Bitte beachten Sie, dass sich die Öffnungszeiten nicht immer nach festen Daten wie einem Monatsanfang richten, sondern ebenso schon/erst an einem dem runden Datum naheliegenden Wochenende wechseln können; dadurch sind von Jahr zu Jahr leichte Verschiebungen möglich.

Falls Sie von zu Hause anrufen wollen: Die Landesvorwahl Norwegens lautet 0047 – danach folgt die achtstellige Rufnummer; eine Ortsvorwahl gibt es nicht. **Mehr zum Telefonieren im Praktischen A–Z auf Seite 160.**

DIE LOFOTEN IM INTERNET

Die folgende Übersicht erhebt nicht den Anspruch, die besten Websites über die Lofoten präsentieren zu wollen; Autoren und Redaktion haben informative, teilweise liebevoll betreute Seiten zusammengestellt, die in bestimmten Bereichen (oder zu Themen) Akzente setzen.

◎ www.lofoten-online.de – privat gepflegte und nicht kommerzielle Homepage, die allen etwas mitzuteilen hat, die sich für die Lofoten interessieren, seien es Neugierige vor dem ersten Sprung in den Norden oder echte Nordland-Kenner. Neben Landeskunde und einer Bibliothek sind Reiseberichte, Reisetipps (auch für Fahrradfahrer), Links und Adressen sowie viele schöne Fotos und weitere lesenswerte Texte zu Lofoten-typischen Stichworten enthalten; 7 Webcams machen von sich sehen.

◎ www.lofotposten.no/webkamera – die Website der Lokalzeitung zeigt 8 Webcams über den Archipel verteilt.

◎ www.lofoten-startside.no – kommerzielle Website, die das gesamte Inselreich abdeckt. Auch auf Deutsch.

◎ www.museumnord.no – Start- und Verteilerseite für die meisten Museen auf dem Archipel, mit entsprechenden Links. Auch auf Englisch.

◎ www.lofoten-info.no/history.htm – wer sich eingehend mit der lokalen Geschichte befassen möchte, kann sich hier satt lesen, allerdings auf Englisch. Im Mittelpunkt steht die Historie der benachbarten Inseln Flakstadøya und Moskenesøya, mit umfangreichem Text zu Fischfang, Mahlstrom, geschichtlichen Fundstätten u.a.

◎ www.rando-lofoten.net/de – mit Liebe gemachte, nicht-kommerzielle Website eines (französischen) Lofoten-Wander-Freaks, die 91 Wanderungen samt Topokarten und GPS-Daten vorstellt und beschreibt sowie des Weiteren Forum, Fotos und praktische Informationen umfasst.

◎ www.177nordland.no – via »Rutehefter« gelangen Sie zu den Fahrplänen im »fylke« Nordland, zu dem auch die Lofoten gehören. Download möglich und hilfreich, auch wenn nur in norwegischer Sprache.

◎ www.yr.no - gibt man in der Suchmaske »Lofoten« ein, geht's direkt zum aktuellen Lofoten-Wetter und zur Wettervorhersage; ein Klick auf »UV-varsel« informiert über die Sonnenintensität.

◎ www.instagram.com – gibt man in der Suchmaske »Lofoten« ein, kommen (außer nervigen Selfies) unzählige Lofoten-Bilder aller Jahreszeiten auf.

◎ www.digermulen.de – ansprechend aufgemachte, private Seiten über eine kleine Ortschaft, der zwar nicht direkt auf den Lofoten liegt, jedoch ganz in der Nähe (siehe die Kaiserroute auf Seite 192 ff.); wieder mit der gelungenen Mischung aus Appetithappen, Landeskunde sowie praktischen Informationen. Hier können Sie auch historische Postkarten betrachten und etwas über den »Kaisermarsch« erfahren...

Transport

Mit dem eigenen Fahrzeug

Die Länge des Lofoten-Straßennetzes zwischen Fiskebøl auf Austvågøya im Norden sowie Å auf Moskenesøya im Süden beträgt insgesamt ca. 400 km. Das ist nicht viel, aber wer jede Straße mal gefahren sein will – und eine jede hat ihren REIZ – kommt, da es sich öfter um Stichstraßen handelt, gut und gerne auf ein paar hundert Kilometer mehr: Laut Statistik legt jeder Urlauber im Durchschnitt mehr als 1.000 km auf den Inseln zurück: macht mindestens 20 Std. hinter dem Lenkrad, denn die Straßen sind zwar durchweg in gutem Zustand, mittlerweile so gut wie überall asphaltiert, aber dennoch teilweise schmal und kurvenreich.

VORSICHT

◎ Besonders in kleinen Siedlungen ist auf spielende **KINDER** zu achten.
◎ Seit **ELCHE** den Weg auf den Archipel fanden, gilt es sich vorzusehen, sobald man einen solchen Koloss am Straßenrand entdeckt oder ein Schild vor ihm warnen sollte. Denn Zusammenstöße mit Elchen enden in der Regel fatal für die Fahrzeuginsassen.
◎ Die Lofoten-**SCHAFE** sind stur und machen nicht unbedingt Platz, wenn ein Fahrzeug daherkommt.
◎ Mancherorts können entgegenkommende Fahrzeuge ein Problem darstellen, denn nicht überall passen **ZWEI NEBENEINANDER**. – Wohnmobilisten tun gut daran, auf Nebenstraßen auf der Hut vor vereinzelt auftauchenden SCHLAGLÖCHERN zu sein, die die Stoßdämpfer belasten.

WERKSTÄTTEN / PANNENFALL

Wer einen Schaden am Fahrzeug hat, findet auf dem Archipel Vertrags-Werkstätten der gängigen Automarken, lokale Schwerpunkte sind Leknes auf Vestvågøya und Svolvær auf Austvågøya.
◎ Auskünfte über **ADRESSEN** erteilen die Touristenbüros; ferner sind die Werkstätten in den *gule sider* (Gelben Seiten) gelistet: nachzuschlagen gedruckt (im Telefonbuch) unter *bilverksteder* oder online www.gulesider. no z.B. mit der Eingabe »Toyota Lofoten« oder alternativ »Toyota Nordland«.
◎ Für **ABSCHLEPPDIENSTE** ist u.a. zuständig: VIKING REDNINGSTJENESTE, Tel. 06000. – NAF siehe Seite 93.

TANKSTELLEN

... SIND RAR gesät auf den Lofoten; gut ist dran, wer auf einen gefüllten Tank achtet. Sieben Stationen waren zuletzt abends/nachts mit Automat (Kreditkarten) ausgestattet, nur die in Svolvær und Leknes auch sonntags geöffnet. Auf Austvågøya gibt es Sprit in Svolvær (9–22/24 Uhr, sonst Automat), auf Gimsøya beim Landhandel (Mo–Fr 10–18 Uhr), auf Vestvågøya in Leknes (9–22/24 Uhr, sonst Automat) und Stamsund, auf Flakstadøya in Ramberg sowie auf Moskenesøya in Reine (beide auch mit Automat).

Im Jahr 2007 wurde der Lofoten-Highway **E 10** zwischen Fiskebøl und Å zur **NATIONALEN TOURISTENSTRASSE** deklariert. Seitdem wurden gewaltige Summen in deren Ausbau investiert, wozu auch aufwändig ausgestattete PARK- UND RASTPLÄTZE mit Info- und Hinweistafeln gehören. Zu den notwendigen Maßnahmen gehörten auch insbesondere auf Moskenesøya TUNNEL UND GALERIEN, dort wo in der Vergangenheit immer wieder Steinschlag und Lawinen niedergegangen waren – mit dem Resultat, dass sich Touristen heute darüber beklagen, dass die Tunnelwände ihnen die Aussicht nähmen. Landesweit sind zurzeit 18 Straßen mit diesem Prädikat Nationale Touristenstraße geadelt: www.nasjonaleturistveger.no/de/routen: Fotos von markanten Punkten sowie allgemeine Informationen.

RÜCKBLENDE: Als der Lofoten-Highway zwischen Fiskebøl und Å 1963 fertig gestellt wurde, bedeckte nur Schotter die gerade Fahrzeug-breite Piste, die sieben Mal von Meeresarmen unterbrochen war. Inklusive der Fährzeiten benötigte man für die 161 km lange Strecke mindestens einen ganzen und zwar ziemlich langen Tag. Nach und nach aber verband man alle Inseln durch BRÜCKEN miteinander: 1990 fiel schließlich die letzte Fähre weg, seitdem der 1,8 km lange Nappstraumtunnelen die Meerenge zwischen Vestvågøya und Flakstadøya bis zu 60 m tief unter der Wasseroberfläche unterquert.

PRAKTISCHER TEIL

Mietwagen

Internationale Autovermieter gibt es auf Austvågøya und Vestvågøya; die Mietwagen sollten bereits ZU HAUSE GEBUCHT werden; ohne KREDITKARTE läuft jedoch nichts. Der nationale FÜHRERSCHEIN reicht aus. Viele Vermieter geben Fahrzeuge nur an Personen ab, die älter als 25 Jahre sind.

Die Preise sind in den vergangenen Jahren stark gesunken und liegen bei etwa 60 € pro Tag für das preisgünstigste Modell: alles inklusive (die Kilometer ebenso) bei Wochenmiete in der Saison. Mietet man nur für 1–2 Tage, sind ab etwa 140 € je Tag anzusetzen. Günstiger sieht es außerhalb der Sommersaison aus, wenn Mietwagen durchaus schon ab umgerechnet etwa 30 € pro Tag alles inklusive zu bekommen sind. Diese Preise gibt es jedoch nicht direkt über die Vermieter, sondern eher über Preis-Vergleichsseiten, wo man auch buchen kann – gute Angebote offeriert z.B. www.billiger-mietwagen.de.

◎ IN **SVOLVÆR** AUF AUSTVÅGØYA: Avis Biltutleie Lofoten (Avisgata 11 sowie am Flughafen, Tel. 7607 1140, www.avis-lofoten.com, ebenso über www.avis.de zu buchen). – Hertz Bilutleie (Avisgata 1 und am Flughafen, Tel. 974 79000, www.hertz.no, Buchung auch via www.hertz.de).

◎ Die gängigen Vermieter sind auch in **LEKNES** AUF VESTVÅGØYA vertreten (Avis Tel. 760 80104, Hertz Tel. 760 81844), zudem auf den benachbarten Vesterålen in Sortland und teilweise in Stokmarknes und Andenes.

Für die E 10 als Nationale Touristenstraße existiert sogar eine eigene Straßenkarte (siehe Seite 88).

GEBRAUCHTWAGENVERMIETUNG

Es gibt Konkurrenz zu den internationalen Vermietern: Wer auf den Lofoten einen Gebrauchtwagen mietet, zahlt, je nach Modell, ab 500 NOK/Tag in der Hochsaison. Die Fahrzeuge sind allesamt gepflegt. Abholung und Rückgabe erfolgen an den Flughäfen Svolvær, Leknes sowie Harstad/Narvik, am Fährkai Moskenes oder an drei weiteren Stellen in Svolvær, wo sich auch die Zentrale befindet:

◎ **RENT A CAR LOFOTEN**, Svolvær Fergekai (Terminal der Skutvik-Fähre), Tel. 476 43560, www.rentacar-lofoten.com jetzt auch auf Englisch, post@rentacar-lofoten.com/

Öffentliche Verkehrsmittel

Wer öffentliche Verkehrsmittel benutzen will oder muss, sollte vor Ort das Touristenbüro in Svolvær kontaktieren oder im Voraus die Website www.lofoten.info (Menü »Plan your trip« sowie »Transportation«) aufrufen.

◎ **INFORMATION**: Im Internet sind alle Fahrpläne zu finden über www.177nordland.no; TELEFONISCH erhält man (auch auf Englisch) Auskunft zu allen Transportmitteln über Tel. 177 (nur innerhalb des fylke Nordland) oder Tel. 815 00178 (wenn man von außerhalb von Nordland anruft). Hilfreich ist der auch auf Deutsch abrufbare, das ganze Land umfassende Planer www.rutebok.no, der leicht zu bedienen und stets aktuell ist.

BUS

◎ Die **FAHRPLÄNE** *(Rutehefter)* bekommt man im Bus und in den Touristenbüros (siehe Seite 100); herunterzuladen auch über www.lofoten.info (Menü »Plan your trip, »Transportation«).

◎ Die Bushaltestellen sind deutlich markiert, die Busse selbst komfortabel und modern, die **TARIFE** moderat. So kostet beispielsweise die Strecke Svolvær – Kabelvåg 51 NOK und die Strecke Svolvær – Å 242 NOK.

RABATT: Wer unter 16 Jahre jung oder über 67 Jahre alt ist, erhält 50 % Rabatt, von 16–23 Jahren gibt es 40 % Nachlass. Kinder unter 4 Jahren reisen kostenlos. Ein Paar bezahlt für Strecken über 60 km nur den 1,5-fachen Preis eines Normaltickets. Für FAHRRÄDER gilt der Kindertarif oder maximal 60 NOK.

◎ Die **HAUPTROUTE** im Archipel entlang der E 10 sowie die Strecken von Svolvær nach Kabelvåg und Henningsvær werden je nach Saison 5–8 x täglich bedient; ab Leknes werden zudem Stamsund sowie Ballstad täglich mehrmals angefahren. – Auf den **NEBENROUTEN** allerdings gibt es so gut wie keinen Busverkehr mehr.

◎ **AUSSERHALB DER LOFOTEN** wird ab Å via Leknes und Svolvær mindestens 2 x täglich Harstad angefahren, dazu 2 x täglich Narvik und auch Bodø (via Fauske). Nach Sortland auf den Vesterålen geht es ab Svolvær mehrmals täglich.

SCHIFF

Dem Schiff als Transportmittel kommt auf Austvågøya, Vestvågøya, Gimsøya, Flakstadøya sowie Moskenesøya heute keine Bedeutung mehr zu; zwei Routen wenden sich allerdings speziell an Touristen. Værøy und Røst sind nur per Schiff ab Moskenesøya zu erreichen (und zudem ab Bodø mit dem Helikopter, siehe Seite 98).

◎ **NACH VÆRØY UND RØST**: Ab Moskenes startet im Sommer Mo–Sa 1 x täglich die Autofähre von Torghatten Nord (www.torghatten-nord.no) nach Værøy (1,5 Std., 98 NOK/Person, 331 NOK/Fahrzeug bis 6 m) sowie weiter nach Røst (2 weitere Sunden, Tarif ab Moskenes 174/622 NOK); im Anschluss fährt das Schiff weiter nach Bodø (221/792 NOK).

◎ **REINEFJORD**: »MS Fjordskyss« (Tel. 994 91805 und 993 45730, www.reinefjorden.no) verkehrt 1–3 x täglich auf der landschaftlich attraktiven Route quer über Reinefjord und Kjerkfjord von Reine und (bei Bedarf) via Rostad, Kjerkfjord und Vindstad nach Reine zurück. Maximal 30 Personen. Die Rundfahrt kostet 150 NOK; die Tickets gibt es an Bord und am Kai in Reine.

◎ **SYKKELBÅT**: Das »Fahrradboot« bietet sich für Radfahrer an, die den Nappstraumtunnel auslassen wollen, sowie für alle, die an einer landschaftlich beeindruckenden Sightseeing-Bootstour interessiert sind.

Zwischen Mitte Juni und Mitte August verkehrt die »MS Fosengutt« täglich um 11 Uhr ab Ballstad/Vestvågøya nach Nusfjord/Flakstadøya und um 12 Uhr zurück. Eine frühzeitige Reservierung (spätestens 1 Tag zuvor) wird empfohlen, da die Kapazität begrenzt ist: Tel. 478 17773.

Mit dem Fahrrad

Dass die Lofoten ein Dorado für Radfahrer sind, glaubt man kaum angesichts der steil aufragenden Gebirgsmasse der Lofoten-Wand. Aber die Straßen führen nicht durchs Gebirge, sondern stets nur an ihren Wurzeln entlang und verlaufen zum allergrößten Teil eben. – Lediglich die E 10 auf Vestvågøya kennt eine kräftige Steigung; hier müssen die Radler eventuell eine Zeitlang schieben. In den letzten Jahren haben sich die Lofoten zu einem der POPULÄRSTEN Radler-Reviere des Nordens entwickelt: Mittlerweile sind hier im Sommer Tausende unterwegs, wurden Wegweiser montiert sowie eigene Routen für Radler ausgewiesen.

AN-/WEITERREISE

Was man über den Fahrradtransport in Flugzeug sowie Zug wissen muss, steht auf Seite 98/96. In der Regel reist man entweder von Bodø oder Narvik aus auf die Lofoten: ab Bodø per Flugzeug nach Leknes oder Svolvær, mit der Autofähre nach Moskenes, mit der Hurtigruten (Bodø – Stamsund – Svolvær) oder mit dem Schnellboot nach Svolvær (siehe Seite 97). – Ab Narvik nimmt man den 2 x täglich verkehrenden Bus über Sortland, sofern die Strecke nicht radelnd absolviert wird.

PACKTASCHEN

Die Packtaschen müssen für die Lofoten-Reise wasserdicht, möglichst einzeln aufhängbar und ferner so konzipiert sein, dass sie ebenfalls als Reise-/Schultertaschen einzusetzen sind.

PRAKTISCHER TEIL

Sightseeingtour Reinefjord: Wer (etwa nach einer Übernachtung oder Wanderung) unterwegs zusteigen will, muss dies möglichst frühzeitig beim Skipper telefonisch anmelden; die kleinen Anleger werden nur bei Bedarf angelaufen.

Wir haben beste Erfahrungen mit den wasserdichten, strapazierfähigen sowie mit einem Schnellverschlusssystem ausgerüsteten Packtaschen der Firma »Ortlieb« gemacht.

AUSRÜSTUNG / WERKSTÄTTEN

An speziellen Ausrüstungsgegenständen benötigt man dringend einen HELM; natürlich wegen der Unfallgefahr, aber ebenso als Schutz vor UV-Strahlung, die auf den Lofoten recht intensiv sein kann. Auch sollte man eine starke SONNENBRILLE aufsetzen, und dies nicht nur bei eitel Sonnenschein.

Sehr von Vorteil ist speziell leichtes, aber vor allem wasser- und winddichtes, dabei möglichst atmungsaktives Biker-REGENZEUG. Gute Qualität bedeutet neben der zuverlässigen Wasserdichtigkeit niedriges Gewicht, kleines Packmaß und Tragekomfort, soll heißen: ein angenehmes »Klima« unter den Regenklamotten, das spezielle Unterbekleidung etwa gegen Kälte ergänzen kann.

Die üblichen Rad-Verschleißteile sollte man gegebenenfalls dabei haben. Obwohl gängige Teile heute vor Ort nachzukaufen sind, kommt es halt darauf an, auf welcher Insel man unterwegs ist. Reparaturwerkstätten gibt es in Svolvær und Leknes:

◎ **SKANDINAVISK HØYFJELLSUTSTYR**, Håkon Kyllingmarksgata (neben dem Rathaus rechts), Tel. 760 758 55, auf Facebook.

◎ **SVOLVÆR SPORTSHUSET**, Lofotgata 33 (im AMFI-Einkaufszentrum), Tel. 760 73760.

◎ **SPORT 1**, Storgata 8, Lofotsentret, Leknes, Tel. 941 69310.

RENT A BIKE

Wer auf den Antransport des eigenen Fahrrads verzichten möchte, mietet eines vor Ort: Die Tarife beginnen allerdings bei stolzen 250 NOK pro Tag, wobei Langzeitmietern immerhin Rabatte gewährt werden. Ausrüstung: Fahrradtaschen kosten ab 35 NOK sowie Gepäckanhänger ab 150 NOK, jeweils als Tagestarif.

Einzelne Unterkünfte haben ebenfalls ein paar Fahrräder untergestellt; man sollte im Voraus anfragen.

◎ **LOFOTEN SYKKELUTLEIE** bei Lofoten Rorbuer, Svolvær, Jektveien 10, Marinepollen, Tel. 915 95450, www.lofoten-rorbuer.no.

Die Räder haben guten Standard; es werden Fahrradtaschen vermietet und Fahrradanhänger fürs Kind oder Gepäck. Die Fahrrad-Abholung in Moskenes kostet 350 NOK.

◎ **FLY & BIKE** bedeutet, dass man Räder am Flughafen von Svolvær und Leknes entgegennehmen und wieder abgeben kann. Es informiert www.wideroe.no/en/tickets/fly-and-bike.

FAHRRADFÄHRE

◎ Das **SYKKELBÅT** verkehrt von Mitte Juni bis Mitte August 1 x täglich in jede Richtung zwischen Ballstad auf Vestvågøya sowie Nusfjord auf Flakstadøya. Es wird empfohlen, die Passage zu reservieren: je früher, desto besser, selbst wenn dies vor Ort unflexibel macht, aber der Andrang ist zeitweise enorm. Mehr Information unter »Sykkelbåt« bereits auf Seite 105.

Familientour mit Fahrrädern ▶

RADROUTEN

Ein wichtiger Tipp ist, die E 10 möglichst zu meiden, besonders von Ende Juni bis Anfang August, wenn der Urlauberverkehr seinen Höhepunkt erreicht; leider ist die attraktive Strecke über Moskenesøya auf die E 10 angewiesen. Denken Sie an die Beleuchtung, gerade die alten Tunnel sind unangenehm.

◎ **AUSTVÅGØYA**: Abstecher nach Brenna (Str. 864) und nach Henningsvær (Str. 816), die Schleife auf unserer Kaiserroute von Vestpollen nach Fiskebøl (Str. 888). Als Basis ist »Sandsletta Camping« (siehe Seiten 108 und 192) denkbar, und von Svolvær nach Fiskebøl sind es auf dieser Route etwa 68 km.

◎ **GIMSØYA**: Am schönsten ist die mögliche Rundfahrt im Norden via Saupstad, Hov und Årrstranda; als »Fernroute« kann die E 10 umfahren werden.

◎ **VESTVÅGØYA**: Auf dem Valbergvei (Str. 815) entlang der Südküste kann die E 10 bis Leknes umfahren werden; möglicher Abstecher nach Stamsund: ab Sundklakkstraumen-Brücke von/nach Gimsøya 38 km bis Stamsund. Ab Leknes sind die Abstecher nach Haukland/Utakleiv und nach Ballstad erste Wahl. Wer die E 10 nutzt, sollte die Nordschleife via Kvalnes (Str. 996) einbeziehen und kann Abstecher nach Eggum und Unstad einlegen.

◎ **FLAKSTADØYA**: Hier ist man verstärkt auf die E 10 angewiesen, sind die Abstecher nach Nusfjord und Nesland erste Wahl, zumal sie durch verschiedene Landschaften führen, und als Basis Flakstad und Ramberg denkbar.

◎ **MOSKENESØYA**: Hier ist nur der Norden mit Fredvang und Selfjord gut geeignet, als Ausgangspunkt Ramberg auf Flakstadøya nicht weit.

◎ **HINNØYA**: Besonders reizvoll ist die Schlussetappe unserer Kaiserroute am Raftsund entlang nach Digermulen (29 km, Str. 868), von wo aus tolle Abstecher auf verkehrsarmen Straßen möglich sind (siehe Seite 194).

Unterkunft

Campingplätze

Es gibt 19 Campingplätze auf den Lofoten: acht auf Austvågøya, einen auf Gimsøya, vier auf Vestvågøya sowie je drei auf Flakstadøya und Moskenesøya. Da das Camping die populärste Übernachtungsform vor Ort ist, kann es während der Hochsaison zwischen dem 15.6. und 15.8. – insbesondere IM JULI – ZU ENGPÄSSEN KOMMEN. Die Preise sind relativ günstig, zumal oft pro Zeltstellplatz bezahlt wird, unabhängig ob für 2 oder 4 Personen. Für Caravan/Wohnmobil (bis 4 Personen) fallen um 300 NOK an, während Zelten ca. 150–200 NOK kostet (mit Auto teurer als ohne). Extra gehen Strom (25–45 NOK, Vorteil: 50 m-Kabeltrommel) und heiß Duschen (5–10 NOK). Es gibt schlichte Hütten ab 300 NOK als Notquartier bei Schlechtwetter, z.T. auch komfortable Ferienhütten mit Küche/ Bad (oft als Rorbu/ Sjøhus). Oft sind Boote (mit/ohne Außenborder) zu mieten, z.T. auch Seekajaks.

AUF AUSTVÅGØYA

Gut geeignet für die Inselrouten 1–5 (ab Seite 170), zudem für 7.

◎ **HAMMERSTAD SJØHUSCAMPING**, Vaterfjord, Svolvær, Tel. 916 27025, www.hammerstadcamping.no. Ganzjährig geöffnet.

Rund 10 km nördlich Svolværs (und ca. 2 km nördlich vom Flughafen) etwas unterhalb der E 10 auf einer kleinen Halbinsel zwischen dem dramatisch schönen Austnesfjord und dem Vaterfjordpollen. Das schöne Wiesenareal blickt auf das Meer, ebenso die komfortablen Hütten (siehe Seite 115).

Die sanitären Anlagen sind korrekt, ein Spielplatz ist vorhanden. Die nahe E 10 stört kaum; es ist eher ruhig, und das »fast hochalpin anmutende« Umland lädt zu Fjellwanderungen ein. Die Besitzer sind freundlich und hilfsbereit, so dass der Platz auch für Langzeitaufenthalte zu empfehlen ist.

Es werden Motor- und Ruderboote vermietet; bei der exponierten Lage direkt vor dem fischreichen Fjord (Austragungsort der Weltmeisterschaften im Dorschfischen) ist klar, dass der Ort UNTER ANGLERN SEHR BELIEBT ist.

◎ **SANDSLETTA CAMPING**, Laukvik, Tel. 760 75257 sowie 909 15230, camping-lofoten.com. 1.6.–15.9.

An der äußeren Seite Austvågøyas, erreichbar ab Fiskebøl oder der E 10 bei Vestpollen: den Schildern nach Straumnes folgen. Großes Wiesenterrain direkt über dem Vatnfjord (Kiesufer), eine landschaftlich schöne Umgebung. Sehr gute sanitäre Anlagen, Camperküche, Restaurant, Lebensmittelshop, Kinderspielplatz. Ideal für Leute, die RUHE schätzen. Die Platzchefin spricht Deutsch. Einfache Hütten ab 500 NOK, komfortable siehe Seite 115. Sauna, Ruderboote, Kanus.

◎ **SANDVIKA FJORD & SJØHUSCAMPING**, Kabelvåg, Ørsvågværveien 45, Tel. 760 78145 und 948 31334, www.lofotferie.no/de/camping. Nur 1.5.–31.9. geöffnet.

Um die Inselrouten nicht mit fortlaufend eingefügten praktischen Angaben zu Unterkünften, Lokalen etc. unübersichtlich zu machen, listen wir diese separat (wie in diesem Kapitel) auf und platzieren Seitenverweise bei den Inselrouten.

Ca. 1 km südlich Kabelvågs zweigt eine ausgeschilderte Straße von der E 10 zum Campingplatz ab. Die Anlage verteilt sich auf einer felsigen, teils terrassierten Halbinsel, die in die weite Ørsvåg-Bucht reicht und auf ein imposantes BERG- UND MEERPANORAMA blickt. Die SONNE scheint von morgens bis abends, die Sanitäranlage ist vorbildlich, die Infrastruktur tadellos, auch Spielplatz und Kurzweil sind gegeben, sogar ein kleiner Sandstrand lädt ein, es werden zahlreiche Hütten vermietet (siehe Seite 117), und gerade auch für Angler steht hier alles zum Besten (u.a. großer Filetiertisch, Motorbootvermietung). Die schönsten Stellplätze für Caravans/Wohnmobile (ab 280 NOK) finden sich direkt über dem Sandstrand, für die Zelte (ab 180 NOK) gibt's eigens eine große Wiese.

Nahebei Ørsvågvår Camping.

◎ **KABELVÅG FERIEHUS & CAMPING**, Kabelvåg, Tel. 760 78620 und 992 34231, www.kabelvag.com. Das ganze Jahr über geöffnet.

Etwa 800 m südlich Kabelvågs erstreckt sich auf der rechten Seite der E10 ein kleiner Pollen, an dessen Ufer dieser Campingplatz angelegt ist. Er ist insbesondere für Wohnmobilisten ausgelegt (260 NOK), aber auch eine kleine Zeltwiese ist vorhanden (ab 200 NOK); in Kauf zu nehmen ist aber der Verkehrlärm der nahen E 10.

◎ **LYNGVÆR LOFOTEN BOBILCAMPING**, Lyngvær, Tel. 901 13612, www.lofoten-bobilcamping.no. 1.5.–15.9.

Unterhalb der E 10 zwischen Rørvik sowie Kleppstad, direkt am Gimsøystraumen, verteilt sich der Platz auf großen Wiesenterrassen: LAGE FANTASTISCH, PANORAMA ebenfalls, famose Strände auf den vorgelagerten Schären, dazu ein freundlicher Service und dementsprechend viele zufriedene Gesichter unter den Gästen, zumal das Preis-Leistungsverhältnis für Lofoten-Verhältnisse richtig gut ist. Die nahe Straße stört auch nicht sonderlich.

Die Infrastruktur ist tadellos, Spielplatz und Kiosk sind vorhanden, dazu Ruder-, Motorbootvermietung, Fisch-Filetiertisch plus Räucheranlage. Ein Tipp aber keineswegs nur für Angler.

AUF GIMSØYA

Geeignet für Inselroute 7 (ab Seite 201) und Abstecher auf die Nachbarinseln.

◎ **HOV CAMPING**, Gimsøysand, Tel. 975 59501, hovcamping.no. 1.6.–15.9.

Den Schildern in Richtung »Golfbane« folgen, am Golfplatz vorbei und noch ca. 500 m. Schöner Wiesenplatz, durch die kaum befahrene Straße vom offenen Nordmeer MIT SANDSTRAND getrennt. Stellplätze für Wohnmobile kosten 200 NOK, Zelte ab 150 NOK.

Hov bietet einen idealen Ferienort für alle, die es RUHIG lieben; dazu der Strand, nebenan Reittouren im HOV HESTEGÅRD und der Hoven als Wanderziel (371 m, siehe Seite 291).

AUF VESTVÅGØYA

Gut geeignet für die Inselrouten 8 und 9 (ab Seite 206), zudem für 7.

◎ **BRUSTRANDA SJØCAMPING**, Rolfsfjord, Tel. 904 73630, www.brustranda.no. Ganzjährig geöffnet.

IDYLLISCH auf einer felsigen, von Wiesen gesäumten HALBINSEL am nördlichen Teil des ROLFSFJORDS. Die sanitären Einrichtungen sind gut. Von allen Plätzen Vestvågøyas ist dieser DER POPULÄRSTE: ideal für einen entspannten Aufenthalt. Es gibt Hütten aller Kategorien – man sollte aber die Preise im Voraus erfragen. Bootsvermietung.

Der Platz liegt an der Str. 815, rund 10 km nördlich von Stamsund.

◎ LOFOTEN **CAMP STORFJORD**, nahe Stamsund, Hagskarveien, Tel. 976 23606, lofotencamp.no. Ganzjährig geöffnet.

Ebenes Wiesen- und Erdterrain am Ablauf des Sees Storfjordvatnet in den Storfjord, nahe der Kreuzung der Str. 815/817. Zwar macht die Aussicht nicht viel her, aber SCHWIMMEN UND BADEN kann man gleich in dem (recht warmen) See wie auch im Meer. Schöne Stellplätze fürs Zelt sowie Wohnmobile (ab 200 NOK), des Weiteren Hütten in drei Größen/Komfortstufen 400–800 NOK.

◎ **UNSTAD ARCTIC SURF**, Bøstad, Unstadveien 105, Tel. 970 61201, www.unstadarcticsurf.com.

Ab der E 10 bei Bøstad / Borg ausgeschildert, noch 9 km. Kleiner Platz mit schlichter Sanitäranlage mitten in dem furios gelegenen Einöddorf. Es werden zudem Hütten (ab 1.290 NOK) vermietet, ein Lokal gehört dazu. Der Platz ist der TREFF für WELLENREITER auf den Lofoten – es werden Kurse arrangiert und Bretter vermietet (siehe Seite 148 f.).

AUF FLAKSTADØYA

Gut geeignet für die Inselroute 10 (ab Seite 220), auch für 11 (ab Seite 228).

◎ **SKAGEN CAMPING**, Flakstad, Tel. 9503 5283, www.skagencampinglofoten.com. Ganzjährig geöffnet.

Satt grün, eben die Wiese, schneeweiß und traumhaft schön der Sandstrand, famos die Blicke aufs offene Meer, die Mitternachtssonne und die säumenden Berge. Die LAGE ist landschaftlich FASZINIEREND, ganz in der Nähe der Flakstad-Kirche.

Es gibt Serviceeinrichtungen zum Kochen, Einfrieren und Waschen, das Preisniveau ist durchschnittlich. Bei 150 NOK fürs Zelt und 200 NOK fürs Wohnmobil mit der preisgünstigste Platz auf den Lofoten. Fünf Zimmer im sog. Beach House kosten je 800 NOK, Ferienhütten 1.400 NOK.

◎ **RAMBERG GJESTEGÅRD**, Ramberg, Tel. 760 93500, www.ramberg-gjestegard.no. Ganzjährig geöffnet.

Wem es um Natur *und* lokales Milieu geht, mag den GEPFLEGTEN Platz für den Aufenthalt wählen. Die Gäste wohnen direkt am WEISSEN Halbrund des gut 1 km langen Ramberg-Strandes – damit dennoch MITTEN IM ORT, der sich als buntes Gewürfel kleiner Holzhäuser präsentiert; auch von hier aus ist die MITTERNACHTSSONNE zu bestaunen. Die Sanitäreinrichtungen sind bestens, komfortable Hütten gibt es zudem (siehe Seite 119). Es werden Fahrräder vermietet. Spielplatz sowie Restaurant anbei (siehe Seite 131).

AUF MOSKENESØYA

Gut geeignet für die Inselroute 11 (ab Seite 228), auch für 10 (ab Seite 220).

◎ **FREDVANG STRAND- OG SKJÆRGÅRDSCAMPING**, Fredvang, Tel. 760 94233, www.fredvangcamp.no. 20.5. bis 31.8.

Von der LAGE her einer der BESTEN Campingplätze im Inselreich, der so viele Stellplätze bietet, dass es selten zu einem Engpass kommen kann. Die riesige frühere Kuhwiese grenzt di-

Mancherorts bezieht sich die Angabe »ganzjährig geöffnet« lediglich auf die überdachten Unterkünfte mit komplett-autarker Ausstattung; wer also in den dunklen, kalten Monaten zelten will, sollte sich vorher erkundigen.

rekt ans offene Nordmeer, das hier einige schneeweiße Feinsandbuchten ausspart. Die sanitären Einrichtungen sind nicht zu bemängeln. Ferner gibt es landeinwärts ein altes Wohnhaus für 1.200 NOK zu mieten. Nach Fredvang, Indre- und Ytresand sind es nur Minuten zu Fuß. Bootsvermietung (je Stunde 100 NOK).

Zu erreichen ist das Camp über die bei Finnbyen von der E 10 nach Fredvang ausgegeschilderte Straße, die auf zwei Brücken den Røssøstraumen überquert.

◎ **MOSKENES CAMPING**, Moskenes, Tel. 994 89405, www.moskenescamping.no. 15.5.–31.8.

Bestens gelegen für alle, die früh am Morgen oder spät am Abend mit der Fähre zu tun haben: 150 m vom Fährhafen Moskenes entfernter Platz primär für Wohnmobile/Caravans, aber auch mit Zeltstellflächen. Die Sanitäranlagen und weiteren Serviceeinrichtungen sind geplegt. Ein Pub befindet sich auf dem Gelände und ein Café im Ort, keine 200 m entfernt. Angeltrips können vermittelt werden. Der Platz kann somit allen empfohlen werden, nicht nur Fährpassagieren.

◎ **MOSKENESSTRAUMEN CAMPING**, Å, Tel. 760 91148. Mai bis Ende August. Nur Hüttenvermietung.

Dramatischer als hier – ÜBER DER BRANDUNG – können Campinghütten auf den Lofoten kaum stehen. Von dem Wiesenareal oberhalb der Hütten schaut man auf Lofoten-Wand, Vestfjord, hinüber zum Festland und über das Meer bis Værøy. Leider sind keine Zelt- und Wohnmobilstellplätze mehr ausgewiesen und die Sanitäranlagen karg; zurzeit wird aber das wilde Campen draußen beim Aussichtspunkt geduldet, kann dabei die Sanitäranlage des Parkplatzes benutzt werden.

AUF VÆRØY

◎ Hier gibt es keinen offiziellen Campingplatz mehr, aber auf der Nordseite der Insel finden sich einige Stellen zum **WILDCAMPEN**, zum Beispiel bei TUSSEN, westlich vom alten Flugfeld, sowie auf dem weiteren Wegverlauf Richtung Måstad. Auf einen Zeltplatz in dem Dorf selbst sollte man weniger spekulieren, denn Måstad ist zwar verlassen, wird im Sommer aber von den Eignern der bewahrten Häuser sowie deren Freunden aufgesucht. Gegebenenfalls fragt man zuvor beim Touristenbüro nach (siehe Seite 100).

AUF RØST

◎ **RØST HAVFISKE CAMPING**, Røst, Tel. 992 58348, auf Facebook. Kontakt im Voraus erbeten.

Diese Anlage wird bevorzugt von ANGLERN frequentiert (Bootsvermietung). In dem großen Sjøhus werden Einzel- (ab 650 NOK), Doppel- und Familienzimmer (ab 1.250 NOK) vermietet. Die Wiese vor dem Haus ist zum Zelten freigeben (130 NOK).

Wildcampen

Wer vom Allemannsretten Gebrauch macht, das – großzügig ausgelegt – das Übernachten in freier Natur unter bestimmten Bedingungen ermöglicht, spart nicht nur Geld, sondern kann Orte kennen lernen, die unvergleichlich

PRAKTISCHER TEIL

Damit die Leser BERECHTIGTEN ÄRGER beim Wildcampen vermeiden können, haben wir einen ausführlichen Text zum sog. **JEDERMANNSRECHT** in das Buch aufgenommen (siehe Seite 168 f.).

schön sind. Manche Touristen wollen das, aber sie geraten auch rasch in den Ruf, KEINE MÜDE KRONE während ihres Lofoten-Aufenthalts ausgeben zu wollen. Ein Lofoter beschrieb das wie folgt: »Sie kommen mit ihren Wohnmobilen daher, haben Lebensmittel wie ein Supermarkt an Bord, annektieren die schönsten Strände, und für uns bleiben Müll sowie Fäkalien...«. – Ganz so Unrecht hat er nicht, dieser Lofoter, und die Stimmung auf dem Archipel sollte niemals ignoriert werden – sind an einem verlockenden Ort durchgestrichene Zeltsymbole montiert, ist das ernst zu nehmen.

Im Rahmen der Inselrouten finden sich einige Hinweise, und auch unterwegs beim Wandern ist das Zelten natürlich denkbar. Es folgen Informationen zur Lage auf den einzelnen Inseln und zu den beliebtesten Refugien im Inselreich, die für Zelte, mancherorts sogar für Wohnmobile (maximal eine Nacht) geeignet sind.

◎ **AUSTVÅGØYA**: Gute Möglichkeiten finden sich an der Außenseite der Insel, erreichbar über die direkt am Fähranleger in Fiskebøl abzweigende Schotterstraße, die einen weiten Bogen schlägt, bevor sie bei Vestpollen wieder auf die E 10 mündet. Vor allem am Nordpollen (Beginn der Wanderung Nr. 6) sowie am südlich angrenzenden Vaterfjord lässt sich mancher idyllische Platz aufspüren, außerdem zwischen Straumnes und Vestpollen.

An der E 10 zwischen Fiskebøl und Svolvær machen sich gute Plätze rar; nur zwei Rastplätze (der erste knapp 1 km südlich von Fiskebøl, der zweite direkt südlich von Vestpollen über dem Fjord) eignen sich für eine Nacht, jedoch nicht mit Zelt.

Will man in Svolvær übernachten, etwa wenn man nachts mit der Fähre von Skutvik aus ankommt, bietet sich der Parkplatz des Fähranlegers an; der große Parkplatz im Zentrum bei den Supermärkten ist tabu, da zum Übernachten verboten.

Bei Kabelvåg gibt es kaum Möglichkeiten, auch südlich an der ausgeschilderten Ørsnesvika nicht; erst bei Kalle (als Badestrand an der E 10 ausgeschildert), gegenüber Hopen, lädt eine große Wiese direkt am (gezeitenabhängigen) Sandstrand ein. Die Lage ist grandios, Toilette und Trinkwasser sind vorhanden. Gestellte Wände verhindern die Zufahrt für Wohnmobile, die sich mit einem Schotterstreifen begnügen müssen.

Am Rørvik-Strand (vor Ort Toilette vorhanden), direkt hinter dem Tunnel an der Abbiegung nach Henningsvær, ist das Kampieren untersagt; erst wieder zwischen Sydalen und Brenna (vor der Brücke nach Gimsøya rechts) kann man Zeltstellplätze ausmachen.

Bleibt der große Parkplatz vor der Brücke nach Gimsøya, der aber nur für Wohnmobilisten in Frage kommt (Toilette vorhanden).

◎ **GIMSØYA**: Die spärlich bewohnte Insel besteht je zur Hälfte aus Gebirge und Moorflächen; nur im Bereich zwischen Gimsøy, Hovsund, Årrstranda –

Oben das Areal von Ørsvågvær Camping an der Bucht Ørsvågen/Austvågøya, unten Wildcampen an der Kvalvika (siehe unsere Wanderung 17 auf Seite 306 ff.) ▶

zu erreichen über die bei den Sundbrücken nach Norden abzweigenden Straßen – mag ein einsamer Platz für die Nacht aufzuspüren sein.

◎ **VESTVÅGØYA**: Entlang der E 10 herrscht eine relativ große Bevölkerungsdichte und wo die Str. 815 / 817 verlaufen, drängen die Berge oft bis ans Meer. So bleibt die äußere Inselseite, durch gigantische Trogtäler gegliedert und reich an Sandstränden.

Möglichkeiten finden sich zum Beispiel entlang der (ab der E 10) nach Kvalnes ausgeschilderten Straße, bei Elltoft und Mærvoll sowie bei Eggum: Bei dem 1 km weiter westlich am Ende der Fahrstraße (Privatweg, gebührenpflichtig) gelegenen Tøan handelt es sich um ein mit Wiese bewachsenes Dünenareal zwischen dem Meer (aber ohne Bademöglichkeiten) und dem See Heimredalsvatnet. Ein Trinkwasseranschluss, Toilette und Abfallkörbe sind vorhanden, ebenso ein Kiosk mit Imbiss, der aber nur in der Hauptsaison (und auch dann nicht immer) öffnet. Ausgebaut wurde der Rastplatz 2007 mit der Ernennung der E 10 zur Nationalen Touristenstraße (siehe Seite 103); beim Architektenwettbewerb für Eggum wurde auf umweltfreundliche Ressourcennutzung Wert gelegt. Für den »Komfort« zahlt man 150 NOK Benutzungsgebühr. Die Womo-Stellplätze sind auf befestigtem Untergrund vorgesehen, Absperrungen verhindern das Parken im Dünengebiet.

In Unstad, am Startort der Wanderung Nr. 13 (siehe Seite 292) gibt es zwar am südlichen Strandrand (in Unstad vor dem Strand nicht rechts, sondern links abbiegen) einen primitiven Platz (50 NOK), der aber ohne Wasser und WC nicht mehr anzuraten ist; zumal der kleine Ort des Surfens wegen im Sommer zeitweise stark frequentiert wird und die »Balance« zwischen Natur, Einheimischen und Urlaubern nicht strapaziert werden sollte.

◎ **FLAKSTADØYA/MOSKENESØYA**: Die gebirgigsten Inseln des Archipels bieten kaum Platz genug für die Häuser der Anwohner – Wildcampplätze wird man kaum finden, sofern Schöneres gewünscht ist als schmale Parkstreifen oder schlichte Autorastplätze. Populär (nicht nur bei Wanderern) ist der Parkplatz am Ausgangspunkt der Wandertour zur Munkebu-Hütte in Sørvågen (siehe Seite 313).

Rorbu-/Sjøhuscamps

Rorbuferie, ob in Rorbu oder Sjøhus, erfreut sich enormer Popularität bei in- wie ausländischen Touristen: Zwischen dem 15.5. und dem 15.9. ist die Nachfrage oft größer als das Angebot. Rechtzeitiges RESERVIEREN ist für diesen Zeitraum also angebracht, ebenso wie das Feilschen um den Tarif in der Nebensaison, der um die Hälfte günstiger ausfallen kann. Die Endreinigung kann finanziell zur Hausnummer werden. Bettwäsche ist zu mieten oder mitzubringen; für einfache Hütten braucht's oft einen Schlafsack.

Nachfolgend eine Auswahl an Hütten, die mit Kochstelle, Kühlschrank sowie meistens auch mit Dusche/WC und Veranda ausgestattet sind:

Um die Inselrouten nicht mit fortlaufend eingefügten praktischen Angaben zu Unterkünften, Lokalen etc. unübersichtlich zu machen, listen wir diese separat (wie in diesem Kapitel) auf und platzieren Seitenverweise bei den Inselrouten.

AUF AUSTVÅGØYA / NÖRDLICH VON SVOLVÆR

Gut geeignet für die Inselrouten 1–3 (ab Seite 170), 5 (ab Seite 192), auch für 4 (ab Seite 186) und 7 (ab Seite 201).

◎ **SILDPOLLNES SJØCAMP**, Sildpollneset, (südlich von) Laupstad, Tel. 900 53040, www.sildpollnes-sjocamp.no.

Die Lage direkt neben der Sildpollnes-Kirche mitten im spektakulärsten Abschnitt des Austnesfjords ist famos. In dem zweigeschossigen Hauptthaus werden 11 Wohnungen vermietet, je 34 m² groß, urgemütlich mit viel Holz vertäfelt sowie komplett ausgestatte;. die Preise liegen bei 1.450 NOK. Ferner gibt es 5 urgemütliche Ferienhütten (Bad, Schlaf- u. Wohnzimmer) und eine Sauna, werden Ausflüge arrangiert und Boote primär zum Angeln vermietet. Eine populäre, gute Adresse für Touristen mit und ohne Zelt und für Angler sowieso.

◎ **HAMMERSTAD SJØHUSCAMPING**, Vaterfjord, Svolvær, Tel. 916 27 025, www.hammerstadcamping.no. Ganzjährig geöffnet. Siehe auch unter »Campingplätze«, Seite 108.

Schön gelegene Hütten von klein, einfach, »billig« (550 NOK) bis zu komfortabel sowie teils auf Pfählen über dem Meer errichtet (Platz für 6–8 Personen, 795 / bis zu 1.895 NOK), bis auf die kleinen (für 3 Personen) alle mit Dusche und Toilette ausgestattet sowie voll wintertauglich. Dementsprechend geht hier die Saison rund ums Jahr, frequentiert auch zur Zeit der LOFOTEN-FISCHEREI.

◎ **SANDSLETTA CAMPING**, Laukvik, Tel. 909 15230, camping-lofoten.com. Siehe auch Seite 108.

RORBUER, SJØHUS

Mit als erstes vermelden die Chroniken über die Lofoten, dass 1120 bei STORVÅGAN, heute Kabelvåg, König Øystein Rorbuhütten (auch: *rorbue* oder *rorbuer)* errichten ließ. Diese »Wohnstätten« *(bu)* »für die Ruderer« *(ror)* waren winterfest, beheizbar und sollten den von weither zum Fischfang gekommenen Fischern als Quartiere dienen. Die Aufgabe hatten sie bis ins 20. Jahrhundert, doch heute, nachdem die Zahl der Fischer stark gesunken ist, sind die Rorbuer mehr Grundlage des Reiseverkehrs im Inselreich.

ROT GESTRICHEN sind sie fast alle, grundsätzlich AUS HOLZ erstellt; jedoch längst nicht mehr müssen sie auf Pfählen im Meer stehen. Als die Rorbuer ausschließlich DEN FISCHERN dienten, roc h es überall nach Schuppentieren, und im (einzigen) Wohnraum lagen die Nylonleinen für den Dorschfang und andere Gerätschaften kreuz und quer herum. Ein Extra-Kabuff mit Vorhang fungierte als Schlafzimmer, ein Plumpsklo als Toilette, fließend Wasser gab es nicht.

Solche Hütten gibt es kaum noch, denn die Touristen wollen es sauber, gemütlich, aufgeräumt, ohne Gerüche und mit WC, Dusche, Küchenecke ausgestattet. Heute erfüllen viele Rorbuer solche Wünsche und nehmen es darin mit Ferienhäusern auf; vor allem die Sjøhus (am treffendsten zu übersetzen als »Kaihäuser«, Häuser am Wasser) genügen oft hohen Ansprüchen.

Insgesamt 22 Hütten, sowohl kleine, einfache 500 NOK (mit 3 Betten) über die mittlere Kategorie (600–700 NOK) bis zu komplett ausgestatteten SJØHUS MIT MEERBLICK (für bis zu 6/8 Personen) 850–1.220 NOK.

AUF AUSTVÅGØYA / SVOLVÆR UND KABELVÅG

Gut geeignet für die Inselrouten 1–5 (ab Seite 170), zudem 7 (ab Seite 201).

◎ **SVINØYA RORBUER** in Svolvær, Gunnar Bergs vei 2, Tel. 760 69930, www.svinoya.no.

Auf dem landfesten Inselchen Svinøya wohnt man nur einen Steinwurf vom geschäftigen Zentrum Svolværs entfernt und doch im Kontrast zu ihr: Die Rezeption ist in der 1828 eröffneten KRAMBUA untergebracht, die als ältestes Geschäft von Svolvær gilt und authentisch eingerichtet ist – eine Welt voll NOSTALGIE. Die 33 Rorbuer (1.278–4.500 NOK, bis zu 6 Personen) stehen fast alle romantisch direkt am Meer, sind komfortabel, urig, rustikal. Dazu gibt es 11 schicke Rorbusuiten für bis zu 6 Personen (ab 3.258 NOK) sowie modern eingerichtete Zimmer/ Studios mit Meerblick (ab 1.680 NOK).

Das Restaurant gilt als eins der besten auf den Lofoten. Das AKTIV-Programm umfasst Seekajaktouren, Walsafaris, Deep Sea Rafting, Fahrradvermietung, geführte Wanderungen u.a. Es werden Boote vermietet – ein mit Fishfinder etc. ausgestatteter KUTTER wartet auf Sportangler.

◎ **LOFOTEN RORBUER**, Svolvær, Marinepollen, Jektveien 10, Telefon 915 95450, www.lofoten-rorbuer.no.

Am Nordrand des Hafenbeckens gelegen, mit dem Wahrzeichen Svolværgeita im Rücken. Das komplett renovierte Gebäude ist eines der ÄLTESTEN ERHALTENEN in der Stadt.

Im Angebot sind 6 Rorbusuiten (mit Bad und Küche) für 2–4 Personen, Tarife ab 1.900 NOK. Des Weiteren gibt es Doppelzimmer mit Kochecke und teilweise mit Bad. Deren Bewohner verfügen über Gemeinschaftsküche, Gemeinschaftsbäder sowie einen gemütlichen Aufenthaltsraum. Kostenpunkt je nach Saison und Ausstattung 950–1.250 NOK.

Es sind hochwertige Fahrräder, ggf. mit Packtaschen und Gepäckanhänger, zu mieten (250 NOK/Tag), die für für mehrtägige Touren geeignet sind, außerdem mehrere Motor- sowie Kajütboote (ab 2.000 NOK/Tag).

◎ **ANKER BRYGGE RORBUSUITER**, Svolvær, Tel. 760 66480, www.anker-brygge.no. Hotel-Rorbu-Apartments. Siehe Seite Seite 124 f.

◎ **NYVÅGAR RORBUHOTELL**, Kabelvåg, Storvåganveien 26, Tel. 760 69700, www.classicnorway.no. Hotel-Rorbu-Apartments. Siehe Seite 125.

◎ **LOFOTFERIE**, Kabelvåg, Torggata 16 (Marktplatz, neben dem »Prix«-Supermarkt), Tel. 760 74500, www.lofotferie.no. Gehört zu »Sandvika« (s.u.).

Zusammenschluss mehrerer Anlagen mit dutzenden Rorbuer und Sjøhus (1.300-2.850 NOK) an diversen Orten in und außerhalb von Kabelvåg. Die meisten liegen ruhig und zum Teil landschaftlich schön direkt am Meer, wurden renoviert, aber im ursprünglichen Stil erhalten; manche stammen noch aus dem 19. Jh. – ein LEBENDES MUSEUM MIT MODERNEM KOMFORT. Zudem sind 7 schlichte Hostelzimmer (für stolze 790 NOK) im Angebot.

Die Grenzen zwischen den einzelnen Unterkunft-Kategorien sind fließend, zum Beispiel die Rorbuer von Anker Brygge/Svolvær und Nyvågar/Kabelvåg, beides Rorbuanlagen, die gezielt mit Hotelservice und Restaurant werben.

Die Infrastruktur für Angler ist top: Am langen Bootssteg ankern einige gepflegte Boote (ab 1.350 NOK) zum Hochseefischen.

AUF AUSTVÅGØYA / WESTLICH VON KABELVÅG

Gut geeignet für die Inselrouten 1–5 (ab Seite 170), zudem 7 (ab Seite 201).

◎ **SANDVIKA FJORD & SJØHUS-CAMPING**, Kabelvåg, Ørsvågværveien 45, Tel. 760 78145 und 948 31334, www.lofotferie.no auf Deutsch unter »Rorbu-Apartments«. Siehe auch unter »Campingplätze«, Seite 108 f.

Die 16 Hütten in mehreren Größen/Komfortstufen (690–1.300 NOK) haben eine fantastische Lage teils direkt über dem Meer und sind von urig-rustikal bis recht komfortabel eingerichtet (am schönsten wohnt es sich in der Hütte Nr. 6, die in die Felsen über dem Sandstrand integriert ist und 850 NOK kostet). Außerdem werden 10 Wohnungen vermietet, die ebenfalls teils direkt am Meer liegen und 690–1.150 NOK kosten. Da sich die Hütten/Wohnungen auf dem Gelände des Campingplatzes befinden, kann es mitunter recht lebhaft und laut sein.

◎ **KALLE I LOFOTEN**, Kalleveien 23, (westlich von) Kabelvåg, Telefon 760 77600, www.kalle.no.

Direkt zu Füßen des gigantischen Vågakallen-Bergs liegt am Rand der geschützten BUCHT VON HOPEN die sowohl bei FAMILIEN als auch unter ANGLERN beliebte Anlage. Sämtliche Rorbuer sind um 1860 errichtet sowie im Äußeren originalgetreu erhalten, mit Küche und Bad für 4 Personen eingerichtet und kosten – wobei als Mindestaufenthalt drei Nächte gelten – 1.150–1.800 NOK. Ferner sind üppig ausgestattete Wohnungen (ab 2.250 NOK, 40 km^2) zu haben. In allen Tarifen ist der Gebrauch von Kajaks, Ruderbooten und Fahrrädern und das Benutzen der BADMINTONHALLE eingeschlossen.

AUSTVÅGØYA / HENNINGSVÆR

Gut geeignet für die Inselroute 4 (ab Seite 186), zudem 1–3 (ab Seite 170), 5 (ab Seite 192) und 7 (ab Seite 201).

In Henningsvær, dem größtem Fischerdorf im Archipel und – wie viele meinen – dem malerischsten obendrein, verteilen sich rund ein Dutzend Rorbuanlagen. Künstler und Künstlertypen, Aktivurlauber und das Fischerdorfmilieu ergeben eine einzigartige Mischung.

◎ **TOBIASBRYGGA**, Henningsvær, Hellandsgata 11, Tel. 763 03000, www.tobiasbrygga.com.

DIREKT AM HAFEN: mit viel Atmosphäre renovierte FISKEBRYGGA aus dem frühen 19. Jahrhundert, wo drei Rorbuwohnungen (für 2-6 Personen) mit umwerfender Aussicht stilvoll-gemütlich eingerichtet wurden und ab 1.700 NOK in der Hauptsaison kosten, sonst ab 1.390 NOK. Mit zum Haus gehört der Fischkutter »Flakstadtind«, mit dem Angeltouren durchgeführt werden (800 NOK für 3 Std.).

◎ **HENNINGSVÆR RORBUER**, Henningsvær, Banhammeren 53, Tel. 760 66000, www.henningsvar-rorbuer.no.

Mit über 80 Betten in 26 Rorbuhütten ist diese Anlage die größte ihrer Art in Henningsvær – hier kann man sich den Traum von einer HÜTTE AUF DER EIGENEN INSEL erfüllen. Die ältesten Rorbuer stammen aus dem

PRAKTISCHER TEIL

19. Jahrhundert, aber alle sind komfortabel und gemütlich eingerichtet. Tarife: 1.300–3.200 NOK. Wenn möglich, ist die Anlage im Voraus zu inspizieren, denn die Aussicht ist verschieden.

Café, Aufenthaltsraum, Sauna und Solarium sind vorhanden; es werden Ausflüge und Angeltouren arrangiert sowie Boote und Seekajaks vermietet.

AUF VESTVÅGØYA

Gut geeignet für die Inselrouten 8+9 (ab Seite 206), auch 7+10 (ab Seite 201). Die Rorbuzentren dieser Insel heißen Stamsund und Ballstad.

◎ **SOLSIDEN BRYGGE RORBUHOTELL**, Ballstad, Moloveien 41, Tel. 404 63333, www.solsiden-byrgge.no.

22 Wohnungen im mehrgeschossigen Rorbuern direkt am Kai, ab 1.800 NOK in der Hoch-, ab 1.200 NOK in der Nebensaison. Bootsvermietung, Raftingtouren (ab 12 Pers.) und Führung durch eine Fischfabrik möglich. Anbei liegt mit »Himmel & Havn» (»Himmel & Meer«) ein angesagtes Café-Restaurant.

◎ **KRÆMMERVIKA RORBUER**, Ballstad, Kræmmervikveien 3, Tel. 979 68860, kremmervika.no.

Die 250 Betten in 34 Rorbuhütten auf Pfählen am /über dem Meer sowie im großen Sjøhus bilden die größte Anlage auf Vestvågøya. Die Hütten aus dem 19. Jh. sind IM URSPRÜNGLICHEN STIL RENOVIERT sowie mit Bad und Kitchenette eingerichtet. Untereinander mit Stegen verbunden, sind sie in Ausstattung und Wohnlichkeit verschieden und kosten ab 1.125 NOK. Das Restaurant serviert norwegische Gerichte, die Bar ist gut bestückt, an kalten Tagen prasselt Feuer im Kamin. Hier starten Angeltrips und im Sommer die Fahrradfähre nach Nusfjord.

◎ **YTTERVIKS RORBUER**, Stamsund, Telefon 951 40442, www.ytterviksrorbuer.no. Ganzjährig geöffnet.

Nur etwa 10 Gehminuten vom Hurtigrutenkai entfernte Anlage mit 12 Rorbuhütten, die rund um eine abgelegene Mini-Bucht platziert, komplett ausgestattet und mit zwei Schlafzimmern für 2–6 Personen ausgelegt sind sowie 1.800 NOK kosten.

Zu mieten sind Fahrräder und Motorboote und Fahrräder, und die Infrastruktur für ANGLER ist prima.

◎ **JOH. L. UNSTAD SJØHUS**, Sortland bei Mærvoll, Mærvollveien 205, Tel. 760 85427 und 906 50202, www.bobasen.com/de/view-493.php.

Die Uferlage am bergummauerten Fjord direkt gegenüber des Himmeltindan ist atemberaubend; vom eigenen Kai kann man sich an der Landschaft SATT SEHEN. Das Sjøhus selbst bietet 9 Rorbuzimmer mit 2–6 Betten, die zwar schlicht eingerichtet, jedoch ziemlich preiswert sind, nämlich nur 300–800 NOK kosten.

Auch ein urgemütliches Ferienhaus wird vermietet. Die TORASTUA liegt am Ende des Mærvollveien, wenige Meter zur Küste (4 Personen, ab 4.000 NO/Woche oder ab 650 NOK/Nacht).

Die Wanderung Nr. 13 (siehe Seite 292) kann man verlängern und direkt hier beginnen, die Wanderung Nr. 14 (siehe Seite 296) beginnt sozusagen vor der Haustür.

AUF FLAKSTADØYA

Gut geeignet für die Inselroute 10 (ab Seite 220), auch für 11 (ab Seite 228).

◎ **NUSFJORD RORBUANLEGG**, Nusfjord, Tel. 760 93020, www.classicnorway.no.

Über die Schönheit der Wohnlage mag man streiten, aber unbestreitbar wohnt man in Nusfjord am Nusfjord LOFOTEN-AUTHENTISCH: Die Berge ringsum sind so SCHROFF, dass sie beklemmend wirken können, das Wasser unter den Pfahlbauten schillert in bestechenden Farben, Boote sowie Trawler liegen allenthalben im Hafenbecken vor Anker. Die 34 Rorbuhütten sind (für 2–8 Personen) URIG und ROMANTISCH eingerichtet und kosten ab 2.295 NOK. Vor Ort ein Tante-Emma-Laden und ein Restaurant, der Kai gehört einem Hotel-Multi.

◎ **RAMBERG GJESTEGÅRD**, Ramberg, Tel. 760 93500, www.ramberg-gjestegard.no. Ganzjährig geöffnet. Zu Lage und Flair siehe unter »Campingplätze«, Seite 110.

9 strandnahe Hütten mit Küchen(ess)ecke sowie Bad laden zum Übernachten ein. Die Preise belaufen sich auf 1.150–1.800 NOK, je nach Größe.

AUF MOSKENESØYA

Gut geeignet für die Inselroute 11 (ab Seite 228), auch für 10 (ab Seite 220).

Von Henningsvær abgesehen, gelten Hamnøy, Reine und Å auf Moskenesøya als Paradedörfer, wo die Rorbu-Nachfrage sommers am größten ist; darum lohnt es sich, ein begehrtes Objekt Monate vor der Anreise zu reservieren, sollte man dort einen Langzeitaufenthalt verbringen wollen. In Reine gibt es im Verhältnis zur Fläche wohl die meisten Rorbuer und Sjøhus im Inselreich. In der Hochsaison hängen an vielen Häusern im Dorf mehrsprachige Schilder, die auf privat vermietete Hütten und Zimmer in Hütten hinweisen. Manche dieser Unterkünfte sind relativ billig (beginnen im Preis ab ca. 700 NOK), entbehren aber auch den üblichen Komfort und sind nicht im Voraus zu buchen.

◎ **LYDERSEN RORBUER**, Fredvang, Tel. 920 20277, www.lydersenrorbuer.no.

Direkt am kleinen Hafen von Fredvang gelegene, ehemalige Fischannahmestelle mit Rorbuer und Sjøhus, die 950–1.500 NOK kosten.

◎ **ELIASSEN RORBUER**, Hamnøy, Tel. 458 14845, rorbuer.no/en/.

Ein Panorama wie das von Hamnøy bekommen selbst Weltenbummler nicht allzu oft zu Gesicht! Nirgendwo präsentiert sich die Lofoten-Bergwelt dramatischer, ja unwirklicher als hier vor dem Prospekt bunt gestrichener Pfahlbauhäuser, die Hamnøy bilden. Mittendrin und RINGS UM DAS KLEINE HAFENBECKEN laden die 35 Rorbuer der Eliassen-Familie ein, die in der Hochsaison 1.590–2.590 NOK kosten, sonst ab 1.090 NOK. In der Benutzung gratis ist ein RUDERBOOT (Motor geht extra), für Angler gibt es Filetierplatz und Kühlraum. Vermietet werden zudem Fahrräder (250 NOK/Tag), Autos (ab 700 NOK) sowie Motorboote (800 NOK/Tag).

◎ **REINE RORBUER**, Reine, Tel. 760 92222, www.classicnorway.no.

Top-Anlage mit mehr als 35 Objekten auf einer Landzunge und entlang der Marina, wobei nicht alle direkt am Wasser stehen. Kostenpunkt ab 1.435 NOK (für 2 Personen) bzw. 2.545 NOK (für 4 Personen). Von Mitte Juni bis Mitte August kann hier ein Frühstück

PRAKTISCHER TEIL

Was klar sein sollte, will man im Hochsommer eine Rorbu oder ein Sjøhus in Å, Reine, Hamnøy buchen: Mit Ferien in der Einsamkeit können diese Siedlungen eher nicht dienen.

bestellt werden, das allerdings einen Aufpreis (125 NOK/Person) kostet.

◎ **SAKRISØY RORBUER**, Sakrisøy, Reine, Tel. 900 35419, www.sakrisoyrorbuer.no.

Zwischen Hamnøy und Reine liegt in dem verführerisch grün-blau schimmernden Fjord die kleine Insel Sakrisøy mit den 20 ungemein malerischen, zur Abwechslung mal ockerfarbenen Rorbuhütten dieser Anlage. Alle sind AUTHENTISCH, ABER KOMFORTABEL eingerichtet, mit Platz für 2–10 Personen. Hochsaisontarife je nach Größe 1.395–2.595 NOK. Restaurant anbei. Ein Ruderboot liegt für die Gäste gratis bereit.

◎ **MAREN ANNA,** Sørvågen, Tel. 760 92050, www.marenanna.com.

In Sørvågen, kurz vor Ende der E 10, finden sich inzwischen rund ein halbes Dutzend Rorbuanlagen. Mit malerischer Uferlage punkten u.a. die Rorbuer (ab 2.560 NOK in der Hauptsaison) des Restaurants »Maren Anna« (siehe auch Seite 131), nostalgisch von außen und modern im Inneren.

◎ **Å-HAMNA RORBUER**, Å, Tel. 760 91211 und 911 50560, www.lofotenferie.com. Siehe auch Seite 123 (unter »Å Vandrerhjem«).

Wo Å beginnt, liegt linker Hand das einzigartige Tørrfiskmuseum (Stockfisch-Museum), das unter der selben Leitung wie diese Anlage steht. Eigentümer *Steinar Larsen* spricht fließend Deutsch, weshalb hier viele deutsche Stammgäste Quartier nehmen.

Pittoresk sind die 20 Rorbuhütten und Häuser an der felsigen Küste platziert, die meisten AUF PFÄHLEN AM, ÜBER ODER IM MEER, mit toller Aussicht und Terrasse, solide-rustikal mit viel Holz ausgestattet. Sie bieten Platz für bis zu 6 Personen und kosten ab 1.250 NOK. Der Chef kann weitere Objekte in Sørvågen sowie Å vermitteln. Mit zur Anlage gehört das Nordlandhaus Hennumgården, das als Jugendherberge fungiert (siehe Seite 123).

◎ **Å FESKARBRYGGA**, Å, Tel. 911 61 999, www.aafeskarbrygga.no. Ganzjährig geöffnet.

Abseits vom Trubel am Ende einer Sackgasse direkt am Meer gelegene, liebevoll gestaltete Anlage mit 4 komplett ausgestatteten Wohnungen für bis zu 4 Personen (900 NOK) sowie mehreren Rorbuer für 2–6 Personen (1.000–1.300 NOK). Ein besseres Preis-Leistungsverhältnis ist kaum auf der Insel aufzuspüren. Es werden zudem Fahrräder und ein großes Motorboot vermietet.

AUF VÆRØY

Die Insel verfügt über einige Rorbuer, die während der Saison von Privatleuten vermietet werden (Kontakt besser via Touristenbüro/Airbnb). Alternativ zur folgenden Anlage ist der schmucke ehemalige Pfarrhof in Nordland heute ein B & B (siehe Seite 123).

◎ **LOFOTEN VÆRØY BRYGGE**, Værøy, Tel. 760 95010, www.lvb.no.

Die erste Anlaufstelle in Værøy-Ort verfügt über schicke Rorbusuiten auf einer eigenen Mole direkt am Wasser (2.350 NOK). Ferner gibt es Einzelzimmer (950 NOK), Doppelzimmer (1.360 NOK), 3-Bett-Zimmer für Selbstversorger (1.690 NOK), auch größere Räume für Gruppen. Zu mieten sind diverse Boote, die am Kai auf Angler warten. Auch die Sauna im Haus geht preislich extra.

Oben Sakrisøy Rorbuer in Reine auf Moskenesøya, unten das Lofoten Suite Hotel in der »Hauptstadt« Svolvær (Foto/Copyright: Roger Johansen / www.nordnorge.com / Vågan) ▶

SAR
916 79 608

AUF RØST

Viele Touristen verschlägt es nicht bis nach Røst: Wer hier Unterkunft nimmt, ist entweder begeisterter Sportangler oder ornithologisch interessiert.

◎ **KAIKANTEN RORBUER**, Røst, Tysøyveien 24, Tel. 763 01003, www.kaikant.no. Gastronomie anbei.

Am Hafen, ein paar hundert Meter vom Fähranleger, sind Doppelhütten platziert, nur nicht alle mit Meerblick. Die Einrichtung ist zweckmäßig, der Platz für 4 Personen knapp, der Preis bei 1.600 NOK. Ferner sind Einzel- und Doppelzimmer im Hauptgebäude im Angebot (950–1.550 NOK, Frühstück inklusive). Boote und Sauna.

◎ **KÅRØY RORBUCAMPING**, Røst, Tel. 760 96238, www.karoy.no. Mai bis 15. September.

Die Anlage hat 45 Betten in Doppelzimmern, 4- und 6-Bett-Zimmern ab 630 NOK, untergebracht in einem GROSSEN SJØHUS. Küchen und Bäder sind zur Gemeinschaftsnutzung ausgelegt. Es werden Boote vermietet sowie Touren zu den VOGELFELSEN und zum Skomvær-Leuchtturm arrangiert.

Jugendherberge, Hostels, B & B

Die Familien- und Jugendherbergen tragen in Norwegen den leicht irritierenden Namen »Wandererheime« *(vandrerhjem)*. Dabei stehen sie ALLEN OFFEN – unabhängig von Alter und Mitgliedschaft – und sind mit Tarifen von derzeit 160 bis 290 NOK im Mehrbett-Zimmer mit die billigsten Unterkünfte. In Norwegen gibt es 48 dieser oft schön gelegenen und auch zeitgemäß ausgestatteten Häuser; allerdings ist ihre Anzahl rückläufig.

Wer über Land von Oslo her anreist, findet entsprechende Herbergen an den großen Verkehsknotenpunkten Oslo, Bergen, Trondheim, Bodø sowie Narvik. In den meisten bekommt man warme Mahlzeiten serviert; teilweise entspricht der Komfort dem von Mittelklasse-Hotels; die Atmosphäre ist INTERNATIONAL und selten steif. Auf den Lofoten gibt's nur noch EINE dieser Unterkünfte (in Å/Moskenesøya), dazu ein paar Hostels und auch persönlichere B & Bs.

AUF AUSTVÅGØYA

◎ **LOFOTEN SOMMERHOTELL**, Kabelvåg, Finnesveien 24, (ab E 10 beschildert), Tel. 760 69880, www.lofotensommerhotell.no. 1.6. bis ca. 10.8.

Eigentlich die Unterkunft der lokalen Volkshochschule und Kunstschule, mehr zweckmäßig als anheimelnd ausgestattet, aber mit 335 NOK für eine Person im Mehrbett-Zimmer inklusive opulentem Frühstück im Preis-Leistungsverhältnis recht gut. Doppelzimmer ohne Bad kosten 850 NOK, mit Bad 1.250 NOK, ebenso Familienzimmer (für 4 Personen).

◎ **LOFOTFERIE VANDRERHJEM**, Kabelvåg, Steinveien 11, Tel. 760 74500, www.lofotferie.no.

Gästehaus am Sund, 2014 eröffnet. 7 Doppelzimmer (Waschbecken) 600 NOK, 1.6.–31.8. 690 NOK. Bad/Küche zur gemeinschaftlichen Nutzung.

◎ **DEN SISTE VIKING**, Henningsvær, Misværveien 10, Tel. 909 54619, www.nordnorskklatreskole.no. Februar bis

Dezember, Kontakt im Voraus vorteilhaft (via E-mail). Auf Austvågøya.

Die Nord Norsk Klatreskole (Nordnorwegische Bergsteiger- bzw. Kletterschule, siehe auch Seite 141 f.) unterhält einige Touristenzimmer nicht nur für Kletterer. Das Publikum ist JUNG (viele Interrailer), die ATMOSPHÄRE LOCKER. Geradezu romantisch sitzt man im hauseigenen Café/Pub auf der KAITERRASSE. Ein Bett im Mehrbettzimmer kommt auf 350 NOK, Einzel- und Doppelzimmer auf 600/700 NOK, jeweils ohne Bad. Selbstverpflegung ist möglich.

AUF VESTVÅGØYA

◎ **ANNE GERD'S LOFOTEN GUESTHOUSE**, Vestvågøya, Stamsund, Hagskarveien 330, Tel. 995 29945, www.lofoten-guesthouse.com.

Wenn es eine perfekte Gastgeberin auf den Lofoten gibt, dann muss ihr Anne Gerd (= in Norwegen ein weiblicher Vorname) sehr nahe kommen. Wohnliche Zimmer, eine geradezu familiäre Atmosphäre, die schöne Lage des Landhauses und die Aktivitäten in der Region (Wandern, Fahrrad-, Seekajakvermietung) sind ideale Voraussetzungen für einen gelungenen Aufenthalt. Preise auf Anfrage, Fotos der Zimmer sind online zu begutachten.

Ab Stamsund auf der Str. 815 stadtauswärts, etwa 700 m hinter der Kreuzung mit der Str. 840 rechter Hand.

AUF MOSKENESØYA

◎ **DET GAMLE HOTELLET**, Moskenesøya, Reine, Tel. 990 38068, www.lofoten-info.no/hotellet (reservieren über liliandijkema@yahoo.no). Geöffnet 15.5.–15.9.

»Das Alte Hotel« residiert in einem zweigeschossigen Haus, die Zimmer schlicht, jedoch teilweise mit schöner Aussicht. Einzel- und Doppelzimmer kosten 550/950 NOK.

◎ **Å VANDRERHJEM / MOSKENESØYA**, Å, Tel. 760 91211, www.hihostels.no. Ganzjährig geöffnet.

Die Jugendherberge in Å befindet sich im SCHMUCKEN Hennumgården von Å-Hamna Rorbuer (siehe Seite 120). Das über 150 Jahre alte, weiß getünchte Nordlandhaus im Gartensaum hat 8 gemütliche Mehrbettzimmer; weitere Räume befinden sich im Obergeschoss des Stockfischmuseums (siehe Seite 232), alle Zimmer mit Meerblick, teils nett möbliert, sogar mit Sofa und Sessel. Es stehen Gemeinschaftsküche und -bäder, Aufenthaltsraum und eine Sonnenterrasse zur Verfügung. Das Bett kostet ab 300, ein Doppelzimmer ab 640 NOK.

AUF VÆRØY

◎ **VÆRØY GAMLE PRESTEGÅRD**, Værøy, Nordland, Telefon 760 95411, www.prestegaarden.no.

Der alte PFARRHOF, panoramareich im Norden der Insel gelegen und ungemein hübsch anzusehen, fungiert als B & B: 11 Zimmer kosten als Doppel-/Einzelzimmer 930/ 595 NOK mit Bad, 830/495 NOK ohne Bad, jeweils inklusive Frühstück.

Hotels

Die meisten Hotels auf den Lofoten, wie in Norwegen oder Skandinavien schlechthin, sind ausgesprochen teuer bei (zum Teil) zweifelsohne hohem Komfort. Trotzdem kann es passieren, dass ein ansonsten wirklich tadelloses Hotel keine Kleiderschränke/-ablage bietet, weil viele Gäste aus dem Koffer leben. Die Tarife sind heute selten noch fix, sondern entwickeln sich dynamisch je nach Buchungssituation. D.h. bei frühzeitiger Reservierung ist ebenso ein relativ guter Preis zu erzielen wie kurzfristig, sofern das Hotel nicht ausgelastet ist; darauf sollte auf den Lofoten im Sommer aber besser niemand spekulieren, zumal hier viele organisiert Reisende absteigen. Einige Hotels offerieren sog. Paketpreise *(pakke)* mit Halbpension.

AUF AUSTVÅGØYA

◎ **THON HOTEL LOFOTEN**, Svolvær, Torget, Tel. 760 49000, www.thonhotels.no/lofoten.

Der 10-stöckige GLASTURM dieses 2009 direkt neben dem Hurtigrutenkai eröffneten Hotels ist das höchste Gebäude der Lofoten. Das Baumilieu und die Architektur in der Landschaft waren durchaus umstritten.

Die Einrichtung freilich ist TOP, die Aussicht von den meisten dieser 161 schicken Zimmer eine Wucht! Entsprechend hoch sind die Preise zur Hochsaison, während sie in der Nebensaison (als Online-Tarif) bei knapp 1.300 NOK fürs Einzelzimmer und um 1.550 NOK fürs Doppelzimmer beginnen. In der Hauptsaison ist kurzfristig mitunter kein Zimmer frei, wenn z.B. Reisegruppen das Haus blocken.

◎ **SCANDIC SVOLVÆR**, Lamholmen, Tel. 760 72222, www.scandichotels.no.

Das GRÖSSTE Hotel auf der landfest gemachten Insel Lamholmen, mitten im Hafenbecken von Svolvær, gilt ARCHITEKTONISCH als eines der schönsten im Land, denn es springt mit dem BOOTSFÖRMIGEN DESIGN UND DER VOLL VERGLASTEN FRONT geradezu ins Auge. Das Stadtzentrum ist nur einen Steinwurf entfernt, Bar und Restaurant erlauben traumhafte Blicke. Ein Doppelzimmer kostet komfortabhängig 1.360–1.699 NOK, kurzfristig auch um 1.000 NOK in der Nebensaison. In der Hauptsaison aber können gebuchte Reisegruppen eine kurzfristige Zimmersuche scheitern lassen.

◎ **LOFOTEN SUITE HOTEL**, Svolvær, Havnepromenaden, Tel. 476 70100, www.lofoten-suitehotel.com.

Bis 2010 war das Thon Hotel (s.o.) das auffälligste Gebäude in Svolvær, dann folgte das direkt gegenüber aufragende Glas-, Chrom- und Holz-Halbrund, von der Presse mehrfach als eins von Norwegens SPEKTAKULÄRSTEN Hotels bezeichnet. Auf 4 Etagen verteilten sich Doppelzimmer (ab 1.600 NOK, Nebensaison ab 1.300 NOK) sowie Suiten (ab 3.200 NOK, Nebensaison ab 1.800 NOK). Viel Platz ist nicht vor Ort: Zum Frühstücken müssen die Gäste hinüber ins »Thon Hotel«.

◎ **ANKER BRYGGE RORBUSUITER**, Svolvær, Lamholmen, Tel. 760 66480, www.anker-brygge.no.

Rorbuer mit Hotelkomfort mitten in Svolvær am Hafen. Die Apartments und Suiten sind URIG und gleichzeitig durchaus mit Chic eingerichtet, zum Teil liegen sogar die Holzbalken frei. Es ist Platz für 4 Personen in 2 Schlafzimmern, und da eine Küche vorhanden und man nicht prinzipiell auf ein

Die Grenzen zwischen den einzelnen Unterkunft-Kategorien sind fließend, zum Beispiel die Rorbuer von Anker Brygge/Svolvær und Nyvågar/Kabelvåg, beides Rorbuanlagen, die gezielt mit Hotelservice und Restaurant werben.

Restaurant angewiesen ist, wirkt der Preis (ab 1.590 NOK für 2 Personen sowie ab 2.590 NOK für 4 Personen) bei zum Beispiel zwei Paaren zwar hoch, aber nicht exorbitant. Das weiße, nett restaurierte Haupthaus ist Sitz von Rezeption, Restaurant KJØKKENET (siehe Seite 128 f.) und Pub samt Terrasse. Halbpension kann bestellt werden.

◎ **NYVÅGAR RORBUHOTELL**, Kabelvåg, Storvåganveien 26, Tel. 760 69700, www.classicnorway.no.

Eine der komfortabelsten Anlagen im Inselreich, die als Hotel firmiert sowie zu einer Kette gehört. Bei den 30 Rorbuern handelt es sich um zweigeschossige Bauten mit je zwei SCHICK MÖBLIERTEN Schlafzimmern, Wohn- und Esszimmer, Küche, Bad, Schreibecke, ausgelegt für 2–4 Personen und auf die kleine private MARINA der Anlage blickend; manche allerdings stehen in zweiter Reihe. Das Restaurant genießt unter Lofoten-GOURMETS einen feinen Ruf. Eine Sauna ist vorhanden. Tarife 1.3.–30.9. 2.105–3.260 NOK je Person, sonst 1.620–2.535 NOK.

◎ **HENNINGSVÆR BRYGGEHOTEL**, Henningsvær, Tel. 760 74750, www.classicnorway.no. April bis September.

Der HOLZ- UND GLASARCHITEKTUR wegen AUSGEZEICHNET – zum Teil auf PFÄHLEN direkt am Hafenbecken erbaut. Die Lage ist top, und soll es keine Rorbu sein, führt der Weg am Abend hierher. Die ordentlichen, aber teilweise etwas beengten 30 Zimmer kosten in der Nebensaison 1.345 NOK bzw. 1.545 NOK (mit Aussicht), in der Hochsaison 1.695/1.895 NOK. Ebenso eine schöne Aussicht hat das Restaurant – bleibt die Aussicht auf den leckeren frischen Fang des Tages.

Essen und Trinken

Die nordische Küche

Eine spezielle Lofoten-Küche gibt es nicht, und die klassische norwegische ist weder berühmt noch beglückend. Rückblende: Kulinarische Feinheiten sind selten gefragt. Man will satt werden, deshalb wird die Portion zumeist eine große sein. Wer auf international Anonymes wie Wienerschnitzel oder Spaghetti ausweicht, bekommt etwas unverkennbar Norwegisches, nur dass statt der obligatorischen Kartoffeln Pommes oder gar Nudeln als Beilage serviert werden – so war es noch vor 25 Jahren vielerorts.

Es haben sich in den letzten Jahren aber Restaurants etabliert, die internationale Küche zelebrieren, sie zum Teil mit norwegischer verbinden oder sogar als Schwerpunkt norwegischer Küche zu Geltung verhalfen. Norwegische Köche gewinnen heute Preise auf internationalem Parkett!

Die Hotelrestaurants servieren in der Regel sowohl mehr oder weniger anspruchsvolle Tellergerichte als auch – nicht zuletzt für die organisiert Reisenden – üppige BUFFETS, zu Beginn oft wie Stillleben hergerichtet. Während sich das Buffet zum Frühstück (FROKOST) nur begrenzt von denen in anderen Ländern unterscheidet, werden beim Mittag- (Lunch oder LUNSJ)

PRAKTISCHER TEIL

Da das Mittagessen im Berufsleben oft nur ein kleines, wie ein zweites Frühstück ist, heißt es *lunsj*. Das warme große Essen (im Familienkreis) wird eher am späten Nachmittag/frühen Abend eingenommen und heißt darum (auch) *middag*.

und Abendessen (MIDDAG !) durchaus nordische Akzente gesetzt, seien es die diversen Fischhappen, Krabben oder anderes Meeresgetier. Die Kenner beginnen mit den vielen Heringsvariationen, von denen man aber nur bescheiden kosten sollte, um dem geräucherten oder gepökelten Lachs die Ehre zu erweisen. Ein paar Garnelen vielleicht, ein mit Kaviar gefülltes Ei, einige Muscheln, ein Stück vom Hummer. Nach dem Fisch widme man sich kaltem Braten, Pasteten und (wieder) Salaten. Jetzt ist Selbstdisziplin erforderlich: Nur Amateure tragen zu Ende dieses Gangs die gelbliche Gesichtsfarbe der unersättlichen Gourmands. Beim nächsten Akt buhlen warme Gerichte um die Gunst, gefolgt vom Epilog, einer reichen Dessertauswahl.

SPEZIALITÄTEN

◎ Als das älteste, in einfacherer Form direkt bis auf die Steinzeit zurückgehende Gericht gilt heiße Blutwurst in Scheiben, serviert mit Butter und Zucker. Für **BLODPUDDING** (Blutpudding) wie auch LUNGEMOS (Lungenhaschee) muss man wohl als Norweger geboren sein, während **KJØTTKAKER** (Hackbällchen, ähnlich Frikadellen, meist mit Erbsenpüree und dicker brauner Sauce serviert) auch vielen Ausländern schmeckt. Es ist eine Art Nationalgericht und steht häufig auf der Speisekarte. Ebenso **FÅRIKÅL**, das ist Weißkraut mit Hammelfleisch, das ähnlich preisgünstig ist. Wo immer **FENALÅR** (gesalzene und geräucherte Hammelkeule) im Angebot ist, gilt es ebenso zuzuschlagen wie auch bei **PINNEKJØTT** (gedämpfte oder auch mal gebratene Hammelrippe).

Eine Kostprobe wert ist **SPEKEMAT** (gepökeltes Dörr- oder Rauchfleisch), gut und immer günstig **BETASUPPE** (Gemüsesuppe mit Fleisch). Als besonders lecker (jedoch auch meist besonders teuer) gilt **ELGSTEAK** (Elch), meist mit *tyttebær* (Preiselbeeren) serviert, was auch zum **REINSDYR** (Rentier) zu empfehlen ist.

◎ Für nicht-norwegische Gaumen gewöhnungsbedürftig sind auch die verschiedenen Sorten **ZIEGENKÄSE**: Der milde *Gudbrandsdalsost* aus Kuh- und Ziegenmilch und der hellbraune Ziegenkäse *Geitost* schmecken nach Karamell und sollten nur in hauchdünnen Scheiben, mit einem Käsehobel abgenommen, auf Knäckebrot oder flatbrød (siehe unten) verzehrt werden. Schärfer ist der *Gammelost* aus geronnener Milch.

◎ **RØMMEGRØT** ist eine fette Sauerrahmgrütze, die mit Zimt und Zucker (oder süßem Johannisbeersaft) schmackhaft gemacht wird. Eine billige Speise zum Sattwerden, urnorwegisch und ein wahrer Energiespender. Als vollwertige Mahlzeit delikater, als es sich lesen mag.

◎ Eine **BROT**-Tradition auf Hefebasis gibt es nicht im Norden, wo traditionell Hafer sowie Gerste angebaut wurden, Getreidesorten, die sich nicht für Hefebrote eignen. Brot ist entweder *loff* (wie Weißbrot), *kneipp* (Grauweißbrot, mit Backpulver aufgetrieben), *flatbrød* (papierdünnes und trockenes Fladenbrot) oder *lefser*, eine süßliche Fladenspezialität aus Kartoffeln und Mehl, mit Butter, Marmelade oder Streichwurst zu kosten. Wird der Teig aus gekochten und gemahlenen Kartoffeln hergestellt, handelt es sich

Der organisierten Reisenden wegen servieren mittlerweile auch Restaurants ohne Hotelbetrieb Schlemmerbuffets, bevorzugt in der Hochsaison.

um die lefser-Variante *potetlompe*, die man entweder mit Wurst als Schnellimbiss zu sich nimmt oder als Beilage zum Kaffee.

FISCH

Wer Risiken scheut und etwas Ausgezeichnetes sucht, wählt *fisk* (Fisch), der in Norwegen natürlich stets frisch auf den Tisch kommt.

◎ Die bekannteste, teuerste Fischspezialität aus Norwegen ist **RØKELAKS** (Räucherlachs), die womöglich populärste und zudem billigste heißt **FISKEBOLLER** (Klößchen aus Fischmehl oder durchgedrehter Fischmasse) oder auch **FISKEKAKER**.

◎ Für ausländische Gaumen gewöhnungsbedürftig sind *rakørret* und lutefisk. Bei **RAKØRRET** handelt es sich um gesalzene und angegorene Forelle, die mehrere Monate in einer Salzlake liegen muss (und Brot und Butter sowie Bier und Aquavit serviert wird); das mag sich übel lesen, schmeckt jedoch durchaus erträglich. Anders **LUTEFISK** (gewässerter und aufgequollener Stockfisch, siehe Seite 55), der den meisten Urlaubern buchstäblich den Magen umdreht. Bei den Norwegern ist er so beliebt, dass er sogar als Weihnachtsessen die Festtafel ziert. Ebenso nicht jedermanns Geschmack sind **TORSKETUNGER** (Dorschzungen), die meistens gebraten oder gekocht serviert sowie mit saurer Sahne aufgetragen werden: Innen haben sie eine gallertartige Konsistenz.

◎ Aus Fischköpfen und Meeresfrüchten bereitet man **FISKESUPPE**, zwar nicht so raffiniert wie die berühmte Bouillabaisse, jedoch von sehr gutem Geschmack. Sie fehlt in keinem Fischrestaurant der Lofoten. Zu guter Letzt erfreuen sich auch die spanischen bzw. portugiesischen Klippfischspezialitäten **BACALAO** sowie **STOKKAFISSO** (siehe Seite 55 f.) großer Beliebtheit.

GETRÄNKE

Während Kaffee und Milch vom Preis her eher günstig sind, ist Mineralwasser hingegen teuer, weil meist importiert. Denn in Norwegen sprudelt nur eine Quelle; die heißt *Farris* und trägt den Übernamen »The King of Table-Waters«, was aber nicht auf den Geschmack zurückzuführen ist, sondern auf den Umstand, dass die Quelle dereinst dem Königshaus gehörte. Säfte enthalten tendenziell viel Zucker und Wasser, doch wenig Frucht, sind aber ebenso wie Softdrinks im Lokal sowie beim Einkaufen nicht gerade billig.

◎ **KAFFEE** wird in Norwegen in solchen Mengen und dabei so schwarz genossen, dass sogar Brasilianer Herzklopfen bekommen. Dabei handelt es sich seltener um Filterkaffee, sondern überwiegend um Kochkaffee: Grober Kaffee wird mit Wasser aufgekocht und (wenn sich der Satz am Boden gesammelt hat) eingegossen. Von einer Teekultur darf man nicht ausgehen: Wer **TEE** bestellt, erhält meistens ein Glas heißes Wasser mit Teebeutel.

◎ Wer **MILCH** ordert, hat im besten Fall die Wahl zwischen *H-melk* (Vollmilch), *lettmelk* (Magermilch), *skummetmelk* (Buttermilch) sowie *Cultura* (Leicht-Buttermilch).

◎ Alkoholfreie Getränke bekommt man in allen Cafés, Bars, Kneipen und Restaurants, **ALKOHOLISCHES** hingegen meist nur in Hotel-Restaurants sowie den wenigen Lokalen, die eine

Hallo Kaffeetrinker, achten Sie auf oder fragen Sie nach *påfyll* – Nachschenken ist traditionell kostenlos, wobei es mittlerweile Lokale (und Imbissstuben) gibt, die dafür Geld verlangen, wenn auch weniger als für die erste Tasse.

entsprechende Lizenz haben. Dann wieder gibt es Restaurants, in denen Bier und Wein nur zu den Speisen serviert werden. Lediglich in den norwegischen Kneipen bekommt man garantiert auch *øl* (ausgesprochen »öll«), **BIER**, das hier nach dem Reinheitsgebot gebraut wird. Es gibt solches mit 7 % Alkohol *(gulløl, bokkøl)*, anderes mit 4 % *(pils, bayerøl)*, *lettøl* mit 2,5 % und gänzlich alkoholfreies *(zero)*; an Malzbier erinnert das ebenso alkoholfreie *vørterøl*. Bei dem sogenannten halben Liter Bier *(halvliter)* handelt es sich mitunter jedoch nur um 0,4 l fassende Gläser. **WEIN** *(vin)* trinken die Norweger auch, und in den besseren Restaurants kann man oft aus Dutzenden Lagen aller Wein produzierenden Länder auswählen. Die bekannteste nordische Spirituose ist **AQUAVIT**, sie trägt auch im Ausland einen guten Namen, insbesondere, wenn von »Linie« oder, noch besser nach unserem Geschmack und auch doppelt so teuer, von »Gilde« gebrannt.

Restaurants, Cafés und Treffs

»Man isst schlecht auf den Lofoten«, hört man immer wieder Touristen in enttäuschtem Ton sagen. Weil sie sich vom allgemein höheren Preisniveau einschüchtern lassen und im erstbesten Selbstbedienungsrestaurant am Straßenrand einkehren oder sogar in den Cafeterias von Campingplätzen, die nun wirklich nicht mehr als Imbissbuden sind. Man muss wissen, wohin die Lofoter gehen, wenn sie SCHLEMMEN wollen, und stellt fest, dass es im Inselreich zwar relativ wenige Restaurants gibt, die kulinarische Genüsse garantieren, dass aber diese wenigen wirklich SO GUT sind, dass man jeden Tag aufs Neue einkehren möchte, sofern die Reisekasse dies genehmigte.

IN SVOLVÆR/AUSTVÅGØYA

◎ **BØRSEN SPISERI**, Svinøya Rorbuer, Gunnar Bergs vei 2, Tel. 760 69930, svinoya.no/restaurant. Ganzjährig 18–22 Uhr, sommers ab 12 Uhr. Reservierung empfohlen.

Die Børsen Spiseri gilt bei Kennern als eines der speziellsten Restaurants im Archipel, dem die begehrte Olavsrosa verliehen wurde – der Qualitätsstempel steht für AUTHENTISCHE, in diesem Fall auf 1828 zurückgehende Räumlichkeiten mit massiven Blockwänden, Balkenkonstruktionen usw. Hier sitzt man URIG-GEMÜTLICH. Die Qualität der Gerichte (vor allem FISCH UND MEERESFRÜCHTE) ist erstklassig, das Preisniveau hoch, aber nicht am höchsten: Vorspeisen kosten um 150, Hauptgerichte um 260–380 NOK. Unterkunft Svinøya Rorbuer s. Seite 116.

◎ **RESTAURANT KJØKKENET**, Anker Brygge, Lamholmen, Tel. 760 66480, anker-brygge.no/restaurant-kjokkenet. Ganzjährig Mo–Do 16–22 Uhr, Fr–So bis 23 Uhr. Reservierung empfohlen.

Top-Restaurant mit Pub in einem über 130 Jahre alten LAGERHAUS auf einer kleinen (landfesten) Insel im Hafenbecken von Svolvær. An sonnigen Tagen gibt es nichts Schöneres, als draußen über dem Wasser zu sitzen. Der Pub ist im urigen Wohnzimmerstil

Die meisten Lokale (und Unterkünfte) in Svolvær und Kabelvåg sind den Stadt- und Ortsplänen eingetragen (Svolvær auf Seite 173, Kabelvåg auf Seite 179).

gehalten, das Restaurant rustikal-elegant mit großem Kamin. Die Gerichte der NORWEGISCHEN UND INTERNATIONALEN KÜCHE sind exquisit und kosten als Hauptgericht ab 330 NOK. Zur Anker Brygge gehören auch Edel-Rorbuer (siehe Seite 124 f.).

◎ **BACALAO**, Havnepromenaden 2, Tel. 760 79400, www.bacalaobar.no. Mo–Do 10.30–1 Uhr, Fr+Sa bis 2.30 Uhr, So 12–1 Uhr.

Das direkt um die Ecke vom Torget am Kai gelegene Lokal ist DER CAFÉ- UND NACHTTREFF in Svolvær – herrlich ist´s, hier im Sommer draußen am Hafenbecken zu sitzen, das Kommen und Gehen der Motor- und Segelyachten sowie Ausflugsboote zu verfolgen. Der große Innenraum ist vor allem im Winterhalbjahr als gemütlich zu bezeichnen, wenn im verglasten Kamin ein Feuer prasselt. An den Wochenendabenden (nach 22 Uhr oft nur ab 21 Jahre Einlass) spielen meist norwegische BANDS auf. Die Preise sind für Softdrinks und Bier sind moderat, beim Kaffee gilt *påfyll,* kostenloses Nachgießen. Zu essen gibt's Bacalao und Fischsuppe (219/195 NOK), aber auch Salate, Burger, Sandwiches, Pasta und Snacks (um 120–185 NOK). Alle Schankrechte.

◎ **DU VERDEN**, Torget 15, Tel. 760 70975, www.duverden.no. Täglich 11–23 Uhr.

Direkt am Marktplatz ein Vertreter sogenannter NEONORWEGISCHER KÜCHE, die kulinarische Inspiration bevorzugt aus dem Mittelmeerraum aufgenommen hat. Das Ambiente ist modernistisch, die Atmosphäre cool. Man sitzt draußen auf dem Marktplatz oder im mit viel Chrom und Schwarz ausgestatteten Inneren in der 1. Etage des Lofoten Suite Hotels (siehe Seite 124). Kulinarisch angesagt sind Pasta (um 185 NOK) ebenso wie Wal-Carpaccio (170 NOK), gegrillter Trockenfisch (345 NOK) und andere Nordland-Spezialitäten. Preiswert das Tagesgericht von 11 bis 15 Uhr (129 NOK).

◎ **FELLINI PIZZA OG GRILL**, Torget 8, Tel. 760 77760, fellinisvolvar.no. Täglich 13–22.30 Uhr.

Gemütliches kleines Lokal, das für seine Pizzen (110–145/190–245 NOK je nach Größe), Salate (um 120 NOK), Hamburger (130 NOK), Fleisch- und Fischgerichte (ca. 180–310 NOK) von der Tageszeitung »Lofotposten« ausgezeichnet wurde.

IN KABELVÅG/AUSTVÅGØYA

◎ **PRÆSTENGBRYGGA**, Torget, Tel. 760 78060, www.prestenbrygga.no. Täglich 11–1 Uhr.

Die in einem alten und aufwändig renovierten SPEICHERHAUS untergebrachte Præstengbrygga steht AUF PFÄHLEN IM MEER am Marktplatz. Das Innere, offen bis unters Dach und mit Gebrauchsgegenständen und alten Bildern so geschmackvoll wie gemütlich dekoriert, ist gut geeignet für einen verregneten Tag. Draußen, wo Stühle und Tische zum Platz-Nehmen animieren, herrscht an sonnigen Tagen eine fast schon urbane Café-Stimmung, finden dann die frisch gezapften Biere einen reißenden Absatz. Serviert werden täglich wechselnde Gerichte DEFTIGER HAUSMANNSKOST, die FISCHSUPPE ist köstlich; zurzeit ist Sushi populär.

An den Wochenenden spielen oft Bands oder treten DJs auf.

Angaben zur Zubereitung – bakt: gebacken, kokt: gekocht, krydret: gewürzt, ristet: geröstet, saltet: gesalzen, stekt: gebraten. Auf Seite 132 beginnt übrigens ein kleines kulinarisches Lexikon.

◎ **MIYAKO INNERSIA**, Torggata 8, Tel. 476 52292, auf Facebook. Di–Do 16–21 Uhr, Fr+Sa bis 22, So bis 20 Uhr.

2016 eröffnet, rühmt sich das unter norwegisch-chilenischer Leitung stehende Restaurant, das erste JAPANISCHE Restaurant von Nordnorwegen zu sein. Auf alle Fälle hat es bislang nur allerbeste Presse bekommen! Im Sommer lässt es sich draußen nett auf dem Bürgersteig sitzen.

◎ **BAKERI UNSELD**, Torggata 11, Tel. 981 30320, auf Facebook. Februar bis Oktober/ November Mo–Sa 7–16 Uhr.

Wenn es um BROT (auch: Sauerteigbrot, Brötchen, Stuten), GEBÄCK und KUCHEN geht, glänzt diese deutsch-norwegische Biobäckerei, zu der auch ein gemütliches Café gehört. Ein besseres Frühstück (zumindest nach gängigem deutschen Geschmack) wird auf den ganzen Lofoten nicht serviert.

IN HENNINGSVÆR/AUSTVÅGØYA

◎ **FISKEKROGEN**, Dreyersgata 29, Tel. 994 17900, www.fiskekrogen.no. März bis Mai und September bis Oktober Di–Fr 17–22 Uhr, Sa 12–22 Uhr, So 12–20 Uhr, im Sommer Di–So ab 12 Uhr. Reservierung empfohlen.

Das INTERIEUR des Restaurants ist gutbürgerlich, man sitzt bequem vor großen Festerfronten und erfreut sich – wie auch schon der norwegische König anlässlich eines Besuchs auf dem Inselreich – an erlesenen FISCHKREATIONEN! Wer hier eine Fischspezialität kostet, jede mit einer anderen Sauce kreiert, hat sein Stammrestaurant für den Urlaub gefunden. Dabei sind die Portionen gut bemessen, die Preise (Vorspeisen 105–165 NOK, Hauptgerichte 210–330 NOK) adäquat und die Bedienung ist aufmerksam.

◎ **KLATREKAFEEN**, Misværveien 10, Tel. 909 54619, www.nordnorskklatreskole.no/climbers-cafe.html. März bis September täglich 11–1 Uhr.

Der Kletterschule angeschlossenes Lokal am Hafen. Die LAGE AM KAI ist traumhaft, man sitzt wunderbar auf der Brygge-Terrasse über dem Wasser und innen rustikal. Die Gerichte sind relativ preiswert (ab 150 NOK). Es erinnert mitunter an eine internationale STRASSENCAFÉ-ATMOSPHÄRE, und abends erklingt ab und zu Live-Musik.

◎ **HENNINGSVÆR LYSSTØPERI & CAFE**, Gammelveien 2, Tel. 905 51877, auf Facebook. Im Sommer täglich 10–21 Uhr, sonst 10–17 Uhr.

Mit der »Kerzengießerei« (hier werden handgemachte Kerzen verkauft) hat Henningsvær ein stilvolles Café bekommen: schick, aber unaufdringlich eingerichtet, auch zum Draußen-an-der-Straße-Sitzen. Gebäck und Kuchen sind fantastisch, Tipp Karottenkuchen oder Zimtschnecken. Ebenso vorzüglich munden BACALAO, Pizza home-made sowie Espresso und Kaffee! Und alles zu moderaten Preisen.

AUF VESTVÅGØYA

◎ **LOFOTKOKKEN SKJÆRBRYGGA**, Stamsund, Skjæret 2, Tel. 760 54600, auf Facebook. Mi+Do 17–22, Fr 17–1, Sa 12–1, So 13– 17 Uhr, im Sommer Mo–Fr ab 12 Uhr.

Wieder ein urgemütliches Restaurant, wie ein Wohnzimmer und mit frei liegenden Holzbalken, vor allem aber mit einem ausgezeichneten Ruf. Hier steht die KÖNIGSKRABBE (225 NOK) auf der Karte, dazu norwegische Tra-

Auf Vestvågoya gibt es gleich zwei interessante Ökohöfe: Lofoten Gårdsysteri mit eigener Käserei und Laden (siehe Seite 215) und der Aalan Gård, ebenfalls mit Laden und für Käse sowie Kräutertees bekannt (siehe Seite 218).

ditionsgerichte wie Bacalao (260 NOK) und Lofoten-Lamm (315 NOK) u.a.

◎ **HIMMEL OG HAVN**, Ballstad, Moloveien 45, Tel. 904 70004, www.himmeloghavn.no. April/Mai/September/Oktober ab 17, im Sommer ab 12 Uhr.

»Himmel und Hafen« ist ein echter Aufsteiger in der Lokalszene, obwohl abgelegen in Ballstad. Jedenfalls wird hier leckeres, gut bezahlbares Essen serviert, kostet ein Tagesgericht zur Mittagszeit auch mal 120–150 NOK. Bacalao und Fischsuppe sind stets zu empfehlen; Kuchen, Sushi und Nord-land-Käse gibt es mitunter auch. Heimeliges Interieur und netter, lockerer Service, ein Ort zum Wohlfühlen.

AUF FLAKSTADØYA

◎ **RAMBERG GJESTEGÅRD**, Ramberg, Tel. 760 93500, ramberg-gjestegard.no/restaurant. Im Sommer So–Do bis 24 Uhr, Fr+Sa bis 1 Uhr, sonst Di–Sa 12–21 Uhr.

À la carte gibt es hier Ausgefallenes aus NORDNORWEGEN (als Vorspeise schon mal Heilbutt-Carpaccio) zu norwegisch-angemessenen Preisen. Das Interieur ist freundlich-modern – und große Fenster weisen Richtung Meer und Strand. Eigentlich immer ist Fisch zu empfehlen, wobei es ihn hier auch getrocknet und gesalzen gibt. Fleischesser mögen das Lofoten-Lamm kosten. Hauptgerichte um 220–360 NOK.

AUF MOSKENESØYA

◎ **KRAMBUA**, Hamnøy (nahe Eliassen Rorbuer), Tel. 486 36772, www.krambuarestaurant.no. 18 bis 22 Uhr.

Als Restaurant ein eher volkstümlicher Ort, dort wo früher das Kolonialwarengeschäft des Ortes beheimatet war (1880). Auch ohne gelacktes Dekor wird hier leckeres Essen serviert, Chefkoch *Mikael Björklund* aus Schweden ist im Norden ein Begriff! Die Vorspeisen kosten ab 90 NOK, die Hauptgerichte um 300 NOK. Ein echter Tipp für Gaumenfreuden.

◎ **ANITAS SJØMAT**, Reine, Sakrisøy, Tel. 900 61566. Im Sommer täglich ab 10/11 Uhr.

Das auf Sakrisøy zwischen Hamnøy und Reine direkt bei der Bogenbrücke an der E 10 beheimatete SEAFOOD ist eine Fisch- und Meeresfrüchte-Institution auf Moskenesøya. Hier gibt es die besten FISKEKAKER weit und breit: Fischrikadellen entweder aus Dorsch, Sei (Seelachs), Lachs oder Steinbeißer – die Preise liegen um 25 NOK für das Stück. Auch Fischburger sowie Fischbrötchen, Räucherwal und andere zubereitete Leckereien stehen zum Verkauf. Außerdem gibt es stets frischen Fisch (1 kg ab ca. 150 NOK), Garnelen, manchmal Walfleisch sowie – aber in der Regel nur im Juni – MÖWENEIER.

◎ **MAREN ANNA**, Sørvågen, Gamle Sørvågen 12, Tel. 760 92050. Täglich 12/14–18 Uhr, Fr und Sa bis 2.30 Uhr, im Sommer erweitert.

Schon die Kailage mit AUSSENTERRASSE spricht für sich, das Restaurant selbst präsentiert sich im Stil der alten Zeit (war früher eine Trankocherei). Die Speisen sind bodenständig, lecker und selbstredend dreht sich hier fast alles um FISCH. Die Hauptgerichte liegen um 300 NOK, auch in kleinen Portionen erhältlich; köstlich ist das selbst gemachte Himbeereis. An besonderen Tagen wird ein Fischbuffet kredenzt, Fr/Sa ertönt mitunter Live-Musik.

Wer auf Moskenesøya nicht genug an hochwertigen Fischrestaurants bekommt, sei auf die Gammelbua der Rorbuanlage »Reine Rorbuer« verwiesen (siehe Seite 119 f.), wo bevorzugt nordnorwegische Spezialitäten serviert werden.

Kulinarisches Lexikon

ALLGEMEINES

Was wünschen Sie: *Hva ønsker De?*
Ich möchte gerne...: *Jeg vil gjerne ha...*
Guten Appetit: *Vel bekomme!*
Prost: *Skål!*
Ja danke, gern: *Ja takk, gjerne*
Nein danke, nicht mehr: *Nei takk, ikke mer*
Kann ich die Rechnung bekommen: *Kann jeg få regningen?*
Das ist für Sie: *Det er til Dem*
Behalten Sie den Rest: *Behold resten*
Frühstück: *frokost*
Mittagessen: *lunsj*
Abendessen: *middag, kveldsmat*
Café: *kafé, kafe, café*
Imbissstube: *snackbar, gatekjøkken*
Restaurant: *restaurant*

FISCH (FISK)

abbor: Barsch
blekksprut: Tintenfisch
blåskjell: Miesmuschel
flyndra: Scholle
hellefisk: Heilbutt
hjerteskjell: Herzmuschel
hyse: Schellfisch
hummer: Hummer
høvring: Krabbe
krabbe: Krabbe
kolje: Schellfisch
kveite: Heilbutt
laks: Lachs
makrell: Makrele
pale: Seelachs
piggvar: Steinbutt
reker: Garnelen
rødsprette: Scholle
sei: Seelachs
sild: Hering
sjøtunge: Seezunge
skjell: Muschel
skrei: Kabeljau
snegler: Schnecke
ørret: Forelle
østers: Austern
steinbit: Steinbeißer, Seewolf
torsk: Dorsch
ål: Aal

GEMÜSE (GRØNNSAKER)

agurk: Gurke
blomkål: Blumenkohl
bønner: Bohnen
ert: Erbse
gulrot: Mohrrübe
kål: Kohl
løk: Zwiebel
rødkål: Rotkohl
sopp: Pilz
surkål: Sauerkraut

FLEISCH (KJØTT)

får: Schaf
kalv: Kalb
lam: Lamm
okse: Rind
svin: Schwein
bryst: Brust
lår: Keule
pølse: Wurst
stek: Braten

GEFLÜGEL/WILD (FJÆRFE/VILT)

and: Ente
elg: Elch
gås: Gans
hare: Hase
kalkun: Truthahn
kylling: Hähnchen
rapphøne: Rebhuhn
reinsdyr: Ren
rådyr: Reh

Laden und Lokal bei »Anitas Sjømat« alias »Anitas Seafood« auf Moskenesøya (siehe auch Seite 131, Foto/Copyright: Thomas Rasmus Skaug / Visitnorway.com) ▶

OBST (FRUKT)

bjørnebær: Brombeere
blåbær: Blaubeere, Heidelbeere
bringebær: Himbeere
eple: Apfel
jordbær: Erdbeere
kirsebær: Kirsche
molte: Moltebeere, Multebeere
pære: Birne
rips: Rote Johannisbeere
solbær: Schwarze Johannisbeere
tyttebær: Preiselbeere

GETRÄNKE

sterk: stark
svak: schwach
søt: süß
tørr: herb
flaske: Flasche
glass: Glas
kaffe: Kaffee
kanne: Kanne
kopp: Tasse
krus: Krug
lettøl: Leichtbier
melk, mjølk: Milch
saft: Saft
te: Tee
vann, vatn: Wasser
med/uten sukker: mit/ohne Zucker
bayer: dunkles Bier
bitter: Magenbitter
brennevin: Branntwein
fatøl: Fassbier
hvitvin: Weißwein
konjakk: Cognac, Weinbrand
likør: Likör
moltebærvin: Moltebeerwein
musserende: Sekt
pils: Pils (helles Bier)
rom: Rum
rødvin: Rotwein
toddi: Grog
vin: Wein
øl: Bier

Ferien aktiv

Die Lofoten sind ein PARADIES für Naturfreunde, Sportbegeisterte, Abenteuerlustige! – Pfade aller Schwierigkeitsgrade steigen auf grandiose GIPFEL und führen über ALPINE PÄSSE, durch Hochmoore, Sumpflandschaften und Tundraweiten, über Bergblumenwiesen, durch Birkenwälder, zu majestätischen WASSERFÄLLEN und verschwiegenen Seen sowie entlang menschenleerer TRAUMSTRÄNDE im Felssaum unter dem Licht der Mitternachtssonne.

Auf Bergsteiger und alpine Kletterer warten in der Gebirgswelt der Lofoten anspruchsvolle Herausforderungen; und wer im Rahmen einer organisierten Wanderung die Bergwildnis erkunden möchte, findet kompetente Ansprechpartner. – Die Palette der Wassersportarten umfasst sowohl Seekajakfahrten entlang der Küste als auch Deep-Sea-Rafting im Vestfjord. Im Meer wimmelt es von kleinen, großen und größten Fischen: »Fischer für einen Tag« sein. Tümmler springen, man kann zur Beobachtung von Pott- und Schwertwalen hinausfahren oder Seehund-Kolonien besuchen, Windsurfen und Tauchen, zu Wracks etwa, die das Meer einforderte.

Fahrradtouren, Reiten und Golf, einige der große Vogelfelsen, Adler-Safaris, im Winter Skifahren und Snowboarden, Rodeln, Eisklettern und und komplettieren die Möglichkeiten. Zur INFORMATION vor Ort eignen sich besonders die beiden Touristenbüros in Svolvær und Moskenes, zumal wir hier beim besten Willen nur eine Auswahl an Touren vorstellen können.

Bootstouren

TEIL 1: MOSKENESØYA

Reine, Moskenes, Hamnøy und Å sind hier die Zentren für organisierte Ausflüge aufs Meer. Über aktuelle Touren und Termine kann man sich im Touristenbüro von Moskenes (Seite 100) informieren. Gebucht wird direkt beim Veranstalter. Betrifft Inselroute 11.

MITTERNACHTSTOUR: REINEFJORD

Der Reinefjord bildet mit seiner bizarren, über 1.000 m hohen Bergkulisse den Rahmen. In Vinstad geht's an Land und im Rahmen einer Wanderung (ca. 1 Std.) von dem fast verlassenen Ort hinüber bis nach BUNES an der offenen Nordseite der Insel, wo ein traumhaft schöner Sandstrand und die Mitternachtssonne locken. – Wer Reine- und Kjerkfjord tagsüber mit dem Boot erleben will, lese auf Seite 105 weiter.

Die kurze Wanderung von Vindstad aus zum gut 500 m langen und bis zu 50 m breiten Traumstrand Bunestranda ist auch ohne Führer zu bewältigen. Wer ein Zelt mitbringt, kann hier sogar übernachten: Wasser und Toilette sind vorhanden und Treibholz für ein Lagerfeuer auch.

◎ **ABFAHRT**: Ende Mai bis Mitte Juli täglich um 22 Uhr in Reine, Mindestteilnehmerzahl 5.
◎ **DAUER**: 3 Stunden.
◎ **TICKET**: 645/445 NOK für Erwachsene / Kinder; gebucht werden muss am Vortag über »Aqua Lofoten Coast Adventure«, Tel. 990 19042, aqualofoten.no.

HÖHLENMALEREIEN / MITTERNACHTSSONNE

Ab Reine geht es mit einem Schlauchboot um den Südzipfel der Lofoten-Wand, dann durch den berüchtigten Moskenstraumen sowie rund um die Nordseite der Landspitze zur heute verlassenen Fischersiedlung Revsvik vor schönem Strand und steilen Klippen. Von dort aus sind es zu Fuß rund 45 Min. zur REFSVIK-Höhle – eine Natur-Kathedrale von etwa 115 m Länge und 50 m Höhe, in der sich rund 3.000 Jahre alte Steinzeit-Zeichnungen von »Ur-Lofotern« befinden. Im Sommer scheint die Mitternachtssonne direkt in den Höhleneingang!
◎ **ABFAHRT**: Mai bis August täglich gegen 17 Uhr ab Reine, Mindestteilnehmerzahl 6.
◎ **DAUER**: rund 5 Stunden.
◎ **TICKET**: 1.195/695 NOK für Erwachsene / Kinder; zu buchen über »Aqua Lofoten Coast Adventure«, Tel. 990 19042, aqualofoten.no.

MITTERNACHTSSONNEN-GENUSSTOUR (FAMILIENTOUR)

Auf einem Ausflugsboot um die Lofot-Wand herum zur Außenseite der Insel, um im Licht der Mitternachtssonne zu fischen und die Eindrücke zu genießen. Anschließend geht es an Land, wo über dem Lagerfeuer gegrillt wird sowie verschiedene Spiele und Aktivitäten für Kids angeboten werden.
◎ **ABFAHRT**: 1.6.–1.8. täglich ab Sørvågen-Kai, Mindestteilnehmerzahl 5.
◎ **DAUER**: rund 4 Stunden.
◎ **TICKET**: 700/500 NOK; buchen bei »Holmen Lofoten«, Sørvågen-Kai, Tel. 934 42301, www.holmenlofoten.no.

FISCHER FÜR EINEN TAG

Motto ist es, das Alltagsleben eines Fischers kennenzulernen. Man erfährt alles Wesentliche über's Rudern und Fischen, das Abschuppen und Ausnehmen – und hat reichlich Möglichkeit, selbst etwas an die Leine zu bekommen. Bei stabilem Wetter sieht man unterwegs Kormorane, Seehunde, Robben und vielleicht sogar Wale.
◎ **ABFAHRT**: 1.6.–15.9. täglich um 11 Uhr in Reine.
◎ **DAUER**: 4 Stunden.
◎ **TICKET**: 600 /300 NOK für Erwachsene / Kinder; gebucht werden muss am Vortag oder bis 10.30 Uhr am Abfahrtstag am Schiff »M/K Carina«, Tel. 913 45599.

DURCH DEN MAHLSTROM

Die Schlauchboottour beginnt wie die zu den Höhlenmalereien, führt um den Südzipfel der Insel herum und in den Moskenstraumen hinein. Die Teilnehmer erleben hautnah die ungeheuren Kräfte, die in dem Gezeitenstrom wirken. Anschließend wird auf der Außenseite von Moskenesøya der heute verlassene ehemalige Fischerort Hell angefahren, wo es an Land geht.
◎ **ABFAHRT**: Januar bis April täglich um 12 Uhr, 1. bis ca. 20.6. täglich um 14.30 Uhr, ca. 20.6. bis Anfang August

Die Websites liegen überwiegend auch auf Englisch vor. Achten Sie darauf, ob eine Mindestteilnehmerzahl erforderlich ist. Bei Arrangements, die direkt am Schiff gebucht und bezahlt werden, wird in der Regel Barzahlung verlangt.

täglich 10 und 13 Uhr, bis Anfang September täglich 14.30 Uhr, jeweils ab Reine, Mindestteilnehmerzahl 6.

◎ **DAUER**: rund 2 Stunden.

◎ **TICKET**: 895/695 NOK; zu buchen bei »Aqua Lofoten Coast Adventure«, Tel. 990 19042, aqualofoten.no.

TEIL 2: AB AUSTVÅGØYA

Betrifft die Inselrouten 1 bis 4. Kabelvåg, Svolvær und Henningsvær sind Austvågøyas Zentren für organisierte Bootstouren aufs Meer; zuständig für Buchungen sind die einzelnen Anbieter und auch das Touristenbüro in der Inselhauptstadt Svolvær:

◎ **DESTINATION LOFOTEN**, 8301 Svolvær, Torget, Tel. 760 70575, www.lofoten.info. – Viele Touren sind auch online zu buchen.

SEEADLER-SAFARI

Unterwegs mit einem extrem motorisierten Schlauchboot, wobei nicht nur Seeadler, sondern auch Tümmler zu beobachten sind, von denen sich oft mehrere Dutzend im Bereich vor dem Vågakallen aufhalten.

◎ **ABFAHRT**: 15.06. bis 15.08. täglich um etwa 14.30 Uhr ab Henningsvær, »Galleri Lofotens Hus« (s. Seite 191).

◎ **DAUER**: 1,5 Stunden.

◎ **TICKET**: 675/500 NOK; zu buchen bei »Lofoten Opplevelser«, Henningsvær, Tel. 905 81475, www.lofoten-opplevelser.no.

LOFOTEN NATURE SAFARI

Nach einem einleitenden Vortrag über das Tierleben, darunter die Vogelwelt, über Geschichte und Geologie der Lofoten geht es hinaus mit einem hochmotorisierten SCHLAUCHBOOT Richtung Trollfjord auf Tiersuche.

◎ **ABFAHRT**: im Winterhalbjahr von September bis März mehrmals je Woche in Svolvær, ab 6 Teilnehmern.

◎ **DAUER**: 5 Stunden.

◎ **TICKET**: 1.250/675 NOK; zu buchen bei »Svinøya Rorbuer«, Tel. 760 69930, www.svinoya.no.

DEEP SEA RAFTING

Unter diesem Namen werden diverse Schlauchboottouren zusammengefasst, die von mehreren Veranstaltern angeboten werden und beispielsweise an der Lofoten-Wand entlang von Svolvær oder Kabelvåg aus nach Henningsvær führen, tief in den Austnesfjord hinein, zur Walfängerinsel Skrova hinüber, nach Lille und Store Molla oder in den Trollfjord und zu anderen Zielen an der Küste. Gefahren wird mit Schlauchbooten (300 PS-Motoren, locker 40 Knoten) – wer das Kleingeld hat, mietet ein Gefährt mit Skipper.

◎ **ANBIETER** sind u.a. »Svinøya Rorbuer«, Svolvær, Tel. 760 69930, www.svinoya.no. – »Lofoten Opplevelser«, Henningsvær, Tel. 905 81475, www.lofoten-opplevelser.no. – »Lofoten Explorer«, Svolvær, Tel. 971 52248, www.lofoten-explorer.no. – »XXLofoten«, Svolvær, Tel. 916 55500, www.xxlofoten.no.

TROLLFJORD

Rund 2 km ist er lang, dabei aber nur knapp 100 m breit, der Trollfjord, dessen nackte Felsflanken teils senkrecht aus dem Meer ragen, das in Richtung Fjordende bis 1156 m hohe, teils leicht vergletscherte Bergriesen überragen.

Die Websites liegen überwiegend auch auf Englisch vor. Achten Sie darauf, ob eine Mindestteilnehmerzahl erforderlich ist. Bei Arrangements, die direkt am Schiff gebucht und bezahlt werden, wird in der Regel Barzahlung verlangt.

◎ Ausgangspunkt der erlebenswerten Tour ist Svolvær, wo zwischen Anfang Juni und Ende August stets einige **SCHIFFE** im Hafen vor dem Marktplatz liegen, um sich den Kuchen zu teilen, den die Touristen mitbringen.

Die ersten Schiffe starten um 9.30 Uhr, weitere folgen um 10, 12, 15 Uhr usw. Am Marktplatz selbst und in fast allen Unterkünften liegen Trollfjord-Prospekte von Reise- und Outdoorveranstaltern aus; ebenso im Touristenbüro, wo man auch buchen kann.

Die Touren dauern von 2:30 h bis zu einem halben Tag, mal mit, mal ohne Landgang im Fjord, mal mit, mal ohne Angelstopp. Die Preise für die Tickets liegen bei 800/650 NOK für Erwachsene/Kinder.

Auf dem Hinweg geht es vorbei an den Berggiganten der beiden Inseln Lille Molla und Store Molla, bevor sich die Route im schmalen und eng ummauerten RAFTSUND fortsetzt, von dem der Trollfjord abzweigt.

◎ Und schließlich bleiben die Schiffe der **HURTIGRUTEN**, die auf dem Weg nach Nord und Süd ebenso den Raftsund durchfahren und gern einen Schlenker in den Trollfjord wagen, wo sie AUF DER STELLE WENDEN müssen, um wieder hinauszukommen. Das Erlebnis Hurtigruten kostet nicht mehr als das Ausflugsboot; man nimmt am besten den täglich um 12.30 Uhr von Svolvær in Richtung Sortland fahrenden Bus und steigt in Stokmarknes am Hurtigrutenkai aus (167 NOK, Ankunft um 14.10 Uhr); weiter geht es mit dem um 15.15 Uhr ablegenden südgehenden Dampfer (400 NOK), der im Sommer stets in den Trollfjord fährt sowie um 18.30 Uhr in Svolvær anlegt.

◎ Auch mit einem **SEEKAJAK** kann man in den Fjord fahren, sollte jedoch die Zeiten meiden, wenn die Hurtigruten ihre Stippvisite macht (siehe Seite 143).

Walsafaris

POTTWAL-SAFARIS

◎ Nahe bei **ANDENES** (siehe Walroute ab Seite 198) verläuft der Rand des europäischen Festlandsockels, wo sich (angelockt durch das große Angebot an Beutetieren) alljährlich ein stabiler Pottwalbestand aufhält: Anlass genug für 4–5-stündige Beobachtungstouren, wobei die bis zu 20 m langen und 75 t schweren Meeressäuger oft nur wenige Meter neben dem wartenden Boot aus dem Wasser tauchen. 100 % sicher soll es sein, einen Pottwal zu Gesicht zu bekommen; wer wider Erwarten kein Glück hat, darf ein zweites Mal kostenlos mitfahren. Wissenschaftler und Biologiestudenten sind als kompetente Führer mit an Bord, wo auch Wal-Bestimmungsbücher ausliegen. Die »Whale & Dolphin Conservation Society« hat der Tour, einem Gemeinschaftsprojekt von Fremdenverkehrsamt und World Wildlife Fund, das Prädikat der »besten arktischen Walsafari weltweit« verliehen.

Die Whale-Watching-Tour beginnt mit einer einstündigen Führung durch das Walzentrum Andenes, das direkt am Hafen in einem früheren Fischverarbeitungsbetrieb ansässig und Walmuseum, Bildungseinrichtung sowie Forschungsstätte zugleich ist. Durch

Multimediaprogramme unterstützt, wird (auch auf Deutsch) ein Überblick zur Biologie der Meeressäuger sowie wissenschaftlichen Untersuchungen vermittelt. Als große ATTRAKTION gilt das Skelett eines 1996 gestrandeten, 16 m langen Pottwalmännchens, das mit Hilfe deutscher Biologen geborgen und präpariert wurde. Allein der Schädelknochen wiegt über 1 t.

Dann geht es an Bord der 28 m langen »M/S Reine« oder des ehemaligen Patrouillenbootes »M/S Maan Explorer«: Leinen los und hinaus zu den Walgründen am Tiefseegraben, wo die am Schiffsbug angebrachten Hydrophone eingeschaltet werden, so dass die bis zu 80 Passagiere die Echo-Ortungs-Klicklaute der Pottwale hören können – je lauter es klickt, desto näher ist ein Wal.

HVALSAFARI, Andenes, Tel. 761 15600, www.whalesafari.no. 20.6. bis 20.8. täglich 9.30, 10.30, 14.30, 15.30 Uhr, ab 1.6. und bis 31.8. täglich um 9.30, 14.30 Uhr, 1.12.–31.3. täglich um 9 Uhr, Abfahrt jeweils 1–1,5 Stunden später. Dauer 2–4,5 Stunden (»M/S Reine«) oder 2–4 Stunden (mit Explorer). Ticket Sommer 990 NOK, Winter 1.095 NOK, Kinder altersabhängig 695/290/0 bzw. 790/390/0 NOK, nach aktuellen Familientickets fragen.

◎ Auch **STØ**, im Norden der Vesterålen-Insel Langøya gelegen, ist in der Saison Ausgangspunkt von Pottwal-Safaris, die mit einer Seehund- und Seevogel-Safari gekoppelt sind.

ARCTIC WHALE TOURS, Stø, Tel. 473 84621, www.arcticwhaletours.com. Ende Mai bis 1.9. Dauer 5–6 Stunden. Ticket 1.100 NOK, Kinder bis 5 Jahre 200 NOK, bis 14 Jahre 600 NOK.

SCHWERTWAL-SAFARIS

Bei den von den Lofoten aus angebotenen Walsafaris handelt es sich normalerweise um Schwertwal-Safaris. Diese fälschlicherweise auch als »Killerwale« bezeichneten Meeressäuger (ein anderer Name lautet »Orca«) können zwar mit Glück das ganze Jahr im Vestfjord beobachtet werden, doch etwa AB OKTOBER bis Februar, wenn es im Vestfjord VON HERINGEN WIMMELT, geht es so richtig los. Dann tummeln sich nicht selten ganze Familien von 7 bis 15 Exemplaren der bis zu 9,5 m langen und 5 t schweren Wale bei den Ausflugsbooten, katapultieren sich ab und zu aus dem Wasser und spritzen womöglich ihr Publikum nass.

◎ **LOFOTEN OPPLEVELSER** in Henningsvær, Tel. 905 81475, www.lofoten-opplevelser.no, organisiert von ca. Ende Dezember bis etwa 10.2. täglich Schwertwalsafaris von 3 Stunden Dauer zu 1.250 NOK/Person. Will man zusätzlich (in dicke Neopren-Anzüge gehüllt) ins Meer springen und mit den Walen SCHNORCHELN, kostet der Spaß 1.950 NOK.

Selbst aktiv

TOURENVERANSTALTER

◎ **LOFOTEN AKTIV**, Jann Engstad, Kabelvåg, Tel. 760 73000 und 992 31 100, www.lofoten-aktiv.no.

Jann ist gebürtiger Lofoter und gelernter Bootsbauer, der u.a. sehr gut Deutsch spricht und einige der bisher aufgezählten Unternehmungen or-

Oben: »heiliger« Moment für Teilnehmer der Walsafaris (Foto/Copyright: Marten Bril / www.visitvesteralen.com / Andøy). – Paddeln bei Reine (Foto/Copyright: CH / Visitnorway.com). – Surfen vor Unstad (Foto/Copyright: Thomas Rasmus Skaug / Visitnorway.com) ▶

ganisiert. Seine SCHWERPUNKTE sind Wandern/Trekking/Bergsteigen und Seekajak, Windsurfen, Segeln mit einem Nordlandboot. Er ist Ansprechpartner für Anfänger wie für Fortgeschrittene. Last not least nimmt er am World- Wildlife-Fond-Projekt »Tourismus und Naturschutz in der Arktis« teil, erhielt den »Heidi Andersson Pilot Projekt Award« des »Arctic Programm« vom WWF und von Kronprinz Haakon persönlich den Umweltpreis GLASSBJØRNEN überreicht, der sein Wirken für verantwortungsbewussten, ökologische Kriterien beachtenden Tourismus auszeichnet; nicht zuletzt wegen seiner Kajaktouren im Bereich der Lofoten und Vesterålen.

◎ **SVINØYA RORBUER** in Svolvær, Gunnar Bergs vei 2, Telefon 760 9930, www.svinoya.no. Auch als Unterkunft siehe Seite 116.

Ansprechpartner für Angeltouren, Bootsmiete (Motorboote bis hin zu großen Kajütbooten), Fahrrad- und Kajakmiete sowie geführte Kajak- und Kletter- nebst Bergtouren.

◎ **REINEADVENTURE**, Reine, Telefon 932 14596, www.reineadventure.no.

Bergwandern und Bergsteigen, Kajaktouren und -vermietung, geführte Fahrradtouren und -vermietung.

◎ **LOFOTEN OUTDOOR**, Reine, Tel. 417 86150, www.lofotenoutdoor.no.

Bergwandern, Bergsteigen / Klettern und Seekajaktouren.

ANGELN

◎ Eine Angellizenz für das Süßwasserangeln ist nur noch für Lachs (den man auf den Lofoten in Flüssen/ Seen ohnehin kaum erbeuten kann) notwendig. Und so benötigt, wer angeln will, eventuell nur den lokalen Angelschein, die **FISKEKORT**, die in vielen Gebieten (jedoch nicht überall) erforderlich ist; sie gilt für ein begrenztes Areal und einen begrenzten Zeitraum und ist u.a. in Sportgeschäften, Kiosken, Touristenbüros oder auf einigen Campingplätzen erhältlich.

Als die besten MONATE zum Süßwasserangeln gelten Juni, Juli sowie August. Kann man Forellen noch weit bis in den September hinein fangen, so beißen die Saiblinge – um diese beiden Fische dreht sich hier alles – am besten bis Mitte August.

Für Fliegenfischer eignen sich Ruten von 2,5 bis 3 m Länge. Vorfächer sollten aus bestem Nylon sein, die Rollen eine Kapazität von ca. 30 m Wurfschnur und 50 m Hinterschnur besitzen. Bei Nassfliegen verwendet man in der Regel die Größe 10, bei Trockenfliegen Größe 12.

◎ **MEERANGELN** darf man, wo und wie oft man will, Lizenz und Angelschein sind nicht erforderlich, und alles Wesentliche über die vorwiegend vertretenen Fischarten, wie und wann man sie fängt etc., wird bereits ab Seite 58 ausgiebig geschildert.

Wer eine Rorbuhütte mietet, hat oft ein Ruderboot mitgebucht (Motor gegen Aufpreis); aber in fast jedem Dorf und auf jedem Campingplatz werden ebenso Boote vermietet, wobei die Preise sehr verschieden sein können. Das Standardboot ist um die 14 Fuß lang, ausgestattet mit einem 5–8 PS starken Außenborder und kostet um 200–325 NOK/Std. (inklusive Benzin), wobei der Preisnachlass bei Wochenmieten ebenfalls stark variiert.

Die meisten Websites von Tourenveranstaltern liegen auch auf Englisch vor, in Einzelfällen auch auf Deutsch.

Sich RECHTZEITIG zu informieren heißt also, eventuell viel Geld sparen zu können. – Lebenswichtig ist es, Schwimmweste, Ruder, Reservebenzin sowie Signalgerät mitzunehmen, was wiederum nicht bei allen Vermietern komplett vorhanden ist.

◎ Die **SICHERHEITSTIPPS** – weitere Seefahrtsregeln finden sich im Praktischen A–Z unter der gleichnamigen Rubrik – nicht ernst zu nehmen kann fatale Folgen haben, vergeht doch kein Jahr, in dem nicht unvorsichtige Sportangler von der Seerettung aufgefischt werden müssen. Es ist nicht lange her, dass ein Angler nur 1 km vor Røst den Motor nicht mehr starten konnte; rudern ging nicht, da zu windig, das Boot zu schwer; reparieren ebenso nicht, da kein Werkzeug; und da zudem Signalgeräte fehlten, blieb ihm nichts, als sich von Wind und Strömung treiben zu lassen – er hatte Glück, trieb nämlich nicht aufs offene Meer, sondern bis hinüber zur Küste von Vestvågøya, wo er sich schwimmend in Sicherheit brachte...

◎ **FISCHSAFARIS**: kein Fischerdorf, in dem nicht mehrere Skipper darauf warten, mit Touristen hinauszufahren und diesen beim Fang unter die Arme zu greifen. Arrangiert werden solche Touren u.a. von Unterkünften, die mit professionellen Fischern kooperieren. Im Rahmen dieser Touren geht's oft auf den Vestfjord hinaus, und wir trafen schon Angler, die hatten so innerhalb von 2 Std. Dorsch für über 40 kg Filet an Land bzw. Boot gezogen. Die Ausgabe kann sich also rasch lohnen. Die komplette Ausrüstung ist im Preis inklusive, doch gibt es in der Regel eine Mindestteilnehmerzahl; auch das Wetter muss selbstverständlich auch mitspielen.

ANBIETER: ab Ballstad/Vestvågøya zum Angeln auf den VESTFJORD. Von Mitte Juni bis Ende August täglich um 14 Uhr mit »MS Iversen Jr«, Tel. 481 13565, www.rorbuer.info. 3 Stunden, 650/350 NOK. – Ab Ramberg/Flakstadøya zu den besten Fanggründen auf der Meeresseite der Lofoten. 1.5. bis 31.7. täglich um 10/11 und 15 Uhr mit »M/K Simar«, Telefon 970 72106, www.simara.net. 3 Stunden, 800 NOK. – Ab Nusfjord/Flakstadøya, Tel. 760 93020, www.classicnorway.no. Stolze 925 NOK.

BERGSTEIGEN/KLETTERN

Die Lofoten gelten bei Bergsteigern und Kletterern als Paradies. Kletterer sollten mehrere größere Friends mitnehmen, da auf den Lofoten viel Rissklettern ansteht. Relativ viele Touren gehen über einige Seillängen, so dass die Beherrschung der Technik erforderlich ist. Cracks können komplette Ausrüstungen mieten (jedoch keine Kletterseile):

◎ **NORD NORSK KLATRESKOLE**, Henningsvær (siehe Seiten 122 f. und 130) Tel. 905 74208, www.nordnorskklatreskole.no. Das große Programm umfasst u.a. Kletterkurse (mit Zertifikat) für Anfänger und Fortgeschrittene (je 5.600 NOK); möglich ist auch der Instrukteur-Schein (3.800 NOK) sowie ein umfassender dreiwöchiger Kletterkurs (21.000 NOK inklusive Unterkunft und Vollpension).

Buchen Sie Klettertouren mit Guide im Sommer am besten ein paar Wochen im Voraus! Folgende ROUTEN sind u.a. vom 1.6.–15.8. im Programm:

Vestpillaren Presten (eine der berühmtesten Kletterwände Europas; Grad 6, 11 Seillängen; 6–8 Stunden), Svolværgeita (Grad 4+, 4 Seillängen), Bare Blåbær (famose Tour entlang eines lang gezogenen Bergrisses; Grad 5–, 7 Seillängen; 6–7 Stunden), Gandalf (entspannte Tour mit Henningsvær-Panorama; Grad 5, 4 Seillängen; 5–6 Stunden), Lunds Rute (klassische Anfängertour; Grad 4+, 5 Seillängen; 5–6 Std.).

Die PREISE liegen alles inklusive bei 1.500 NOK (für normale Touren bei mindestens 3 Teilnehmern) und 3.000 NOK (für lange Touren).

◎ **NORTHERN ALPINE GUIDES**, Kabelvåg, Kalleveien 22, Tel. 942 49110, www.alpineguides.no.

Als sehr gute Adresse für Klettern, Bergbesteigungen, Eisklettern sowie Extremski gilt dieser Familienbetrieb auf Vestvågøya. Im Programm sind u. a. Kletterkurse für Anfänger und Fortgeschrittene (5/3 Tage, alles inklusive 7.500/5.000 NOK), geführtes Klettern zu den schönsten Routen im Archipel, darunter Vågakallen über die Nordwand (Grad 4, ab 3.500 NOK) und auch die Svolværgeita; anders bei den anderen Anbietern dieser Tour, werden hier keine Vorkenntnisse im Klettern oder gar die Vorlage eines Kletterzertifikats verlangt, sondern nur körperliche Fitness und Wille: ein unvergessliches Erlebnis, das einen halben Tag dauert und 2.000 NOK (ab 2 Teilnehmern) kostet bzw. 4.000 NOK (sofern nur 1 Teilnehmer).

◎ **LOFOTEN OUTDOOR**, Reine, Tel. 417 86150, www.lofotenoutdoor.no.

Im Sommer mehrtägige Kletterkurse mit Zertifikat (5 Tage, 7.500 NOK), Ausrüstung und Vollpension (in einer Gamme) inklusive; dazu verschiedene geführte Klettertouren wie Svolværgeita (s.o.) oder der Stetind am Tysfjord (Grad 4+; 10–12 Std.).

FAHRRAD FAHREN

Im Kapitel »Transport« finden Sie alles Wesentliche über Ausrüstung, Rent-a-Bike, Radrouten etc. Siehe Seiten 105–107.

SEEKAJAK

Auch für diesen Sport, der seit etwa 20 Jahren enorm an Popularität gewonnen hat, ist das Inselreich ein vorzügliches Revier. Denn die innere Lofoten-Seite bleibt von den Westwinden unangetastet, und an den meisten Sommertagen liegt der Vestfjord glatt und ruhig da. Aber selbst an schönen Tagen gilt: Die windanfälligen Kanadier sind für den Fall auffrischenden Windes höchstens nahe der Küste geeignet, am besten mit Spritzdecke. Aufblasbare Boote sind hier generell ungeeignet.

Ideal ist ein Seekajak, das möglichst nicht aus Fiberglas sein sollte, was die Zahl möglicher Landeplätze erheblich reduziert: Denn die Küstenlinie ist oft mit scharfen Muscheln besetzt oder besteht aus scharfkantigen Steinen. So sind diejenigen aus Plast zu bevorzugen; sie sollten mit einer Ruderanlage ausgestattet sein (sehr hilfreich zum Beispiel bei stärkerem Seitenwind) und über wasserdichte Luken fürs Gepäck verfügen.

◎ Wer ein Kajak mieten will, benötigt eine **VÅTTKORT**, den Nachweis, dass die betreffende Person zum Paddeln vor Ort befähigt ist. – Våttkort-Kurse siehe Seite 144.

◎ **INFORMATION**: Jan Engstad (siehe Seite 138), einer der versiertesten Kajakfahrer der Lofoten, hat 2016 das LOFOTEN SEAKAYAK GUIDEBOOK veröffentlicht, das rund 50 Seekajaktouren vor allen Lofoten-Inseln (auch Außenseite) ausführlich und mit Kartenmaterial vorstellt. Zahlreiche Fotos und allgemeine Kajakinformationen nebst Texten zu Flora, Fauna und Geschichte reichern das übersichtlich gestaltete Buch an, in dem jede/r, also auch Anfänger, geeignete Touren finden kann, Fortgeschrittene auch solche über mehrere Tage. In Deutschland ist es für 34,90 € online zu bestellen bei www.freytagberndt.com. Auf den Lofoten wird es in den Buchläden sowie im Touristenbüro von Svolvær verkauft; außerdem kann man es für 399 NOK direkt bei Jann Engstad beziehen.

◎ **ROUTEN**: Treffpunkt der Kajakfahrer ist der auch für diesen Sport überaus günstig gelegene Sandvika-Campingplatz auf **AUSTVÅGØYA**, bei Kabelvåg. Schon die direkt angrenzende, mit Schären gespickte Küste ist für viele Tagesfahrten gut. – Wer längere Touren bevorzugt, wird vor Ort rasch fündig. Die Strecke NACH HENNINGSVÆR ist hin und zurück in einem Tag machbar und führt an der Wurzel der Lofoten-Wand entlang.

Sehr ZU EMPFEHLEN ist die Fahrt hinüber ZUR INSEL SKROVA, von wo aus es nur ein Katzensprung zu den Nachbarinseln LILLE MOLLA, STORE MOLLA mit ÅRSTEIN ist, die allesamt herrliche Sandstrände und Zeltplätze haben. Für diese Tour sollte man sich mindestens zwei Tage Zeit lassen; von Store Molla oder Årstein aus kann man in wenigen Stunden durch den nur Fluss-breiten Raftsund in den berühmten TROLLFJORD vorstoßen, wo es ideale Zeltplätze gibt; ferner kann man Lebensmittel nachkaufen sowie einem Pfad zum 167 m hoch gelegenen See Trollvatn folgen, auf dem im Sommer Eisschollen treiben. Die Weiterfahrt in den Hadselfjord sollte man sich aber verkneifen (hohe Dünung); dafür ist die Küstenfahrt nach Svolvær sowie Kabelvåg empfehlenswert, ab Trollfjord in gut einem Tag zu machen – auf der Strecke durch den Raftsund sollte man jedoch die Zeiten meiden, wenn die großen Hurtigrutenschiffe durch die enge Passage fahren.

VESTVÅGØYA ist IDEALES Revier; entlang der Küste bis Ballstad (drei Tage plus x) finden sich viele Zeltplätze.

VORSICHT: Von Austvågøya nach Vestvågøya ist der GIMSØYSTRAUMEN zu durchqueren, was LEBENSGEFÄHRLICH sein kann, paddelt man ohne Gezeitenkenntnis los: Die Flut wird eine/n unweigerlich weit in den Vestfjord drücken bzw. bei Ebbe in unfassbarer Geschwindigkeit hinaus ins offene Nordmeer. Gegen die Strömung anzukämpfen wäre sinnlos.

Für den Nappstraumen zwischen Vestvågøya und Flakstadøya und den Sundstraumen zwischen Flakstadøya und Moskenesøya gilt das Gleiche wie für den Gimsøystraumen: Beide können zur TODESFALLE werden, wählt man den falschen Gezeitenstand.

FLAKSTADØYA/MOSKENESØYA: Auf beiden Inseln sind die Küsten steil und dramatisch: Unvergesslich bleibt dabei die Fahrt von Reine in den (relativ geschützen) REINEFJORD.

Viel weiter südlich als bis Å sollte

PRAKTISCHER TEIL

man sich NICHT VORWAGEN: Der am Südzipfel von Moskenesøya entlangfließende Moskenstraumen wirbelt und strudelt und ist nicht zu queren!

Wer nach **VÆRØY** und **RØST** übersetzen will, muss das Schiff nehmen: Die Fähre ab Moskenes (oder in Gegenrichtung aus Bodø) transportiert natürlich auch Boote. Auf Værøy lohnt insbesondere die Fahrt hinüber nach SANDEN UND MÅSTAD (siehe Wanderung Nr. 20). Auf Røst befindet man sich mitten im Schärengürtel: Hunderte von kleinen wie großen Inseln – auch die Vogelinseln – sind im Meer verstreut; meidet man die Außeninseln, stellt die Atlantik-Dünung keine Gefahr dar. Die Gezeitenströmungen sind relativ problemlos. Lediglich die Passagen von Røstland nach Vedøya, von dort nach Storfjellet, weiter nach Trenyken und vor allem von dort nach Hernyken sind mit VORSICHT zu genießen: Wer ABTREIBT, egal in welche Richtung, sieht sich nach wenigen Minuten einer gewaltigen Dünung gegenüber!

◎ Topografische **KARTEN** sowie Gezeiten-Kalender führt vor Ort zum Beispiel die Buchhandlung Rødsand Libris (Torget 15, Telefon 760 75920) in Svolvær, an der Südseite vom Marktplatz/Torget. Auch die Touristenbüros halten (ohne Gewähr) einzelne Karten und Gezeiten-Kalender bereit, ebenso wie Vermieter und Kajakschulen:

◎ **VERMIETER**: Das älteste Seekajakzentrum LOFOTEN AKTIV hat Boote deutschen Firma »Prijon«; das Material ist gepflegt, man erhält mit dem Kajak auch Karten und alles, was man sonst für die Tour benötigt: Die Modelle sind expeditionstauglich, haben genug wasserdichte Stauräume fürs Gepäck und kosten als Ein-/Doppelsitzer alles inklusive: für 10 Stunden 495/945 NOK, 2 Tage 990/1.935, 5 Tage 2.440/4.665, 7 Tage 3.775/6.395 NOK. Auch komplette Campingausrüstungen sind zu mieten. In Kabelvåg/Austvågøya, Kontaktdaten siehe Seite 138.

In Festvåg auf Austvågøya, kurz vor Henningsvær, hat sich XXLOFOTEN als Vermieter für Kajaks etabliert. Pro Tag kosten Ein-/ Zweisitzer 800/1.100 NOK. Wer keine Erfahrung hat, nimmt an einer geführten, vierstündigen Tour teil, die 850 NOK/Person kostet. Kontaktdaten siehe Seite 136.

Auf Moskenesøya liegen die Tarife bei REINEADVENTURE in Reine sowie LOFOTEN OUTDOOR in Reine für den Ein-/Doppelsitzer bei 450/800 NOK/Tag. Kontaktdaten siehe Seite 140.

◎ **KAJAK-SCHULUNG** bei LOFOTEN AKTIV: Ein zweitägiger Einführungskurs (16 Stunden) kostet 2.650 NOK; ebenso wie der für Fortgeschrittene, während ein Kurs zum Gezeitenpaddeln 8 Stunden dauert und 1.950 NOK kostet. Zum Programm gehören auch diverse 3–Stunden-Kurse (z.B. zur »Eskimorolle«), die ab 450 NOK kosten.

◎ Ein Erlebnis für Paddel-Freaks sind die **GEFÜHRTEN KAJAKTOUREN** von LOFOTEN KAJAKK: Renner jeder Saison ist der Trip in den TROLLFJORD, der 8 Stunden dauert und alles inklusive 1.595 NOK kostet. Spektakulär ist auch die Tour in den Schärenarchipel von Risvær (u.a. traumhafte Strände, viele Seevögel und eventuell Seehunde), die 7 Stunden währt und 1.350 NOK kostet. Nur 4 Stunden dauern die Touren rings um Ørsvåg sowie nach Lyngvær (je 1.050 NOK).

LOFOTEN OUTDOOR hat 2 geführte Touren im Programm: Die Tour auf dem Reinefjord dauert rund 3 Stunden (750 NOK), die zum Bunestranda 5–6 Std. (1.100 NOK).

◎ **ARCTIC KAJAK RALLY**: Jedes Jahr gegen Ende Juli treffen sich europäische Kajak-Enthusiasten zu dieser siebentägigen Veranstaltung. Jedes Jahr werden auf verschiedenen Routen die VESTERÅLEN UND LOFOTEN teilweise UMRUNDET. Zwischen 350 und 550 km werden so paddelnd zurückgelegt, wobei auch Hochsee-Teilstrecken zu bewältigen sind; da die Rally von Seenot-Kreuzern begleitet wird, bestehen keine übermäßigen Risiken. Teilnehmen können alle, die Lust und ein Kajak (wobei auch Vermietung angeboten wird) und die 2.500 NOK Anmeldegebühr bezahlt haben. Es geht nicht darum, am schnellsten zu sein, sondern viel Freude an der Fahrt zu haben. Übernachtet wird an Land in Rorbuhütten oder Zelten. AUSKUNFT im Touristenbüro in Svolvær oder via www.askr.no.

SCHWIMMEN/BADEN

◎ **AUF AUSTVÅGØYA**: SANDVIKA, direkt am gleichnamigen Campingplatz bei Ørsvågvær, 1 km südlich von Kabelvåg, ab E 10 ausgeschildert. Der Strand ist etwa 100 m lang, bei Ebbe 5 m breit, wird GANZTÄGIG von der Sonne beschienen, fällt sanft ins Meer ab, ist feinsandig, mit Muscheln durchsetzt und auch für die Kleinsten ideal, da die Bucht vor Wind und Wellen GESCHÜTZT liegt.

Der Strand von KALLE (siehe Seite 117; an der E 10 südlich von Kabelvåg ausgeschildert) BEI HOPEN ist nicht nur einer der populärsten Wildcamp- und Picknickplätze auf der Insel, sondern (bei Flut) auch ein sehr beliebter Badestrand für die Kleinen und Kleinsten: Der Strand fällt sanft ins hier sehr flache Meer ab, ist vor Wind und Wellen geschützt. Eine große Wiese reicht an den Badestrand, Trinkwasser und Toiletten sind vorhanden.

Der Strand RØRVIKA (siehe Seite 188) liegt an der Abzweigung E 10 und Str. 816 (nach Henningsvær). Er präsentiert sich bei Sonnenschein als ein schneeweißes Sandband vor einer türkisfarbenen, stets wellengeschützten Bucht. Als beste Badezeit empfehlen wir den Morgen bis zum frühen Nachmittag; später liegt der Strand nämlich im Schatten. Trinkwasser, Telefon und WC sind vorhanden.

Auf der Außenseite von Austvågøya, insbesondere zwischen Straumnes und Strømstad, finden sich ebenso manche Sandstrände, aber die sind nur zum Sonnen gut, denn das Meer ist rau und mit Felsen gespickt.

◎ Auch **VESTVÅGØYA** ist mit Stränden reich gesegnet – der über 2 km lange HAUGSANDEN gilt landesweit als einer der schönsten Sandstrände: Er zieht sich als bis zu 200 m breites Band rings um die halbmondförmige Bucht VIKSPOLLEN, die sich landeinwärts in ein idyllisches Blumen-Trogtal öffnet, das einige hundert Meter hohe Berge flankieren und auf das offene Nordmeer blickt, wobei es vor Wind und Wellen geschützt liegt. An den Sommerwochenenden geht's hier wie in einem deutschen Freibad bei »Hitzefrei« zu – aber die Scharen verlaufen sich. Als Ausstattung: Trinkwasser, Sanitärgebäude, Abfallkörbe.

An sonnigen Sommertagen erlauben es die Wassertemperaturen durchaus, ein frisches Bad im Meer oder in einem See zu nehmen. FKK: oben ohne vielleicht, ganz ohne nie, es sei höchstens dort, wo man von Fremden nicht gesehen wird.

Anfahrt: ab der E 10 nördlich Leknes' den Schildern nach Haukland/Utakleiv folgen (ca. 6 km, siehe Seite 212) .

In UTAKLEIV nebenan lockt gleich der nächste herrliche Sandstrand, teilweise in kleine Dünenhügel gefasst; zum Schwimmen ist es hier, am offenen Meer, nicht optimal, zum Sonnen und auch Baden reicht es aber schon.

Auch an der UNSTADVIKA (siehe Seite 215) bei Unstad (zu erreichen ab E 10, etwa 12 km nördlich von Leknes) lässt es sich stellenweise fein baden. Bei Eggum (ab E 10 zu erreichen, siehe Seite 218) badet man nicht im Meer, sondern im dahinter angrenzenden NEDRE HEIMREDALSVATN. Beliebt ist ferner die Bucht VALBERGSVIKA im Inselsüdosten, bei Valberg (Str. 815, siehe Seite 207). Entlang einer RUNDFAHRT um den NORDZIPFEL Vestvågøyas (ab E 10 in Richtung Kvalnes abbiegen) wird der eigene kleine Privatstrand zu entdecken sein.

◎ **AUF FLAKSTADØYA**: Bei Ebbe säumen die Ufer des FLAKSTADPOLLEN zwischen Vareid und Flakstad mehrere Meter breite, sanft abfallende, mit Felsbrocken gespickte Sandstreifen; der Meeresarm schimmert in bestechenden Grün- und Blautönen, die säumenden Berge krönen bis in den Juli hinein Schneehauben.

Flakstad selbst, ein anheimelndes Dorf (siehe Seite 223 f.), liegt auf einer teilweise begrünten Sandnase am offenen Nordmeer; die E 10 in Richtung Ramberg erlaubt einen Blick auf ein kilometerlanges, sanft geschwungenes, bis über 150 m breites Sandband, das sich jedoch besser zum Sonnen, Spazierengehen und Muscheln-Sammeln als zum Schwimmen oder Baden eignet: Denn das Meer ist vor Ort ziemlich tief, das Wasser von schneidender Kälte (um 12° C), die Wellen erreichen oft beachtliche Höhen. Direkt am Westrand dieser Strandfläche, neben der E 10 breitet sich eine Wiesenfläche aus, auf der sich im Sommer mitunter Wildcamper breit machen. Trinkwasser und ein Klohäuschen sind vorhanden.

Ramberg ist erreicht. Es liegt an der Halbmond-Bucht von SANDBUKTA (siehe Seite 224), die auf ihrer gesamten Länge von ca. 2 km ein herrlicher Sandstrand säumt; ein Campingplatz ist vorhanden, Stellplätze über dem Meer, das aber auch hier von eisiger Kälte ist und kaum zum Baden taugt; wohl aber zum Windsurfen und zum Beobachten der Mitternachtssonne.

◎ **AUF MOSKENESØYA**: Der Nordzipfel von Moskenesøya ist ein einziges Strandparadies!

Bei SANDBOTN vor der Ortschaft Ytresand handelt es sich um eine vor Wind und Wellen GESCHÜTZE Bucht von im Schnitt nur 2 m Wassertiefe; der Sand ist fein und grauweiß, Baden und Schwimmen sind gut möglich.

Noch idyllischer präsentiert sich die Küste beim benachbarten FREDVANG STRANDCAMPING (siehe Seite 110). Hier laden gleich mehrere kleine Buchten zum Sonnen und zum Baden ein und der Sand geht landeinwärts in Wiesen über.

Der Doppelstrand von KVALVIKA (siehe Wanderung 17, siehe Seite 306) ist fast VON KARIBISCHER SCHÖNHEIT – und unser LIEBLINGSSTRAND.

◎ **AUF VÆRØY**: Bei TUSSEN (siehe Seite 320), etwa 1 km südwestlich von Flugplatz/Nordland, ist ein Picknick-

Am Strand von Fredvang auf Moskenesøya ▶

platz eingerichtet; aber der Strand ist kurz und schmal und allemal nur bei Flut zum Baden tauglich.

Unvergleichlich schöner zeigt sich SANDEN, ein mehrere hundert Meter langer, breiter Strand, der an senkrechte Felsen geschmiedet und nur per Boot ab Værøy-Ort zu erreichen ist (siehe auch Seite 317 ff.).

TAUCHEN/SCHNORCHELN

Die Lofoten-Küste mit ihrem klaren, sauberen Wasser, der guten Sicht und der dank Golfstrom vielfältigen Unterwasserflora und -fauna gewährt ungeahnte Möglichkeiten in erster Linie für versierte Sporttaucher; auch WRACKS sind häufige Ziele. Selbst von den Tropen verwöhnte Taucher sind dank der Sicht von bis zu 50 m und gigantischer Tangwälder fasziniert.

Die TAUCHSAISON beginnt gegen Mitte Mai, und gegen Ende Juni kommen erste deutschsprachige Tauchergruppen auf den Archipel. Bis Mitte/Ende August gehören die in Neoprenanzüge eingemummten Sportler fast zum häufigen Bild auf dem SANDVIKA-Campinplatz. Dort stehen Waschbecken und Hochdruckschläuche zum Reinigen der Ausrüstung zur Verfügung; alles andere (auch Kompressor) muss mitgebracht werden.

Adressen für geführte Schnorcheltouren sowie Tauchexkursionen sind vor allem:

◎ **LOFOTEN OPPLEVELSER**, Henningsvær/Austvågøya, Tel. 905 81475, www.lofoten-opplevelser.no.

2 Stunden zum Schnorcheln ins kristallklare Wasser vor Henningsvær eintauchen. Zum Preis von 850 NOK gehört ein Trockenanzug, so dass einer/m die Temperatur egal sein kann. 16.6.–15.8. täglich um 11 Uhr. Schorcheln mit SCHWERTWALEN ist auch möglich.

PRAKTISCHER TEIL

◎ **LOFOTEN DIVING**, Ballstad/Vestvågøya, Skarjyveien 67, Tel. 400 51852, und Svolvær, Sjømannsgata 5, Tel. 400 48554, www.lofoten-diving.com.

Offizielles PADI-Tauchzentrum, das im Sommer täglich Schnorcheltouren anbietet (mindestens 2 Teilnehmer, 3 Stunden, je 890 NOK). Das Programm umfasst auch Exkursionen (meistens von Land aus, täglich 9.30–12.30 Uhr, 690 NOK pro Tauchgang alles inklusive – Tauchzertifikat nicht vergessen!): darunter Wrack- und Strömungstauchen. Wer kein Tauchzertifikat besitzt, kann an einem dreistündigen Übungsprogramm teilnehmen, bei dem man bis maximal 12 m Tiefe vorstößt; das Mindestalter beträgt 10 Jahre. Unterkunft kann vermittelt werden.

◎ **AQUA LOFOTEN COAST ADVENTURE**, Reine/Moskenesøya, Tel. 990 19042, www.aqualofoten.no.

Schnorcheltouren an fisch-, krabben-, seestern- und seeanemonenreichen Plätzen, hin mit einem Schlauchboot. Die Touren kosten 845/645 (unter 14 Jahren) NOK alles inklusive.

VOGELBEOBACHTUNG

Neben den Hebriden besitzen die Lofoten an Papageitauchern und Dreizehenmöwen die größten Vogelkolonien des Nordens; die wichtigsten Vogelinseln sind VÆRØY sowie VEDØYA bei Røst.

◎ **ANREISE**: einmal täglich per Fähre von Moskenes (siehe Seite 105).

◎ **VOR ORT**: Die Touristenbüros (siehe Seite 100) organisieren während der Saison täglich geführte Bootstouren zu den Vogelfelsen. Auch die Unterkünfte (siehe Seiten 111, 120, 122 und 123) können behilflich sein.

WANDERN

Siehe Seite 239 ff.

WELLENREITEN

Im Magazin »Transworldsurf« war zu lesen, dass sich vor den Lofoten die besten und HÖCHSTEN Wellen im hohen Norden überhaupt brechen, und seit sich 2016 in der New York Times ein aufwendig gemachter Artikel den Lofoten mit dem Titel »Surfing Under The Northern Lights« gewidmet hat, wird der Archipel sogar von den Surf-Cracks dieser Welt aufgesucht.

DER SURFSPOT der Lofoten ist UNSTAD an der Außenseite Vestvågøyas (siehe Seite 215), wo nicht selten mehrere Meter hohe Wellen im perfekten Break auf den Sandstrand zurollen.

2011 und 2015 war Unstad in vieler Surfers Munde, als der renommierte Nixon Surf Challenge vor Ort ausgetragen wurde, immerhin mit satten 10.000 US$ dotiert.

Seit 2014 wird hier nun alljährlich am ersten Septemberwochenende die SURF-MEISTERSCHAFT des »Lofoten Ekstremsportklubb« ausgetragen, worüber die Seiten www.lofotenmasters.com sowie www.lofotenekstremsportklubb.no informieren.

◎ Als **BESTE ZEIT** für erfahrene Wellenreiter gelten die Monate August bis November, wenn die Wellenhäufigkeit am größten sowie die Wellen selbst am höchsten sind; die Monate zwischen etwa Ostern und Juni markieren die zweitbeste Saison.

◎ **ANFÄNGER** werden den Sommer bevorzugen, wenn ein sanfter Break ideale Lernbedingungen ermöglicht. Dann auch ist das Wasser mit ungefähr 12° C am wärmsten, aber da hier ohnehin niemand ohne Neopren (als absolutes Minimum 5 mm) aufs Brett klettert, ist das relativ egal.

◎ **UNSTAD**, in Surferkreisen seit den 1960er Jahren ein Begriff, steht also in dem Ruf, der nördlichste TOP-SURF-SPOT überhaupt zu sein, der beste in Norwegen ohnehin. Treff der Wellenreiter ist der Campingplatz in Unstad (siehe Seite 110), wo man übernachten, aber eben auch Ausrüstung mieten kann: Das Brett kommt pro Tag auf 300 NOK, der Wetsuit ebenfalls, Schuhe und Handschuhe sind inbegriffen, und wer komplett mietet, erhält Rabatt. Zudem finden von Juni bis August täglich um 10 und 15 Uhr GRUPPENKURSE für Anfänger (1.195 NOK) statt; PRIVATUNTERRICHT kommt auf 1.590 NOK/Stunde. Bleiben die dreitägigen SURFCAMPS, die an 2 Terminen jeweils IM JUNI UND IM AUGUST stattfinden und (dies zusätzlich zum Surfkurs) Unterkunft sowie Vollpension (3.990 NOK) beinhalten.

◎ **INFORMATION**: Wer sich zu Hause einen Wellenüberblick verschaffen will, rufe www.windguru.cz auf, dann im Menü das Such-Stichwort »Spot« und wähle schließlich Unstad aus; mit Wellenvorhersage. Über die Website www.lofotenekstremsportklubb.no hat man Zugriff auf die »nördlichste Surf-Webcamera« überhaupt, die am Strand von Unstad steht; außerdem ist ein SURF-BLOG anzuklicken (Facebook, auch Fotos, Videos). Tausende Surf-Fotos von Unstad finden sich auf www.instagram.com.

WINDSURFEN

Die Winde aus östlichen Richtungen sind in aller Regel sanft und bauen, wenn überhaupt, nur kleine Wellen auf, die sogar Anfänger relativ einfach meistern können.

Anders ist es mit den Westwinden, die auch im Sommer durchaus mal bis weit über 6 Bft. auffrischen und den Könnern viel Spaß bereiten. Ausrüstungsvermieter gibt es nicht mehr auf den Lofoten, so dass man die EIGENE AUSRÜSTUNG MITBRINGEN muss.

◎ Die Bucht vor dem Campingplatz **SANDVIKA** auf AUSTVÅGØYA gilt als ideales Ostwindrevier für Anfänger. Vorsicht gilt es außerhalb der Bucht walten zu lassen: da Windabdeckung durch Schären, Bruchgefahr im Schärenbereich durch Riffe und oft starke Fallwinde, die entgegengesetzt zum Ostwind von der Lofoten-Wand herunterhämmern und recht kabbelige Wellen aufbauen können.

◎ **RAMBERG** auf FLAKSTADØYA ist für die Lofoten das, was Corralejo auf Fuerteventura: ein Funboard-Spot der SUPERLATIVE. Die Bucht ist weit nach Westen geöffnet, die säumenden Flanken sind niedrig (keine Windabdeckung), für jede Windrichtung lässt sich ein idealer Startplatz finden. Westwind baut in kürzester Frist bis zu 2 m hohe, schön lang gezogene Dünungswellen auf, die ewige Abfahrten erlauben und manchen himmelhohen Katapultflug ermöglichen. Hingegen ist die Bucht bei Süd- und Nordwestwind vor Wellen geschützt und peitscht der Wind das Meer spiegelglatt: Jetzt holen die lokalen Cracks ihre Guns hervor: Sie setzen die kleinstmöglichen Segel bei kurzen Gabelbäumen und legen Ersatzmasten am Strand bereit: Speedfahren ist angesagt.

WINTERSPORT

Als Sommerziel sind die Lofoten weltberühmt und stehen ganz oben auf der Rangliste der beliebtesten Ferienziele in Nordeuropa.

Doch auch die kalte Jahreszeit hat hier ihre Reize und boomt seit zwei, drei Jahren ungeheuerlich: Wenn ab November die tief stehende Sonne wie eine feurige Kugel über die Gebirge rollt, zieht es die Schwertwale oder Orcas in den Vestfjord. SCHWERTWAL-Safaris mit Boot oder Kajak stehen bis Januar auf dem Programm, während ab Dezember beste Bedingungen für SCHNEESCHUHTOUREN bestehen. Das NORDLICHT ist bei klarer Wetterlage im Winterhalbjahr fast jeden Tag zu bestaunen.

Etwa ab Januar und meist bis in den April hinein herrscht Saison für Topp-Ski-Touren, auch sind jetzt dutzende SKILOIPEN gespurt. Spätestens im Februar öffnen die ALPINPISTEN von

Svolvær und Stamsund, im Februar/ März stehen im Zeichen der Lofot-FISCHEREI, Mitte/Ende März steht das Outdoor-Event CAMP LOFOTEN an, und Ende März findet die Weltmeisterschaft im DORSCH-ANGELN statt.

◎ **INFORMATION**: Das Touristenbüro informiert umfassend; über die Website www.lofoten.info kann man zum Beispiel den Winter-Aktivitäten-Plan downloaden. Weitere Info-Quellen: www.vmiskreifiske.no (zur Weltmeisterschaft im Dorsch-Angeln, siehe Seite 153) sowie zu Ski und Snowboarding www.skiinfo.no/videoer/t/lofoten: neben Informationen auch atemberaubende Fotos und Videos! Weitere teilweise packende Videos zu Alpinski-Touren auf den Lofoten sind bei youtube unter dem Stichwort »lofoten topptur« zu finden.

◎ Ein großes Programm an **WINTERTOUREN** (darunter auch Bergtouren) auf Schneeschuhen bietet Jann Engstad von »Lofoten Aktiv« (siehe Seite 138 ff.), u.a. eine NORDLICHT-Tour für 1.250 NOK (4 Stunden).

◎ Für VERSIERTE **SKI- UND SNOWBOARDFREAKS** offeriert »Northern Alpine Guides« (siehe Seite 142): Avalanche-Kurse auf Level 1 (3 Tage für 3.600 NOK), Level 2 (5 Tage für 3.600 NOK), Ski Mountaineering and Steep Skiing-Kurse (5 Tage für 3.600 NOK) und geführte Extrem-Abfahrten (bei 4 Teilnehmern je Tag und Person 1.800 NOK, bei nur 1 Teilnehmer 5.200 NOK pro Tag. Die Skiausrüstung kann mitgebracht oder gemietet werden; als Unterkunft dient die sog. »Lofoten Ski Lodge«, bei der es sich um die Rorbuanlage Kalle handelt (siehe Seite 117).

Praktisches A–Z

APOTHEKEN

Medizin ist in Norwegen nur in Apotheken *(apoteker)* erhältlich; vieles bekommt man nur auf Rezept eines norwegischen Arztes. Touristen müssen (wie die Norweger auch) ihre Medizin erst einmal BAR bezahlen – Erstattung leistet dann die heimische Krankenkasse. In Ortschaften, in denen es keine Apotheke im üblichen Sinn gibt, bekommt man Medizin im *medisinutsalg* (Medizinverkauf), der häufig zu einem Supermarkt gehört, worauf draußen auch hingewiesen wird.

◎ **AUF AUSTVÅGØYA** befindet sich die APOTHEKE IN SVOLVÆR: Svolvær Apothek, Sentrum, im AMFI-Einkaufszentrum, Lofotgata 33, Tel. 760 66740. – Medisinutsalg (Medizinverkauf): u.a. in Kabelvåg (Prix-Supermarkt, Torget) und in Henningsvær (Supermarkt).

◎ **AUF VESTVÅGØYA** IN LEKNES: Vestvågøy Apotek, Rådhusgt. 6, Tel. 760 55770. – Medisinutsalg u.a. in Ballstad und Stamsund.

◎ **AUF FLAKSTADØYA** (Ramberg), **MOSKENESØYA** (Reine), **VÆRØY** u. **RØST** gibt es je einen Medisinutsalg.

ÄRZTLICHE VERSORGUNG

Wer ärztliche Hilfe benötigt, wendet sich außerhalb der Sprechstunden an die *legevakt* der jeweiligen Insel – die Ärztliche Bereitschaft, die in der Regel von 15.30 bis 8 Uhr morgens besetzt

PRAKTISCHER TEIL

◀ Winterwandern für Fortgeschrittene: kurz unterhalb des Småtindan (siehe Seite 280 ff.)

und auch für die Zahnärzte zuständig ist. – Oder Mo–Fr tagsüber ans *legesenter, legekontor,* die Ärztestation. – Oder an das *sykehus,* das Krankenhaus in GRAVDAL bei Leknes auf Vestvågøya , denn nur dort gibt es etwa Röntgen- sowie Ultraschallgeräte. Bzw. an den Zahnarzt *(tannlege)* oder an die Zahnarztstation *(tannklinikken, tannhelsetjenesten).* Nicht jede Insel verfügt über eine solche Einrichtung.

◎ **NOTFALL**: Tel. 113.

◎ **AUSTVÅGØYA**: Tel. *legevakt* Vågan Tel. 116 117. Zuständig ist das *Svolvær Legesenter,* Kong Øysteingt. 7. – Ferner gibt es das *Legetorget Legesenter* am Torget/Marktplatz, Tel. 760 66170, und das *Osan Legesenter,* Fjellvåkveien 2 A, Tel. 760 69680.

Zahnarzt: Zuständig ist *tannhelsetjenesten,* Svolvær, Sivert Nilsens gate 43, Tel. 468 79894.

◎ **VESTVÅGØYA / FLAKSTADØYA**: Tel. *legevakt* 116 117 (Krankenhaus Gravdal). – Es gibt fünf *legekontorer,* drei in Leknes, eins in Stamsund und eins in Bøstad; drei davon Mo–Fr 8–15 Uhr für eilige Fälle via Tel. 760 82499.

Zahnärzte gibt es nur in Leknes, so *tannhelsetjenesten* an der zentralen Rådhusgata 6, Origobygget , Tel. 760 55450. Und u.a. Tannlege Elisabet Albert AS, Storgata 100, Tel. 913 13982.

◎ **MOSKENESØYA**: Tel. *legevakt* Moskenes Tel. 116 117. – *Legekontor,* Reine, Tel. 760 53113. Zahnarzt: *Tannlege,* Sørvågen, Tel. 760 53990.

◎ **VÆRØY**: Tel. *legevakt* 116 117. Bei Zahnbeschwerden: Tel. *Tannklinikken* 760 95120.

◎ **RØST**: Tel. *legevakt* 116 117. – Bei Zahnbeschwerden: Tel. *Tannklinikken* Tel. 760 50500.

DIEBSTAHL

Wo findet man das sonst noch in Europa: Häuser, die nicht abgeschlossen sind, Autos, die mitsamt Zündschlüssel darin abgestellt werden, ungesicherte Kanus, Boote...? – Kurz und gut: Diebstahl ist (fast) kein Thema auf den Lofoten, doch tut man trotzdem gut daran, übliche Sicherheitsvorkehrungen zu treffen. Allein der Fahrradklau geht zusehends um, wobei Mountainbikes besonders gefährdet sind.

Vorsicht ist aber auf den Strecken in Richtung Lofoten zu empfehlen: Insbesondere im Süden Schwedens sowie Norwegens kommt es zu Autoaufbrüchen. Betroffen sind vor allem die großen Rastplätze an den Hauptverkehrsadern, wo »Spezialisten« auf Beute warten und sich nicht einmal nachts davon stören lassen, dass die Besitzer in den Fahrzeugen schlafen.

DIPLOMATISCHE VERTRETUNGEN

◎ **DEUTSCHLAND**: Botschaft der Bundesrepublik Deutschland *(Forbundsrepublikken Tysklands Ambassade),* Oscarsgate 45, 0258 Oslo, Tel. 232 75400, www.oslo.diplo.de.

◎ **SCHWEIZ**: Botschaft der Schweiz *(Sveitsisk Ambassade),* Oscarsgate 29, 0352 Oslo, Tel. 225 42390, www.eda.admin.ch/oslo.

◎ **ÖSTERREICH**: Botschaft von Österreich *(Østerriksk Ambassade),* Thomas Heftyesgt. 19–21, 0264 Oslo, Tel. 225 40200, www.bmeia.gv.at/oeb-oslo.

◎ **NIEDERLANDE**: Botschaft der Niederlande *(Nederlandsk Ambassade),* Oscarsgate 29, 0352 Oslo, Tel. 233 33600, www.netherlandsworldwide.nl/countries/norway.

Unter den Botschaften aufgeführt haben wir die Besuchsadressen. Postadressen: D, Postboks 4010 AMB, 0244 Oslo – CH, Postboks 4015 AMB, 0244 Oslo – Austria, Postboks 4014, 0244 Oslo – NL, Postboks 4011 AMB, 0244 Oslo.

AUSZUG AUS DEM KALENDER FÜR FESTE UND FESTIVALS

Einen guten Überblick auf die Veranstaltungen im Archipel gibt Destination Lofoten gleich auf der Startseite von www.lofoten.info (siehe Seite 100 f.).

◎ **WELTMEISTERSCHAFT IM DORSCHANGELN**: 2 Tage gegen Ende März, Anmeldefrist 1. Februar, Svolvær, www.vmiskreifiske.no. Die Registrierungsgebühr beträgt 2.200 NOK pro Tag. Riesenspektakel auf dem Austnesfjord rund um den Dorsch mit alljährlich fast 600 Teilnehmern.

◎ **ELIJAZZEN**: 3 Tage gegen Ende April/Anfang Mai, Hamnøy/Moskenesøya, www.elijazzen.no. Ticket für alle Veranstaltungen 1.350 NOK. Seit 2009 gibt's dieses JAZZFESTIVAL, das sich laut Eigendarstellung als musikalische Lobpreisung der wilden, beeindruckenden Lofoten-Natur versteht. Ausgerichtet von den Verantwortlichen bei Eliassen Rorbuer (siehe Seite 119).

◎ **LOFOTEN ULTRA TRAIL**: 3 Tage Anfang Juni, www.thearctictriple.no. Registrierung – inklusive Verpflegung und Transport – 950 NOK für 12 km, 1.700 NOK für 24 km, 2.950 NOK für 50 Meilen, 4.550 NOK für Gesamtstrecke (100 Meilen). Ultra-Rennen über alle Inseln, eines der härtesten seiner Art, das bereits im deutschen Fernsehen vorgestellt wurde. Mitte August folgt der **ARCTIC TRIPLE TRIATHLON**: Die Teilnahme in der »Olympic-Version« kostet 1.950 NOK, die in der »Extrem-Version« 5.550 NOK.

◎ **CODSTOCK**: 3 Tage Mitte Juni, Henningsvær/Austvågøya, www.codstock.com. Tickets je Veranstaltung ab ca. 200 NOK, Festivalticket 2.200 NOK. Unter dem Motto DREI TAGE MIT FISCH UND MUSIK verwandelt sich Henningsvær in das Woodstock Norwegens. Der Schwerpunkt liegt auf Rock und Blues.

◎ **LUNDEFESTIVALEN** (Papageitaucherfestival): 3 Tage gegen Ende Juni, Røst, www.lundefestivalen.no. Kultur-, Natur- und Familienfestival, Papageitaucher als Namensgeber. Künstler (vor allem Musiker) unterhalten, Interessenten erhalten Informationen zum Seevogelbestand. Ticket 1.095 NOK.

◎ **SONDRE JUSTAD PÅ FESTVÅGTIND**: 1 Abend im Sommer, die Ankündigung des Termins über business.facebook.com/pg/sondrejustad/events. Seit mehreren Jahren gibt der Henningsvær-gebürtige und norwegenweit bekannte Popstar *Sondre Justad* ein Abend-/Nachtkonzert auf dem Gipfel des Festvågtind (siehe Wanderung Nr. 5 ab Seite 260), zu dem gewöhnlich mehr als 500 Gäste aufsteigen. – Tolle Atmosphäre, ein fantastisches Erlebnis, Ohren- wie Augenschmaus. Auch auf youtube abzurufen.

◎ **ST. HANSAFTEN** (Sommersonnwendnacht): Abend des 23. Juni, überall im Archipel. Feuer als Schutz gegen die Kräfte des Bösen wurden in Norwegen traditionell zur Johannisnacht entfacht, die hier den Übergang vom 23. zum 24. Juni markiert und *sankthansaften* genannt wird: Mittsommerfest, dieses auch heute noch in ganz Skandinavien und früher im gesamten germanischen Kulturbereich populäre Fest der Sommersonnenwende, das die AUSGELASSENSTE Festnacht des Jahres markiert. Überall im Archipel prasseln kleine, große und riesengroße Feuer, wird im Familien- und Freundeskreis musiziert und getanzt und geflirtet und auch hemmungslos getrunken. Die Touristenbüros wissen am ehesten, wo was los ist.

FORTSETZUNG SIEHE NÄCHSTE SEITE

FORTSETZUNG: **AUSZUG AUS DEM FESTIVALKALENDER**

◎ **KABELVÅGMARKEDET**: 3 Tage Ende Juni, www.facebook.com/kabelvagmarkedet. Tagesticket 250 NOK. Ein traditionsreicher Markt rings um den Torget der Stadt mit vielen Verkaufsständen und Unterhaltungsangeboten.

◎ **LOFOTEN INTERNASJONALE KAMMERMUSIKKFEST**: 6 Tage Anfang/Mitte Juli an wechselnden Orten, www.lofotenfestival.no.Konzerttickets 200–370 NOK, Festivalticket 2.300 NOK. »Der Welt schönstes Musikfestival«, wie es im Archipel heißt, ist der KLASSIK gewidmet, getragen von national wie international bekannten Musikern, die bevorzugt in Kirchen aufspielen.

◎ **LAMHOLMENFESTIVALEN:** erstes Augustwochenende auf Lamholmen/ Svolvær, www.lamholmenfestivalen.no. Tagesticket 950 NOK, für beide Tage 1.550 NOK. Das bedeutendste Musifestival Svolværs auf der mitten im Hafenbecken gelegenen Insel; viele norwegische Bands diverser Musikstile.

◎ **VIKINGFESTIVAL** (Wikingerfestival): 5 Tage Anfang August, Wikingermuseum in Borg auf Vestvågøya, www.lofotr.no. Tagesticket 200/150 NOK für Erwachsene/Kinder, Festivalticket 300/300 NOK, Familien (2+3) 900 NOK. Das bestbesuchte Festival im Archipel. Dem Namen und den Vorbildern verpflichtet, werden Schwertkämpfe aufgeführt, finden Markttage und Wettkämpfe im Rudern, Pfeil- und Bogenschießen statt, treten Magier auf usw. Ein Riesenspaß auch gerade für Kinder.

◎ **LOFOTEN COUNTRYFESTIVAL**: an einem Wochenende Anfang September, Leknes / Vestvågøya, www.lofoten-countryfestival.no. Ticket je Konzert um 200 NOK. Das Musikfestival bildet den Abschluss der alljährlichen HERBSTWOCHE. Es treten vorwiegend norwegische und US-amerikanische Countrygruppen auf.

◎ **LOFOTEN MATFESTIVAL** (Kulinarisches Festival Lofoten): am letzten Wochenende im September, Leknes auf Vestvågøya, www.matfestivalen.net. Auf dem Festival dreht sich alles um vermeintliche SPEZIALITÄTEN der Lofoten, die man kosten und kaufen, bei deren Zubereitung man zuschauen und auch mitmachen kann. Das Programm umfasst zudem Wettbewerbe, Aktivitäten und Unterhaltung für Jung und Alt.

FEIERTAGE

◎ **FEIERTAGE** sind der 1. Januar, die Ostertage von Gründonnerstag bis Ostermontag, der 1. Mai, der Nationalfeiertag am 17. Mai, Christi Himmelfahrt, Pfingstsonntag und Pfingstmontag, der Mittsommertag am 24. Juni sowie der 25. und 26. Dezember.

FEUER IM FREIEN

Zwischen dem 15. April und dem 15. September ist es in ganz Norwegen per Gesetz verboten, Feuer im Freien zu machen. Ob die Regelung auch bei einem Strandfeuer (mit Treibholz als Brennmaterial) gilt, liegt ein wenig im Ermessen der Behörden. – Die Lofoter zumindest feuern.

INTERNET

Wer Smartphone oder Laptop dabei hat, kann in den allermeisten Hotels,

Pensionen, Jugendherbergen, Rorbuanlagen, Campingplätzen etc. gleich über WLAN ins Netz gehen. Auch die meisten Restaurants, Pubs und Cafés im Archipel bieten (für Gäste kostenloses) WLAN. Das früher oft kostspielige Daten-Roaming über das Smartphone ist entfallen (siehe Seite 160).

KARTEN

Welche Karten etwas taugen und wo es u.a. topografische Karten zu erstehen gibt, erfahren Sie unter »Vor der Reise, Karten« (siehe Seite 88 f.), als Wanderer unter »20 Pfade in die Bergwildnis, Orientierung« auf Seite 242 ff.

LEBENSMITTEL

Die »guten alten Zeiten«, als man auf den Lofoten nur Fisch, Kartoffeln und Kohl erstehen konnte, sind lange vorbei. Deshalb ist es überflüssig, von zu Hause wahre Lager an Lebensmitteln mitzuschleppen. – Wobei DIE PREISE ein gewissen Vorrat rechtfertigen lassen; die sind in Norwegen etwa 30 % höher als in Deutschland; wegen des aktuellen Kronenkurses ist der Unterschied aber geringer geworden.

Man muss das SYSTEM KENNEN, also WISSEN, dass man zum einen nur in den größeren Ortschaften einfkaufen sollte, wo es nicht selten bis zu 30 % billiger ist als im Abseits, andererseits nur in großen Supermärkten – die kleinen, vor allem die zu Tankstellen/Campingplätzen gehörenden sind extrem teuer. Zudem sind PREISVERGLEICHE in den Supermärkten vor Ort von enormem Vorteil: Es gibt häufig zwei, drei Stück, oft schön nebeneinander gelegen, und es ist fast die Regel, dass die Preise für identische Waren von Laden zu Laden sehr verschieden sind, dass man z.B. im einen Geschäft 30 NOK für 1 kg Tomaten bezahlt, nebenan 15 NOK im Angebot, gegenüber nur 20 NOK (ohne Angebot). »Angebote« sind mit *tilbud* angepriesen bzw. (wenn's super billig sein soll) mit *knall-tilbud.*

◎ An **SUPERMÄRKTEN** herrscht also kein Mangel, geöffnet in der Regel: Mo–Sa 7/8–22/23 Uhr. Außerhalb der Geschäftszeiten weicht man auf Tankstellen und Kioske aus, die wie kleine Shoppingzentren eingerichtet sind.

Am preisgünstigsten sind Lebensmittel auf den großen Inseln Aust- sowie Vestvågøya. In Svolvær liegen die Supermärkte direkt beieinander im Zentrum. Bei »Coop« im AMFI-Einkaufszentrum wählt man aus dem inselweit größten Sortiment, zu empfehlen für Obst und Gemüse, gut bestückt ist die Fleisch- und Fischtheke. Gegenüber bei »Rimi« gibt's oft ebenfalls Frischfisch. Ansonsten ist »Rema« für das in der Breite preiswerteste Lebensmittelsortiment bekannt. In Kabelvåg sei auf den am Marktplatz gelegenen »Coop«-Supermarkt verwiesen, kaum teurer als die in Svolvær. In Henningsvær gibt es einen (ziemlich teuren) »Joker«-Supermarkt.

Auf Vestvågøya kauft man bevorzugt in Leknes ein, wo sich die Preise mit denen von Svolvær in etwa die Waage halten bzw. manchmal sogar noch günstiger sind. Gut ein halbes Dutzend Supermärkte gibt es vor Ort, preiswert sind primär »Coop«, »Bunnpris« und »Rema«. – In Stamsund bietet sich »Joker« und in Bøstad »Spar« an, doch beide Läden sind bereits teurer als die Konkurrenz in Leknes.

PRAKTISCHER TEIL

Flakstadøya ist schon spürbar teurer als Vestvågøya, einen Supermarkt hat nur Ramberg: »Bunnpris«, sehr gut sortiert. Einen kleinen Laden gibt es in Nusfjord (»Nusfjord Lanthandel«).

Moskenesøya versorgen »Reine Coop Marked«, »Sørvågen Handel«, »Joker Sørvågen« und »Å Daglivarer«.

Auf Værøy gibt's einen »Coop« und auf Røst einen »Joker«.

◎ **WOCHENMÄRKTE** gibt es keine im Inselreich. Lediglich der Marktplatz (Torget) in Svolvær am Hafen beim Touristenbüro kann in der Hochsaison ein wenig an einen Markt erinnern, wenn mobile Gemüse- und Obstverkäufer und meistens auch ein Fischwagen und ein aus Lappland anreisender Wurstwagen (auch Rentier- und Elchwurst) ihre Waren feilbieten. Am angrenzenden Kai verkaufen die Fischer Garnelen *(reker)* vom Kutter.

◎ **FISCH** ist im Supermarkt auf den Lofoten kaum billiger als in Mitteleuropa, oft auf Tiefkühlkost beschränkt, wobei *sei*, Seelachs, am preiswertesten ist (etwa 80 NOK/kg), vor allem der aus Alaska. Geräucherter, subventionierter Lachs aus Kanada ist kurioserweise billiger als der einheimische.

FRISCHEN FISCH gibt es auf Austvågøya nur in Svolvær, im Supermarkt »Coop« im AMFI-Einkaufszentrum sowie gegenüber im »Rimi«. Im Sommer steht auf dem Torget oft ein Fischwagen, der auch Trockenfisch verkauft. – Auf Vestvågøya verkauft »Ferskvare« in Leknes, Fjordgløtten 17 u.a. Trockenfisch sowie frisch geräucherten Lachs, auf Wunsch auch vakuumverpackt. – Auf Moskenesøya empiehlt sich in Reine »Anitas Sjømat« auf Sakrisøy (siehe Seiten 131 und 133).

◎ **GESUNDHEITSKOST**: auf Vestvågøya in Leknes, an der Hauptstraße: »Aslaugs Helsekost«, Storgt. 58, Tel. 760 82387. – In Svolvær auf Austvågøya ist »Helsekost Life« im Zentrum (gegenüber dem AMFI-Einkaufszentrum) ansässig, Tel. 760 70180.

◎ **ASIA-SHOPS** gibt's gleich zwei in Svolvær und obendrein nahe beieinander. Der größere heißt »Asia Butikk« (Roald Amundsens gata 19, Tel. 998 98714, Mo–Sa 10–17 Uhr) und überrascht mit einem enormen Angebot an Waren vor allem aus dem Mittleren Osten sowie auch aus Russland und Fernost, während »Asia Mat« (Roald Amundsens gata 8, Tel. 760 71700, Mo–Sa 11–16 Uhr) auf Fernost spezialisiert ist und einen weiteren Laden in Leknes unterhält (Storgata 31, Tel. 760 85425, Mo–Sa 11–17 Uhr).

MITTERNACHTSSONNE / POLARNACHT

Da die Achse der Erde nicht rechtwinklig zur Umdrehungsebene steht, sondern eine Neigung (23,5°) hat, die das ganze Jahr über konstant bleibt, kommen die Polgebiete zeitweise in den vollen Strahlungsbereich der Sonne (Mittsommernacht) bzw. zeitweise komplett aus ihm heraus (Polarnacht). Die Grenzzonen verlaufen bei 66,5° nördlicher sowie südlicher Breite. Diese beiden Schwellen sind die POLARKREISE. Am nördlichen Polarkreis bleibt die Sonne nur eine einzige Nacht – vom 22. zum 23. Juni – über dem Horizont. In Bodø herrscht der Tag, der die Nacht mit einbezieht, vom 2.6. bis 10.7. In Svolvær auf Austvågøya wird es zwischen dem 27.5. und 17.7. nicht dunkel, in Tromsø vom

17.5. bis 25.7. und am NORDKAP vom 13.5. bis 31.7.

So wie es am Polarkreis nur eine einzige Nacht lang hell bleibt, kommt es dort auch nur für einen einzigen Tag zur Polarnacht. In Bodø wird es zwischen dem 15.12. und 30.12. nicht mehr hell, in Svolvær verdunkelt die Polarnacht vom 8.12. bis 6.1. den Himmel, in Tromsø vom 25.11. bis 16.1., in Hammerfest, der nördlichsten Stadt der Welt, vom 20.11. bis 23.1. und am Nordkap ebenso vom 20.11. bis 23.1.

MÜLL-/TOILETTENENTSORGUNG

◎ Da es in Kreisen von Wohnmobilisten eingerissen ist, dass sie ihren Müll einfach irgendwo abstellen oder in privaten Müllcontainern entsorgen und/oder ihre Toiletten sogar irgendwo in der Natur entleeren, hat die »Lofoten Avfallsselskap« eine **KARTE** erstellt, die alle öffentlichen ABFALLEIMER und ENTSORGUNGSSTATIONEN für Wohnmobil-Toiletten lokalisiert: www.cleanup lofoten.no/map.

◎ Falls Sie in einer **PRIVATEN** Unterkunft – z.B. über Airbnb – wohnen, ist der Vermieter verpflichtet dafür zu sorgen, dass seine Gäste ihren Abfall entsorgen können. Ist dies nicht der Fall, kann man gelbe Säcke für Restmüll in den allermeisten Lebensmittelgeschäften kaufen und diese Säcke an der Hauptstraße abstellen, wo Sie der Müllwagen abholt.

MÜCKENSCHUTZ

Der »Fluch Lapplands« – Mücken und Bremsen, Fliegen und Kriebelmücken – ist nur vereinzelt im Inselreich unterwegs. Selbst im Juli, wenn man sich auf dem Festland stellenweise nur um sich schlagend und fluchend fortbewegt, hält sich das Aufkommen der Plagegeister in Grenzen.

NOTRUF

◎ **POLIZEI**: Tel. 112
◎ **KRANKENWAGEN**: Tel. 113.
◎ **FEUERWEHR**: Tel. 110.
◎ **SEENOTRETTUNG**: Tel. 120.

ÖFFNUNGSZEITEN

◎ **BANKEN**: Mo–Mi und Fr 8.30 –15 / 15.30 Uhr, Do bis 16.30 Uhr.

◎ **POSTFILIALEN**: in der Regel identisch mit denen des Supermarkts, in dem sie untergebracht sind.

◎ **GESCHÄFTE**: 9 –16/17 Uhr, Do bis 19/20, Sa bis 13 Uhr, So geschlossen. Supermärkte Mo–Sa 7/8–22/23 Uhr.

◎ ALKOHOLLADEN **VINMONOPOLET**: Mo–Mi 10 –16.30 Uhr, Do+Fr 10–18 Uhr (in Leknes Do nur bis 16 Uhr), Sa 10–15 Uhr. Siehe auch Seite 159.

◎ **TANKSTELLEN**: Mo–Sa normalerweise 8/9/10–20/21/22/24 Uhr. Sonntags geöffnet haben nur die Tankstellen in Svolvær und Leknes.

POST

◎ **PORTO**: Briefe (bis 20 g) und Postkarten kosten 18 NOK nach Mitteleuropa und sind 2–4 Tage unterwegs.

◎ Seit 2013 gibt es auf den Lofoten kein Postamt mehr, sondern nur noch Filialen in Supermärkten, die heißen **POST I BUTIKK**: auf Austvågøya in Svolvær (»Kiwi«, Sivert Nilsens gate 31), Kabelvåg (»Coop Extra«), Henningsvær (»Joker«), auf Vestvågøya Bøstad (»Spar«), Stamsund (»Joker«), Ballstad (»Joker«), Leknes (»Coop Extra«), Gravdal (»Matkroken«), auf Flakstadøya in Ramberg (»Bunnpris«), auf Moskenes-

Viele Unterkünfte, Museen u.a. öffnen (auf das Jahr bezogen) nicht an runden Daten, sondern am Wochenende davor oder danach; deshalb finden Sie in diesem Buch zum Teil Angaben wie »von Anfang Mai bis etwa 20.8.«.

PRAKTISCHER TEIL

øya in Reine (»Coop«), Sørvågen (»Joker«), fehlen noch Værøy (»Coop«) sowie Røst (»Joker«).

◎ **POSTE RESTANTE**: Wer (noch) keine feste Adresse vor Ort hat, sollte sich deshalb postlagernde Sendungen möglichst nur nach Svolvær (mit Postleitzahl 8300) oder Leknes (8370) schicken lassen.

Der Standardbriefkopf sieht so aus:
- Name
- Poste Restante
- N–Postleitzahl mit Ortsname
- Lofoten
- Norwegen

RAUCHEN

In öffentlichen Verkehrsmitteln und Gebäuden herrscht RAUCHVERBOT; dies gilt ebenso für Restaurants und Cafés, Bars, Kneipen, Discos etc.

Um in Norwegen Tabak oder Zigaretten kaufen zu dürfen, muss man 18 Jahre alt sein. 1 Packung Zigaretten (20 Stück) kostet ab 120 NOK, Tabak kommt auf 250 NOK (50 g); an Zigaretten bekommt man auf den Lofoten die auch von zu Hause her bekannten Marken, aber in Sachen Tabak gibt es in der Regel nur die norwegische Marke »Petterøes«: Petterøes No. 3 entspricht in etwa einem Halfzware Shag, Petterøes No. 2 einen Zware Shag.

SEEFAHRTSREGELN

Wer mit dem eigenen oder einem geliehenen Boot aufs Meer hinausfährt, sollte sich an folgendes halten:

◎ Benutzen Sie ein **TYPEN-ANERKANNTES** Boot. Vor dem Start prüfen Sie Boot und Motor.

◎ Machen Sie sich vertraut mit der **SICHERHEITSAUSRÜSTUNG** an Bord. An Grund-Ausrüstung müssen vorhanden sein: Schöpfgefäß, Ruder, Ruderplöcke, Tau, Doppelhaken, Signal und Schwimmwesten.

◎ Richten Sie sich nach dem **WETTER** und beachten Sie die Wettermeldungen. Benutzen Sie das Boot nur in den Gewässern, wo es sicher ist; für den Moskenstraumen und die anderen GEZEITENSTRÖME zwischen den Inseln sind kleine Boote ungeeignet!

◎ Sorgen Sie für typen-anerkannte **SCHWIMMWESTEN**.

◎ Nehmen Sie Rücksicht auf andere, seien sie **UMWELTBEWUSST**: Plastiksack für Müll nicht vergessen.

◎ **AUSGERUHT** und **NÜCHTERN** sollte ein Bootsführer sein.

◎ Geben Sie **BESCHEID**, wenn Sie hinausfahren. Sagen Sie auch, wohin es geht und für wie lange etwa. An KOMPASS (eventuell auch SEEKARTE) denken: Mitunter treten ganz rasch undurchdringliche Nebelbänke auf.

◎ In kleinen **PLASTIKBOOTEN** ruhig sitzen. Bei Platzwechsel immer nur eine Person auf einmal. Schuhwerk mit Gummisohlen benutzen.

◎ Bleiben Sie an Bord, falls das Boot **KENTERT**.

◎ Beachten Sie die **SEEFAHRTSREGELN**, weichen Sie rechtzeitig aus.

◎ **RESPEKTIEREN** Sie die zugelassenen HÖCHSTGESCHWINDIGKEITEN. Innerhalb eines Hafenbeckens stets langsam fahren.

SOUVENIRS

In den größeren Ortschaften wie Leknes und Svolvær, Kabelvåg und Henningsvær, Ramberg und Reine laden Kunstgewerbegeschäfte ein - auch mit HUSFLIDEN bezeichnet –, wo traditionell norwegische Produkte verkauft werden: so etwa die berühmten Strickpullover, Strickjacken etc. im Norweger-Muster, überhaupt Strickwaren jeder Art, Glas- und Zinnwaren, gewebte Wandteppiche nebst handbemalten Holzgegenständen, Textildrucken, Schmuck, Keramiken u.v.a. In Henningsvær und Vikten stellen Glasbläsereien teils ansprechende Arbeiten her, und auch Trolle stehen im »Land der Trolle« fast überall im Souvenir-Angebot. In Leknes und Svolvær bieten sich zudem Sportgeschäfte mit einer ordentlichen Auswahl an qualitativ hochwertigen Messern an (handgeschmiedete Klingen); beliebt als Mitbringsel sind aber auch Angel-Utensilien.

Den preisbewussten Urlaubern sei empfohlen, möglichst in denjenigen Geschäften zu kaufen, die dem TAX-FREE-System angeschlossen sind (siehe unten).

SPIRITUOSEN

Ohne Zweifel gibt es einen innigen ZUSAMMENHANG ZWISCHEN KLIMA UND TRINKGEWOHNHEITEN – und in Norwegen ist das Klima hart; je nördlicher man kommt, desto härter wird es, sprich: desto mehr wird getrunken – bis die gegen Ende des 19. Jhs. aufkommenden Absolutisten mit Erfolg gegen den »Teufel Alkohol« zu Felde zogen. Heute wird der Stoff, der das Walhalla der Wikinger erst zum Paradies machte, nur noch zu hohen Preisen (Wein ab 80 NOK, »harte Sachen« im Durchschnitt 350–400 NOK, 1 Dose Pils ab 22 NOK) über ein staatliches Ladennetz verkauft. Im Pub kostet der »halbe Liter« (oft nur 0,4 l) ab 80 NOK.

Der BALANCEAKT zur Drosselung des Verbrauchs FUNKTIONIERT offiziell gut, zum Vergleich: Laut WHO liegt der durchschnittliche Alkoholkonsum (reiner Alkohol) pro Kopf bei 10,9 l im Jahr, in Deutschland sind es 11,8 l (in Russland 15,1 l), während sich Norwegens Bürger mit rund 6 l begnügen.

Wer als Urlauber seiner Leber keine Ruhe gönnt, muss die Reisekasse belasten wie auch die Nerven strapazieren auf der Suche nach den rar gesäten ALKOHOLLÄDEN, die den Namen VINMONOPOLET A/S tragen und im Volksmund nur *Polet* heißen. Auf den Lofoten gibt es zwei Läden: in Svolvær auf Austvågøya im AMFI-Einkaufszentrum, Lofotgata 33 (Erdgeschoss, ganz hinten rechts); sowie in Leknes auf Vestvågøya im Einkaufszentrum LOFOTSENTER an der Hauptstraße, Storgata 8. Öffnungszeiten s.S. 157.

Bis Sommer 2008 gab es in der gesamten Vågan-Gemeinde Bier nur in speziellen Bierläden (ØLUTSALG) zu kaufen. Doch dann kam es zu einem Volksentscheid, und seitdem ist der Gerstensaft auch hier (wie in den anderen Lofoten-Gemeinden) im Supermarkt erhältlich: aber MO–FR NUR BIS 18 UND SA BIS 15 UHR sowie NUR AN PERSONEN AB 18 JAHREN.

Nur Leichtbier (2,8 %) und alkoholfreies Bier ist stets zu erstehen (Kioske, Tankstellen, Supermärkte etc.).

Der Gerstensaft ist von hoher Qualität. Die Lofoter schwören übrigens auf Bier von MACK aus Tromsø, der »nördlichsten Brauerei der Welt«.

TAX-FREE-SYSTEM

Ob Kunstgewerbe, Schmuck, Holzarbeiten, Keramik, Glas, Silber-, Bronze-,

Emaillewaren oder Porzellan, ob Outdoor-Ware oder Kleidung allgemein: Kaufen Sie möglichst nur in solchen Geschäften, die der Tax-free-Aufkleber markiert. Bei WAREN IM WERT AB 315/290 NOK (je nach Mehrwertsteuersatz) wird dort ein TAX-FREE-Scheck ausgestellt, mit dem auf Fähren, an Flughäfen und größeren Grenzübergängen ein Teil der Mehrwehrtsteuer abzüglich einer Gebühr in bar vergütet wird; dabei muss man einen Pass oder Personalausweis vorlegen sowie den Wohnsitz außerhalb Skandinaviens haben. Die Ware darf vor der Ausreise offiziell nicht gebraucht werden (was auf den Fähren jedoch niemand kontrolliert) und ist maximal vier Monate nach Kauftermin auszuführen.

◎ **INFORMATION**: Global Blue Norge, Tel. 800 3211 1111, www.globalblue.com.

TELEFON

Öffentliche Telefonzellen gibt's keine mehr auf den Inseln.

◎ **INLAND**: In Norwegen gelten ACHTSTELLIGE TELEFONNUMMERN ohne Vorwahl. Ob Sie auf den Lofoten eine Rufnummer in Oslo oder auf den Lofoten selbst anwählen – egal, alle acht Ziffern sind zu tippen.

◎ **AUSLAND**: Um mit dem Ausland zu telefonieren, wählen Sie zuerst 00, danach die Landeskennzahl, die Ortsnetzkennzahl (Vorwahl) ohne 0 sowie die gewünschte Rufnummer. Landeskennzahlen: Deutschland 49, Österreich 43, Schweiz 41, Niederlande 31, Belgien 32, Luxemburg 352.

◎ Seit 2017 fallen im EU-Ausland sowie in Norwegen **KEINE ROAMING-GEBÜHREN** mehr an, so dass man vor Ort mit der heimischen SIM-Karte ohne Zusatzkosten mobil telefonieren kann. Die europäischen Telekom-Unternehmen können sich für die Auslandsnutzung ihrer Kunden gegenseitig Kosten in Rechnung stellen. Der heimische Anbieter zahlt dem ausländischen dafür, dass sein Kunde zeitweise dessen Netz nutzt. Die erlaubten Obergrenzen liegen bei 3,2 Cent/Minute für Anrufe und 1 Cent je SMS.

TOILETTEN

Auf der Webseite www.cleanuplofoten.no/map sind nicht nur die Entsorgungsstationen für Müll und Wohnmobil-Toiletten auf den Lofoten verzeichnet, sondern auch alle öffentlichen Toiletten.

TRINKGELD

Trinkgelder sind in Norwegen nicht üblich, da neben der Mehrwertsteuer die Bedienung im Endbetrag enthalten ist – doch eine Aufrundung wird gern entgegengenommen. Vor allem im Restaurant hat es sich eingebürgert, die Summe aufzurunden. Taxifahrer erwarten rund 10 %.

ZEIT

In Norwegen gilt – wie in Mitteleuropa auch – die MEZ und auch die Sommerzeit (vom letzten März- bis zum letzten Oktoberwochenende).

ZEITUNGEN

Deutschsprachige Zeitschriften und Zeitschriften sind während der Saison (Mitte Juni bis Mitte August) in den Kiosken von Svolvær aufzutreiben. Die umfangreichste Auswahl hat der Zeitschriftenladen am Torget/Marktplatz.

Norwegische Mobilfunknummern erkennt man an der ersten Ziffer, entweder eine »9« oder eine »4«.

Wörterkladde

Ein Land, zwei Sprachen

Die älteste in Norwegen nachweisbare Sprache ist das URNORDISCHE, das im 2. Jh. auftauchte und mit den gemeingermanischen 24 Runen geschrieben wurde. Gegen 600 n.Chr. wurde aus dem Urnordischen das ALTWESTNORDISCHE, das ins Ältere Altwestnordische (Wikingerzeit – Runen) sowie ins Jüngere Altwestnordische (bis 1350 – lateinische Buchstaben) zerfiel.

Als 1314 der königliche Hof von Bergen nach Oslo umzog, wandelte sich das Altwestnordische zum MITTELNORWEGISCHEN, das 1525 vom DÄNISCHEN abgelöst wurde, da die Dänen damals die Herren auch über Norwegen waren. So blieb es bis ins 19. Jahrhundert hinein, und als Norwegen 1814 aus der Union mit Dänemark austrat, hatten die Norweger die DÄNISCHE SCHRIFTSPRACHE, sprachen aber zahlreiche Dialekte, die nationalbewusste Zeitgenossen als Norwegisch bezeichneten.

Das Nationalbewusstsein war erwacht – eine eigene Schriftsprache musste her. Die Sprachenfrage wurde ein heiß umstrittenes Thema: Es entstanden zwei Lager, und jedes begab sich an die Arbeit. Das eine wollte das Dänische als Ausgangspunkt nehmen und es Wort für Wort »norwegisieren«. Das andere Lager empfand solches Vorgehen als unzureichend und wollte gleich eine neue norwegische Sprache schaffen, die auf einem »rein« norwegischen Dialektsubstrat aufzubauen sowie durch altnordische Elemente zu ergänzen sei.

Auf diese Weise entstanden zwei Schriftsprachen, das *Riksmål,* das heute BOKMÅL genannt wird, sowie das *Landsmål,* heute als NYNORSK gebräuchlich. 1985 wurden BEIDE ALS OFFIZIELLE Schriftsprachen Norwegens anerkannt; während die (nicht nur) ländliche Bevölkerung vor allem des Südwestens und des Westens auf Nynorsk schwört, halten es der Großraum Oslo, Wirtschaft, Verwaltung, Literatur sowie das Gros der Presse mit dem Bokmål.

Zur Zeit sprechen 13 % der Bevölkerung regelmäßig Nynorsk, weshalb öffentliche Formulare stets zweisprachig sind. Und sogar für den Landesnamen existieren zwei parallele Varianten, wie auf Banknoten und Briefmarken dokumentiert: NORGE steht für Bokmål, NOREG für Nynorsk.

Die Lofoter sprechen hauptsächlich Bokmål oder – wenn sie unter sich sind – ihren eigenen Lofoten-Dialekt. Englisch versteht fast jeder, auch mit Deutsch kommt man gut durch, und wer »norddeutsches Platt« spricht, wird oft verstanden und kann selbst viel verstehen.

Man kommt immer irgendwie zurecht. Wer sich jedoch die Mühe gibt, seine Wünsche in der Landessprache zu artikulieren, wird auf offenere Ohren stoßen.

PRAKTISCHER TEIL

Das Duzen ist in Norwegen üblich. Lediglich die Mitglieder des Königshauses, einige hoch gestellte Amtsträger und ältere Menschen, denen man ausdrücklich Respekt zollen möchte, sollten gesiezt werden.

Aussprache/Betonung

Die Vokabeln zu kennen ist eine Sache, sie richtig auszusprechen und zu betonen eine andere.

◎ **VOKALE**: In der Orthographie weist die norwegische Sprache mehrere BESONDERHEITEN auf. Es sind dies die Buchstaben:

- *å* und *Å* = o (O), wie in »Nord«
- *æ* und *Æ* = ä (Ä)
- *ø* und *Ø* = ö (Ö)

Die übrigen Vokale sprechen sich wie im Deutschen aus, *o* jedoch meistens wie »u« und *u* wie »ü«.

◎ Mit den **KONSONANTEN** ist es etwas schwieriger:

- *d* ist stumm vor s und nach n sowie l und als Endkonsonant nach r und l
- *g* wird vor i und y wie »j« ausgesprochen
- *gj* wird wie »j« ausgesprochen
- *h* vor j und v ist stumm
- *k* vor i und y wird wie «ch» ausgesprochen
- *kj* ebenfalls wie »ch«, nach Vokalen hingegen wie »i«, sonst wie »j«
- *s* ist stimmlos (geht in vielen Dialekten schon in Richtung »sch«)
- *sk* wird vor i und j wie »sch« ausgesprochen
- *sj* stets wie »sch«
- *tj* stets wie »ch«
- *v* wie »w«

Auf Karten und Schildern werden Sie gelegentlich bemerken, dass Namen ein »et«, »en« oder »a« angefügt ist. Es handelt sich hierbei um **BESTIMMTE ARTIKEL**, die, anders als im Deutschen, an das Substantiv gehängt werden: »et« und »en« stammen aus dem Bokmål, »a« aus dem Nynorsk. Das Anhängen des bestimmten Artikels an das Substantiv ist eine Eigenheit der skandinavischen Sprachen.
Streng genommen, müsste es im Deutschen der (Gipfel) Glomtind heißen anstatt der Glomtinden. – Doch selbst Profis, die tagtäglich mit den skandinavischen Sprachen umgehen, verwenden die vor Ort übliche Schreibweise, gebrauchen sie quasi als Eigennamen.
Einzige Ausnahmen in diesem Reiseführer sind die eingedeutschte Bezeichnung Fjord (Vestfjord statt Vestfjorden) sowie dal für Tal (Rangeldal statt Rangeldalen). Ebenso haben wir auf den angehängten Artikel verzichtet, wenn dies auf den für Wanderer wichtigen norwegischen topografischen Karten so gehandhabt wurde – um Missverständnisse draußen im Gelände auszuschließen.

Mini-Lexikon

GRUNDZAHLEN

1: *en*
2: *to*
3: *tre*
4: *fire*
5: *fem*
6: *seks*
7: *syv, sju*
8: *åtte*
9: *ni*
10: *ti*

Um die jeweiligen Wörterlisten besser überschauen zu können, finden Sie Begriffe zu Topografie und Wetter bei den Wanderungen (siehe Seiten 243+246) sowie ein Kulinarisches Lexikon unter »Essen und Trinken« (siehe Seite 132 f.).

11: *elleve* (sprich: ellw)
12: *tolv* (sprich: toll)
13: *tretten* (sprich: tr'etn)
14: *fjorten* (sprich: fj'uhrtn)
15: *femten* (sprich: femtn)
16: *seksten* (sprich: s'e-istn)
17: *sytten* (sprich: s'ütn)
18: *atten* (sprich: otn)
19: *nitten* (sprich: n'itn)
20: *tjue, tyve*
25: *tjuefem, femogtyve*
30: *tretti*
40: *førti*
50: *femti*
60: *seksti*
70: *sytti*
80: *åtti*
90: *nitti*
100: *hundre*
150: *hundreogfemti*
200: *to hundre*
1000: *tusen*

ORDNUNGSZAHLEN

1.: *første*
2.: *andre*
3.: *tredje*
4.: *fjerde*
5.: *femte*
6.: *sjette*
7.: *sjuende*
8.: *åttende*
9.: *niende*
10.: *tiende*
100.: *hundrede*
1000.: *tusende*

ZEITBEGRIFFE

Montag: *mandag*
Dienstag: *tirsdag*
Mittwoch: *onsdag*
Donnerstag: *torsdag*
Freitag: *fredag*
Samstag: *lørdag*
Sonntag: *søndag*

Januar: *januar*
Februar: *februar*
März: *mars*
April: *april*
Mai: *mai*
Juni: *juni*
Juli: *juli*
August: *august*
September: *september*
Oktober: *oktober*
November: *november*
Dezember: *desember*

Frühling: *vår*
Sommer: *sommer*
Herbst: *høst*
Winter: *vinter*

Sekunde: *sekund*
Minute: *minutt*
Stunde: *time*
Tag: *dag*
Woche: *uke*
Monat: *måned*
Jahr: *år*
Werktag: *hverdag/kvardag*
Feiertag: *helligdag*

ALLGEMEINES

ja/nein: *ja/nei*
Entschuldigung: *unnskyld*
Bitte: *vær så snill!*
Danke: *takk!*
Vielen Dank: *tusen takk!*
Sprichst du Deutsch: *Snakker du tysk?*
Ich verstehe nicht: *jeg forstår ikke*
Mann: *mann*
Frau: *kvinne, dame* oder *frue* (Ehefrau) oder *fru* (Anredeform)

Sohn/Tochter: *sønn/datter*
Wie heißt du: *hva heter du?*
Mein Name ist ...: *jeg heter ...*
Ich bin auf Urlaub: *jeg er på ferie*
Hallo: *hei!*
Guten Tag: *god dag*
Guten Abend: *god aften*
Gute Nacht: *god natt*
Auf Wiedersehen: *farvel, adjø*

RUND UMS FAHRZEUG

Wie komme ich nach ...:
Hvordan kommer jeg til ...?
Wieviele Kilometer sind es bis ...:
Hvor mange kilometer er det til ...?
Wo ist die nächste Tankstelle:
Hvor er nærmeste bensinstasjon?
Bitte volltanken: *Full tank, takk*
Zeigst du mir das bitte auf der Karte:
Kan du vise meg det på kartet?
Wie weit ist das: *Hvor langt er det?*
Darf ich hier parken:
Kan jeg parkere her?
Es ist ein Unfall passiert:
Det er skjedd et ulykke
Mein Auto hat eine Panne:
Bilen har motorstopp
Der Motor springt nicht an:
Motoren vil ikke starte
Mein Auto hat eine Reifenpanne:
Bilen har punktert
Bilverksted: Autowerkstatt
Blindvei: Sackgasse
Bomvei: Mautstraße
Dårlig veidekke: schlechte Fahrbahn
Enveiskjøring: Einbahnstraße
Fartsgrense:
Geschwindigkeitsbegrenzung
Forbudt: verboten
Forbikjøring forbudt:
Überholen verboten
Gjennomkjøring forbudt:
Durchfahrt verboten
Innkjørsel: Einfahrt
Kjør sakte: langsam fahren
Lekeplass: Kinderspielplatz
Livsfare: Lebensgefahr
Omkjøring: Umleitung
Privat vei: Privatweg
Rett frem/fram: geradeaus
Stengt: geschlossen
Stopp: Halt
Stopp forbudt: Halten verboten
Svake kanter:
Fahrbahnrand nicht befahrbar
Toll: Zoll
Veiarbeid: Baustelle

Abblendlicht: *nærlys*
Abschleppdienst: *redningstjeneste*
Achse: *aksel*
Anlasser: *selvstarter*
Auspuff: *eksosrør*
Auto: *bil*
Autofähre: *bilferje*
Autovermietung: *bilutleie*
Batterie: *batteri*
Benzin: *bensin*
Blinker: *blinklys*
Bremse: *bremse*
Dichtung: *pakning*
Ersatzrad: *reservehjul*
Fehler: *feil*
Fernlicht: *fjernlys*
Führerschein: *førerkort*
Getriebe: *gir*
Handbremse: *håndbremse*
Hupe: *horn*
Keilriemen: *vifterem*
Kühler: *kjøler*
Lenkrad: *ratt*
Leihwagen: *leiebil*
Moped: *moped*
Motor: *motor*
Motorrad: *motorsykkel*
Öl: *olje*

Um die jeweiligen Wörterlisten besser überschauen zu können, finden Sie Begriffe zu Topografie und Wetter bei den Wanderungen (siehe Seiten 243+246) sowie ein Kulinarisches Lexikon unter »Essen und Trinken« (siehe Seite 132 f.).

Panne: *uhell, motorstopp*
Reifen: *dekk*
Rücklicht: *baklys*
Scheinwerfer: *frontlys*
Sicherheitsgurt: *sikkerhetsbelte*
Sicherung: *sikring*
Straße: *gate*
Ventil: *ventil*
Vergaser: *forgasser*
Verteiler: *fordeler*
Werkstatt: *bilverksted*
Windschutzscheibe: *frontglass*
Zündkerze: *tennplugg*
Zündschlüssel: *tenningsnøkkel*
Zündung: *tenning*
Zylinder: *sylinder*
Zylinderkopfdichtung: *topp-pakning*

ARZT/APOTHEKE

Arzt, Zahnarzt: *lege, tannlege*
Apotheke: *apotek*
Chirurg: *kirurg*
Frauenarzt: *kvinnelege*
Hals-, Nasen-, Ohrenarzt:
øre-, nese- hals-spesialist
Internist: *indremedisiner*
Kinderarzt: *barnelege*
Unfallstation: *legevakt*
Erste Hilfe: *førstehjelp*
Wo ist hier eine Apotheke:
Hvor er det et apotek?
Ich habe ein Rezept: *Jeg har en resept*
Ich möchte ...: *Jeg vil gjerne ha*
ein Beruhigungsmittel:
et beroligende middel
ein Hustenmittel:
et middel mot hoste
ein Schlafmittel: *et sovemiddel*
ein Mittel gegen: *et middel mot*
Durchfall: *diare*
Erkältung: *forkjølelse*
Halsschmerzen: *halssmerter*
Kopfschmerzen: *hodepine*
Zahnschmerzen: *tannverk*
Antibabypille: *p-pille*
Antibiotikum: *antibiotika*
Binde: *bind*
Hustensaft: *hostesaft*
Kamille: *kamille*
Magentropfen: *magedråper*
Pflaster: *plaster*

POST

Wo ist das nächste Postamt:
Hvor er nærmeste postkontor?
Wo ist ein Briefkasten:
Hvor er det en postkasse?
Absender: *avsender*
Adresse: *adresse*
Ansichtskarte: *prospektkort*
Brief: *brev*
Briefmarke: *frimerke*
Briefumschlag: *konvolutt*
Drucksache: *trykksak*
Einschreiben: *rekommandert brev*
Empfänger: *mottakker*
Formular: *blankett*
Gebühr: *gebyr*
Gewicht: *vekt*
Luftpost: *luftpost*
Paket: *pakke*
postlagernd: *poste restante*
Telefon: *telefon*
Vermittlung: *sentral*

ÜBERNACHTEN

Wo ist eine gute Unterkunft:
Hvor er et godt overnatningssted?
Hast du ein freies Zimmer:
Har du et ledig rom?
Hast du eine freie Hütte:
Har du en ledig hytte?
Ich habe ein Zimmer bestellt:
Jeg har bestilt et rom
Kann ich das Zimmer ansehen:
Kan jeg få et blikk på rommet?

Ich bleibe eine Nacht/Tage/Wochen: *Jeg blir en natt/dager/uker)*
Wieviel kostet das Zimmer je Tag/ Wohe: *Hvor mye koster rommet per døgn / uke?*
Einzelzimmer: *enkeltrom*
Dopppelzimmer *dobbeltrom*
Dusche: *dusj*
Balkon: *balkong*
mit: *med*
ohne: *uten*
Toilette: *toalett*

EINKAUFEN

Wo hast du ... : *Hvor har du ...?*
Wieviel kostet ...: *Hvor mye koster ...?*
Das gefällt mir (nicht): *Dette liker jeg (ikke)*
Gib mir ...: *Gi meg ...*
Das ist zu ...: *Det er for ...*
- teuer: *dyrt*
- klein: *liten*
- groß: *stort*
- kurz: *kort*
- lang: *langt*

Ich möchte gerne ... kaufen: *Jeg vil gjerne kjøpe ...*
Brot: *brød*
Schwarzbrot: *dansk rugbrød*
Fladenbrot: *flatbrød*
Knäckebrot: *knekkebrød*
Weißbrot: *loff*
Brötchen: *rundstykke*
Käse: *ost*
Milch: *melk*
Vollmilch (3,9 %): *helmelk,* abgekürzt *H-Melk*
Halbfett-Milch (1,5 %): *lettmelk*
Magermilch (0,1 %): *skummet melk*
Buttermilch (3,8 %, eher mit Kefir zu vergleichen): *kulturmelk*
Buttermilch (0,1 %): *skummet kulturmelk*
Sauermilch: *surmelk*
Saure Sahne (35 %): *seter-rømme*
Saure Sahne (20 %): *lett-rømme*
Sahne: *fløte*

ÖFFENTLICHE VERKEHRSMITTEL

Abfahrt: *avgang*
Ankunft: *ankomst*
ausgenommen (Fahrplan): *unntatt*
Bahnhof: *stasjon*
Fahrkarte: *billett*
Kinderfahrkarte: *barnebillett*
Rückfahrkarte: *returbillett*
Erste Klasse: *første klasse*
Nichtraucher: *ikke-røkere*
Taxi: *drosje*
Bus: *buss*
Haltestelle: *stoppested*
Zug: *tog*
Flugzeug: *fly*
Flughafen: *flyplass*
Schiff: *skip*
Fähre: *ferje*
Hafen: *havn*
Wie komme ich zum Bahnhof (Hafen, Flughafen): *Hvordan kommer jeg til stasjonen (havn, flypass)?*
Wohin willst du: *Hvor skal du hen?*
Ich will nach ...: *Jeg skal til ...*
Welcher Bus geht nach ...: *Hvilken buss går til ...?*
Welche ist die beste Verbindung nach ...: *Hva er den beste forbindelsen til ...?*
Wann fährt der nächste Zug nach ...: *Når går det neste tog til ...?*
Einmal zweiter (erster) Klasse nach ...: *En enkelbillett andre (første) klasse til ...*
Wie lange ist die Karte gültig: *Hvor lenge gjelder billetten?*
Hält der Zug in ...: *Stanser toget in...?*
Verzeihung, ist dieser Platz besetzt: *Unnskyld, er denne plassen opptatt?*

Blick auf einen Teil der Bucht Skokkelvika mit dem gleichnamigen Dorf, an der Südküste von Vestvågøya ▶

Inselrouten

12 Wege im Inselreich

Allemannsretten – das Jedermannsrecht

DIE LAST MIT DEM GAST

»Freiheit in der Verantwortung« – ist der Hintergrund des über Jahrhunderte gewachsenen Allemannsretten, das in Norwegen (und ebenso in Schweden und in Finnland) den Aufenthalt und die Fortbewegung in der freien Natur regeln soll. Dieses ungeschriebene Recht, von dem sich großzügige Zugeständnisse ableiten lassen, konnte nur in den dünn besiedelten Gebieten des Nordens entstehen, ist aber gerade heute mit Pflichten verbunden, bedeutet es im Zeitalter des Tourismus doch auch für die nordeuropäische Natur durchaus eine gewisse Belastung.

Vor allem ausländische Besucher, die es einfach nicht gewohnt sind, sich frei in weitläufiger Natur bewegen zu können, aber auch Norweger ohne Sinn für die Natur interpretieren das Allemannsretten ohne Nachdenken als »das Recht von jedermann, im hohen Norden tun und lassen zu können, was man gerade möchte«. Dementsprechend müssen immer wieder Bäume als Brennholz oder landwirtschaftlich genutzte Flächen als Picknickplätze herhalten, werden Einsaaten zertrampelt, Heuwiesen, selbst Parkanlagen und Gärten bezeltet und Privatwege befahren. Unter einigen Wohnmobil-Touristen herrscht die (strafbare!) Unsitte, ihr Chemie-WC in öffentliche Klos, Müllcontainer, auf der Straße oder in Seen zu entleeren. – In Deutschland gibt es Reiseliteratur für Wohnmobilisten, die ein paar rhetorische Feigenblätter platziert und ihre Leser zu gepflegtem Verhalten auffordert, um im selben Buch einen Gratis-Stellplatz nach dem anderen anzupreisen, freilich mit GPS-Angaben. Dies ist gewiss geschäftsträchtig, ignoriert jedoch die Realität und Regeln vor Ort, wo es immer wieder Ärger gibt, spätestens wenn sich die Wohnmobile an solchen (vermeintlich stillen) Plätzen geradezu aufreihen.

Angesichts dieser AUSWÜCHSE ist es kaum verwunderlich, dass in ganz Skandinavien die Zahl derer wächst, die das Allemannsretten einschränken oder aufheben wollen, zumindest für ausländische Gäste. Ohnehin gilt es – streng genommen – NUR FÜR NICHT-MOTORISIERTE REISENDE!

Sollte es wirklich eines bösen Tages dazu kommen, müssen einmal mehr die Verantwortungsbewussten unten den Verantwortungslosen leiden; so sollte sich auch niemand genieren, Übeltäter anzusprechen sowie sie in schlimmen Fällen sogar anzuzeigen!

Und so ziehen auf Kompetenz achtende deutschsprachige Publikationen den norwegischen Namen Allemannsretten dem deutschen Begriff Jedermannsrecht vor, da dieser einfach zu viele Missverständnisse in sich begünstigt.

ALLEMANNSRETTEN: OHNE REGELN FUNKTIONIERT ES NICHT

ES IST ERLAUBT:

◎ **FREIES GELÄNDE** ohne Erlaubnis zu durchqueren, als Wanderer, Reiter oder Skiläufer;

◎ wild wachsende Blumen zu **PFLÜCKEN**, Beeren u. Pilze zu **SAMMELN**, außer auf Privatgrundstücken oder im Bereich von Anpflanzungen;

◎ eine Nacht lang in freier Natur zu **ZELTEN**, wobei ein paar hundert Meter Distanz zur nächsten Siedlung eingehalten werden sollten; ist das Grundstück jedoch einer Siedlung zuzuordnen, ist dort **UM ERLAUBNIS** zu fragen; die Erlaubnis ist prinzipiell einzuholen, sofern es sich um eine Gruppe handelt, ebenso möchte man eine zweite Nacht vor Ort bleiben;

◎ mit herumliegenden Ästen und Reisig unter größter Vorsicht **FEUER** zu machen, sofern keine Brandgefahr besteht und wenn es nicht ausdrücklich verboten ist; bei längerer Trockenheit ist **OFFENES FEUER** im Freien grundsätzlich verboten;

◎ an Ufern zu **BADEN**, die nicht erkennbar zu Grundstücken gehören;

◎ an den Meeresküsten zu **ANGELN**, nicht aber in Binnengewässern.

ES IST NICHT ERLAUBT:

◎ ohne Erlaubnis **HÖFE, HÄUSER** oder Siedlungen zu betreten bzw. zu durchqueren;

◎ **BESTELLTE ÄCKER**, eingezäuntes oder anderweitig abgegrenztes Terrain zu betreten;

◎ **ZÄUNE** zu beschädigen oder geschlossene GATTER offen zu lassen;

◎ mit dem **PKW** bzw. motorisierten Fahrzeugen befestigte Wege zu verlassen. Da im Gelände AUF PRIVATWEGEN FAHRVERBOT herrscht, dürfen Sie **WOHNMOBILE** oder **WOHNWAGEN**-Gespanne nur im Anschluss an Fahrstraßen abstellen. Ohnehin gilt das Allemannsretten nicht für motorisiert Reisende – deren Übernachten am Wegesrand beruht allein auf der Kulanz der Gastgeber;

◎ **BÄUME UND BÜSCHE** zu fällen, Zweige oder Äste abzubrechen, Borke oder Rinde abzuschälen, das gilt auch für entwurzelte Bäume;

◎ störenden **LÄRM** zu verursachen;

◎ **PFLANZEN**, die UNTER NATURSCHUTZ stehen, zu pflücken oder auszugraben;

◎ **VOGELNESTER**, Nisthöhlen etc. zu beschädigen oder zu plündern bzw. Vogeleier zu entnehmen;

◎ **AUF FELSGESTEIN** Feuer zu entfachen, da es bei großer Hitze zerspringen kann; der jahrtausendealte Stein muss nicht einem kurzfristigen Vergnügen zum Opfer fallen;

◎ **ABFALL** an Raststellen zu hinterlassen – das Vergraben ist keine gute Lösung, weil es Tiere gibt, die diesen Abfall wieder ausgraben und sich, beispielsweise an scharfkantigen Konservenbüchsen, verletzen können;

◎ Toilettentanks außer an Tankstellen und auf Campingplätzen zu **ENTLEEREN**; EXKREMENTE sind zu vergraben.

Route 1: Austvågøya – Svolvær

HAUPTSTADT, KLEIN UND FEIN

»Noch verdeckte Nebel die Berge... Aber dann! Der Nebel begann sich aufzulösen ... Das unterste Stück der schneebedeckten, von der Sonne beschienenen Bergseite wurde in seiner strahlenden Pracht sichtbar. Mehr und mehr zog sich die Nebeldecke nach oben, und unter der untersten Kante sahen wir die steilen, wilden Berghänge, die zu sinken schienen, während sich die Nebeldecke hob. Höher und immer höher stieg sie. Immer mehr Berge, immer mehr Steilwände, große, schneebedeckte Berghänge und dazwischen schwarze, spitze Gipfel in überraschenden Formen wurden sichtbar. Endlich wurden die höchsten messerscharfen Gipfel frei und ragten nun dem tiefen blauen Himmel entgegen, wo sich der Nebel augenblicklich auflöste. Ja, es kann nicht abgestritten werden – ein imponierender Anblick: Das Reinste des Reinen, das Kälteste des Kalten, das Unberührteste des Unberührten, das Vornehmste, was man sich denken kann.«

Von solcher Art also war – in den Worten von Christian Krohg (»Der Kampf ums Dasein«) – der Lofoten-Anblick von Svolvær aus, der Archipel-Metropole, gegen Ende des 19. Jhs. Auch der Reisende unserer Tage wird das Bild stimmig finden, die Kulisse hat nichts von ihrer Dramatik verloren. Svolvær breitet sich auf den Halbinseln Storøya und Litløya sowie auf den Schären Svinøya und Kjeøya aus, und zählt als größte Stadt des Inselreiches rund 4.600 Einwohner.

Als Fischerdorf existiert Svolvær schon seit dem Mittelalter, 1760 erhielt der Ort die Handelsprivilegien, 1918 die Rechte einer Landstadt. Heute ist Svolvær Verkehrsknotenpunkt und Verwaltungszentrum der Region, Sitz der Lofoten-Fischereiverwaltung und auch einer der größten Zeitungen Nordnorwegens, der »Lofotposten«. Ein paar Industriebetriebe gibt es auch – deren Metier sind vorwiegend Schiffbau und -ausrüstung sowie die Fischverarbeitung.

Für Touristen ist Svolvær wegen seiner perfekten Infrastruktur und vorzüglichen Einkaufsmöglichkeiten von Bedeutung; zudem gibt es eine große Dichte an Unterkünften, Restaurants und Cafés, mehrere Galerien und viele Ausflugsmöglichkeiten.

IM VISIER DES GELDADELS

Seit zwanzig Jahren hat der Tourismus Svolvær immense Wachstumsschübe beschert. Insbesondere in Geldadelkreisen aus dem Süden des Königreiches mit Schwerpunkt Oslo war es plötzlich angesagt, in der Archipelmetropole eine »Stadtwohnung« für Wochenend- und Sommerreisen zu besitzen, und in der Folge kam es zu einem für Nordland einzigartigen Bauboom, in dessen Rahmen mit Millionenaufwand sowie Macht versucht wurde und wird, alles Alte durch Architektur zu überwinden. Die Immobilienpreise explodierten entsprechend, mehr und mehr Luxusyachten sind im Sommer am Kai vor dem Marktplatz (Torget) vertäut, der sich inzwischen als cooles Granitquadrat präsentiert. Die alten Lagerhäuser ringsum wurden vielfach in GESTYLTE Designer-

Svolvær, Hauptstadt der Lofoten: unten bei »Magic Ice« (siehe Seite 174, Foto/ Copyright: CH / Visitnorway.com), oben die Svolværgeita, ein Wahrzeichen der Stadt und Terrain für Kletterer (organisierte Touren siehe Seite 142) ▶

wohnungen verwandelt, sofern nicht gleich die Abrissbirne eingesetzt wurde, um Platz für glasschimmernde Neubauten wie das Kulturhaus (2009) am Hurtigrutenkai zu schaffen, dazu als Anbau ein 10-stöckiges Hotel mit Tiefgarage.

STADTSPAZIERGANG

◎ Beginnen wir den Bummel also da, wo alle beginnen, da alle dort parken: auf dem großen Parkplatz (2 Stunden gratis) vor dem **AMFI-EINKAUFSZENTRUM**, das der ganze STOLZ der Städter ist, die sich in der modernen Entsprechung eines Kaufhauses in klimatisierter Luft dem Shopping hingeben. Gut 30 Läden sind darin versammelt (1), darunter drei Sportgeschäfte, Naturkostladen, Apotheke, Lokale und last not least »Vinmonopolet« – der inselweit einzige Alkoholladen.

◎ Aus dem Hauptausgang raus und die Straße TORGGATA überquert, gelangt man zu der Betonkiste des alten SENTER, das seit den frühen 1990ern das war, was das AMFI heute ist. Jetzt ist es zum Teil verwaist, einige Ladenlokale stehen leer, da 4.500 Einwohner nicht so viel benötigen, was gleich zwei Shoppingzentren hergeben. Gegenüber dann das **RATHAUS**, in dem auch das **KINO** untergebracht ist. (2)

◎ Die Storgata führt vorbei am Rathaus und über die Roald Amundsen gt. (mit zwei Asia-Läden) zur Richard Withs gt. 4, wo ein geschmackvoll dekoriertes Schaufenster einlädt, **GALERIE & ATELIER** von DAGFINN BAKKE zu besuchen, ein bekannter Lofoten-Künstler. Mo–Fr 11– 15, Do bis 19, Sa bis 14 Uhr. Tel. 760 71998. www.dagfinnbakke.no. (3)

◎ Geradeaus erhebt sich der graue Steinbau der früheren Hauptpost, der nun das **LOFOTEN KRIGSMINNEMUSEUM** beherbergt. Es ist der Kriegszeit auf den Lofoten gewidmet und zeichnet mit vielen Fotos, Dokumenten etc. ein Bild der für die Norweger durch Deutsche dunklen Zeit. Die Ausstellung umfasst sehr viele Exponate, die Texte liegen wurden teils ins Englische, teils (auch) ins Deutsche übersetzt. 1.6.–30.9. Mo–Sa 10 – 16 Uhr, So 12–15 und 18–22 Uhr, sonst 18.30–22 Uhr. Telefon 917 30328. Eintritt 100/30 NOK. www.lofotenkrigmus.no. (4)

◎ Rechter Hand neben dem Gebäude finden sich die Haltestellen für sämtliche LOFOTBUS-Verbindungen. Links, nur ein paar Meter entfernt, öffnet sich der **TORGET**, der Marktplatz, das neu GESTYLTE Zentrum Svolværs mit den markanten Glas-Neubauten von Kulturhaus mit Thon Hotel (2009) sowie Lofoten SuiteHotel (2010). Ans Meer grenzt der FÄHRKAI, und direkt rechts liegt das ausgeschilderte Touristenbüro. Auf dem Marktplatz bieten im Sommer ein paar mobile Händler Obst, Gemüse sowie Trockenfisch (Kilopreis um 1.100 NOK) feil. (5)

◎ Schräg gegenüber, direkt am Hafenbecken, erhebt sich das **KULTURHUS** mit dem angebauten gläsernen Turm des THON-HOTELS, das mit seinen 10 Stockwerken das höchste Gebäude der Lofoten ist.

◎ Ins Kulturhaus integriert ist das **NORDNORSK KUNSTNERSENTER**, wo man sich über Kunst und Künstlermilieu informieren, Wechselausstellungen und eine Verkaufsgalerie besuchen kann. Di–So 10–16 Uhr. Entré frei. www.nnks.no. (Siehe auch Seite 78.)

Die Ziffern in Rot beziehen sich auf unseren Svolvær-Stadtplan auf Seite 173.

SVOLVÆR

1 Parkplatz AMFI-Einkaufszentrum
2 Rathaus mit Kino
3 Galleri Dagfinn Bakke
4 Lofoten Krigsminnemuseum
5 Torget (Marktplatz), u.a. Touristenbüro, Banken, Hotels, Restaurants, Rødsand Buchhandlung, Ausflugsboote in den Trollfjord
6 Magic Ice
7 Kaiweg (u.a. mit Restaurant Bacalao)
8 Lamholmen mit Scandic Hotel und Anker Brygge Rorbusuiter
9 Aussichtspunkt über das Hafenbecken
10 Galleri Gunnar Berg und Svinøya Rorbuer
11 Stockfisch-Gerüste
12 Skulptur Fiskarkona
13 Lofotfotografen
14 Galleri Stig Tobiassen
15 Supermärkte
15A Supermarkt mit Postfiliale
16 Anleger Fähre Skutvik / Rent A Car
17 Anleger Schnellboote Bodø
18 Anleger Hurtigruten
19 Lofoten Rorbuer

◎ Links daneben der Kai, wo von Anfang Juni bis Ende August die **AUSFLUGSBOOTE IN DEN TROLLFJORD** starten: Diese Tour (siehe Seite 136 f.) ist konkurrenzlos und wird von vielen Urlaubern unternommen.

◎ Folgt man dem Kaiufer von hier aus nach rechts, geht es am Anleger der Hurtigruten-Schiffe vorbei (allabendlich zwischen 18.30 und 22 Uhr liegt hier eines der Schiffe) zu **MAGIC ICE**, der COOLSTEN Attraktion in der Stadt. Es handelt sich um Norwegens erste Galerie und Bar, die GANZ UND GAR, mitsamt Gläsern und Tischen, AUS EIS besteht. Mit ihren kristallklaren Kunstwerken, prächtig beleuchtet und akustisch unterlegt, will Magic Ice laut Eigenwerbung »in einem Ambiente aus Eiskristallen, Echtheit und Reinheit die Beziehungen zwischen Mensch und Natur ... zum Ausdruck bringen«. 1.6. –31.8. täglich 11–23 Uhr, sonst 18–22 Uhr. Eintritt 195/110 NOK inklusive warmem Poncho mit Kapuze. Tel. 760 74011, www.magic-ice.no. (6)

◎ Zurückgekehrt zum Torget, markiert die »Promeniermeile« der Stadt den weiteren Weg: der den Fußgängern vorbehaltene **KAIWEG** (7), wo sich mit BACALAO ein populäres Lokal befindet. An der Ecke Torget/Kaiweg lädt das Restaurant-Café DU VERDEN unter dem modernen Glas- und Holzbaus des LOFOTEN SUITEHOTELS zu kulinarischen Genüssen ein, einige Souvenirshops sind zur Stelle, am Kai liegen Yachten vertäut. Gegenüber, auf der über einen Damm erreichbaren Insel Langholmen (8), liegen nebeneinander die Hotels ANKER BRYGGE und SCANDIC SVOLVÆR, letzteres unverkennbar mit der gläsernen Front.

◎ Von dort aus sind herrliche Hafen- und Stadtbilder zu bewundern, doch die SCHÖNSTE AUSSICHT ermöglicht die hoch gewölbte **BOGENBRÜCKE** BUKKEDAUEN (9), die hinüber auf die Insel Svinøya führt. Die Verlängerung des Kaiwegs sowie die Vestfjordgata geleiten in wenigen Minuten dorthin.

◎ Bei SVINØYA RORBUER, einer ambitionierten Rorbuanlage mit einem der besten Restaurants (BØRSEN SPISERI), ist die **GALLERI GUNNAR BERG** beheimatet, die über 600 Gemälde, Skizzen und Studien des berühmten Lofoten-Künstlers (siehe Seite 78) verfügt: darunter das Hauptwerk, die sieben Bilder umfassende Serie TROLLFJORDSCHLACHT. Ca. 25.6.–31.8. täglich 12–15 Uhr. www.svinoya.no. (10)

◎ Vorbei an Svinøya Rorbuer, folgen ein 2018/19 fertiger Neubaukomplex (mit Wohnungen zu 11 Mio. NOK!) sowie Fischereibetriebe, die zu der Insel KJEØYA überleiten, wo gigantische **STOCKFISCH-GERÜSTE** (11, s. Seite 52) aufgebaut sind, die zwischen Februar/März und bis in den Juni hinein mit Abertausenden von Dorschleibern behangen sind, begleitet von einem intensiven Geruch – jedenfalls ein authentisches Top-Lofoten-Fotomotiv.

◎ Auch Richtung Svolvær-Hafen eröffnen sich tolle Aussichten, die noch großartiger werden, je weiter man der Straße folgt. Vorbei an deutschen Artilleriestellungen aus der Zeit der Besatzung 1940–45, führt der Weg auf eine MOLE hinaus, vor deren Ende, nach rund 1,6 km ab Svinøya erreicht, die gusseiserne **FISKARKONA** (12, Fischerfrau, *Per Ung)* auf einem Pfosten im Meer steht und von dort aus seit 1999 auf den Vestfjord hinausschaut.

Die Ziffern in Rot beziehen sich auf unseren Svolvær-Stadtplan auf Seite 173.

◎ Die Vestfjordgata führt zum Torget zurück. Unterwegs passiert man die GALERIE **LOFOTFOTOGRAFEN** (13, Vestfjordgata 18, Tel. 954 98150, www.lofotfotografen.no, Mo–Fr 9–16 Uhr, Sa 9–14 Uhr) u.a. mit ansprechend gerahmten Fotos in Großformat (ab ca. 3.500 NOK zum Verkauf), die **GALLERI STIG TOBIASSEN** und die **GALLERI DINA** (beide siehe Seite 78).

UNTERKUNFT

◎ **CAMPINGPLÄTZE**: Seite 108 f.
◎ **RORBUER/SJØHUS**: Seite 115 ff.
◎ **HOSTELS**: in Kabelvåg, Seite 122 f.
◎ **HOTELS**: Seite 124 f.

ESSEN UND TRINKEN

◎ **5 ADRESSEN** auf Seite 128 f.

FERIEN AKTIV

◎ **BOOTSTOUREN**: Seite 136 f.
◎ **KAJAK**: Seite 143 ff.
◎ **STRÄNDE**: Seite 145.
◎ **WANDERN**: unsere Touren 1/7 sowie 10: Seite 251/267/280.
◎ Leichte **SEEUFER-SPAZIERGÄNGE**: Am westlichen Ortsausgang, in Richtung Kabelvåg, zweigt an der ESSO-Tankstelle eine Nebenstraße von der E 10 landeinwärts ab. Nach ca. 700 m ist der See **LILLEKONGSVATNET** erreicht; hier kann man parken und es gilt sich zu entscheiden: Der links abzweigende Weg führt über dem Seeufer am Fuß des Tjeldbergtinden (siehe Seite 251) für etwa 2 km entlang und steigt am Ende zu einer kleinen Höhe auf, von wo aus man auch den angrenzenden See Storkongsvatnet Richtung Kabelvåg überblicken kann.

Entweder geht man zum Ausgangspunkt zurück oder weiter nach Kabelvåg; diese Route ist auf den Topo-Karten verzeichnet.

◎ Wer dem Lillekongsvatnet nach rechts folgt, hat gut 4,5 km Schotterstraße am Ufer vor sich. Unterwegs ergeben sich schöne Berg- und Seesichten, die Möglichkeit zum Baden und Sonnen am Lillekongsvatnet und am (sich anschließenden) **STORKONGSVATNET** sind top; auch ein Waldstück wird gequert, bis die Tour beim Wasserkraftwerk Storkongsvatnet endet. Möglicher Anschluss siehe Seite 250.

AUSFLUG NACH SKROVA

9 km vor Svolvær im Vestfjord liegt die Inselgruppe Skrova, wo die Fähre zwischen Svolvær und Skutvik stets einen Stopp einlegt.
Der Blick auf die Lofoten-Wand ist von Skrova aus fulminant, besonders vom 258 m hohen Hausberg Høgskrova, wo man im Sommer mit ein wenig Wetterglück satte 24 Stunden in der Sonne erleben kann; die – gelb markierte – Wanderung dorthin ist eher leicht und dauert 2 Stunden retour; eine rot markierte Tour führt ans verführerisch grünblau schimmernde Meer und an schneeweiße Strände.
Wer Skrova erkunden und übernachten will, findet via Airbnb einige private Unterkünfte. 700 NOK kostet das DZ in der Tibet Butikk Lofoten mit Shop, Café und Tibet-Zelt im Garten. Havneveien 9, Tel. 405 72154 u. Facebook. Deutsch-tibetisch geführt, gibt es im Café u.a. Kuchen wie bei Muttern und authentischen Tibet-Buttertee.

Zusammen mit der Anschlusswanderung eignet sich die Wanderung vorbei am Storkongsvatnet sehr gut als »Probetour«, um das Terrain wie auch die eigene Fitness einschätzen zu lernen (siehe Seite 250).

Route 2: Austvågøya – Kabelvåg

EIN STÜCK VON GESTERN

Nur knapp 6 km beträgt die Distanz über die E 10 von der heutigen Inselmetropole Svolvær zu der einstigen Hauptstadt Kabelvåg, die aus STORVÅGAN (auch: Vågan), der ersten permanenten Siedlung nördlich des Polarkreises hervorgegangen ist. Von den Wikingern im 9. Jh. gegründet, war sie seit dem frühen Mittelalter das Handelszentrum von Nordland und DREHSCHEIBE des Stockfisch-Exportes, und es ist nicht übertrieben zu sagen, dass Bergen – damals Norwegens heimliche Hauptstadt und Handelsmetropole mit fast 500-jähriger hansischer Vergangenheit – niemals eine solche Blüte erlebt hätte, hätte es nicht die Lofoten mit Storvågan gegeben. Auch die Lofoten-typischen Fischerkaten, Rorbuer, sah man zuerst hier, wo sie auf Weisung von König Øystein neben der ersten LOFOTEN-KIRCHE 1120 errichtet wurden. Seine Majestät hatte die Bedeutung des jährlichen Kabeljau-Segens erkannt und sich durch den Rorbu-Bau seinen Anteil gesichert: fünf Stockfische je Mann und Saison, was viel war in jenen Zeiten und eine gut gefüllte Staatskasse garantierte.

Wenn es irgendwo ein Denkmal für den KABELJAU geben würde, müsste es hier stehen, denn Kabelvåg verdankt alles nur *gadus morrhua:* Glück und Hoffnung, Reichtum und Brot ebenso wie Verzweiflung und Tragödie, Armut und Hunger. Und seit dem 20. Jahrhundert auch den Niedergang, denn der Hafen ist versandet und die Trawler sind anderswo registriert, in Svolvær und Henningsvær.

Ein Hauch von Provinzialität und Melancholie liegt über diesem alten, heute ca. 1.850 Einwohner zählenden Städtchen, das sich einen schmucken MARKTPLATZ (Torget) zugelegt hat: Die ausgeklügelte Beleuchtung sorgt selbst an bedeckten Wintertagen für »Nordlicht«. DIREKT AM MEER bildet Torget das eigentliche Zentrum, obwohl viele Lofoter die angrenzende PRÆSTENGBRYGGA so bezeichnen: In dem zu Pub und Restaurant umgebauten LAGERHAUS gibt's frisch gezapftes Bier vom Fass; man sitzt herrlich, auch draußen, und kann das Treiben auf dem Platz beobachten.

DIE LOFOTEN-KATHEDRALE

An der E 10, unübersehbar groß und ockerfarben, steht die VÅGAN KIRKE. Das größte Gotteshaus aus Holz nördlich Trondheims wurde 1898 erbaut und ist mit 1.200 Sitzplätzen längst zu groß für die ständig kleiner werdende Gemeinde der praktizierenden Christen. Die Kreuzkirche, flankiert von einem Turm mit spitzem Helm über der Vierung, sieht wie eine gewöhnliche Landkirche aus. Ihr Inneres ist enorm in den Ausmaßen und mit Porträts einiger Pastoren geschmückt, u.a. *Hans Egede,* der hier predigte sowie *Gertrud Rask* heiratete, bevor er als Missionar nach Grönland ging und dort 1721 die Siedlung Godthåb (= gute Hoffnung) gründete, heute die Hauptstadt Nuuk.

◎ **VÅGAN KIRKE**, Kabelvåg: ab 1.6. Mo–Sa 16–20 Uhr, Sa ab 9, So 12–19 Uhr, etwa 25.6. bis 20.8. Mo–Sa 9–20 Uhr, So 12–20 Uhr. Eintritt 40 NOK. (1) auf dem Ortsplan Seite 179.

Kabelvåg: oben die Marina in der Bucht Mattisvika, unten Vågan Kirke (mit unglaublichen 1.200 Sitzplätzen) ▶

IN DER ZEIT ZURÜCK: KULTURPFAD NACH STORVÅGAN

◎ Folgt man der Straße ab der Kirche ein paar Meter südlich zu der anderen Seite der Kirchenbucht, fällt ein großer Findling auf, der **TROLLSTEIN**, der von Rätseln und Sagen umrankt ist, soll er doch der landesweit einzige sein, in den ein KREUZ gemeißelt wurde. (2)

Gut 1000 Jahre soll das schon her sein und war gemäß der Sage die Antwort der Christen auf den Angriff des Teufels gegen die soeben erbaute Kirche: Wie es heißt, schleuderte der Satan nämlich den besagten Findling in seinem Zorn von dem angrenzenden TJELDBERGTINDEN hinab. Nach einer anderen Überlieferung fungierte der Stein, ein Überbleibsel der EISZEIT, während des ersten Gottesdienstes auf den Lofoten als Altar – obwohl jüngere Untersuchungen davon ausgehen, dass der Findling einst hier ansässigen Sámi als OPFERSTEIN diente, so zu seinem Namen kam und durch das Einmeißeln des Kreuzes zur Stätte der neuen Religion wurde.

◎ Ein weiterer Felsblock sei erwähnt, der weiter südlich über dem Meer gelegene **OSCAR SKARET**, auf dem sich alle norwegischen Könige seit *Oscar II.* (1873) verewigten. Die Namenszüge prunken in reinem GOLD. (3)

◎ An der Abzweigung des Finnsveien (mit Hinweis zur Jugendherberge) vorbei sind es wenige Minuten durch die Gassen Kabelvågs bis ins Zentrum des aus *kapelvåg* (Kapellen-/Kirchenbucht) hervorgegangenen Ortes, der als Kapellvågen erstmals 1352 in den Quellen auftaucht. Es gibt nicht viel zu sehen, aber auf dem **TORGET** (Marktplatz, 4) kann man prächtig sitzen und sich in der angrenzenden PRÆSTENGBRYGGA (siehe Seite 129) oder im um die Ecke an der Torggata 8 gelegenen Café/Restaurant MIYAKO INNERSIA (siehe Seite 130) oder im Café der BAKERI UNSELD erfrischen. Bevor es auf einem Fußweg nach Storvågan weitergeht, der Keimzelle des Orts, empfiehlt sich ein Besuch in der benachbarten GALLERI LILLE KABELVÅG (Di–So 12–15 Uhr, siehe auch Seite 78).

◎ Nur wenige Gehminuten sind es, bis die Anhöhe BREIDABLIKK erreicht ist, an deren Ostende die 1935 vom Bildhauer *Artur Gustavson* geschaffene **KONG ØYSTEIN-STATUE** aufragt. In der frühen lokalhistorischen Literatur wird dieser von 1103 bis 1123 herrschende Regent als der Gründer von Storvågan bezeichnet; er blickt kurioserweise auf Kabelvåg hinunter anstatt auf das eigentliche Storvågan – da man 1935 noch gar nicht wusste, welche Bedeutung Storvågan für die Lofoten gehabt hatte. – Allerdings ist die Statue selbst weniger beeindruckend als das PANORAMA über den Ort und die Küstenlinie. (5)

◎ Folgt man dem Kulturpfad weiter, erreicht man die einstige **THINGSTÄTTE BRURBERGET**. Da keine bauliche Zeugen auf diesen wichtigen Schauplatz während des Mittelalters hinweisen, bleibt nur, sich in Gedanken in die große Zeit des Hafens von Storvågan zu begeben, von wo aus zwischen dem 11. und 14. Jh. vermutlich alle politisch und rechtlich relevanten Entscheidungen in Hålogaland – damals Norwegens nördlichste Provinz – gefällt wurden. (6)

◎ Gehen wir nun weiter und auch in der Zeit noch einige Episoden zurück,

Thingstätten sind nach dem heutigen Erkenntnisstand eine norwegische Erfindung. Meist an einem markanten, oft erhöhten Ort gelegen, versammelten sich dort Repräsentanten der im Umland lebenden Sippen und Familien, um ...

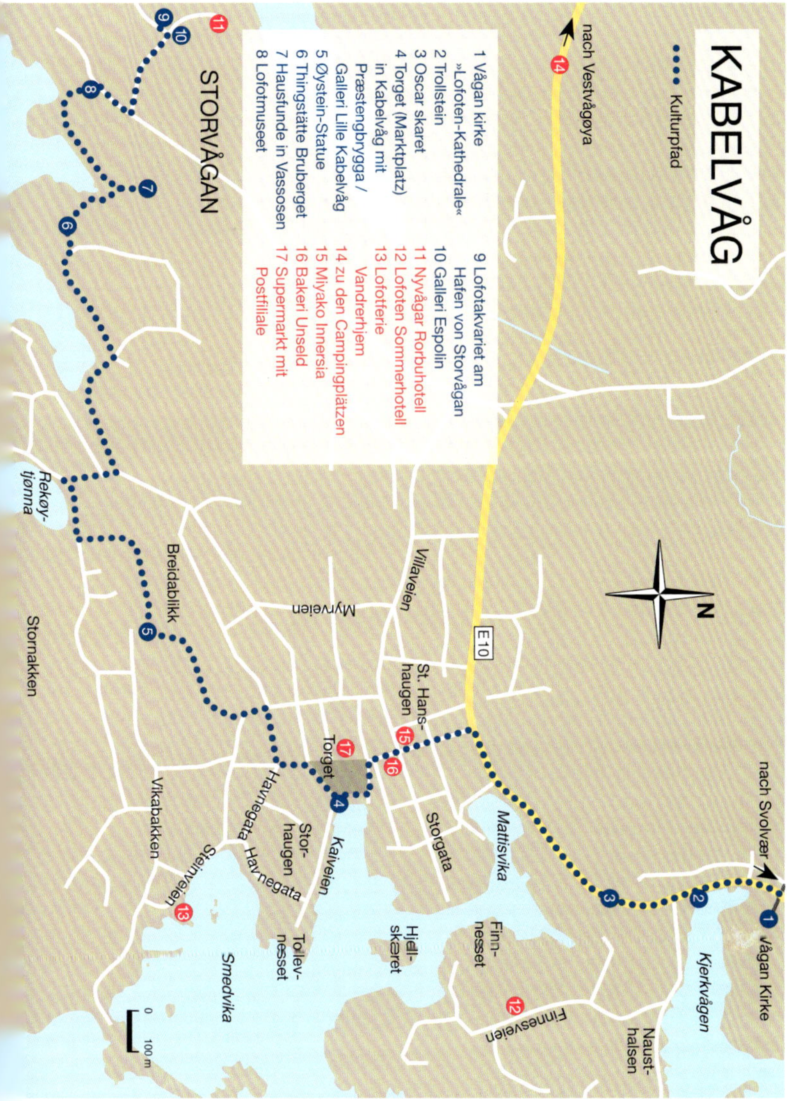

KABELVÅG

•••• Kulturpfad

1 Vågan kirke »Lofoten-Kathedrale«
2 Trollstein
3 Oscar skaret
4 Torget (Marktplatz) in Kabelvåg mit Præstengbrygga / Galleri Lille Kabelvåg
5 Øystein-Statue
6 Thingstätte Bruberget
7 Hausfunde in Vassosen
8 Lofotmuseet
9 Lofotakvariet am Hafen von Storvågan
10 Galleri Espolin
11 Nyvågar Rorbuhotell
12 Lofoten Sommerhotell
13 Lofotferie
14 zu den Campingplätzen Vandrerhjem
15 Miyako Innersia
16 Bakeri Unseld
17 Supermarkt mit Postfiliale

nach Vestvågøya

nach Svolvær

INSELROUTEN

... Streit zu schlichten und andere offene Fragen im Zusammenleben zu regeln. Das Thing war schon vor 1000 eine bemerkenswert demokratische Einrichtung, die auch die nach Island ausgewanderten Wikinger aufgreifen sollten.

denn wie neue Ausgrabungen erwiesen haben, war der nur einen Steinwurf vom Thingplatz entfernte Siedlungsplatz **VASSOSEN** (7) schon in der Zeit vor Christi Geburt bewohnt. Im Boden finden sich Überreste von fünf bis über 2.000 Jahre alten Hausbauten. Bei dem rätselhaftesten Fund, der hier zum Vorschein kam, handelt es sich um eine tierähnliche BRONZEFIGUR, zu der in Europa bislang kein Gegenstück bekannt sein soll. Fachleute schreiben sie samischem Ursprung zu, was wiederum die Theorie stützt, dass DIE ERSTEN LOFOTER SÁMI waren.

In Vassosen befinden wir uns schon mitten in Storvågan, dem mittelalterlichen Vågan und damit jener »Wiege des Stockfischexports«, der ab dem 11. Jahrhundert nachgewiesen ist. Es gibt hier drei Sehenswürdigkeiten:

EINE KULTUR-INSTITUTION – LOFOTMUSEET

Dort, wo heute das Lofotmuseet steht, lag vor langer Zeit einer der wichtigsten Höfe von Vågan. – Die zentralen THEMEN des Regionalmuseums sind dementsprechend die Frühgeschichte, der Lofoten-Fischfang und die Entwicklung des Trockenfischexports im Mittelalter. Wem der oben beschriebene Spaziergang hierhin zu lang erscheint, kann von der E 10 aus auch über eine Straße (die westlich von Kabelvåg ausgeschildert ist) anreisen.

Die zweigeschossige Holz-»Villa« gehörte dem früheren værkonge (Fischerort-König oder -Besitzer, auch: Fischgrund-König, siehe Seite 45 f.) von Kabelvåg, dessen Wohnzimmer mit dem stilvollen Dekor aus der Mitte und Mobiliar aus der zweiten Hälfte des 19. Jhs. den wohlhabenden Status repräsentierte. Vor allem beherbergt das Hauptgebäude Exponate über die Lofoten-Wohnkultur und -Fischerei, informieren u.a. Schwarzweiß-Fotos über die Kunst der Dorsch-Filetierung, vorgestellt am Beispiel einer FILETFABRIK in Henningsvær, erzählt ein anderer Raum von der WOLL- und TEXTILVERARBEITUNG und anderen traditionellen Handwerksberufen, während sich Fotograf *Thomas Røjmyr* in den 1970er Jahren um Henningsværs Darstellung verdient machte.

Die Ausstellung setzt sich im Bootsschuppen fort. Weitere Themen sind archäologische Funde aus Storvågan (1986, wobei die wichtigsten Exponate heute in Tromsø ausgestellt sind), die Handelswege im Stockfischbusiness im 14. Jh., Szenen zum Lofoten-Fischfang, auch eine klassische Rorbu von innen und ein Nordlandboot. Etwas aus dem Rahmen fällt die »Dame in Blau«, so wie die Damen im 14. Jh. in Storvågan aussahen; schön die Tracht, der Schmuck sowie interessant zu lesen, woraus ihre Mitgift bestand: zwei Matratzen, einem Kissen aus Seide, einer Wolldecke, einer Tischdecke aus deutschen Landen und einer Kiste mit deutschem Eisenbeschlag.

◎ **LOFOTMUSEET**, Kabelvåg, Storvåganveien, Tel. 760 69790, www.museumnord.no/lofotmuseet. 1.6.–15.8. täglich 10–18 Uhr, Mai und 2. Augusthälfte täglich 11–15 Uhr, sonst Mo–Fr 11–15 Uhr. Eintritt 90 NOK, Kinder (ab 5 Jahren) 40 NOK; für Kulturfreunde preisgünstig ist das Storvågan-Billett für 220/110 NOK, das ebenso für Lofotakvariet und Galleri Espolin gilt. (8)

Viele Museen sind an Weihnachten und »zwischen den Jahren« und an weiteren Feiertagen wie Ostern, am 1.5. und am 17.5. geschlossen oder haben nur verkürzt geöffnet. Für diese Tage ist es besser, sich im Voraus zu vergewissern.

WO MEER UND LAND EINANDER BEGEGNEN – LOFOTAKVARIET

Am alten Hafen von Storvågan, der im Mittelalter der bedeutsamste im Norden war und seine Blütezeit im 13./14. Jahrhundert erlebte, lädt heute das moderne, dank seiner einprägsamen Architektur reizvolle LOFOT-AQUARIUM ein. Das Gebäude mit den großen Glasfronten ist ähnlich markant wie die benachbarte »Galleri Espolin« (siehe Seite 182).

Eine große Attraktion ist das große Freiluft-SEEHUNDBECKEN, durch das einige dieser possierlichen Säugetiere ihre Kurven ziehen. Je nach Saison 1–2 x täglich werden sie mit Fisch gefüttert, wenn sie mit ihrem putzigen Verhalten die Herzen der Zuschauer im Sturm erobern, ebenso wie die benachbarten FISCHOTTER.

Offene Becken erfreuen vor allem die Kinder, wenn sie ins Wasser greifen, um einen Taschenkrebs zu ärgern. Hineingreifen ist erwünscht, die Lofoter zeigen's ihrem Nachwuchs, nehmen ihm so die Scheu und wecken Interesse an Flora und Fauna des allgegenwärtigen Meeres. Natürlich gibt's auch richtige AQUARIEN, mehr als 20 großzügig angelegte. Das Lofotakvariet zeigt das Leben im Meer, vom Uferbereich bis in die großen Tiefen. Zu sehen gibt es u.a. *skrei,* den arktischen Dorsch, Seeteufel und Steinbeißer sowie die vielen anderen Fischarten und Meerestiere, die im Lofoten-Meer vorkommen, ob Krabben, Krebse, Hummer, Muscheln, Seenelken, Saibling, Forelle oder Lachs.

Zeitgemäß wurden außerhalb eine Lachszuchtanlage sowie ein Areal für Aktivitäten eingerichtet. Im Havmiljøsenter (*hav* = Meer) gibt es eine interaktive Ausstellung über Zusammenhänge von wirtschaftlichen Aspekten und Naturressourcen in der Region. Im HAUSKINO läuft um 13 und 14 Uhr die Multimediashow »Lofoten« sowie um 11 Uhr ein Film über die Aquakultur in Norwegen. Im Rahmen spezieller Programme (eher für Schulklassen) können unter Anleitung Wasser- und Bodenproben entnommen und analysiert werden.

Außer dem üblichen Souvenirshop gibt es ein CAFÉ mit Meerblick. Obendrein sitzt man schön im Wintergarten oder auf der Terrasse über dem Fjord, wo ein Nordlandboot Reminiszenzen an die Glanzzeiten des Hafens auslöst.

◎ **LOFOTAKVARIET**, Kabelvåg, Storvågan, Tel. 760 78665, www.museumnord.no/lofotakvariet. 1.6.–15.8. täglich 10–18 Uhr, Mai und Rest August täglich 11–15, September So–Fr 11–15, sonst Mo–Fr 11–15 Uhr. Seehundfütterung in der Hauptsaison um 12 und 15 Uhr. Eintritt 90 NOK, Kinder (ab 5 Jahren) 40 NOK; das Storvågan-Billett 220/110 NOK gilt auch für Lofotmuseet und Galleri Espolin. (9)

Attraktion Seehundfütterung im Lofotakvariet (Foto/Copyright: Thomas Rasmus Skaug / Visitnorway.com) ▲

KAARE ESPOLIN JOHNSON

Der landesweit bekannte Künstler gilt als einer der außergewöhnlichen Maler Norwegens, hat er es doch zeit seines Lebens wie kein Anderer verstanden, in zahlreichen Werken die Entbehrungen, Sehnsüchte, Ängste und Mühen der KÜSTENBEVÖLKERUNG zu schildern.

Seinen Pinselstrich prägt die Liebe zu den Nordländern, vor allem zu den Lofot-Fischern, deren Leben er MEISTERHAFT darstellte. Nicht umsonst war es Kaare Espolin, der in den 1970er Jahren den begehrten Auftrag erhielt, eine norwegische SCHMUCKAUSGABE des BERÜHMTEN historischen Romans »Die Lofotfischer« von *Johan Bojer* mit Kunstwerken zu bereichern.

Espolin gilt als einer der Großen des Landes – allein in der Osloer Nationalgalerie hängen 39 seiner Werke. Doch die umfangreichste Sammlung seiner Kunst ist hier in der »Galleri Espolin« vertreten, wo es ständig mindestens 100 Bilder zu betrachten gibt.

Das Gebäude selbst ist – ansprechend – aus Holz, Beton und Glas unter einem sattgrünen Grasdach ausgeführt; es erinnert ein wenig an isländische Architektur und bildet den perfekten Rahmen für das Kunstmuseum, das auch eine Bibliothek und einen Videoraum umfasst.

POETISCHE PINSELSTRICHE

»Endlich sind meine Bilder nach Hause gekommen«, soll der Maler Kaare Espolin Johnson (1907–1994) gesagt haben, als er 1992 die eigene Galerie in Storvågan besuchen konnte.

Die Espolin-Kunstpostkarten, die im Museum zu erstehen sind, gehören zu den beliebtesten Souvenirs aus dem Archipel. Eine kleine Auswahl finden Sie auch in diesem Buch, auf den Seiten 44 und 69.

◎ **GALLERI ESPOLIN**, Kabelvåg, Storvågan, Tel. 761 54000 und 760 78405, www.museumnord.no/galleri-espolin. Geöffnet wie Lofotakvariet (siehe Seite 181). Eintritt 90 NOK, Kinder (ab 5 Jahren) 40 NOK; das Storvågan-Billett 220/110 NOK gilt auch für Lofotakvariet und Lofotmuseet. (10) – Zur Galerie siehe auch das Foto auf Seite 72.

UNTERKUNFT

◎ **CAMPINGPLÄTZE**: Seite 108 f.
◎ **RORBUER/SJØHUS**: Seite 116 f.
◎ **HOSTELS**: Seite 122.
◎ **HOTEL**: Seite 125.

ESSEN UND TRINKEN

◎ **PRÆSTENGBRYGGA**: Seite 129.
◎ **MIYAKO INNERSIA**: Seite 130.
◎ **BAKERI UNSELD**: Seite 130.

FERIEN AKTIV

◎ **BOOTSTOUREN** nur ab Svolvær und Henningsvær: Seite 137 f.
◎ **KAJAK**: Seite 143 ff.
◎ **STRÄNDE**: Seite 145.
◎ **WANDERN**: am nächsten gelegen die Panoramatour für alle zum Glomtinden, westlich Kabelvågs, Seite 250.

Die Ziffern in Blau beziehen sich auf unseren Kabelvåg-Ortsplan auf Seite 179.

Route 3: Austvågøya – Rings um Ørsvågen

In diesem Kapitel erlauben wir uns eine subjektive(re) Form der Präsentation. Ørsvågen ist der Name der Meeresbucht, die sowohl den Campingplatz von Ørsvågvær als auch denjenigen von Sandvika säumt. Ein gewisser Teil der Sommertouristen verbringt hier den gesamten Lofoten-Urlaub.

Am Filetiertisch hinter dem Strand wird der Tagesfang zerlegt; kaum fragen wir naiv, ob man hier auch Fisch kaufen kann, drückt uns schon ein ANGLER aus Bremen einen kapitalen Dorsch in die Hand. »Brauchen Sie mehr? Vielleicht morgen?« – Eigentlich nicht, aber wer kann so ein Angebot ausgeschlagen!

Abends gibt's – Fisch, ja, natürlich, überall gibt's hier Fisch. Dann verschwindet die Sonne hinter einem Felszahn im Westen und erhellt die angrenzenden Eiskegel. Zwielicht fällt ein, es taucht die Tiefen in ein pastellfarbenes Violett, das sich allmählich nach oben verbreitet, um kurz nach Mitternacht, NIEMAND SCHLÄFT, ins kühlere Rosa des aufsteigenden Morgens überzugehen.

Die Nacht ist auf Reisen. Der Himmel flammt, Gold liegt auf der Erde, und um 2 Uhr nachts schicken wir uns an, die Felsbuckel hinaufzusteigen, die den Platz schützen, aber auch die Aussicht auf den offenen Vestfjord verstellen. Am Ende der schmalen Felskerbe, deren Grund mit saftiger Wiese bewachsen ist, zweigen ein paar Trampelpfade nach links hoch ab und weisen uns die Richtung auf die maximal 40 m hohen, von Wind und Wellen abgerundeten Klippen, auf denen wir uns schon fünf Minuten später niederlassen, um die MITTERNACHTSSONNE zu genießen.

»Man wird aber nichts eher leid als das ewige Tageslicht«, notierte sich *Friedrich Engels* anlässlich einer Nordland-Reise im Jahre 1867. Ob er jemals dort saß, wo wir jetzt sitzen? Unmöglich, denn dann wäre sein Urteil ganz anders ausgefallen! Unter uns das Meer, so glatt wie eine gespannte Folie und von der Farbe eines polierten Kupferspiegels. Darin einige Schären, umgeben von einem Ring aus Brandungsstreifen. Weit draußen stehen die Leuchtfeuer von MOHOLMEN und SKROVA, die sich monatelang das Leuchten schenken können.

Vor 10 Uhr morgens rührt sich heute keine/r im Bett, aber gegen 10.30 Uhr wollen alle duschen. Man steht also Schlange, vertreibt sich die Zeit mit Plauderei und mit dem Suchen nach Superlativen, um zu beschreiben, wie man's hier findet. Nichts für Morgenmuffel, aber auch die Griesgrame unter den Wartenden sollten die Ohren offen halten, da die meisten der Campingplatz-Besucher seit vielen Jahren Stammgäste sind, manche Anekdote zu berichten wissen und einige »Geheimtipps« parat halten.

◎ Von der Schäre **SAGØYA** zum Beispiel hören wir, und so folgen wir der Empfehlung, mieten ein Boot, paddeln raus. Wir sind rasch am Ziel, denn die Schäre liegt nur rund 1 km südlich und kann gar nicht verfehlt werden: an ihrem Westrand nämlich, wo sie einer Nachbarschäre sehr nahe kommt, sticht eine gemauerte und in Beton gefasste »Landungsbrücke« ins Auge. Leinen fest und hoch über die Steigeleiter. Oben empfangen ein paar Poller, die Überreste eines kleinen Ladekrans und ein verrostetes Geländer, das einen Steinweg säumt. Alles Zeichen, dass auf diesem ca. 300 x 100 m messenden Eiland mal Menschen gewohnt haben. Genauer ein Mensch, nämlich der Leuchtturmwärter, der arbeitslos wurde, als man hier ein elektrisches Feuer einrichtete. Dieses FYR findet sich in einem kleinen, weißen Türmchen am Süd-»Kap«, während die frühere Wohnung des Feuermeisters eine Anhöhe im Norden krönt.

Von dort aus gibt es wieder mal ein Panorama satt aufs vielfarbig blaue Meer vor grünen Wiesen und den Zacken und Zinnen der hundertfach beschriebenen Lofoten-Wand, die als ein Bollwerk aus Schwarz und Weiß, Fels und Eis, den Horizont verdeckt. Als leckeres Extra sind ab Juli und August Blaubeeren in Fülle zu pflücken.

◎ Heute aber gilt es, die Gestade der benachbarten **KÜSTE** genauer zu untersuchen. Wir nehmen jetzt Kurs auf Süd-Südwest, lassen die bewohnte Bucht von ØRSNESVIKA rechts liegen, pullen um die glatten Felsbuckel herum, die den Küstensaum bilden, und nehmen jede Einfahrt wahr, um herauszubekommen, was am hinteren Ende wartet: das erste Mal auch nur Felsbuckel, aus klarer Tiefe aufsteigend, in der Fischschwärme hin und her eilen; das zweite Mal eine kinderreiche PRACHTEIDERENTEN-Familie, die rasch Reißaus nimmt und uns mit kollernden Rufen verflucht. Dann eine weitere, fast 500 m lange Passage, und gerade wollen wir umkehren, als voraus, hinter einer im Fahrwasser liegenden Klippe, das hellgoldene Band eines Sandstreifens auftaucht. Baden und Schwimmen können wir nicht, denn ein Tangwald wogt im flachen Meer. Aber herrlich ist's, auch romantisch, sich auf den Sand oder die angrenzende Wiese zu legen und zu sonnen, Taschenkrebse zu ärgern, Muscheln zu sammeln oder anderswie den »Robinson« zu mimen.

Zu berücksichtigen ist jedoch, dass dieser Strand, die Sandvika, sowie das angrenzende Umland in PRIVATBESITZ stehen. Die Eigentümer wohnen am Ende der am Strand beginnenden Wiesenmulde und möchten nicht andauernd von neugierigen Besuchern gestört werden. Also bleibt man fern, vermeidet unnötigen Lärm und, dies gelte überall auf dem Archipel, nimmt hinterher all den eventuell angefallenen Müll wieder mit.

Wir stöbern ein wenig in der Gegend herum, finden reichlich Beeren, eine spaltbreite Höhle – treffliche Kulisse für einen Film über die Steinzeit –, stoßen überall auf Gezeitentümpel mit Fischen und Meeresfrüchten darin. An der »nächstwestlichen« Bucht, der BREIDVIKA, auch auf Spuren von Menschen, die dort irgendwann einmal eine Landungsbrücke an den Fels bauten – nur Ruinen sind übrig, auch alte Holzbalken; mit solchem Brennmaterial beladen kehren wir zu unserer Insel zurück: Heute Abend wird es selbst gefangenen und sogleich gegrillten Fisch geben, Licht vom Himmel – was geht es uns gut!

Bei Ørsnes: zu allen Jahreszeiten in schönen Farben, oben Mitte April am Strand von Silsand, unten Anfang Oktober, beide Male mit Blick auf den Vågakallen ▶

Route 4: Austvågøya – Nach Henningsvær

IM ÜBERBLICK

◎ **STRECKENVERLAUF**: Svolvær – Galerie Ola Strand (2,3 km) – Tunnel (4 km) – Rørvik (3 km) – Judiths Urtehage (6,7 km) – Henningsvær (8,5 km).

◎ **LÄNGE/DAUER**: 26 km ab Svolvær, dennoch eine Halbtagesfahrt; inklusive Abstecher rund 35 km.

◎ **TRANSPORT**: Die Abstecher sind nur mit eigenem Fahrzeug erreichbar, Henningsvær hingegen wird ab Svolvær via Kabelvåg 8 x täglich bedient; die letzte Rückfahrt startet um 20.55 Uhr – Bushaltestelle in Kabelvåg am Torget und u.a. an der E 10 vor der Einfahrt zu den beiden Campingplätzen.

◎ **ANSCHLUSSMÖGLICHKEITEN**: mit den Routen 1–4 sowie 6 und 7.

◎ **ABSTECHER**: Ørsnes, Hopen, Kalle i Lofoten, außerdem die drei Wanderungen zum Glomtinden, Festvågtinden sowie Vågakallen (siehe Seiten 252/260/286).

◎ **PROFIL**: Die anstehende Strecke ist zwar kurz – ideal wäre ein Fahrrad oder auch Seekajak –, aber dennoch für einen halben Tag mindestens gut, denn Henningsvær als eine typische Fischersiedlung der Lofoten ist nur für einen Kurzbesuch viel zu reizvoll.

Auch am Strand von Rørvik kann man (bei Sonnenschein) gut und gern einen halben Tag verbringen.

Ausgangspunkt der Route ist SVOLVÆR, von wo aus wir der Hauptstraße nach links, in Richtung Westen folgen.

Südlich von Kabelvåg genießt man bald schon den kontrastreichen Ausblick über die ØRSVÅGEN-BUCHT, die angrenzenden Felder, Wiesen und Gehöfte, über denen der sagenumwobene **VÅGAKALLEN** wie ein steinerner Zuckerhut in den Himmel ragt. Fast senkrecht steigen seine dunklen Flanken aus dem Vestfjord, und wenn die nach Kabelvåg und Ørsvågvær blickende Seite verschneit ist, könnte man mit ein wenig Fantasie ein dämonenhaftes Gesicht unter seiner Kuppe erkennen; dem nämlich verdankt der imposante Berg seinen Namen (übersetzt bedeutet der so etwas wie »Våga-Kerl«). Die abergläubigen Lofoten-Fischer früherer Tage fuhren nicht auf den Vestfjord hinaus, ohne zuvor ihren Vågakallen um Glück und gesunde Heimkehr gebeten zu haben. Und obwohl es in Norwegen reichlich Berge gibt, die ihn überragen, äußerten nicht wenige die Meinung, »dass es keinen höheren Berg in ganz Norwegen gäbe, weil man diesen Berg noch 12 Seestrecken weit draußen auf dem Meer sehen kann, und die Fischer brauchen ihn als Landmarke für ihre Fischgründe ... Sie haben Markierungen und Zeichen auf diesem Berg, um zu wissen, wann sie den Plätzen, wo der Fisch steht, nahe sind und wann weit davon entfernt.« So schrieb 1591 der Vogt *Schönneböl*. Heute pilgern Bergwanderer und Kletterer zum 1885 erstmals bestiegenen Vågakallen.

Etwa 1,5 km nach dem Abzweig zum Sandvika-Campingplatz (siehe Seite 108 f.) ist nach links »Ørsnesvika« ausgeschildert: Folgt man dieser Straße, liegt nach rund 1 km Judiths Urtehage rechts am Weg. Der ÖKO-KRÄUTERGARTEN der Holländerin *Judith van*

Koesveld versorgt u.a. die Schiffe der Hurtigruten mit Kräutermischungen für Suppen, Fisch- und Fleischgerichte, mit Kräuter- und Wildblumen-Tees sowie einem speziellen Pesto, der aus wild wachsendem Bergknoblauch hergestellt wird. Ab Sommer 2019 sollen hier Führungen stattfinden. Zu erwerben sind Judiths Produkte vor Ort ebenso wie in den Coop-Märkten von Kabelvåg und Svolvær (s. Seite 155).
◎ **JUDITHS URTEHAGE**, Åsveien 47, Tel. 905 47229, judiths.urtehage@gmail.com – Besuch nach Absprache.

Auf die E10 zurückgekehrt, passieren wir bald das vielfarbig braun daliegende Feuchtgebiet ØRSNESMYRAN, das auch Lofoten-Künstler Ola Strand vor Augen hat, wenn er aus seinem Atelier blickt. Die (zu kaufenden) Bilder, Grafiken und Linolschnitte zeigen bevorzugt Natur und Alltag auf den Lofoten. Galleri Ola Strand, Våganveien 214, Tel. 760 77461 und 957 74412. 1.6.–31.8. etwa Mo–Fr 11–18, Sa 11–16 Uhr, sonst nach Absprache; siehe auch Seite 78.

Dort wo das Moor endet, etwa 1 km westlich, zweigt eine Straße links zur Ortschaft HOPEN ab (2,5 km). Am Ende der Sackgasse befindet sich »Hopen Fisk«, wo fast ganzjährig Fisch sowie gegen Ende der Walfangsaison Mitte / Ende Juni etwa 4–5 Wochen lang frisches Walfleisch verkauft wird (ab 120 NOK/kg, je nach Qualität), angezeigt durch ein deutliches Hinweisschild an der Gabelung bei der E 10 *(»Fersk Hvalkjøtt«)*.

Noch einen anderen Grund gibt es, der Straße Richtung Hopen zu folgen, denn auf halber Strecke zweigt eine mit »Kalle« ausgeschilderte Nebenstraße ab, die an der Felswurzel des Vågakallen entlang verläuft und nach etwa 1,5 km zur Ferienanlage KALLE I LOFOTEN (siehe Seite 117) führt, die auf Pfählen im HOPENPOLLEN steht und besonders unter Anglern beliebt ist. Folgt man der (gut befahrbaren) Piste über den angrenzenden Buckel hinweg, liegt der **KALLESTRANDA** im Saum einer großen Wiese voraus. Bei diesem Strand handelt es sich um einen der BELIEBTESTEN BADE- SOWIE SONNENPLÄTZE Austvågøyas. Toiletten und Trinkwasser sind vorhanden, und die angrenzende Wiese ist groß und gerade auch unter Wildcampern mit Zelt populär – für Wohnmobile wurde allerdings eine Zufahrtssperre errichtet.

Auf der anderen Seite der den Strand säumenden Kallebukta beginnt ein schmaler Pfad, der hinunter an den Fuß des Vågakallen führt, der steil aus dem Bremholmsund aufragt. Der Pfad passiert den fast mystisch schönen See KALLEVATNET und verläuft sich vor der mit »Riesen-Hinkelsteinen« gespickten Küste auf einer Wiese, die Teilnehmern an Kletterkursen im Sommer öfter als Basecamp-Zeltwiese dient: In der Tat kann man hier trefflich zelten, denn Trinkwasser fließt in einem Bach vorüber; ab Kallestranda ist man nur etwa 15 Gehminuten bis hierhin unterwegs.
◎ **WANDERN**: Die Piste nach Kallestranda ist Ausgangspunkt für einen Alternativstart zum GLOMTINDEN, Tour 2, Seite 252 (s. auch unten).

Auf die E 10 zurückgekehrt, passieren wir sofort den oberen Rand des Hops-

INSELROUTEN

pollen, den nur einen Wiesengürtel vom fast kreisrunden See Hopsvatnet abtrennt. Links der Straße bestehen Möglichkeiten zum Wildcampen, wie man auch rechter Hand und dort, wo eine Schotterpiste abzweigt, (wenn auch nicht schön) stehen kann. Diese Piste markiert den früheren Verlauf der E 10, die auf die **RØRVIKSKARET** führte, um am See Rørvikvatnet wieder ins Tal zu stoßen. Heute ist diese Route mit Top-Aussicht vom ca. 150 m hohen PASS den WANDERERN vorbehalten, während der Straßenverkehr den Skaret im TUNNEL unterquert.
◎ **WANDERN**: Tour 2 zum GLOMTINDEN, Seite 252.

Ans Tageslicht zurückgekehrt, finden wir uns in einem 200 m schmalen TROGTAL wieder, das der lang gestreckte See RØRVIKVATNET fast vollständig ausfüllt – da Trinkwasserreservoir, ist das Baden hier untersagt. 2 km weiter, an der westlichen Stirnseite des glasklaren Sees, zweigt die Straße 816 links ab. Sie hat Henningsvær zum Ziel, der Lofoten berühmtestes Fischerdorf. Wir biegen ab, passieren einen größeren Parkplatz, der den Bussen zum Wenden dient (kein Wildcampen) und an sonnigen Sommerwochenenden stark von den Lofotern frequentiert wird: da sich direkt unterhalb die geschützte Bucht **RØRVIKA** in den Henningsværstraumen öffnet – das Wasser schimmert verlockend, das Meer ist flach, der feinsandige, schneeweiße Halbmondstrand gut zum Schwimmen, Baden, Sonnen geeignet (Toilette und Trinkwasser).

Auf den folgenden 2,5 km umrundet die Straße das Sørfjellet, schwingt sich über den DJUPFJORD und verläuft an der Wurzel des Festvågtinden weiter bis zum Südzipfel von Austvågøya, dem der Henningsvær-»Archipel« vorgelagert ist. Den gesamten Verlauf der Strecke kennzeichnet ein grandioses Berg-, Meer- und Schärenpanorama, denn jenseits des mit zahllosen »Granitscherben« gespickten Straumen steigt die zerfranste KÜSTE Vestvågøyas aus dem Vestfjord, den man bei klarem Wetter bis hinunter zu der mehr als 80 km entfernten Insel Værøy überlickt. Die Straße ist in den nackten Fels gesprengt oder windet sich zwischen haushohen Bergtrümmern; sie führt auch am PRESTEN vorbei, einer der berühmtesten Kletterwände der Lofoten und nicht die einzige vor Ort; zwischen Mai und September zelten viele der Extremsportler wild im Klettergebiet; so auch direkt vor Festvåg, wo ein Outdoor-Veranstalter eine Basis unterhält. Unterwegs liegen zwei Startpunkte für Wanderungen:
◎ **WANDERN**: Tour 11 zum VÅGAKALLEN, Seite 286, und Tour 5 auf den FESTVÅGTINDEN, Seite 260.

VENEDIG DES NORDENS

Dann liegt auch Richtung Süden der Vestfjord vor uns, aber das fällt kaum auf bei all den Inseln und Inselsplittern, auf die wir blicken und die zusammen **HENNINGSVÆR** bilden. Seit 1983 führen drei Brücken hinüber – eine steiler geschwungen als die andere und alle nur fahrzeugbreit: erst von Festvåg zu der kaum besiedelten Felsinsel Engøya, dann auf eine Schäre und weiter nach Sauøya (links abbiegen) oder nach Heimøya, der zusammen mit Hellandsøya größten In-

Oben der Strand in der Rørvika,
unten Henningsvær im Winterlicht ▶

sel vor Ort. Beide verlaufen parallel zueinander, nur durch eine im Süden geschlossene, ca. 100 m breite Wasserstraße getrennt, die einen riesigen natürlichen und vor allem geschützten Hafen abgibt. Zwischen Januar und März, zur Zeit des Lofoten-Fischfangs, liegen hier dutzende TRAWLER vor Anker – mehr als irgendwo sonst auf dem Archipel – die Schiffe vor der Kulisse der bunten Häuser und der beschneiten Lofoten-Wand – ein unvergesslicher Anblick.

Aber auch im Sommer bietet die Sicht über das von Landungsbrücken und Bohlenstegen, Holzspeichern sowie -häusern umschlossene Rechteck ein faszinierendes Bild, denn ein paar TRAWLER sowie kleine Kümos sorgen stets für Farbtupfer. Bis gegen Ende Juni hängt ein gewisser Geruch in der Luft, der in Schwaden von den Stangenwäldern der Stockfischgerüste herüberweht, die fast jede freie Stück Boden von Henningsvær bedecken. Paarweise am Schwanz zusammengebunden, baumeln die vom Seewind zu knöchernen Mumien getrockneten Fische an ihren Galgen – auch ihre Köpfe, jedoch separat, denn während die Leiber ihre traditionellen Abnehmer in Europa haben, ist das Gros der Köpfe für Schwarzafrika bestimmt, vor allem für Nigeria. Anders die Zungen: Die werden direkt nach dem Fang herausgetrennt und gehen in der Regel an Feinschmeckerlokale.

Von der letzten Bogenbrücke zum Ort hinuntergefahren, sind es nur ein paar Meter bis zu einem großen Parkplatz, der links der Straße ausgeschildert ist und direkt vor dem Hafenbecken liegt. Hier soll man das Fahrzeug abstellen und sich aufmachen, den Ort zu Fuß zu erkunden, denn die Dorfgassen sind schmal und für Ferienverkehr definitiv nicht ausgelegt.

◎ **KAVIAR FACTORY**, Henningsværveien 13, Tel. 907 34743, www.kaviarfactory.com. Do–So 11–16 Uhr.

Rund 300 m weiter, auf der Außenseite von Heimøya, dort wo die Hauptstraße abknickt, erhebt sich der Quader der früheren Kaviarfabrik geweißt und restauriert als PODIUM FÜR ZEITGENÖSSISCHE KUNST (siehe Seite 79). Die fehlenden Buchstaben an der Fassade sind Teil einer künstlerischen Arbeit, kein Handwerkerpfusch.

◎ Man sollte wenigstens einmal auf Bohlenstegen den **HAFEN** umrunden, ggf. auf der Terrasse des FISKEKROGEN (s.u.) gesessen und geschlemmt haben, ein wenig durch die schmalen Gassen schlendern, Details entdecken und den Weg zum Ziel machen – Henningsvær von innen.

◎ Direkt an den Parkplatz grenzt die **GALLERI LOFOTENS HUS** mit der **GALLERI HARR**, die UMFANGREICHSTE KUNSTSAMMLUNG IN NORDNORWEGEN. Hunderte Werke von *Karl Erik Harr* und *Otto Sinding,* Gunnar Berg, *Even Ulving,* Ole Juul, *Thorolf Holmboe* – wie die Künstler alle heißen – sind zu betrachten. Das von außen unauffällige Haus ist mit frei liegenden Holzbalken authentisch renoviert.

Die Säle 1 und 2 im Erdgeschoss widmen sich den Höhepunkten der BILDENDEN KUNST um die vorletzte Jahrhundertwende, während im ersten Geschoss käufliche Bilder ausgestellt sind. – Im zweiten Geschoss stehen der Lofoten-Fischfang und speziell die Entwicklung des FISCHERORTS

HENNINGSVÆR im Fokus: Prachtvolle Fotografien, geschichtliche Darstellungen, Publikationen, Gerätschaften u.v.a. beleben die Vergangenheit.

Ins Erdgeschoss zurückgekehrt, überrascht die DIASHOW »Das magische Inselreich« von *Frank A. Jenssen* mit einzigartigen Bildern von den Lofoten. Die Show dauert knapp 20 Minuten und startet mehrmals täglich.

1.6.–31.8. täglich 9-19 Uhr, Mai 10–19 Uhr, April/September 10–16 Uhr, sonst nur Mi–So 10–16 Uhr. Tel. 915 95083, www.galleri-lofoten.no auch auf Deutsch. Eintritt 120 NOK, Kinder (10–16 Jahre) 50 NOK.

◎ Folgt man vom Parkplatz vor der Galleri Lofotens Hus der dorfeinwärts, entlang dem (rechten) Hafenbecken verlaufenden Straße, sind es nur etwa 200 m bis zu der **NORD NORSK KLATRESKOLE** (Kletter-Schule), die Kletterkurse und Climbingtouren organisiert (siehe Seite 141 f.). Auch ein gut bestückter Outdoor-Laden, die preisgünstigste Unterkunft im Ort DEN SISTE VIKING und das gemütlich-einladende KLATREKAFEEN gehören dazu.

◎ Wiederum etwa 200 m weiter führt die Kaigasse auf den direkt an den Hafen angrenzenden TORGET (Marktplatz) von Henningsvær (mit Kiosk sowie Bier-Verkaufsstelle). Hier befindet sich die **ENGELSKMANNSBRYGGA**, erstens eine Keramikwerkstatt, zweitens eine Glasbläserei und drittens eine Fotogalerie. Man kann den Kunsthandwerkern bei der Arbeit zuschauen und ihre Produkte kaufen, die Qualität ist ansprechend. Etwa 1.6.–10.8. täglich 10–21 Uhr, sonst sehr verschieden, siehe www.engelskmannsbrygga.no. Dreyersgate 1, Tel. 481 29870.

◎ Von hier aus folgt man der durch den Ort führenden Hauptstraße, vorbei an Souvenirläden und der Café-Institution LYSSTØPERI und der GALLERI VIDARS LYSE VERDEN (siehe Seite 79) zur südlichen Begrenzung des Hafenbeckens, von wo aus man eine formidable Aussicht über Hafen, Ort und die im Rücken aufragenden Felsendome hat. Das schönste Panorama aber genießt man von dem AUSSICHTSPUNKT, der direkt hinter dem Hafenbecken nach rechts als **VIEWPOINT** gekennzeichnet ist.

◎ Henningsvær ist auch die Norwegen-Basis von **OCEAN SOUNDS**, einem gemeinnützigen Verein und Forschungszentrum, das sich der Erforschung und dem Schutz von Meeressäugern (primär Wale und Delphine) bzw. dem Schutz des marinen Lebensraums widmet und mit Leiterin *Heike Vester* schon in einigen deutschen TV-Dokumentationen vertreten war. Information, Walgesänge, Videos und mehr auf www.ocean-sounds.org sowie Aktuelles auf Facebook.

UNTERKUNFT

◎ **RORBUER/SJØHUS**: Seite 117 f.
◎ **HOSTEL**: Seite 122 f.
◎ **HOTEL**: Seite 125.

ESSEN UND TRINKEN

◎ **FISKEKROGEN**: Seite 130.
◎ **KLATREKAFEEN**: Seite 130.
◎ **HENNINGSVÆR LYSSTØPERI & CAFE**: Seite 130.

FERIEN AKTIV

◎ **BOOTSTOUREN**: Seite 136 f.
◎ **KAJAK**: Seite 143 ff.

Route 5: Austvågøya – Die Kaiserroute

IM ÜBERBLICK

◎ **STRECKENVERLAUF**: Svolvær – Vestpollen (17 km) – Laukvik (20 km) – Fiskebøl (32 km) – Digermulen (51 km) – Fiskebøl (51 km) – Budalen (7 km) – Laupstad (5 km) – Vestpollen (5 km) – Vatterfjordpollen (7 km) – Børgvågsaksla (6 km) – Svolvær (3 km).

◎ **LÄNGE/DAUER**: ca. 205 km; einen Tag sollte man mindestens ansetzen; aber zwei sind garantiert nicht zu viel.

◎ **TRANSPORT**: Die Route ist nicht mit öffentlichen Verkehrsmitteln zu machen, aber für Fahrradfahrer ist sie geradezu prädestiniert; alles, was man als Radfahrer auf den Lofoten wissen muss, ist ab Seite 105 notiert.

◎ **ANSCHLUSSMÖGLICHKEITEN**: mit Route 1, 2, 3, 4 und 7; zudem besteht die Möglichkeit, ab Fiskebøl die Wal-Route (Nr. 6) anzuschließen.

◎ **ABSTECHER**: unsere Wanderungen auf die Matmora, den Sautinden (siehe Seiten 262/259) sowie auf den Digermulkollen (ca. 2 Stunden, siehe Seite 194).

◎ **PROFIL**: im Vergleich eine eher selten befahrene Strecke, die auf Nebenwegen den Nordzipfel von Austvågøya umrundet, um auf die Lofast-Strecke einzubiegen und auf einer wiederum eher schwach frequentierten Nebenstraße am Raftsund entlang – von dem übrigens der Trollfjord abzweigt – bis nach Digermulen auf der Insel Hinnøya zu führen. Markant sind die abwechslungsreichen Landschaften mitsamt ständiger traumhafter Panoramen.

IM NAMEN WILHELM II.

Der Prospektname »Kaiserroute« dieser rund 200 km langen Strecke geht auf den von Norwegen begeisterten deutschen Kaiser Wilhelm II. zurück, der zwischen 1889 und 1914 fast jährlich in den Fjorden des Nordens kreuzte. Eine starke Verbundenheit wird ihm mit den Lofoten nachgesagt, insbesondere mit der gegenüber der eigentlichen Inselgruppe am Eingang zum Raftsund gelegenen Ortschaft Digermulen, die er mehrfach besuchte. Auf seinen Spuren zu reisen ist absolut zu empfehlen; die nachfolgend kurz vorgestellte Tour, die man allerdings nur mit dem eigenen Fahrzeug unternehmen kann, führt dorthin.

ANS OFFENE NORDMEER

Ausgangspunkt der Route ist, streng genommen, der ganz im Norden von Austvågøya gelegene Fährort Fiskebøl, doch die Tourismusplaner lassen sie heute in SVOLVÆR beginnen. Die E 10 markiert von dort aus den 17 km langen Weg am Flughafen sowie der Sildpollnes-Kirche vorbei nach VESTPOLLEN, wo eine mit »Laukvik 19 km« ausgeschilderte Nebenstraße links abzweigt. In ihrem landschaftlich sehr abwechslungsreichen Verlauf quert sie die Insel durch ein fruchtbares , an Wiesen und Wäldern reiches Tal, mit Seen und Wasserläufen durchsetzt.

Auf halber Strecke etwa liegt das malerisch ins berggesäumte Grün gebettete SANDSLETTA mit dem gleichnamigen Campingplatz (siehe Seiten 108 und 115) am Weg. Durch eine faszinierende Landschaft mit zahllosen Inseln und Holmen zwischen Fjorden, Pollen und Sunden geht es vorbei an der gewaltigen Felsmasse der **MATMORA** ans offene Nordmeer heran, das bei dem Fischerörtchen LAUKVIKA erreicht ist. Für Seekajak-, Boots- und Angeltouren gilt das weit auseindergezogene Dorf als idealer Ausgangspunkt, ebenso wie Hobby-Ornithologen hier fündig werden.

In STRAUMSNES vor Laukvik befindet sich das POLARLIGHTCENTER:

◎ **POLARLIGHTCENTER**, Midnattsolveien 1706, Tel. 752 12234, mobil 911 24668, www.polarlightcenter.com.

Die Aktivitäten vor Ort werden bereits auf Seite 23 beschrieben. Es steht zudem ein behaglich eingerichtetes Apartment mit zwei Schlafzimmern zur Verfügung (jeweils 770 NOK als DZ sowie 495 NOK als Einzelzimmer). Ob Nordlicht oder Unterkunft: Kontaktaufnahme im Voraus erbeten, u.a. via polarlightcenter@hotmail.com/

◎ **WANDERN**: Tour 6 auf die MATMORA, Seite 262.

IM NORDEN VON AUSTVÅGØYA

Von nun an geht es mit stetem Blick auf die Inselkette der Vesterålen entlang der Nordküste von Austvågøya zum 32 km entfernten Fiskebøl. Doch sollte man die Strecke nicht an ihrer (kurzen) Distanz messen, sondern an der Vielzahl famoser Landschaftsbilder, die sie bietet. Hinter DELP, wo die Matmora-Wanderung endet (eine mit »Matmora« markierte Straße), queren wir auf einem Fahrdamm den flachen, wegen seines sandigen Bodens in zartem Hellblau schimmernden GRUNNFØRFJORD. Beim Dorf Grunnfør steht an der alternativen Fahrradroute zur E 10 (= Nationale Touristenstraße, siehe Seite 103) das SYKLISTHUS, das sog. Radfahrerhaus. Von der rundum VERGLASTEN oberen Etage hat man eine 360-Grad-Aussicht auf die imposante Landschaft. Inseleinwärts thronen bis über 800 m hohe Berge, während auf der anderen Fjordseite ausgedehnte FEUCHTGEBIETE vorherrschen. – Wer MOLTEBEEREN sammeln will, hat hier etwa ab Mitte Juli beste Chancen.

Ein kurzes Stück weiter auf der nun nur noch geschotterten Straße geht es durch weitflächige Flugsandfelder mitsamt weißen Dünen, zu denen sattgrüne Wiesen einen denkbar starken Kontrast bilden. Dann wird der MORFJORD umrundet, in Felsen und Wälder gefasst, die mit den größten ELCHBESTAND des Archipels aufweisen. Weitere Strände liegen am Weg, der dann bald in **FISKEBØL** wieder in die E 10 mündet.

NACH DIGERMULEN

Links ab geht es zum Fähranleger zu den Vesterålen (siehe »Wal-Route« ab Seite 198). Folgt man der Europastraße für wenige hundert Meter nach rechts, wird eine Kreuzung erreicht: Rechts ist Svolvær ausgeschildert – dieser Streckenabschnitt wird weiter unten im Rahmen der Rückfahrt vorgestellt –, doch die Kaiserroute biegt

▲ Therese van Nieuwenhoven und Rob Stammes in ihrem Polarlightcenter

INSELROUTEN

links ab auf die u.a. mit »Digermulen« ausgeschilderte Straße; sie bildet das letzte Teilstück der Lofoten-Festlandverbindung LOFAST nach Gullesfjordbotn bei Lødingen (siehe Seite 93).

Die Straße durchquert bald den 3.340 m langen Sløverfjordtunnellen, der zur Abwechslung mal gut ausgeleuchtet ist und in steiler Streckenführung den SLØVERFJORD UNTERQUERT. Sodann geht es an die Küste heran, schöne Bilder auf den Hadselfjord sowie die gegenüberliegenden Vesterålen tun sich auf, bevor Falkfjordtunnellen (500 m) und Myrlandstunnellen (1.910 m) an die enge Wasserstraße des **RAFTSUND** führen, den seit 1997 eine gigantische Bogenbrücke überspannt.

Von der Höhe der durchaus ästhetischen Betonkonstruktion aus eröffnen sich herrliche Ausblicke auf den Sund und den sich anschließenden Ingelsfjord im Norden. Von nun an geht es auf HINNØYA weiter – und dabei im Verlauf der folgenden 29 km stets am Raftsund entlang, der an manchen Stellen nicht einmal 1 km Breite misst und u.a. auch von den Schiffen der HURTIGRUTEN genommen wird. Bis über 1.000 m hohe und teils noch vergletscherte Berge bestücken den dramatischen Prospekt der Bilderbuch-Strecke, von der man nach rund 17 km auch einen Blick in den TROLLFJORD werfen kann, den jeden Tag mehrere Ausflugsboote ab Svolvær ansteuern.

Nach weiteren 5 km ist dann **DIGERMULEN** erreicht – viel Natur, ruhiges Leben und bereits gegen Ende des 19. Jahrhunderts beliebtes Touristenziel; von Wilhelm II. war bereits die Rede.

◎ An diese Zeit erinnert der alljährlich IM JULI STATTFINDENDE **KAISERMARSCH** AUF DEN 363 m HOHEN **DIGERMULKOLLEN**, der eine eindrucksvolle Aussicht auf Austvågøya, Raftsund und Vestfjord freigibt; rund zwei Stunden währt die einfache, auch für ältere Kinder taugliche Wanderung.

◎ Einen flotten Ausflug per Rad ermöglicht die Fähre nach Finnvik auf der südwestlich benachbarten INSEL **STORE MOLLA**: Gut 34 km² groß und 9 km lang, lassen sich sowohl Brettesnes im Süden als auch Ulvågen im Osten auf wenig befahrenen Küstenstraßen mit Dauerpanorama besuchen.

◎ Fantastische Natur erschließt ferner die Fahrt via Str. 868 und 872 zur INSEL **ÅRSTEIN**, an deren Südspitze die Straße im gleichnamigen Ort endet; dort verbindet eine sandige Zunge als Strand den felsigen Trollskarholmen mit der Insel. Imposant ist der Blick von der Insel-Ostküste auf zahllose Inseln, Schären und vor allem Gipfel drüben auf dem Festland.

◎ Zwei weitere schöne Wanderziele sind der **STORTINDEN** von Årstein (s. o.) aus sowie der **DALSTIND** von Holandshamn aus.

◎ **ATELIER TROLLFJORD OG HURTIGRUTEN – LOFOTEN**: siehe Seite 78. Anzumerken ist, dass Maler Hammerbeck und seine Ehefrau *Ülle Külv* auch als TOURISTENFÜHRER fungieren, egal ob Kultur oder Aktivtouren. Tel. 954 11583 und 760 76586.

◎ **INFRASTRUKTUR**: Am Start der Digermulkollen-Tour ist für den Sommer ein INFO-STAND geplant. Im Ort gibt es am Fähranleger einen LADEN, Tanke sowie bei der Fischfabrik Wohnungen zu mieten. Das CAFÉ KEISER'N

Digermulen, Raftsund und Umgebung widmet sich die tolle deutschsprachige Website www.digermulen.de: mit Foto-Galerie und vielem mehr, wenn auch inzwischen nicht mehr aktuell.

serviert Kaffee, Waffeln usw. Ein Restaurant gibt es allerdings nicht. Busfahrplan Svolvær - Digermulen: www.177nordland.no.

ZURÜCK NACH SVOLVÆR

Der Rückweg von Digermulen nach Fiskebøl ist mit dem Hinweg identisch; an der zum Fähranleger ausgeschilderten Kreuzung an der E 10 (siehe oben) biegen wir nun nach links ab in Richtung Svolvær. Die Straße führt direkt an den Westrand des Sløverfjords heran, dem sie für die nächsten 10 km folgen wird. Seinen Ausgang auf das Meer verstellen Schären, die beiden Schenkel stehen eng beieinander in der Flut, während sie 800 m höher öfter in Wolken verschwinden.

Langsam kurven wir weiter, mal neben, mal über dem Wasserspiegel, der breiter und breiter wird, sich schließlich zweiteilt: Der AUSTPOLLEN stößt keilförmig nach Südosten, wo er vor dem zerhackten Felswulst des über 1.000 m hohen BLÅFJELLET endet. Bis Anfang Juni sind die steilen Wände fast bis auf Fjordniveau beschneit; das Blau des Wassers und das Moosgrün der unteren Hanglagen stehen dann in sattem Kontrast zum weißen Winterkleid. Nach Südwesten läuft der Sløverfjord in den schmaler werdenden HIGRAVFJORD aus, dessen Westufer nun die Straße folgt.

Nach knapp 5 km umrundet sie Budalsneset – eine Felszunge, die am Fjord leckt, und bei km 7 passieren wir das aus lediglich einer Handvoll Häuser bestehende BUDALEN, das über das gleichnamige Tal auf eine altersgraue Felskette blickt sowie – in Richtung Süden – auf Higravtindan sowie Geitgaljen, die mit 1.146 und 1.085 m höchsten Berge im Archipel.

3 km weiter, beim Weiler HIGRAV, misst der Fjord nur noch Flussbreite, bevor er sich zwischen Wiesenzungen verläuft. Die Straße nimmt den südlich angrenzenden Buckel; von dem lediglich 20 m messenden Höhenzug wird offenbar, dass er als etwa 1 km schmale Barriere den Higravfjord vom AUSTNESFJORD trennt: Der schillert in Skalen von Blau und Grün, in die säumenden Uferwiesen sind bunte Blumenkleckse eingewebt. Die weißen, roten, gelben und blauen Häuser von LILAND schmiegen sich schutzlos und in langer Linie an die gewaltige Schräge, die jenseits des schmalen Weidestreifens aufragt. Von Schneefeldern und Furchen zergliedert, von Wasserfällen mitunter verschleiert, steigt sie auf bis zum 1.085 m hohen GEITGALJEN, »dem« Ziel für Topp-Ski-Touren auf den Lofoten schlechthin, erreichbar jedoch nur mit Steigeisen und Eispickel und so nur für versierte Extremskifahrer geeignet.

Kurz vor dem Abzweig nach Liland passieren wir den SEE EIDEVATNET, der ein bisschen Liebreiz in das Landschaftsbild zaubert. Ebenso das Örtchen LAUPSTAD, Ausgangspunkt der Wanderung auf den **SAUTINDEN**.
◎ **WANDERN**: Tour 4, Seite 259.

Dann beschreibt die Straße eine 90°-Kurve nach links, um sich an der Westflanke des von Nord nach Süd streifenden Fjords nach Vestpollen fortzusetzen, wo wir zu Beginn dieser Route Richtung Straumsnes und Laukvika abgebogen sind.

INSELROUTEN

Wir queren den weit ins Tal reichenden Vestpollen auf einem Fahrdamm, hinter dem es nach links zum SILDPOLLNES SJØCAMP ausgeschildert ist: Die Wohneinheiten dieser Anlage (siehe Seite 115) liegen auf einer schmalen LANDZUNGE im AUSTNESFJORD, ebenso wie die KAPELLE VON **SILDPOLLNES**, die mit ihrem weißroten Anstrich ein prachtvolles Motiv abgibt. Die beste Aussicht auf Fjord und Kapelle ergibt sich ein paar hundert Meter weiter vom ausgeschilderten Rastplatz »Austnesfjorden« aus, von wo aus ein kurzer, befestigter Fußweg zu einer PANORAMA-Plattform führt; weitere Pfade haben die in Fels und Wiese gefasste Fjordküste zum Ziel – der beste Rastplatz vor Svolvær.

Weiter geht es am Fjordufer und den Öffnungen mehrerer Quertäler entlang, das Panorama ist einem ständigen Wandel unterzogen. Gegenüber, im Osten, reckt sich der Rulten 1.062 m hoch in den Himmel; links voraus, und aus einem Schärengarten aufragend, liegt der braune, stark erodierte Felsklotz der über 15 km langen Insel Store Molla vor dem Vestfjord. Bei km 24, wo ein Damm den seeförmig verbreiterten **VATERFJORDPOLLEN** quert, reicht unser Blick an Store Molla vorbei auf die südlich angrenzende Insel Lille Molla, hinter der weit hinten, mitunter aus zarten Dunstschichten aufsteigend, die Insel Hamarøy zu sehen ist. Übernachten kann man hier im HAMMERSTAD SJØHUSCAMP (siehe Seite 108), der hinter dem Vatterfjordpollen links ausgeschildert ist und eine kleine Halbinsel bedeckt. Bunte Rorbuer säumen eine schmale Camperwiese, direkt auf einer natürlichen Terrasse über dem Meer gelegen.

Die Massvikheia, ein 500 m breiter Riegel aus mit Moos und Flechten, Heidekraut und Weiden bewachsenen Felsbuckeln, führt hinüber an den blaugrün leuchtenden, da nur wenige Meter tiefen HUSVÅGPOLLEN. An seinem Südrand ist eine Brücke zu überfahren, und erst hier wird klar, dass die in Fichtenhaine eingebettete Wasserfläche DAS MEER und kein See ist. Store und Lille Molla liegen jetzt direkt vis-à-vis, 2 km weiter passieren wir die bescheidene Landebahn des Flughafens von Svolvær, kurz darauf eine linker Hand am Meer gelegene Wiese, die oft von Wildcampern aufgesucht wird. Es folgt ein Tunnel, und auf der anderen Seite fällt der Blick über die Rekvika hinunter auf die ausgefranste Küste bei Svolvær. Im Süden glänzt der offene Vestfjord, und wer Lust hat auf ein Bad oder einen weiteren Pausenplatz, findet ca. 1 km weiter einen direkt unterhalb der Straße am Meer gelegenen Wiesen- und Sandstreifen; man kann zu vorgelagerten HOLMEN schwimmen, bei tiefer Ebbe gelangt man (fast trockenen Fußes) über ein dann freiliegendes SANDBAND dorthin. Übernachten sollte man hier allerdings nicht, denn der Platz dient im Sommer als FREIBAD.

Die Stadtgrenze von **SVOLVÆR** ist erreicht, ein 50 m langer Tunnel steht bevor. Rechter Hand steigt die SVOLVÆRGEITA mit ihren zwei Turmgipfeln auf: Der Ziegenberg (*geita:* Ziege) mit seinen beiden »Hörnern« gilt als Wahrzeichen der Stadt; organisierte Klettertouren siehe Seite 141 f.

Die Kaiserroute noch in Austvågøya: oben zwischen Sandsletta und Straumsnes, Blick vom Rangeldal (siehe Wanderung 6) über den Nordpollen mit dem Weiler Vatnfjord auf den Svarttinden, unten Sildpollnes mit Kapelle und Rorbuanlage (an einem 24.12.) ▶

Route 6: Vesterålen – Die Wal-Route

IM ÜBERBLICK

◎ **STRECKENVERLAUF**: Fiskebøl – Melbu (5 km: Fähre) – Stokmarknes (16 km) – Sortland (28 km) – Andenes (101 km).

◎ **LÄNGE/DAUER**: 150 km je Strecke, ohne Fährpassage etwa 3 Std.

◎ **TRANSPORT**: Die Fähre Fiskebøl / Lofoten–Melbu / Vesterålen verkehrt ca. stündlich zwischen 6.20 und 21.30 Uhr; 25 Min. 52 NOK/Pers. 152 NOK/ Fahrzeug bis 6 m Länge. Auch Busse verkehren nach Andenes, Umstieg in Sortland: 4 x täglich, Fahrzeit 4,5 Stunden, Ticket nach Andenes 368 NOK.

◎ **ANSCHLUSSMÖGLICHKEITEN**: mit Route 1.

◎ **WEITERREISE**: Wer nordwärts orientiert ist oder zurück zur E 6 will, kann ab Andenes von Ende Mai bis Ende August die Fähre nach Gryllefjord zur Insel Senja nehmen, die mit dem Festland über eine Brücke verbunden ist; täglich um 8.45 und 17 Uhr, Mitte Juni bis Anfang August auch 13 Uhr, Ticket 215 NOK/Person, 555 NOK/Pkw; Information via www.senjafergene.no.

◎ **PROFIL**: Diese Strecke folgt der sogenannten Wal-Route ab den Lofoten quer über die Vesterålen hinweg nach Andenes, dem Ausgangspunkt für die angeblich besten Walsafaris im Land.

◎ **INFORMATION**: Vesterålen Reiseliv, Postboks 243, 8401 Sortland, Tel. 761 11480, www.visitvesteralen.com auch auf Deutsch.

Andøy Reiseliv, Kong Hans gate 8, 8480 Andenes, Tel. 761 41203, www.visitandoy.info auch auf Deutsch.

HADSELØYA

»Tor zu den Vesterålen« ist FISKEBØL, im Norden Austvågøyas sowie gleichzeitig Start- bzw. Endpunkt der Lofoten-Festlandverbindung LOFAST (siehe Seite 93). Die 25-minütige Fährfahrt über den etwa 5 km breiten Hadselfjord hinüber nach Melbu ist ein famoser Auftakt dieser Tour: Zurückblickend eröffnen sich noch einmal wundervolle Panoramen auf die bizarre Kette des von den schartigen Gipfeln, Bastionen und Zinnen geprägten Austvågøya, während voraus die grünen Buckel von Hadseløya das Bild bestimmen. Die E 10 markiert ab Melbu die 16 km lange Strecke nach **STOKMARKNES** im Norden der Insel, wo das HURTIGRUTE-MUSEUM ausführlich über die Geschichte der früheren Postschifflinie Hurtigruten berichtet. Zum Museum gehört auch das 1956 erbaute Schiff »M/S Finnmarken«, das aufgedockt auf dem Trockenen steht; 1.5.–14.6. täglich 12–16 Uhr, 15.6.–14.8. 10–18 Uhr, sonst täglich 14–16 Uhr. Eintritt 100/45 NOK. www.hurtigrutemuseet.no.

LANGØYA

Von Stokmarknes aus geht es über ein System imposanter BOGENBRÜCKEN zu der Nachbarinsel Langøya hinüber, der mit 860 km² Fläche drittgrößten Insel von Norwegen sowie Hauptinsel der Vesterålen. Tief ins Land greifende Fjorde zerschneiden sie nahezu in mehrere Teile; ihr größter Reiz liegt in der landschaftlichen Vielfalt mit Feldern und Wäldern, Stränden, Mooren und Bergen.

Nächstes Etappenziel ist das 28 km entfernte und rund 5.400 Einwohner zählende **SORTLAND**, Verwaltungszentrum der Inselgruppe ebenso wie Sitz des Touristenbüros der Vesterålen. Sonst ist zum Lobe dieses Städtchens wenig zu sagen. Nachdem die Brücken den Sortlandsund überquert haben, geht es links ab auf die R 82, die den noch fast 80 km langen Weg hinauf nach Andenes markiert.

ANDØYA

Die gut ausgebaute Straße verläuft direkt an der Küste entlang und bietet ein ums andere Mal fantastische Aussichten hinüber nach Langøya sowie bald auch nach Andøya, nördlichste Insel der Vesterålen und ebenfalls über eine Brücke zu erreichen. Die Landschaft bestimmen jetzt rundgeschliffene Berge, oft bis obenhin mit Gras bewachsen und aus weit gestreckten Moorflächen aufragend. An ANDØYAS WESTKÜSTE, die eine 58 km lange, als NATIONALE TOURISTENSTRASSE titulierte (siehe Seite 103) Nebenstrecke erschließt, erstrecken sich wunderbare Sandstrände vor dem offenen Nordmeer. Doch die R 82, die am ANDFJORD entlangführt, hat auch einige Reize zu bieten, so spektakuläre Ausblicke auf die im Osten aufragenden Inseln GRYTØYA sowie SENJA, die an Dramatik durchaus mit den Lofoten konkurrieren können. Insofern lohnt es sich, für Hin- und Rückfahrt nicht immer die selben Straßen zu nehmen.

ANDENES

Hauptort des rund 488 km² messenden Eilands ist das rund 2.700 Einwohner zählende Gemeindezentrum Andenes, der an Andøyas Nordzipfel gelegene Endpunkt der Wal-Route.

◎ Vor allem ist das Städtchen Ausgangspunkt für die **WALSAFARIS**, die zwischen Mai und September mehrmals täglich sowie von Dezember bis März einmal täglich stattfinden (Hvalsafari alias Whalesafari Andenes, siehe Seite 138 f.).

◎ Aber auch sonst gibt es genug zu tun. Einen Besuch wert ist jedenfalls das zu »Whalesafari« (s.o.) gehörende **WALZENTRUM**, das sich als größte Ausstellungsfläche zu Walen und Walforschung in Europa vorstellt. 20.5.–20.8. täglich 8.30 –16, 20.6.–20.8. bis 19 Uhr, 1.9.–15.9. 10.30–15, sonst 9–15 Uhr. Eintritt 110/50 NOK. Für Teilnehmer einer Walsafari ist eine Führung mitsamt Eintritt inklusive.

◎ Der 40 m hohe und 1859 in Dienst gestellte **LEUCHTTURM** von Andenes ist über 148 Stufen zu besteigen. Etwa 20.6.–15.8. täglich 10–17, ab ca. 10.6. und bis ca. 25.8. 10–15 Uhr. Eintritt 90/45 NOK.

◎ Das **POLARMUSEUM** im Ortszentrum beschäftigt sich vor allem mit der ÜBERWINTERUNG des Tierfängers *Hilmar Nøis* AUF SPITZBERGEN. Es gehört zum »Museum Nord (www.museumnord.no/andoymuseet). Gleiche Öffnungszeiten wie der Leuchtturm. Eintritt 50 NOK, Kinder (bis 15 Jahre) frei.

◎ Dem rund 10 km südwestlich von Andenes gelegenen **BLEIKSTRANDA** gebührt ein Rang unter den schönsten Stränden im Land – er ist 2,5 km lang und in niedrige Dünen gefasst. Zum Einstimmen: www.bleik.no.

◎ Vom Fischerort BLEIK aus gibt es im Sommer täglich Bootsfahrten zum **VOGELFELSEN BLEIKSØYA**, auf dem etwa 40.000 Seevögel nisten. Dauer rund 2,5 Stunden.

In Bleik empfiehlt sich das Midnattsol (Mitternachtssonne) Camping, das auch Hütten umfasst. Mehr Unterkünfte siehe auf der folgenden Seite 200.

WALE VOR LOFOTEN UND VESTERÅLEN

Die Küstengewässer rings um die Lofoten gehören nicht nur zu den fischreichsten Europas, sondern beeindrucken auch mit ihrer Fülle an Säugetieren, vor allem an Walen. Wer zwischen Oktober/November und Januar etwa auf den Lofoten weilt, wird garantiert Gelegenheit haben, Herden von Schwertwalen zu sehen, die im Gefolge der großen Heringsschwärme in den VESTFJORD kommen, um sich an ihren Beutefischen gütlich zu tun. Bis 9 m lang und 6 t schwer können die SCHWERTWALE werden, die irreführend auch als »Killerwale« bezeichnet werden. Sehr nahe kommt man ihnen im Rahmen von organisierten Boots- und Seekajaktouren (siehe Seite 138).

Auch der bis zu 8,5 m lange GRINDWAL taucht mitunter auf, Glückspilze können die bis zu 19 m langen und für ihren Gesang bekannten BUCKELWALE beobachten, und am häufigsten noch sieht man die durchschnittlich 1,5 m langen SCHWEINSWALE (Kleintümmler), die Delphinen sehr ähnlich sehen und zur Familie der geselligen Zahnwale gehören, die bereits seit ca. 30 Mio. Jahren in allen Ozeanen unseres Planeten heimisch sind. Der eindrucksvollste Vertreter dieser Gattung aber ist der bis zu 75 t schwere und bis zu 20 m lange POTTWAL, der als das größte bezahnte Tier der Erde gilt und bis in Tauchtiefen von mehr als 3.000 m vordringen kann. Ihn aber findet man nicht vor den Lofoten, sondern vielmehr vor der nördlich angrenzenden Inselkette der Vesterålen, da dieser Großwal nur dort, wo nahebei der Rand des europäischen Festlandsockels verläuft, den Nahrungsreichtum findet, den er benötigt.

So ist der Name der zwischen Å im Lofoten-Süden nach Andenes im Vesterålen-Norden verlaufenden »Wal-Route« die treffende und auch offizielle Bezeichnung dieser insgesamt 382 km langen Strecke, deren nördlicher, die Vesterålen querender Abschnitt hier kurz vorgestellt wird. Dieser Archipel ist mit einer Fläche von rund 2.400 km^2 fast doppelt so groß ist wie die Lofoten. Obwohl beide Inselgruppen von ihrer Genese her eng miteinander verwandt sind, präsentiert sich die Landschaft ziemlich anders und wird durch rund geschliffene Berge und ausgedehnte Moorflächen, bewaldete Hänge sowie Wiesen und Felder geprägt.

◎ **DRONNINGRUTA** ist ein ca. 15 km anspruchsvoller RUNDWANDERWEG zwischen Stø und Nyksund. Der markierte Pfad verläuft über ein paar steile Passagen, die bei Höhenangst Probleme bereiten können. Nyksund ist eine zwischenzeitlich verlassene Fischersiedlung, über die viel berichtet wird. Dauer 5–8 Stunden. www.visitvesteralen.com auch auf Deutsch.

UNTERKUNFT

◎ **MIDNATTSOL CAMPING** in Bleik, Tel. 478 43219, www.midnattsolcamping.no auch auf Deutsch. Mit Hütten.

◎ **HOTELL MARENA**, Andenes, Storgata 15, Tel. 915 83517, www.hotellmarena.no. EZ ab 990, DZ ab 1.290 NOK.

◎ **ANDENES CAMPING**, Bleiksveien 34, Tel. 413 40388, www.andenescamping.no auch auf Deutsch. 1.6.–31.8.

Eine schöne Beschreibung der Wanderung auf der Dronningruta findet sich auf www.karlchen-on-tour.de/dronningruta.

Route 7: Gimsøya

IM ÜBERBLICK

◎ **STRECKENVERLAUF**: Svolvær – Rørvik (17 km) – Lyngværet (3 km) – Kleppstad (6 km) – Sydalen Gravplass (6 km) – Brenna (6 km) – Gimsøystraumbrua (10 km) – Sand (11 km) – Vinje (2 km) – Saupstad (2 km) – Golfplatz (3 km) – Årrstranda (6 km) – E 10 (9 km) – Svolvær (27 km).

◎ **LÄNGE/DAUER**: gut 100 km, als Halbtages- oder Tagestour (inklusive Abstecher).

◎ **TRANSPORT**: Gimsøya ist mit öffentlichen Verkehrsmitteln nicht zu erkunden, als dünn besiedelte Insel mit Straßen im Flachland für Fahrradfahrer jedoch ein günstiges Terrain.

◎ **ANSCHLUSSMÖGLICHKEITEN**: mit Route 1–6, vor allem mit 4, sowie mit Route 8 und 9.

◎ **ABSTECHER**: Wanderungen zur Kleppstadheia (siehe Seite 257), nach Festvågneset oder Nedreneset (Länge 4 bzw. 12 km, siehe Seite 203) sowie auf den 368 m hohen Hoven, den leicht zu besteigenden Berg im Norden von Gimsøya (siehe Seite 291).

◎ **PROFIL**: bis Rørvik identisch mit der Route 4; dann geht es weiter am oberen Henningsværstraumen sowie am gesamten Gimsøystraumen vorbei bis Brenna. Retour bis zur Straumenbrücke, darüber hinweg und am Straumen-Ostufer nach Sand, mit tollen Stränden. Im folgenden Verlauf umrundet die Route komplett die Insel Gimsøya, die mit einem der nördlichsten Golfplätze überhaupt aufwartet. Es schließen sich weitere Strände am offenen Nordmeer an. Auf dem Rückweg zur E 10 am Sundklakkstraumen vor Vestvågøya durchquert man das größte Moor des Archipels.

ZUM SÜDWESTZIPFEL VON AUSTVÅGØYA

Ausgangspunkt auch dieser Tour soll SVOLVÆR sein; für die ersten 17 km bis Rørvik folgen wir der zuvor unter Route 4 beschriebenen Strecke.

Aber wir biegen dort nicht auf die Straße 816 ab, sondern folgen weiterhin der Richtung Leknes und Å ausgeschilderten E 10, die 1 km westlich von Rørvik an den hier nur knapp 4 km breiten Henningsværstraumen heranführt, sich nordwärts wendet, um die Ausläufer der Austvågøya-Wand zu umfahren. Die vielfarbig blau und grün schimmernde Meeresenge ist mit VEGETATIONSLOSEN SCHÄREN gespickt, die Ringe von weißen Stränden tragen. Genießen kann man die beeindruckende AUSSICHT auf die **LYNGVÆRET** geheißenen Inseln direkt von der Straße aus wie auch vom LYNGVÆR LOFOTEN BOBILCAMPING, einem schön direkt am Meer, auf Wiesenterrassen gelegenen, großzügig ausgestatteten Campingplatz (siehe Seite 109).

Bei km 18 sehen wir den Felsklotz von Gimsøya aus dem Straumen aufragen. Vor seinem Südkap teilt sich der HENNINGSVÆRSTRAUMEN in den links vorbeifließenden SUNDKLAKK- und den rechts verlaufenden GIMSØYSTRAUMEN, der eine 300 m, der andere sogar 1 km breit und beide von BOGENBRÜCKEN überspannt. Wenig später ist linker Hand eine Sehenswürdigkeit ausgeschildert: An einem angrenzenden alten Fähranleger kann man parken und dann zu Fuß hinübergehen zu dem, was sich auf den ersten Blick als 2,50 m hohe Box aus Rauchglas und verchromten Stahl offenbart. Kommt man dann vor dem Gebilde zu stehen, erweist sich die vermeintliche Box als ein **KUNSTWERK**, geschaffen von dem US-amerikanischen Künstler *Dan Graham* im Rahmen des Projekts »Skulpturlandschaft Nordland«. Das Projekt geht von dem Gedanken aus, dass ein Kunstwerk durch sein Vorhandensein einen eigenständigen Ort schaffe und die jeweilige Umgebung anschaulicher mache. So erhielten Ort und Situation eine neue Dimension – wovon man sich mit eigenen Augen überzeugen kann: Die konvex angebrachte Glasfront spiegelt die Lofoten-Wand auf faszinierende Weise und fungiert somit als »Augenöffner« (siehe auch den Kurztext ganz unten).

Nach 2 km zweigt rechts die nach Litlhaugen (siehe Wanderung Nr. 10, Seite 280) führende Piste ab, dann queren wir den Ausgang des Olderfjords und erreichen anschließend die kleine Ortschaft KLEPPSTAD, von wo aus früher die Fähren nach Gimsøya verkehrten. Neben dem alten Anleger (und einem großen Parkplatz: Wildcampen) klettert die E 10 steil zu dem Bogenscheitel der Brücke empor; geradeaus verläuft eine **NACH BRENNA** ausgeschilderte Stichstraße. In ihrem 10 km langen Verlauf folgt sie dem Ostufer des GIMSØYSTRAUMEN bis zu jener Stelle, wo er ins offene Nordmeer übergeht und man am Felsklotz Gimsøyas vorbei auf die ausgedehnten Moorflächen dieser Insel blickt.

◎ **WANDERN**: Kurz hinter der Abzweigung in Kleppstad beginnt rechter Hand die Wanderung Nr. 3 auf die KLEPPSTADHEIA (siehe Seite 257).

3 km nördlich der Straumenbrücke breitet sich das Dörfchen RYSTAD am Ufer des glazial geprägten SYDALSPOLLEN auf einem Wiesenstreifen aus.

Dort wo sich der Pollen als weit ausladendes Trogtal inseleinwärts fortsetzt, liegt der Ort **SYDALEN**.

Folgt man dem hier rechts abbiegenden schmalen Fahrweg, erreicht man nach 1 km und dort, wo die holprige Piste endet, den SYDALEN GRAVPLASS, mit über 20 Gräbern aus der frühen Eisenzeit einer der größten auf dem Archipel. Dem Laien fällt es jedoch schwer, den links des Weges gelegenen Friedhof als solchen zu erkennen, denn außer halbmeterhohen und bis zu 6 m durchmessenden Erdhügeln ist nichts auszumachen.

◎ **WANDERN**: Eindrucksvoller ist der »rübezahlwilde« Talzug selbst, durch den die Wanderung Nr. 8 zum KROKTINDEN führt (siehe Seite 272). Auch Wanderung 9 auf den SVARTTINDEN (siehe Seite 277), die ca. 3 km weiter im Weiler GRAVERMARKA beginnt, ist für starke Impressionen gut.

Rund 4 km sind es ab Gravermarka bis zum Straßenende BEI BRENNA. Wer wandern möchte, ohne sich ins Gebirge zu begeben, kann dem Pfad vom Wegende im Dorf an der Küste entlang zum 2 km entfernten **FESTVÅGNESET** folgen, von wo aus sich ein famoses Panorama auf Gimsøya zur Linken, Sunnlandsfjord sowie Matmora (siehe Wanderung Nr. 6) zur Rechten

Auf der Website www.skulpturlandskap.no, Stichwort »Kunstverk«, kann man einen Überblick über alle 36 im Rahmen des gleichnamigen Projekts geschaffenen Werke (auf über 30 nordnorwegische Kommunen verteilt) erhalten.

und auf die weit im Norden aufragenden Schroffen der Vesterålen eröffnet.

Noch für weitere 4 km kann man dem gut ausgebauten Küstenweg folgen; er endet in **NEDRENESET**, einem heute nur noch von Sommergästen besuchten verlassenen Fischerdorf, bestehend aus einer Handvoll Holzhäuser. Die Aussicht von dort über den verführerisch grünblau schimmernden Sunnlandsfjord Richtung Sandsletta und Laukvik ist ein neuer Höhepunkt; gleich mehrere weiße Sandbänder laden nebenbei zum Sonnen und Baden ein.

TUNDRASTEPPEN IM ATLANTIK

Zurückgekehrt nach Kleppstad, biegen wir auf die BRÜCKE **GIMSØYSTRAUMBRUA** ab, die mit 840 m Länge ein Meisterwerk der norwegischen Ingenieure darstellt. Wo sie beginnt, liegt linker Hand der beim Ausbau der E 10 zur Nationalen Touristenstraße (siehe Seite 103) errichtete Rastplatz GIMSØYSTRAUMEN mit Café.

Hinter der Brücke beginnt Gimsøya. Hier verlassen wir die E 10 und folgen der mit »Vinje« und »Golfbane« ausgeschilderten Nebenstraße, die die Brücke unterquert, um – erst den Gimsøystraumen begleitend – nach ca. 11 km in Sand einzutreffen, wo ein STRAND seine goldene Zunge ins Meer streckt; bei Ebbe verbindet sich die vielleicht 1 km² große SCHÄRE SANDSØYA mit Gimsøya. Gegenüber liegt Brenna, weit hinten Laukvika sowie die Kette der Vesterålen. Der Ort **SAND** selbst, der den Namen des hier so üppig vorhandenen Verwitterungsprodukts trägt, gefällt mit bunten Häusern sowie einer hübschen Holzkirche, deren Fenster nach Norden blicken.

Zwischen Sand und Vinje fand man im 19. Jahrhundert einen 154 cm hohen, behauenen Runenstein aus dem 10. Jh. Als Gimsøyamonumentet ist dieser Stein seit 1886 im Historischen Museum von Bergen ausgestellt.

Auch in **VINJE**, nur 2 strandreiche km entfernt, haben die Bewohner »Farbe bekannt« – saftig grüne Wiesen säumen Meer und Strand und die winzige Ortschaft aus blauen, gelben und roten Häusern, die als eine der ältesten konstant besiedelten in Nordnorwegen gilt. Schon zur Zeitenwende herum sollen hier Menschen gelebt haben, wie es archäologische Funde vermuten lassen. Im inseleinwärts angrenzenden Moor hat man die Überreste eines vermutlich aus dem 4. Jh. stammenden Bootsanlegers gefunden; es ist bemerkenswert, dass sich dieser ca. 2 km südlich der heutigen Küste befindet, was die Geologen in ihrer Annahme bestätigt, dass sich der ARCHIPEL auch noch in geschichtlicher Zeit GEHOBEN haben muss.

Wir ignorieren die nach links abzweigende Piste zurück zur E 10 und fahren geradeaus an der von Stränden und Wiesen gesäumten VINJEVIKA entlang. Es folgt das Dörfchen **SAUPSTAD**. Blickt man von hier aus gen Süden, so hat man die mit 4 km Länge und ebensolcher Breite größte MOORFLÄCHE des Archipels vor Augen, die jahrhundertelang den wichtigsten Brennstoff der Lofoter hergab: Torf, der hier bis vor einigen Jahren im großen Stil gestochen wurde. Im Frühsommer spannt sich die von Tümpeln und Kanälen zergliederte Fläche eintönig braun zwischen den Felsklotz im Osten und den Tafelberg des HOVEN im Westen; im Sommer ertrinkt das Land in einem Meer von Blumen, während es sich im Herbst in ein flammendes Feuermeer verwandelt.

3 km westlich von Saupstad ducken sich die Häuser von **HOV** in eine Senke, um Schutz zu finden vor den Winden aus Nordwest. Die Küste ist vom steten Angriff des Meeres geprägt und mit Felsbrocken übersät, so dass man sich gut vorstellen kann, welcher Aufwand nötig war, um direkt hinter der Küstenlinie hier den GOLFPLATZ LOFOTEN LINKS zu errichten. Bei der gepflegten, bestens in die Landschaft integrierten Anlage handelt es sich um einen der nördlichsten Golfplätze überhaupt und um den angeblich einzigen auf Erden, auf dem die Sonne im Sommer für 24 Stunden die Sportler begleitet. Im Clubhaus kann man Erfrischungen, Waffeln und diverse Gerichte bestellen. Für alle Touristen auf Gimsøya hält Lofoten Links Camping und Zimmer bereit (siehe Seite 109).

◎ **LOFOTEN GOLF LINKS**, Hov, Tel. 760 72002, www.lofotenlinks.no. SAISON ist von Mai bis Mitte Oktober, im Sommer zur Hauptsaison ist die Anlage allerdings rund um die Uhr geöffnet. GREEN FEE für 9/18 Löcher: 550 / 950 NOK. Golfausrüstung ab 250 NOK/ Tag, ein Anfängerkurs kann für 2.500 NOK gebucht werden.

◎ **WANDERN**: Hinter dem Golfplatz setzt der 368 m hohe HOVEN malerische Akzente (siehe Seite 291). Parken nicht am Golfplatz, 100 m weiter.

◎ **REITEN**: Ausritte auf Islandpferden organisiert hier der HOV HESTEGÅRD, Telefon 975 59501, hovhestegard.no auch auf Deutsch.

Die Straße passiert nun die Abzweigung nach Hovsund (1 km, Sackgasse) und zieht sich als gut befahrbare Schotterpiste am Vikspollen vorbei nach ÅRRSTRANDA und damit hinunter bis zum Sundklakkstraumen. 3 km weiter und vorbei an einem kleinen, für seinen Vogelreichtum bekannten Naturreservat stoßen wir mitten im Moor auf die von Vinje kommende Piste, der wir nach rechts folgen, um die Sundklakkstraumbrua zu erreichen.

Auch dieser 6 km lange Abschnitt führt durch menschenleere MOORLANDSCHAFT – wieder fällt es schwer zu glauben, dass man sich auf einer Insel im Atlantik befindet, denn hier erinnert alles rege an die Kältesteppen des zentralen Lapplands.

Aber dann tauchen Brücke, Meeresenge und Austvågøya auf und rücken das etwas schief gewordene Lofoten-Bild wieder gerade. Direkt vor der Brücke erreicht man die E 10 und ist zu entscheiden, entweder Route 8 oder 9 (Vestvågøya) anzufügen oder nach Austvågøya zurückkehren. Die Gimsøystraumenbrua ist 4 km entfernt; ab dort aus bleiben noch 27 km bis nach Svolvær.

Auf Gimsøya: oben Blick vom Hoven, einem der leichtesten Wanderziele mit Panorama (siehe Wanderung 12 auf Seite 291), unten Gerüste mit Stockfisch am Gimsøystraumen ▶

Route 8: Vestvågøya – Auf Seitenwegen nach Leknes

IM ÜBERBLICK

◎ **STRECKENVERLAUF**: Brücke Sundklakkstraumenbrua – Moland (4 km) – Skokkelvika (8 km) – Valberg (2 km) – Rolvsfjorden (4,5 km) – Straße 817 (8,5 km) – Stamsund (6 km) – Steine (3 km) – Straße 815 (5 km) – Sennesvika (7 km) – Pass (2 km) – Mortsund (6 km) – Hol (8 km) – Museum (2 km) – Leknes (1 km) – Gravdal / Busknes (5 km) – Ballstad (5 km) – Nappstraumen (10 km) – Leknes (7 km).

◎ **LÄNGE/DAUER**: ca. 94 km, nur als Tagestour sinnvoll.

◎ **TRANSPORT**: Diese Route ist nur mit eigenem Fahrzeug zu machen.

◎ **ANSCHLUSSMÖGLICHKEITEN**: mit Route 7 (vor allem Gimsøya), Route 9 oder Route 10.

◎ **TIPPS FÜR RADFAHRER**: Die Lofoten-Radroute folgt dieser Route bis Ballstad, von wo aus im Sommer eine Fahrradfähre nach Nusfjord/Flakstadøya verkehrt (siehe Seite 105).

◎ **ABSTECHER**: Ure (6 km), Insel Holsøya mit Steinzeitgräbern (organisierte Bootstouren ab Vestvågøy Museum, 2 Std.), Haugbukta (alter Fähranleger für Flakstadøya, ca. 2 km).

◎ **KÜRZERE VARIANTE**: bei Storfjord an der Str. 817 (km 27) statt nach links (Richtung Stamsund) nach rechts, der Str. 815 folgen, 12 km Ersparnis. Lässt man Sennesvika, Mortsund und Hol aus, folgt man also der Str. 815 weiter direkt nach Leknes, sind es 20 km weniger; der Abstecher nach Ballstad und zurück macht 27 km aus.

Die kürzeste Variante beträgt somit insgesamt nur rund 35 km, aber wer sich dafür entscheidet, bringt sich um die schönsten Ansichten.

◎ **PROFIL**: Diese Tour führt an der Vestfjord-Seite der Insel vorbei und beeindruckt weniger mit dramatischen Ansichten der Lofoten-Wand als mit schönen Meer- und Schärenpanoramen. Wir passieren eine Reihe Fischerorte (von denen Mortsund und Ballstad als die schönsten gelten), zudem mehrere einladende Strände, Rorbu- und Campinganlagen und erreichen schließlich Leknes, die Inselhauptstadt. Hier kann Route Nr. 9 angeschlossen werden, um Vestvågøya zu umrunden; oder alternativ die Route 10, die auf die benachbarte Insel Flakstadøya führt.

Ausgangspunkt dieser Route rings um Vestvågøya ist die SUNDKLAKKSTRAUMENBRUA, die sich zwischen Gimsøya und Vestvågøya spannt und der die E 10 folgt. Auf der Westseite der Brücke verlassen wir die »Hauptstraße des Lofoten-Tourismus« und biegen nach links auf die Str. 815 ein, die, wie die E 10 auch, Leknes zum Ziel hat, jedoch der zerfransten Südküste dorthin folgt.

Auf den ersten 3 km (unterwegs ein kleiner Rastplatz, ideal auch für eine Übernachtung) ist die Straße größtenteils in den Fels gesprengt und eröffnet Aussicht auf den gen Süden zusehends breiter werdenden Henningsværstraumen, die Insel Austvågøya und auf den Schären-Archipel von Henningsvær, aus dem markant ein LEUCHTTURM emporragt. Dann geht es an der morastigen Bucht Molandsvika entlang, an deren Südrand die Ortschaft **MOLAND** liegt. An der Stelle, wo die etwa 300 m breite Küstenebene ansteigt, fanden Archäologen 1974 die Fundamente von drei Langhäusern und zehn Hügelgräber aus der Eisenzeit, aber als Laie erkennt man an den bezeichneten Stellen nichts, was auf die Funde hinweist.

Auch auf den folgenden Kilometern bleibt die Aussicht im Großen und Ganzen auf Austvågøya beschränkt. Bei km 8 passieren wir das Dörfchen DAL, an das sich das weitläufige Dals-Moor anschließt. 4 km weiter – gerade zieht sich die Straße um den 450 m hohen Dalstinden herum – öffnet sich direkt unterhalb der Straße der Sandstrand der Bucht **SKOKKELVIKA**. Geschützt von tausend Schären, ist sie zum Schwimmen, Baden, Sonnen ideal und dient bunten Fischerbooten sowie ein paar Yachten als sicherer Ankerplatz. Es schließt sich das gleichnamige Dorf an, und auf den kurvenreichen 2 km bis Valberg fahren wir an der Flanke des Breidtinden entlang, der die Küstenebene mit seiner graubraunen, vegetationslosen Verwitterung dominiert.

Noch vor zwei Generationen bestand die Insel aus vier Kommunen anstatt aus einer: VALBERG, gegründet im ausgehenden Mittelalter und kaum mehr als 100 Einwohner fassend, war eine von ihnen. Das Gemeindegebiet reichte vom nordöstlichsten Inselpunkt bis hinunter nach Stamsund, umfasste mehr als ein Drittel von Vestvågøya und lag gewissermaßen »mittschiffs« auf der Insel – wie die Lofoter sagen würden. Eine auffallend große Kirche, schon vom Dichter Peter Dass im 17. Jh. lobend erwähnt, ist einziges Zeugnis der früheren Bedeutung von Valberg.

Südlich der Ortschaft geht es bald in den Rolvsfjord hinein, dessen Flanken aussehen, als wären sie von einem riesigen Hobel bearbeitet worden. Am Fjordende, ca. 4,5 km ab Valberg, passiert man die **ROLVSFJORD**-Ortschaft und das auf einer Landzunge gelegene BRUSTRANDA SJØCAMPING (siehe Seite 109 f.), das sich mit Rorbuer hinter einer Campwiese ausbreitet. Vom Café mit Fjordterrasse kann man zu Skulpturen zusammengestellte »Hinkelsteine« bewundern; der zugehörige Souvenirladen bietet u.a. eine große Stein-/Mineralien-Ausstellung mit tausenden Steinen, aus aller Welt zusammengetragen, zum Teil wunderbar geschliffen und käuflich zu erwerben.

Auf den folgenden 6 km bis zum Skifjord ergibt sich immer wieder mal ein Blick hinüber nach Stamsund, wohin wir bei km 27 an einer Kreuzung abbiegen; rechts geht's direkt nach Leknes. **STAMSUND** zählt mit seinen ca. 1.100 Einwohnern nahezu so viele wie Kabelvåg, ist einer der wichtigsten Fischerorte im Archipel, Stützpunkt der größten Trawlerflotte, erste Anlaufstelle für die Hurtigruten aus Bodø – und seit dem Jahr 2000 um eine Aufsehen erregende ATTRAKTION reicher: dem LOFOTEN SNOWBOARD & ALPINSENTER (www.lofotenalpinsenter.com), die einzige Anlage für alpinen WINTERSPORT auf den Inseln, die mit den Weltmeisterschaften im SNOW-

INSELROUTEN

Auf Seite 208 folgt ein Foto mit Valberg und Skokkelvika bis hinüber nach Stamsund.

BOARDFAHREN startete; diese Veranstaltung war auch dank des fantastischen Wetters ein prächtiger Erfolg, als die Traumbilder eines dunkelblauen arktischen, sonnigen Himmels über tief verschneiten Bergen samt Snowboardpiste um die Welt gingen. Die Piste ist so angelegt, dass sie via TV den Eindruck vermittelt, als würden die Sportler (aus 300 m Höhe) direkt auf das Meer zustürzen.

Sonst gibt Stamsund wenig her – auch das Zentrum mit Trawlerhafen, modernen Kaianlagen, Lagerbauten, Fischfabriken ist ohne Reiz. Man sieht es dem Ort an, dass er nicht gewachsen ist, sondern um 1900 von einem Fischgrundkönig (siehe Seite 45 f.) gegründet wurde: Alles, was hier steht, selbst die Kirche, entstand auf Befehl von *Julius M. Johansen,* seinerzeit größter Guano- und Stockfischproduzent in Norwegen. Einen Besuch wert sein mögen – je nach Interesse – die GALLERI 2 (siehe Seite 79) sowie das Restaurant SKJÆRBRYGGA (siehe Seite 130 f.) am Hurtigrutenkai.

Gut 3 km hinter dem Hafen geht es an der fotogenen, da von zahlreichen Pfahlbauten gesäumten Hafenlage von STEINE vorbei.

Bei km 41 ist der Nordrand des schmal gewordenen Storfjords erreicht; hier biegen wir an der Kreuzung Richtung Leknes ab, passieren die Abzweigung zum STORFJORD CAMPING (siehe Seite 110) und ANNE GERD'S LOFOTEN GUESTHOUSE (siehe Seite 123), um anschließend die nach links nach »URE« ausgeschilderte Nebenstraße zu nehmen, die nach 6 km durch gebirgigschöne Landschaft an die Bucht **SENNESVIKA** samt gleichnamigem Dorf führt. Geradeaus weiter bleiben 3 km bis Ure, aber dort endet die Straße und

die Landschaft zeigt nichts Außergewöhnliches. Also biegen wir bei Sennesvika nach rechts in ein weit klaffendes, wiesengrünes Trogtal ab, wo ein paar verlassene Gehöfte davon zeugen, dass Land und Meer die Bewohner nicht mehr ernähren konnten.

Wir machen sanft, aber konstant Steigung und erreichen nach 2 km einen 100 m hoch gelegenen **PASS**, dessen Wiesensattel einen idealen Picknickplatz samt Panorama abgibt: In Richtung Osten blicken wir durch das Trogtal hinweg auf Sennesvika und den bis zum norwegischen Festland offenen Vestfjord, während wir nach Westen auf den an Schären reichen BUSKNESFJORD schauen, der uns zu Füßen in grüne Schafwiesen ausläuft und, auf der anderen Seite vor GRAVDAL, mit dem rot-weißen der im »Stabkirchenstil« erstellten hölzernen Dorfkirche. Noch weiter westlich stapeln sich die bizarren Felsgiganten von Flakstadøya gen Himmel.

Serpentinen führen zum Busknesfjord hinunter; kurz vor dem Fjordufer stoßen wir auf eine Querstraße: links nach Mortsund, rechts nach Leknes. Der 5 km lange Abstecher nach Mortsund führt »über Land« zur Pettvika hinunter, die nebst mit Schären mit zahlreichen Pontons von Lachszuchtanlagen gespickt ist. AQUAKULTUR schafft wenigstens ein paar Arbeitsplätze in solchen strukturschwachen Gebieten. Längst ist die Fischzucht ein beachtlicher Wirtschaftsfaktor, stammen vom Zuchtlachs auf dem Weltmarkt rund 1,5 Mio. t aus den Norwegen; mehr dazu findet sich bereits auf Seite 65 f. Auch Dorsch wird inzwischen gezüchtet. Die Farmhaltung erbrachte eine wahrlich sensationelle Entdeckung: Während »natürlich« geschlüpfte Dorschbrut in die Barentssee abwandert, bleibt die gezüchtete, die nach sechs Monaten in die Freiheit entlassen wird, »zu Hause«, also im Bereich der Zuchstation. Wie man annimmt, verliert der Dorsch im halben Jahr seiner Gefangenschaft den Wandertrieb; als Folge kann er dann nach 5–7 Jahren, wenn er ausgewachsen ist, in herkömmlicher Weise direkt vor der Haustür gefischt werden.

Bei km 56 ist **MORTSUND** erreicht, am Südzipfel einer schmalen Felsnase gelegen und vor allem wegen der tollen AUSSICHT auf den VESTFJORD den Besuch wert. Hier endet die Straße.

Nun liegt **LEKNES** voraus, politisches, wirtschaftliches sowie Verwaltungszentrum Vestvågøyas und zweitgrößte Lofoten-Stadt. Für Touristen ist sie nur zum Einkaufen von Interesse.

Also links ab Richtung Gravdal, wo bald schon rechter Hand der See STOREIDVATNET mit dem gleichnamigen Vogelbeobachtungsturm auftaucht – errichtet im Rahmen des Ausbaus der E 10 zur Nationalen Touristenstraße (siehe Seite 103). See und Sumpfgebiete sind Heimat für viele Vögel.

Bald wird eine Kreuzung erreicht, die E 10 hält sich rechts. Geradeaus geht es indes nach **GRAVDAL**, mit seinen ca. 1.600 Einwohnern eine der größten Siedlungen im Archipel. Von Bedeutung sind die FISCHEREIFACHSCHULE und das ZENTRALKRANKENHAUS der Lofoten. Die unübersehbare BUSKNES KIRKE, ein pittoresker Holzbau in

INSELROUTEN

◀ Blick über Valberg und die inselreiche Bucht Skokkelvika bis hinüber nach Stamsund

Rot und Weiß, wurde 1905 im norwegischen »Stabkirchen-Stil« erstellt.

Aber das schönste Motiv gibt die Kirche womöglich nicht direkt von Busknes, sondern von **BALLSTAD** aus ab, 5 km weiter südlich und am Ende der Straße am Südzipfel von Vestvågøya zwischen dem BALLSTADHEIA-Moor und den markanten Gipfeln des 671 m hohen Skottinden direkt am Meer gelegen. Der gut 520 Einwohner zählende Ort wirkt ähnlich attraktiv wie Henningsvær, Reine, Hamnøy, Å, ist aber relativ abgelegen, verlor um 2010–15 massiv Einwohner, hat sich diesbezüglich nun aber stabilisiert. Die touristische Infrastruktur ist gut, zumal hier die FAHRRADFÄHRE nach Nusfjord/Flakstadøya ablegt. An Unterkünften gibt es u.a. die Rorbuanlagen SOLSIDEN BRYGGE und KRÆMMERVIKA RORBUER (siehe Seite 118), an Lokalen bei Kræmmervika (s.o.) das Restaurant HAVETS HELTER sowie vor allem das gemütliche, entspannte HIMMEL OG HAVN (siehe Seite 131). Kræmmervika fungiert auch in Kooperation als Veranstalter von Sightseeing und Aktivferien und betrieb zeitweise die Fahrradfähre nach Nusfjord, das SYKKELBÅT (siehe Seite 105).

Bleibt noch das Taucherzentrum LOFOTEN DIVING zu erwähnen, das ein breites Programm von Schnorcheltouren bis Wrack- und Strömungstauchen offeriert (siehe Seite 148). Mögliche Wanderungen sind die Rundtour auf die etwa 200 m hohe Ballstadheia (4–5 Std.), nach Grena und retour (um 3 Std., auch mit älteren Kindern) zum Südkap Vestvågøyas und für Cracks der 671 m hohe SKOTTINDEN.

Auf der Rückfahrt nach Leknes ist ein kurzer Umweg via Rishaugen zu empfehlen: In GRAVDAL biegt man nach links ab; man passiert das Moor Legdmyran, um nach 3 km ans Wiesenufer des **NAPPSTRAUMEN** abzubiegen, dem gegenüber – fürwahr fotogen – die Insel Flakstadøya aufragt. Man halte sich rechts, erreicht 3 km weiter den Ort Hauge und stößt dort wieder auf die alte Str. 19. Nach links sind es noch 800 m bis zum alten Fähranleger (schöne Fotomotive); nach rechts ist knapp 1 km zurückzulegen bis zu der Stelle, wo die neue E 10 nach links abzweigt, Richtung Offersøya und Nappstraumen-Tunnel (weiter siehe Route Nr. 10). Leknes ist von hier aus noch 3 km entfernt; dort beginnt Route 9.

Route 9: Vestvågøya – Kontinent im Kleinen

IM ÜBERBLICK

◎ **STRECKENVERLAUF**: Leknes – Leitet (5 km) – Haukland (6 km) – Utakleiv (5 km) – Vik (4 km) – E 10 (4 km) – Liland (7 km) – Kleivskardet (7 km) – Unstad (2 km) – Norddalselva (2 km) – Borgelva (13 km) Wikingermuseum – Bøstad (1 km) – Eggum (9 km) – Tøan (2 km) – E 10 (11 km) – Hauklandsvatnet (6 km) – Limstrandpollen (5 km) – Sundklakkstraumenbrua (12 km).

◎ **LÄNGE/DAUER**: etwa 100 km; als Tagestour möglich, aber zu empfehlen sind 2 Tage oder mehr.

◎ **TRANSPORT**: Busse verkehren lediglich auf der E 10 Richtung Svolvær, 5–6 x täglich.

◎ **ANSCHLUSSMÖGLICHKEITEN**: in Verbindung mit Route 8 zur Umrundung von Vestvågøya; oder mit Route 10 (Rückfahrt von Flakstadøya, oder sogar Moskenesøya); des Weiteren von Haukland nach Utakleiv sowie entlang der Bucht Sortlandsvika.

◎ **ABSTECHER**: unseren Wanderungen Nr. 13–15 (ab Seite 288), zudem von Haukland nach Utakleiv und zurück (siehe Seite 214); mit dem Fahrzeug Umrundung der Haveren-Halbinsel (plus 15 km), Hellosan (6 km).

◎ **KÜRZERE VARIANTE**: indem man den Schlenker zum Vikpollen sowie nach Utakleiv auslässt (21 km), oder die nach Unstad (18 km) und Eggum (22 km) – so ist die Route auf nur noch 36 km zu verkürzen, womit das Reizvolle Vestvågøyas allerdings weitgehend verborgen bleibt.

◎ **PROFIL**: Die Route folgt der E 10 zwischen Leknes und der Sundklakkstraumenbrua; sie bietet sich in Verbindung mit Route 8 (Umrundung von Vestvågøya) sowie Route 10 an (damit man auch auf der Rückfahrt von Moskenesøya / Flakstadøya noch positiv überrascht wird). Aber nicht die E 10 präsentiert die landschaftlichen Superlative, denn sie durchquert die fruchtbare, aber ereignislose Talsenke der Insel, sieht man einmal vom Wikingermuseum in Borg ab. Anders die drei Abstecher, die allesamt zum offenen Nordmeer führen: Hauklands Strand ist hinreißend, Unstad liegt in einem atemberaubenden, gut überschaubaren Trogtal, während Eggum/ Tøan unter Wildcampern als populäres Refugium gilt (siehe Seite 114).

Durch die Fusion der bis dato vier Gemeinden von Vestvågøya – Valberg, Hol, Busknes und Borg – entstand in den 1960er Jahren **LEKNES**, das heutige Inselzentrum, das inzwischen mit Gravdal / Busknes, Fygle und Hol zusammengewachsen und eine der wenigen Ortschaften im Archipel ist, die nicht vom Fischfang geprägt wird.

Das Städtchen mit ungefähr 3.400 Einwohnern liegt vielmehr inmitten eines fruchtbaren Landwirtschaftsgebiets, das in den letzten Jahrzehnten rapide an Bedeutung gewonnen hat. Aber auch das »Bäuerliche« wird man vor Ort vergebens suchen. Vielmehr strahlt Leknes etwas Sachlich-Kühles aus, beherrscht von einer 2 km langen Geschäftsstraße. Es gibt nichts, was einen längeren Aufenthalt rechtfertigt, und so folgen wir der E 10 in Richtung Norden.

Am Ortsausgangsschild passieren wir den links liegenden FLUGHAFEN. Noch immer ist die Straße ziemlich nahtlos von Häusern gesäumt; bald prägen weite Wiesen und sanfte Bodenwellen das Land, in das einzelne Seen, Moore und Gehöfte eingestickt sind. Hier betreibt man Milchwirtschaft anstatt Schafzucht. Schaut man nicht gerade zum im Nordwesten aufragenden HIMMELTINDAN (siehe Seite 213) – eine fast 1.000 m hohe Felspyramide, die BIS IN DEN JULI hinein eine SCHNEEHAUBE krönt –, werden Assoziationen an plattes friesisches Land geweckt. Bei km 3 blicken wir links über den stark verästelten SKULLBRUPOLLEN – bei Ebbe ein riesiges Schlickwatt. 1 km weiter verlassen wir die stark frequentierte E 10, um nach links auf die nach Haukland und Utakleiv ausgeschilderte Nebenstraße abzubiegen.

Zur Rechten öffnet sich rasch der 3 km lange, fast 1 km breite Fastadvatnet, den nur eine schmale Wiesenzunge vom nahezu kreisrunden Reppvatnet trennt. Beide Seen laufen in den Skullbrupollen ab, und bei km 5 ist der Isthmus zwischen beiden Seen und dem Meeresarm nicht mal 200 m breit. Es rinnt, plätschert und gluckst überall, und mitten in dieser Landschaft liegt der winzige Ort LEITET, der zusätzlich auf einen dritten See, den Vikvatnet blickt und eine Straßenkreuzung markiert. Wir biegen links ab, folgen dem Ufer des Skullbrupollen für rund 2 km, queren hinüber zum Vågjepollen. Naturfreunde können sich nicht satt sehen an den Skalen von Grün und Blau, in denen Land und Wasser leuchten.

Doch ist dies nur ein Vorgeschmack auf das, was uns bei km 11 erwartet, wo wir unvermittelt mit dem **HAUKLAND**-STRAND konfrontiert werden. Der 2 km lange, bis zu 300 m breite sowie durch eine Klippe zweigeteilte HALBMONDSTRAND schlägt alle in seinen Bann: Landeinwärts geht die blendend weiße Fläche ins Sattgrün eines weit ausladenden Wiesentrogs über, wo Schafe zwischen einer Handvoll hell gestrichener Häuser Gras ausrupfen. Der Strand selbst bildet die 3 km breite Verlängerung des Trogtals, flankiert von 500 m hohen, teilweise zartgrün bemoosten Steilwänden und in einem fantastischen TÜRKIS schillernd, bevor er ins SCHWARZBLAU des tief abfallenden Nordmeeres übergeht. Ein Pendant muss man in Nordeuropa lange suchen...

Wo die Straße an das Sandband führt, finden wir sogleich eine Möglichkeit zum Parken, doch das Wildcampen ist hier überall verboten. Dort steht man ohnehin schlecht im Vergleich zu dem großen Platz am nördlichen Strandende, den ein WC-Häuschen markiert.

Wer die angrenzenden Wiesenflanken hinaufsteigt, genießt beste Ausblicke auf den weißen Strand und das verführerisch grünblau schimmernde Meer; wer länger wandern will, folge, zum Beispiel, der hinter dem Strand beginnenden, mit einer Schranke versperrten schmalen Asphaltstraße bergauf: Sie zieht sich für ca. 40 Gehminuten in die Höhe, spürt versteckte Bergseen auf und endet schließlich vor einer Höhlung in der Felswand des **HIMMELTINDAN**. Die Öffnung ist mit einem Gitter versperrt; käme man hi-

Der Haukland-Strand wurde in der Tageszeitung »Dagbladet« vor einigen Jahren zum schönsten Strand im eigenen Land gekürt, unten der Blick auf den Himmeltindan (siehe Wanderung 15 ab Seite 298) ▶

nein, würde man sich bald vor einem Fahrstuhl wiederfinden, der im Inneren des Berges zum 964 m hohen Gipfel hinaufführt, auf dem sich einer der wichtigsten NATO-Lauschposten im Nordatlantik befindet. Auf der Höhe kann man (von der E 10 aus) eine Art Radarscheibe ausmachen.

◎ **WANDERN**: Tour 15, Seite 298. Eine der schönsten auf den Lofoten.

Wer zu Fuß einen kurzen Rundweg bevorzugt, folge der Wanderung zum Himmeltindan (siehe oben) für etwa 30–40 Minuten ab Haukland bis zu einer Art Sattel, von wo aus man dann ins Trogtal von Utakleiv (siehe unten) sehen und über den alten, sichtbaren Karrenweg auch hinabwandern kann. Dieser Pfad führt am Ende ans Meer und geht dort in die alte Straße nach Utakleiv über, die sich um Felsnasen herumzieht und wieder zum Ausgangspunkt Haukland zurückführt.

Wer mit dem Auto nach **UTAKLEIV** will, nimmt ab Haukland den 1998 fertig gestellten, rund 1 km langen Tunnel dorthin; der wurde gebaut, da die alte Straße im Winter oft von Lawinen verschüttet worden war. Das Dorf breitet sich in einem keilförmigen Einschnitt am offenen Meer aus, das ein weiterer Traumstrand begrenzt, der im Sommer 2005 von der englischen »Times« sogar als »schönster Strand Europas« bezeichnet wurde.

Wir fahren zurück, denn hier endet die Straße. Bei VIK biegen wir ins Troginnere auf eine neuere Straße ab. Sie steigt bis auf 80 m Höhe an, erreicht dort einen Pass, und zurückblickend genießen wir noch einmal das Panorama auf den Strand, während voraus der See Vikvatnet eine felsgerahmte Mulde füllt. 2 km weiter stoßen wir bei Leitet wieder auf die »Hauptstraße«, die uns zur E 10 zurückbringt, von der wir vor rund 21 km abgebogen sind.

Wir halten uns links. Auf den folgenden 7 km folgt die Straße wieder dem fruchtbaren und mit Seen gespickten Talgebiet, das die Insel durchschneidet. Dann erreichen wir die kleine Ortschaft LILAND und entscheiden uns, erneut einen Abstecher ans Meer zu unternehmen. Zu diesem Zweck biegen wir nach links auf die Richtung »Unstad« ausgeschilderte Straße ab und folgen ihr am Ostad- sowie Holddalsvatnet vorbei, passieren das Dörfchen Elltoft und fahren 1 km weiter, nach einer Steigungsstrecke mit Blick auf den links unten schimmernden Tangstadpollen, in einen rund 500 m langen TUNNEL ein. Auf der anderen Seite bietet sich ein famoses Panorama auf den schmalen, felsverbrämten **STEINSFJORD**, an dessen schroffe Nordküste sich die rot getünchten Häuser von Mærvoll klammern. Die Straße schlängelt sich zum Fjordende mit der Siedlung Saupstad hinunter; ein kurzes Stück weiter zweigt links eine Stichstraße nach MÆRVOLL ab, ein schöner Abstecher mit Meerblick. Am Ufer des bergummauerten Fjords gibt es ein geschichtsträchtiges SJØHUS und am Straßenende ein Ferienhäuschen dazu (beide siehe Seite 118), dort wo eine Wanderung beginnt:

◎ **WANDERN**: Tour 14, Seite 296.

Die Straße steigt an und führt bald in einen weiteren TUNNEL hinein. Wer auf ein neues Panorama aus ist, folgt der alten Passstraße bis zum 160 m hohen KLEIVSKARDET. Der Pass liegt direkt über einem geometrisch geformten TROGTAL, das sich keilförmig zum Meer hin öffnet: im Wiesengrund Bauerngehöfte, dahinter ein weißer Brandungssaum sowie Gischtflecken auf dem Ozean. So ist nachzuvollziehen, warum Vestvågøya von den Einheimischen »Kontinent im Kleinen« genannt wird, denn was auf der bisherigen Rundfahrt bereits an geografischer Vielfalt zu erleben war, dürfte jede Erwartung übertreffen.

Zum Tunnel zurückgekehrt, verbleibt ein kurzes Stück nach **UNSTAD** hinunter. Die vielleicht zwei Dutzend bunt gestrichenen Holzkaten dieses schmucken Dorfes liegen völlig verloren in dem GIGANTISCHEN TAL.

An der Straße ausgeschildert: LOFOTEN GÅRDSYSTERI, ein Ökohof mit eigener Käserei und Laden, in dem selbst gemachte Käse sowie Würste und andere lokale Spezialitäten verkauft werden und Interessierte eine Einweisung in die Kunst des Käsemachens erhalten können: im Sommer täglich 13– 15.30 Uhr, Teilnahme 500 NOK je Person. Geöffnet im Sommer täglich 11– 17 Uhr, sonst auf Anfrage. Unstadveien 235, Telefon 950 82958, www.lofoten-gardsysteri.no und bei Facebook.

Nach diesem Abstecher fahren wir meerwärts weiter durchs Dorf, wo das Unstad Camping alias UNSTAD ARCTIC SURF die einzige Unterkunft weit und breit (siehe Seite 110) und zudem das Zentrum der Lofoten-SURFER ist. Denn der STRAND von Unstad gilt als *der* Spot für Wellenreiter in Nordnorwegen (siehe Seite 148 f.).

An der Gabelung der Dorfstraße halten wir uns rechts und folgen der jetzt geschotterten Straße bis zu einem Gatter, das man öffnen darf, um dahinter zu parken (20 NOK) bzw. auch (aber nur im Wohnmobil/Caravan) zu übernachten (100 NOK).

◎ **WANDERN**: Hier beginnt der markierte Pfad NACH EGGUM, unsere Tour Nr. 13, Seite 292.

Rund 11 km sind es von dieser idyllisch gelegenen Stelle zurück bis zur E 10, die bei km 54 wieder erreicht wird und der wir nach links folgen, wiederum durch ein fruchtbares Landwirtschaftsgebiet. 2 km weiter überqueren wir den BORGELVA, der zur Rechten in die riesige Wasserfläche des Indrepollen mündet. In dem Fluss fand man die Fundamente einer Brücke aus der Wikingerzeit, und bis heute gibt der Boden rings um den kleinen Strom Zeugen der Vergangenheit preis: so Weinkrüge, Glasperlen, Schmuckstücke aus Silber und Gold und anderes mehr. Richtig im Land berühmt wurde das Gebiet, als hier die Überreste eines für Skandinavien einzigartigen, da schon um die Zeitenwende herum existierenden Häuptlingssitzes ausgegraben wurden.

Über dem Fluss und rechts der Straße thront die KIRCHE von **BORG** (1986) auf einem Hügel, der modernste Sakralbau auf dem Archipel. Die Lage ist gut gewählt, denn bereits zur Wikingerzeit befanden sich hier die »Heiligen Höhen«, wo um 500 ein Häuptlingssitz gegründet wurde. Es lebten viele Generationen am selben Ort – um 900 jedoch verließ der lokale Herrscher seinen Hof. Vermutlich handelte es sich um *Olav Tvennumbruni*, von dem bekannt ist, dass er sich kurz darauf im Südwesten Islands niederließ.

Eine Ära ging zu Ende – sie tauchte erst 1981 wieder aus dem Dunkel der Geschichte auf, als hier ein Bauer an einem Sommertag ein wenig tiefer pflügte als üblich und unverhofft auf fette schwarze Erde stieß, aus der bald schon über 1.000 Jahre alte Glasperlen und Keramikscherben aus dem FRÄNKISCHEN REICH zu Tage kamen. Bei den sechs Jahre währenden Ausgrabungen stieß man auf das größte Gebäude aus der Wikingerzeit, das überhaupt in Skandinavien gefunden wurde: Seit 1996 thront nun der originalgetreue, mit Holzschindeln gedeckte Nachbau dieses 83 m langen und 9 m hohen Wikinger-LANGHAUSES auf einem Hügel neben der Straße und dominiert die umgebende Landschaft. Selbst erklärte Museumsmuffel dürften den Besuch nicht bereuen, gilt das **LOFOTR VIKINGMUSEUM** PÅ BORG doch als eine »der« Sehenswürdigkeiten auf den Lofoten. Bis über 100.000 Besucher werden hier Jahr für Jahr gezählt. So fahren wir den großen Parkplatz an, steigen hinauf zur Höhe, betreten die mächtige Halle und fühlen uns durchaus in die Wikingerzeit versetzt: Tranlampen leuchten von der Decke, der Geruch von Holzteer und von Hammelsuppe dringt in die Nase, und vom flackernden Herdfeuer her dringen gedämpfte Stimmen herüber... Das Langhaus ist innen ebenso AUTHENTISCH wie von außen, und in Wikingerdress gekleidete Führer geleiten die Besucher durch den Wohnraum, die festliche Gildehalle, das Lager und den angrenzenden Stall. Eine Ausstellung mit Originalfunden gehört ebenso dazu wie eine rekonstruierte Schmiede aus der Eisenzeit, und vom 15.6. bis 15.8. kann man hier täglich zwischen 12 und 17 Uhr an einer Rundfahrt mit dem WIKINGERSCHIFF LOFOTR teilnehmen, bei dem es sich um den originalgetreuen NACHBAU DES GOKSTADSCHIFFES handelt: Es ist 23 m lang und wird mit 32 Riemen gerudert. Was von dem Original übrig blieb, ist im Osloer Wikingerschiffmuseum ausgestellt.

Lofotr Vikingmuseum, Bøstad, Prestegårdsveien 59, Tel. 760 84900, www.lofotr.no auch auf Englisch. 1.6.–15.8. täglich 10–19 Uhr, Mai und 16.8.–15.9. 10–17 Uhr, 16.9. bis Ende Oktober sowie Februar bis Ende April Mo–Sa 12–16 Uhr, sonst Mi+Sa 12–16 Uhr. Eintritt 15.6.–31.8. 200 NOK, Kinder (6–15 Jahre) 150, Familien (2 + 3) 625 NOK, sonst 170/130/535 NOK.

Ein paar hundert Meter weiter erreichen wir BØSTAD, den »bedeutendsten Ort« neben Leknes in der Agrarzone Vestvågøyas, was u.a. an der Tankstelle zu erkennen ist.

Erneut biegen wir nach links ab, diesmal Richtung Eggum. 9 km sind es bis zu dieser am offenen Meer liegenden Ortschaft: Erst geht es am Borgpollen entlang, den der schmale Lauvåsstraumen mit dem Lauvåspollen verbindet; es schließt sich der JELLVOLLSSTRAUMEN an, der in Höhe von Eggum Hafen mit dem MJÅSUND verschmilzt. All diese Wasserflächen säumen saftige Wiesen, und bei Ebbe treten ansehnliche Sandstrände zu Tage; nur zum Baden eignet sich das Terrain leider nicht, denn das meiste Wasser

Lofotr Vikingmuseum: Ruderpartie mit einem nachgebauten Wikingerschiff, unten eine typische Szene im Langhaus (Fotos/Copyright: Kjell Ove Storvik / Lofotr Vikingmuseum) ▶

läuft ab, und es bleiben lediglich Tümpel im Schlicksaum übrig.

Je weiter wir nach Norden vorstoßen, desto DRAMATISCHER werden die links der Straße aufragenden Berge. Der JELLVOLLSTINDEN, der den Hafen überschattet, misst mehr als 740 m Höhe; imposanter jedoch ist die 570 m hohe MIDDAGSHEIA, deren steile Flanken aus dem schmalen Wiesensaum der Küste aufragen.

Das (auf den ersten Blick) weniger malerische **EGGUM** war im Zweiten Weltkrieg Standort einer Radarstation. Von hier blickt man direkt auf BORGVÆR hinüber, eine große, unscheinbare SCHÄRE im Nordosten, die jahrhundertelang das ökonomische Rückgrat von Vestvågøya bildete: Von dort legten die Händler ab, um den Stockfisch nach Bergen zu bringen; dort legten sie wieder an, schwer mit Korn beladen. Im frühen 19. Jh., während der Napoleonischen Kriege, machten russische Schiffe dort Halt, um Weizen gegen Fisch zu tauschen.

Der erste bescheidene Eindruck von Eggum bestätigt sich nicht, fährt man um den Eggumneset herum: Links der Straße erstreckt sich ein schmaler, langer See im Schatten der Middagsheia; rechts der Straße reihen sich ein gutes Dutzend feuerrot gestrichener Bootsschuppen aneinander, deren Anblick sogar im Archipel nicht allgegenwärtig ist. Es schließen sich mit Wiesen bewachsene Sandflächen und Dünen an, die sich ideal zum Campen eignen. Direkt am Meer hält der alte Turm von TØAN einsame Wacht, der der Gegend seinen Namen verleiht.

200 m weiter steht man am Ufer des gut 2 km langen Sees Heimredalsvatnet, den nur ein schmaler Sandisthmus vom offenen Nordmeer trennt, überragt vom 622 m hohen Blåtinden. Hier endet auch die Wanderung Nr. 13 aus Unstad (siehe Seite 292). Gerne zahlt man die Übernachtungsgebühr, die hier fürs Wildcampen erhoben wird.

Wir fahren wieder zur E 10 zurück, um unsere Rundreise fortzusetzen, die uns sogleich über eine Landenge zwischen Borg- und Indrepollen nach STRAUMGÅRD führt. Jenseits der kleinen Siedlung weist bald ein Hinweisschild nach rechts zum AALAN GÅRD ÖKOHOF, der archipelweit für seine leckeren selbst gemachten Käsesorten und Kräutertees bekannt ist. Dazu gehören ein Laden und ein Sommercafé: Hier sollte man einfach den Lofoten-, Nordlands- oder Viking-Tee gekostet haben und natürlich die insgesamt 8 teilweise prämierten Käsesorten. Ein ökologischer Kräutergarten ist angeschlossen, Kinder können sich mit den 200 Ziegen des Hofes vergnügen, und auch Wanderungen sind im Umland möglich. Täglich 10–20 Uhr. Lauvdalen 186, Tel. 760 84534 und 977 11184, www.aalan.no und bei Facebook.

Auf die E 10 zurückgekehrt, biegen wir nach rechts ab. Steil geht es jetzt bis auf 80 m, wo wir von dem links ausgeschilderten RASTPLATZ TORVDALSHALSEN aus – der auch als Wildcamp-Quartier denkbar ist – rückblickend ein letztes formidables Bild über die fruchtbare Talsenke Vestvågøyas, die »Hügelkirche« von Borg und das Wikinger-Langhaus erhaschen. Im Norden erstreckt sich ein VERZWEIGTES Fjord-, Insel-, Pollen- und Straumensystem, und an windstillen Tagen liegen die vielen SCHÄREN so einmütig wie Sternenbilder in der gleißenden See. Der Rast- und Aussichtsplatz gehört zum Projekt der E 10 als Nationale Touristenstraße (siehe Seite 103): In seinem Zentrum erhebt sich eine überdimensionale Holzwand, in die Sitzgruppen und Informationstafeln integriert sind.

Ein noch eindrucksvolleres Panorama auf die kontrastreiche Insellandschaft gibt das nahe TORVDALSFJELL frei, wohin ab der E 10 (etwa in Höhe des o. g. Rastplatzes) ein mit einem Hinweisschild markierter Wanderpfad führt. Es genügt, ihm nur ein paar Minuten lang zu folgen, um höher hinaus und in den Genuss des versprochenen Ausblicks zu gelangen.

Von der erreichten Höhe schließt nun eine Talfahrt an: Wir passieren die große Braunfläche des Kallhaugmyra, und wieder windet sich die Straße bis auf 80 m empor. 2 km weiter ist der See HAUKLANDSVATNET erreicht, wo die E 10 gen Osten abknickt.

Geradeaus weiter ist es Richtung »Kvalnes« ausgeschildert: Die Straße führt nördlich um die Halbinsel von Haveren herum, stets im direkten Küstenbereich, um nach 19 km wieder in die E 10 zu münden. Der Abstecher bedeutet einen Umweg von ungefähr 15 km, bringt aber nicht mehr viel an neuen Eindrücken. So folgen wir der Hauptstraße, die bald schon an die ausgedehnte Wasserfläche des STEIRAPOLLEN führt. Auf der anderen Seite des Meeresarms, der eher ein See zu sein scheint, steigt eine dunkelgrüne Moosschräge bis zur Fels- und Geröllzone des 808 m hohen HAVEREN an. Wir folgen dem Pollen bis zum Ablauf in den südöstlich angrenzenden Altadpollen, wo die Straße aus Kvalnes wieder auf die unsere stößt.

Es schließt sich die Umrundung des **LIMSTRANDPOLLEN** an, der mit dem Sundklakkstraumen verbunden ist; unterwegs ausgeschildert ist die 2017 wieder eröffnete, renovierte LOFOT-GALLERI 1599 (mit wechselnden Ausstellungen), aber auch der rechts des Weges am gleichnamigen See aufragende Vogelbeobachtungsturm GÅRDSVATNET. Von hier aus betrachtet, steigt das riesige Felsoval der Halbinsel Haverens wie ein schräg liegender TAFELBERG aus dem Meer; schräg gegenüber, drüben auf Gimsøya, erhebt sich das Pendant Hoven.

Die E 10 verläuft von jetzt an im direkten Küstenbereich, gibt schöne Blicke aufs Meer, die Schären und Moorebenen von Gimsøya frei, knickt bei Haugen gen Süden ab und folgt dem hier nur knapp 100 m breiten Sundklakkstraumen zur SUNDKLAKKSTRAUMENBRUA, wo diese beeindruckende Route mit km 101 endet.

Route 10: Flakstadøya

IM ÜBERBLICK

◎ **STRECKENVERLAUF**: Leknes – Nappstraum-Tunnel (8 km) – Napp (3 km) – Vareidskardet (2 km) – Vikten (6 km) – Vareid (4 km) – Kilan (4 km) – Nusfjord (7 km) – Flakstad (12 km) – Skagsanden (2 km) – Ramberg (3 km) – Vestre Nesland (11 km) – Østre Nesland (1 km) – Fredvang (13 km) – Kåkersundetbrua (13 km) – Sund (2 km) – Fischereimuseum (1 km).

◎ **LÄNGE/DAUER**: ca. 82 km; einen Tag sollte man sich mindestens Zeit nehmen; mit Wanderungen / Abstecher ist die Route für 4–5 Tage gut.

◎ **TRANSPORT**: Der Inselbus bedient lediglich die direkte Strecke entlang der E 10: Leknes, Napp, Vareid, Kilan, Flakstad, Ramberg, Kåkersundetbrua, weiter Richtung Å; Nusfjord und Nesland werden nicht bedient.

◎ **ANSCHLUSSMÖGLICHKEITEN**: mit Route 8 sowie Route 11.

◎ **ABSTECHER**: Myrland (ca. 4 km je Weg ab Napp); Wanderung 16, auch 17; Krystad und Selfjord (etwa 8 km je Weg ab Fredvang); die Wanderung zur Stokkvika und zur Mulstøa (ab Ytresand 2 km bzw. 1,5 km je Weg).

◎ **TIPPS FÜR RADFAHRER**: Da der Nappstraum-Tunnel für Fahrradfahrer nur bedingt geeignet ist, weil mäßig belüftet und mit stolzer Steigung, verkehrt während der Feriensaison eine Fahrradfähre zwischen Ballstad und Nusfjord (siehe Seite 105).

◎ **KÜRZERE VARIANTE**: Die kürzeste (ohne Vikten, Nusfjord, Nesland sowie Fredvang) misst ca. 42 km, lässt das Schönste jedoch aus.

◎ **PROFIL**: Flakstadøya ist nur rund 180 km² groß. Was sich auf dieser Fläche vereint, ist selbst für Lofoten-Verhältnisse einzigartig: Strände, die einen nordisch-wild, die anderen fast tropenschön; Fischerdörfer, eines malerischer und musealer als das andere; Fjorde, Schluchten und gischtende Wasserfälle, verschwiegene Seen; Berge, so Furcht einflößend, so bizarr, wie der Fantasie eines Poe oder Lovecraft entsprungen... – alle paar Meter möchte man anhalten und fotografieren. Tolle Stellplätze für Wildcamper gibt es einige wenige, zudem offizielle Campingplätze und natürlich Rorbuer. Passionierte Wanderer finden ein vielversprechendes Terrain vor.

EIN KLEINOD UNTER JUWELEN

Von LEKNES, dem Zentrum Vestvågøyas und Ausgangspunkt dieser Route, folgen wir der E 10 in Richtung Å gen Süden. Nach rund 4 km passieren wir die 800 m lange, harmonisch geformte Bogenbrücke Offersøystraumenbrua nach Offersøya.

Vorbei geht es an einem über dem Meer liegenden, großen RASTPLATZ, bevor wir die Felsheia umrunden und dem **NAPPSTRAUMEN** gegenüber stehen, der knapp 2 km breiten Enge zwischen Vestvågøya und Flakstadøya, deren gigantische Bergwelt hier offenbar wird.

Einst galt der Straumen als das »Nadelöhr« im Lofoten-Verkehr, und im Sommer musste man öfter 1–2 Std. am Anleger der zwischen Leknes und Gravdal gelegenen Haugbukta warten, um einen Platz auf dem kleinen Fährschiff zu bekommen, das die Verbindung mit Napp aufrecht erhielt.

Damit ist es vorbei, denn seit 1990 unterquert der **NAPPSTRAUMENTUNNEL** die Meerenge: 1.800 m lang und mit 8-%-igem Gefälle führt die Röhre bis auf 55 m unter den Meeresspiegel, und es ist schon ein seltsames Gefühl, über sich eine 20 m mächtige Wasserdecke zu wissen. (Die rund 160 Millionen Kronen teuren Arbeiten refinanzierte man bis 2003 durch eine Maut.).

Das Tageslicht hat uns wieder, die E 10 weist die weitere Richtung und geleitet uns schnell zur 2 km entfernten Fischersiedlung NAPP.

Die Straße macht konstant Steigung und erklimmt nach 2 km den 60 m hoch gelegenen **VAREIDSKARDET**, und vom ausgeschilderten Panorama-Rastplatz aus wird deutlich, dass das Trogtal, dem wir folgen, eine regelrechte Scharte in die nur wenige Kilometer breite Insel gesägt hat. Im Rücken liegt Napp vor Straumen und Vestvågøya, doch voraus – viel beeindruckender – öffnet sich das wannenförmige Tal, dessen Schenkel saftige, grüne Wiesen schmücken, während die Sohle von dem nierenförmigen See Storvatnet bestimmt wird. Hier und da verliert sich ein Bauernhof, sind Schafherden unterwegs. Unten, am Mündungstrichter, erstreckt sich der betörend schimmernde VAREIDSUND, jenseits dem sich ein »Chaos« kreuz und quer aufragender, teils bis in den Juli verschneiter Bergriesen abhebt.

Das Panorama muss man erst einmal verkraften, und schon hier will es scheinen, als sei Flakstadøya eine Zusammenfassung von all dem, was das Inselreich bislang von sich preisgegeben hat. Der Eindruck hält sich auch während der Talfahrt, vorbei am Storvatnet, an dessen Ufer in großer Zahl Butter- und Sumpfdotterblumen gedeihen. Kurz vor Erreichen der Küste setzen die Hauskuben von Vareid rotweiße Akzente.

In VAREID gabelt sich die Straße. Die E 10 knickt nach links ab, wir aber biegen rechts ein, Richtung Vikten: Die Straße begleitet das Nordostufer des Vareidsunds; sie ist in den steilen Fels gesprengt und gibt den Blick ebenso aufs offene Meer wie über den Sund hinweg nach Flakstad mit seiner roten ZWIEBELTURMKIRCHE vor weiten Sandstränden frei; im Südwesten versperren schwarze Felsmonolithen den Blick, eine Voransicht von Moskenesøya.

Nach 3 km ist die Landzunge Hestneset umfahren; voraus, hinter den Häusern von **VIKTEN**, können wir erkennen, dass dort die Straße endet. Ausgerechnet hier, wie am Ende der Welt, überrascht eine GLASBLÄSEREI, die GLASSHYTTA VIKTEN. Gerade hier in Vikten gibt es Quarz in Steinmoränen, ein Rohstoff für die Herstellung von Glas. In der zweiten Generation führt heute der Glasbläser und Maler *Anders Tangrand* den Betrieb. Das An-

▲ **Einfahrt in den 1.800 m langen Nappstraumentunnel – in den Sommermonaten können Radfahrer auf eine Fahrradfähre ausweichen, das Sykkelbåt (siehe Seiten 105/106)**

wesen mit seinen markanten Gebäuden aus massivem Holz, Glas, Findlingen, haben die Eltern Asvar und Aase geschaffen. Vater *Asvar* kreierte das Lofoten-Logo mit dem Wikingerschiff, das vielerorts verwendet wird und zudem die Glasprodukte ziert, während Mutter *Aase* heute in Keramik macht, gleich gegenüber. Die ausgestellten Glas- und Keramikwaren sowie weiteren kunstgewerblichen Gegenstände wirken von den mächtigen Inselbergen geprägt; sie geben ANSPRECHENDE, ausgefallene Lofoten-SOUVENIRS ab. ◎ **GLASSHYTTA VIKTEN**, Tel. 977 16 023, www.glasshyttavikten.no. 1.6.–31.8. täglich 10–19 Uhr, 1.3.–31.5. 10–16 Uhr. Eintritt frei. (Foto s. Seite 225.)

Bevor es zurückgeht, begutachten Sie noch den links vor dem Zentrum aufragenden »Fels mit Loch«, bei dem es sich um eine NATURSKULPTUR handelt, geschaffen von Wellen und Gletschereis. Ohnehin eignet sich der Ort für einen Spaziergang.

Bei km 25 ist man wieder in Vareid; erst während der Rückfahrt von Vikten wird erkennbar, dass am Hang oberhalb noch Abschnitte eines alten Karrenwegs verlaufen, der bis in die 70er Jahre die Verbindung zu dem Einöddorf aufrecht erhielt. Wir folgen wieder der E 10, die exakt gen Süden ausgerichtet ist, um den wie einen Bocksbeutel geformten FLAKSTADPOLLEN zu umrunden. Nach 2 km stehen wir an seinem Ausgang in den Sund: Zumindest bei Ebbe zieht sich ein UNUNTERBROCHENES SANDBAND rings um den Pollen – mal schneeweiß, mal goldgelb –, sporadisch mit hausgroßen Felsbrocken durchsetzt und mal nur wenige Meter schmal, dann wieder so breit, dass man die Bucht fast trockenen Fußes queren könnte. Den Rahmen dieses Schauspiels aus Farbe und Licht bilden mehr als 800 m hohe Berge, die Schneezungen fast bis auf Meeresniveau herabschicken.

Und 2 km weiter, beim Dorf **KILAN**, kommen Wiesen und Felder ins Bild; diejenigen, die sie anlegten, waren noch vor rund 80 Jahren so etwas wie Leibeigene der Kirche (von Flakstad), der der ganze Ort gehörte. Der Klöckner von Flakstad trug dafür Sorge, dass seine »Schäfchen« richtig fleißig waren, weshalb Kilan im Volksmund auch *klokkerjorda* hieß: Klöcknergrund. Nirgends auf dem Archipel, so ist es verbürgt, wurden Pächter so hart rangenommen wie hier: Von den 30 Tagen im Monat mussten sie 24 ohne Entgelt FÜR DEN KLERUS SCHUFTEN. Am Sonntag war Beten angesagt, und was blieb, um das eigene Land zu bewirtschaften, das eigene Brot zu erwerben – das waren die hellen Sommernächte. Erst 1929 wurde die gottgefällige Fron per Gesetz abgeschafft – die Pächter erhielten das Recht, das Land, das sie seit Generationen bebauten, endlich zu kaufen. 10 Jahre später hatte die Kirche ausgedient in Kilan.

Kurz hinter dem Ortsausgang Kilan ist Nusfjord nach links ausgeschildert. Wir biegen ein, und auf den folgenden 6 km verfestigt sich der Eindruck, dass Flakstadøya ein Kleinod unter den Juwelen der Lofoten-Inseln ist. Schon nach ein paar Minuten ist der Storvatnet erreicht, den eine 900 m hoch lotrecht aufsteigende Felswand begrenzt. Das Gestein ist schwarz, so glatt wie poliert und von der unbe-

Ein Foto aus dem Fundus der »Glasshytta Vikten« folgt auf Seite 225.

wegten Wasseroberfläche gespiegelt, womit auch der See schwarz erscheint. Wo der Abfluss liegt, klafft eine nur wenige Meter breite Schlucht, und in sie führt die Straße hinein.

Ja, und dann der NUSFJORD, der da beginnt, wo die Schlucht endet. Erst ist er nur wenige Meter breit und dunkelgrün, während er 1 km weiter rund 100 m misst sowie schwarzblau wirkt: Dort liegt **NUSFJORD**, eingekeilt von senkrechten Schroffen, die nur zum Vestfjord hin etwas zurücktreten. Der Ort hat etwas von einem Hochgebirgsdorf und ist schlicht wunderschön! So sehr, dass er 1975 im Europäischen Natur- und Denkmalschutzjahr zusammen mit Røros und dem alten Stavanger als norwegisches Pilotprojekt ausgewählt wurde und fast die World Heritage Liste der UNESCO bereichert hätte. Nahezu alle Häuser des Dorfes – und fast alle sind rot – stammen aus dem 19. Jh., als »Wir Carl Johan, von Gottes Gnaden König von Schweden und Norwegen, der Goten und Wenden«, einem Herrn Dahl das Eigentum an Nusfjord überschrieb. *Hans Grön Dahl* konnte zwar nicht schreiben, aber rechnen. Er legte den Grundstein für einen Handelsplatz, der über vier Generationen hinweg eines der größten Kaufmannsdörfer *(nessekongevær)* auf den Lofoten war. Hier gab es bereits damals eine Post nebst Café, Bäckerei, Krämerladen sowie Gefängnis, bald sogar ein Telegrafenamt und eine Dampfschifffahrtsgesellschaft, dazu Ställe voller Schweine, Kühe und Pferde sowie – man staune – ab 1907 ein eigenes Kraftwerk, das dritte in Nordnorwegen, das 15 kW elektrischen Strom lieferte. Von dieser Infrastruktur blieb so gut wie nichts, vor allem wegen des Niedergangs der Lofoten-Fischerei vor einigen Jahrzehnten; jedenfalls kamen Anfang des 20. Jhs. mehr als 2.000 Fischer allein nach Nusfjord.

Dafür strömen heute scharenweise Touristen herbei, um Quartier zu nehmen im Dorf, das eigentlich ein großes Museum und heute IN BESITZ eines Tourismus-Multis ist, der hier die NUSFJORD RORBUANLEGG (siehe Seite 119) betreibt und von allen sonstigen Besuchern 50 NOK Eintritt nimmt! Die einen begreifen es als Nepp, die anderen akzeptieren es in Anbetracht der einzigartigen Kulisse. Zu besuchen ist ein originalgetreu erhaltener Kolonialwarenladen, zu mieten sind Kajaks, Fahrräder und Boote (mit Angelausrüstung), und es werden diverse Aktivitäten arrangiert, Bootsfahrten oder Fischsafaris (siehe Seite 141), wobei das Preisniveau ziemlich hoch ist. An Lokalen gibt es ein Restaurant und einen Pub mit einfachen Speisen, wobei immer versucht wird, auch draußen am Kai zu servieren.

5 km weiter liegt **FLAKSTAD** an der Route, das Namen gebende Dorf und einstige Zentrum dieser Insel, »deren Einwohner im Allgemeinen roh und ungebildet sind und sichtlich geprägt vom Fischereiwesen, von dem sie abstammen. Eigennutz, ein Hang zur Lethargie, ein sklavischer Geist und Trinkfestigkeit beherrschen sie ... Nicht nur die kahlen Berge, der Sturm und Nebel machen den Ort unbehaglich, selbst die besten Höfe bestehen nur aus Meersand und sind von einer

dünnen Grasschicht bedeckt und folglich die Mühen der Bauern nicht wert. Die Einwohner sind demzufolge im Sinne des Wortes Eingeborene, und kennen keine anderen Gewohnheiten und Bräuche als die, die aus der zermürbenden Fischerei und ihrem Hang zur Mystik und Zauberei entstanden.« – Diese wenig schmeichelhaften Sätze entstammen der Feder von *Erik Andreas Colban,* »Probst auf den Lofoten und Vesterålen«, wurden im Jahr 1818 verfasst und stimmen nicht mit dem überein, was wir heute von Flakstad zu sehen bekommen: Dunkelgrün breiten sich fette Wiesen über dem Meer aus, ein Haus schöner als das andere, und mittendrin thront der Kreuzbau der 1783 gezimmerten, 1938 restaurierten FLAKSTAD KIRKE. Der Innenraum, künstlerisch vom Bergenser Kirchenmaler *Gotfred Ezechiel* gestaltet, beherbergt eine Altartafel von 1765 und eine Kanzel von 1766. Das Gotteshaus ist leider nur sporadisch geöffnet.

Direkt hinter Flakstad führt die Straße an die Küste, und was wir sehen, lässt das Herz höher schlagen: ein kilometerlanges und einige hundert Meter breites SANDBAND, weit geschwungen, teils von Dünenkliffs gesäumt, teils von Felsen und Wiesen. Der Strand **SKAGSANDEN** ist nicht lieblich, sondern ganz im Gegenteil wild, wild romantisch, denn nahezu ständig rollen vom offenen Ozean her die Brandungswellen gegen das Gestade, tragen ein Donnern und Tosen in die Luft, in der Möwen, getragen vom fast ständig wehenden Wind, zu Tausenden schweben.

Auf dem rechts an die Straße grenzenden Skagen Camping (siehe Seite 110) kann man »aussichtsreich« nächtigen, obwohl viele Wohnmobilisten den nächsten Rastplatz bevorzugen, der sich ebenfalls direkt am Meer befindet. Andere Touristen sieht man im Verlauf der weiteren Strecke rechts der E 10 beim Zelten im hügeligen Küstenland; es bleibt abzuwarten, wie lange das lockere Auslegen des Allemannsretten – das für motorisiert Reisende nicht gilt – vor Ort noch geduldet wird, da eigentlich ausreichend Campingplätze zur Verfügung stehen.

2 km weiter erreichen wir den Ort JUSTNES, der mit **RAMBERG** zusammengewachsen ist und an einem ca. 1 km langen Halbmondstrand liegt, so schön, dass es sich lohnt, von oben einen längeren Blick darauf zu werfen. Gelegenheit dazu bietet ein Rastplatz direkt an der E10, von wo aus ein Treppenweg direkt an das Sandband heranführt.

Rund 350 Menschen leben im Gemeindezentrum, von Jahr zu Jahr werden es allerdings weniger: Innerhalb der letzten 25 Jahre haben rund 30 % der – gegenwärtig 1.350 – Einwohner Flakstadøya verlassen. Es gibt wenig Arbeit, wenn der Fischfang stagniert. Immerhin hat der einst geschlossene Supermarkt wieder geöffnet, im Ortszentrum, wo sich (direkt am Strand) auch RAMBERG GJESTEGÅRD befindet (siehe Seite 110 und 119). Auf der Camperwiese ÜBER DEM MEER kann man prächtig stehen, die Hütten sind komfortabel, das angeschlossene Restaurant ist exquisit und versteht sich außerdem als Pub und Treff im Dorf,

Auf Flakstadøya: oben Design der Glasshytta Vikten, unten Skagsanden zwischen Flakstad und Ramberg ▶

wo sich noch der Besuch der GALLERI AVKROKEN (siehe Seite 79) anbietet.

Gegenüber von Ramberg und durch einen Meeresarm getrennt, liegt der Ort Fredvang auf MOSKENESØYA. Bevor die Route dorthin führt, steht ein Abstecher nach Nesland am Südzipfel von Flakstadøya an: 2 km hinter Ramberg zweigt eine ausgeschilderte Straße ab; an der Kreuzung stoßen wir auf ein weiteres Kunstwerk jenes Projekts »Skulpturlandschaft« Nordland (siehe auch Seite 202), sein Titel: »Epitaph« – der Künstler, *Toshikatsu Endo* aus Japan, möchte mit dem 5 m hohen, 8,5 m durchmessenden zylinderförmigen Objekt den fernöstlichen Zeitbegriff symbolisieren, der sich vom »linearen Denken des Westens unterscheidet«.

1,5 km weiter ist der SKJELFJORD erreicht, der nicht zum Nordmeer, sondern Vestfjord gehört, und an dessen Ostufer die bald zur Piste werdende Straße, die nach VESTRE NESLAND führt. Dieses Dorf hat sich im Felsigen eingerichtet: dort ein Haus in einer Kluft, ein anderes zwischen rund geschliffenen Granitblöcken, an denen sich die kurvenreich und schmal gewordene Straße entlang windet. Aber es wohnt niemand mehr hier.

1 km weiter endet die Straße an der schroff gewordenen Küste. Das hiesige Dorf ØSTRE NESLAND ist ebenfalls verlassen. Es wurde erst 1852 gegründet, und zwar – man glaubt es kaum –, weil in Vestre Nesland die Bevölkerungsdichte zu groß geworden war. *Ole Iver* war es, der sich hier als Bauer, Fischer und Händler in Person niederließ und das große, weiß gestrichene Haus erbaute, das noch immer steht. Hinter diesem Haus am kleinen Fluss, der von den Bergen herabspringt, befindet sich *mølna,* die alte Mühle, die renoviert wurde und einzigartig ist auf den Lofoten; auch andere Gebäude werden gut erhalten, wie die kleine Lachsräucherei und einige Bootsschuppen – wie vielerorts, bewahren sich die Eigner damit etwas Heimat. Die meisten Touristen, die es in diese abgelegene Kante verschlägt, wollen dem **FLAKSTADSTIEN** hinüber nach Nusfjord folgen:

◎ **WANDERN**: Tour 16, Seite 302.

Bei km 74 stößt die Route wieder auf die E 10. 2 km weiter, bei Finnbyen, empfiehlt sich ein ABSTECHER in den Norden der Insel Moskenesøya: Nach **FREDVANG** (200 Einwohner), Hauptort dieser Gegend. Zwei schmale Bogenbrücken führen hinüber, wo eine große Karte zeigt, was für Touristen von Interesse ist. Auch drei Wanderungen sind markiert, eine Grillhütte mit Sauna (die man mieten kann), ein Badeplatz und ein Rastplatz (mit WC) nebst dem LOFOTEN TORVMUSEUM zu »Torf auf den Lofoten«. Juni bis August täglich 10–13 u. 15–17 Uhr, Mai/ September nach Absprache. Eintritt 20/10 NOK. Tel. 909 84351, www.lofoten-torvmuseum.no auch auf Englisch.

Nur ein kurzes Fahrstück entfernt laden mehrere kleine, separate Sandbuchten ein, eine lieblicher als die andere; direkt links das wahre Sandmeer des SANDBOTNEN und inseleinwärts die große grüne Kuhwiese des FREDVANG STRANDCAMPING (siehe Seite 110), einer der am schönsten gelegenen Campingplätze auf den Lofoten.

Direkt nebenan erstreckt sich das Örtchen YTRESAND. Dort wo die Straße endet, beginnt ein Fußweg, der die MULSTØA zum Ziel hat, das Nordkap der Insel (1,5 km je Weg, eher leicht). Ein anderer Pfad zweigt im Dorf nach Nordwesten ab und führt zum Strand der STOKKVIKA (2 km je Weg).

Fahren wir nach Fredvang zurück und folgen dort den Schildern in Richtung Selfjord, lässt sich manche Tour zu Fuß anschließen (siehe unten). Im Bereich des Dorfs KRYSTAD warten einige idyllische Stellplätze (mit Sandstrand) für Wildcamper; dies jedoch nur am Rande, denn den Abstecher über die Straße nach Selfjord (wo sie endet) legen wir nur denen nahe, die wirklich wandern wollen.

◎ **WANDERN**, Tour 17, Seite 306. Eine tolle Tour mit Zeltübernachtung führt an die Bucht KVALVIKA.

Wer WANDERN und anschließend bei herrlicher Aussicht übernachten will, kann das in der FREDVANGS-HYTTA, die in dramatisch-schöner Umgebung auf 270 m Höhe liegt und den Einwohnern von Fredvang gehört; die Hüttenmiete (Wohnraum/Küche, Schlafraum und Bollerofen vorhanden) ist mit 500 NOK für 4 Personen relativ preisgünstig. Lagebeschreibung und Hüttenschlüssel sind via Telefonkontakt 916 76044 erhältlich. www.fredvanghytta.no auch auf Englisch sowie mit weiteren Objekten.

Auf die E10 zurückgekehrt, sind noch etwa 13 km bis zur Kåkersundetbrua zurückzulegen, hinter der Moskenesøya beginnt. Bis zu ihrem Endpunkt bleibt die Route nun der Küste treu.

Erst geht es am SELFJORD entlang, dem gegenüber bald jenes Dörfchen Krystad auszumachen ist.

Bevor es über die Brücke auf die andere Seite geht, führt ein Abstecher links ins ausgeschilderte Sund. Kurz vor dem Dorf gabelt sich die Straße in zwei Sackgassen. Die rechts abzweigende begleitet das von Felsen geschützte Hafenbecken. Rorbuer stehen im Wasser, und ihr roter Anstrich kontrastiert mit dem elfenbeinalten Weiß eleganter Herrenhäuser.

Dort wo die Straße endet, empfiehlt es sich zu parken: Das FISCHEREIMUSEUM **SUND** widmet sich der Motorisierung der Fischereiflotte in den vergangenen gut 110 Jahren (»Vom Riemen zum Motor«); die Exponate umfassen Bootsmotoren, andere Technik und Utensilien aus dem Fischereiwesen, unter anderem in einer Rorbu (um 1880) ausgestellt. Ein Bootshaus ist das Domizil alter Nordlandboote. Haupt-Attraktion in Sund ist aber die Kunstschmiede, wo *Tor-Vegard Mørkved* keine Hufeisen, sondern Skulpturen mit Motiven aus Geschichte, Tierwelt u.a. herstellt: Eine seiner Spezialitäten sind Kormorane, eindrucksvoll ist auch der Eisenmann am Kai. Die weniger großen Produkte eignen sich als originelle Souvenirs. Der Schmied verwaltet wie sein Vorgänger das 1963 gegründete Museum, in der Hochsaison wird ein kleines Café betrieben.

◎ **SMEDEN I SUND**, Tel. 760 93629 und 913 71718, www.smedenisund.no. Ganzjährig geöffnet.

◎ **SUND FISKERIMUSEUM**, Kontakt siehe oben. 15.5.–31.8. täglich 10–16 Uhr, 1.6.–15.8. bis 18 Uhr, sonst nach telefonischer Absprache.

Route 11: Moskenesøya

IM ÜBERBLICK

◎ **STRECKENVERLAUF**: Kåkersundetbrua – Mølnarodden (2 km) – Hamnøy (7 km) – Reine (3 km) – Djupforden (2 km) – Moskenes (2 km) – Å (4 km).
◎ **LÄNGE/DAUER**: nur rund 20 km, dennoch eine Tagestour.
◎ **TRANSPORT**: Bus 2–6 x täglich zwischen Leknes und Å, 1–5 x täglich zwischen Å und Reine.
◎ **ANSCHLUSSMÖGLICHKEITEN**: mit Route 10 sowie Route 12.
◎ **ABSTECHER**: Bootsfahrt in den Kjerkfjord ab Reine (Rostad – Kirkfjord – Vinstad – Reine; 1–3 x täglich, Dauer etwa 1 Std. (siehe Seite 105). – Wanderung Nr. 18 und 19, auch geführte Wanderungen (Kontakte Seite 140). – Wanderung um den Åvatnet ab Å (siehe Seite 233). – Ab Å und Reine/Hamnøy Bootsausflüge auf den Vestfjord, zum Moskenstraumen und zur Außenseite der Lofoten (siehe Seite 134 ff.).
◎ **PROFIL**: Die beiden Dörfer Hamnøy und Reine halten wir für die aufregendsten der Lofoten. Å, das Dorf am Ende des Lofoten-Highways, wirkt wie ein einziges Museum. In den drei Siedlungen kann man vortrefflich absteigen, ist das Programm an Ausflügen und Aktivitäten umfassend. Die Berglandschaft stellt sogar noch eine Steigerung gegenüber der von Flakstadøya dar; mehrere Wanderungen (siehe oben unter »Abstecher«) seien Natur-Liebhabern gewidmet. Wer sich für diese Route eine Woche schenkt oder gar Moskenesøya als Urlaubsdomizil wählt, wird es nicht bereuen.

WO DIE WAND AM MONUMENTALSTEN IST

Die Brücke KÅKERSUNDETBRUA verbindet Flakstadøya mit Moskenesøya, das sich sofort als steilstes Bergland vorstellt, weshalb die E 10 auf den folgenden Kilometern ständig durch Galerien und Tunnel verläuft. Zurzeit der Recherchen waren die bereits jahrelang anhaltenden Bauarbeiten weiter unvollendet; zumindest bis 2016 wird es hier immer wieder zu vereinzelten Staus kommen. Es folgt meerwärts der Rastplatz und Aussichtspunkt AKKARVIKODDEN. Im Rahmen des Ausbaus der E 10 zur Nationalen Touristenstraße (siehe Seite 103) errichtet, hat man auf einer länglichen Betonplattform Tische und Bänke aus Granit platziert. Form und Material sollen laut Architekt die raue, nackte Natur in Richtung Vestfjord widerspiegeln.

Dann treten die säumenden Flanken zurück – und unvermittelt genießt man eine hinreißende Aussicht entlang Moskenesøya bis hinunter nach Å, wo die Straße endet. Der Blick erfasst die Küstenlinie im Urzustand, hin und wieder eine Fjordöffnung und im Hintergrund Gebirge, oder schmale Sunde zwischen lang gestreckten, locker besiedelten Inseln, in deren Häfen die Boote der Bewohner liegen.

Langsam fahren wir weiter, zum Meer mit dem Dorf **HAMNØY** hinunter – zusammen mit Reine und Å wohl das Fischerdorf der Lofoten-Südinsel, das am meisten Traditionsverbundenheit bewahrt hat: Mit seinen roten sowie ockerfarbenen Holzhäusern, die rings um das NATÜRLICHE Hafenbecken oft genug bis zu den »Knien« im Wasser

Bilderbuchmotiv in Hamnøy ▶

88-MS

stehen, breitet es sich ungeheuer MALERISCH vor einer wild-dramatischen Bergkulisse an der Mündung des weit verzweigten Kjerkfjordes in den Vestfjord aus. Übernachten kann man hier auch; vom Panorama als auch von der Tradition her ist ELIASSEN RORBUER (siehe Seite 119) eine gute Adresse, ebenso das Feinschmeckerrestaurant KRAMBUA (siehe Seite 131).

Die Straße führt am Ort vorbei zum Fuß einer schmalen Bogenbrücke, die nur einspurigen Verkehr zulässt, was durch eine Ampel geregelt wird. Bevor man hinüberfährt, ist zu erwägen, dem rechter Hand gelegenen Fischverkauf ANITAS SJØMAT (siehe Seiten 131/133) einen Besuch abzustatten.

Auf der anderen Seite, auf der Insel **SAKRISØY**, gilt im LOFOTEN TØYMUSEUM »zurück in die Kindheit«. Der Fundus des Spielzeugmuseums umfasst mehr als 2.500 Puppen und Teddybären (1860–1965) sowie viele andere »Zeitzeugen« aus Kinderstuben. Die Ausstellung ist einmalig in Norwegen. Mitte Mai bis 31.8. täglich 10–20 Uhr, sonst nach Absprache mit Tel. 900 35419. Eintritt 50/40 NOK. www.sakrisoyrorbuer.no.

Das Museum gehört zum Komplex von SAKRISØY RORBUER (siehe Seite 120 f.), der außer hübschen Rorbuhütten auf Stelzen des Weiteren auch ein Restaurant umfasst.

Vorwärts über die nächste Bogenbrücke: Die Insel Olnilsøya gehört bereits zu **REINE**, einem der fotogensten Fischerdörfer Norwegens:

»Plötzlich entdeckte ich die Stadt, die am Fuße dieses großartigen Gebirges lag. Ich hatte sie vorher nicht bemerkt. Ich verstand nicht, wie sie dort liegen konnte. Ich verstand nicht, wie sie es wagte, die Stille zu durchbrechen. Sie wirkte wie eine Entheiligung, wie ein Anachronismus, wie ein vorläufiges Arrangement... Und wieder sah ich auf die Berge, und wieder sah ich auf die Stadt. Es war beinahe unmöglich, beides auf einmal zu sehen. Zehn Farben, Formen und Begriffe dringen in die Augen und Gedanken: Die Stadt dringt nicht in die Landschaft ein, sie fällt heraus, wie die Maler sagen... Und über diese warme, schmutzige, kleine Stadt legt sich der Qualm und Rauch der Tranfabrik und der Dampfschiffe. Der Widerspruch ist zu brutal, zu hart, es ist hässlich, es ist bizarr. Keine Farbtöne, keine vollkommene Stimmung. Jedes ist für sich schön und großartig. Zusammen ist es unmöglich... Je länger man darauf sieht, desto krasser wird es. Zum Schluss schwarz und weiß – wie eine Zeichnung.«

Dies ist Reine in den Worten von Christian Krohg (»Der Kampf ums Dasein«), einem Großen unter den norwegischen Malern. Seinen einfühlsamen Worten ist einiges hinzuzufügen. Etwa dass es keinen Widerspruch zwischen Stadt und Land mehr gibt, schon gar nicht einen brutalen, denn die Tranfabrik ist längst demontiert, die Schiffe stoßen keinen Qualm und Rauch mehr aus. Und so präsentiert sich Reine als die unseres Erachtens schönste und schönstgelegene Siedlung auf den Lofoten! Schon *Olav V.* zeigte sich beeindruckt von der rund 312 Einwohner zählenden Ortschaft, der damalige Bundeskanzler *Helmut*

Olav V. (1903–1991) war seit 1957 Norwegens König und der Vater des jetzigen Monarchen Harald V. Er war das dritte Kind seiner Eltern, aber der erste Junge, so dass ihn die gesetzliche (inzwischen modernisierte) Thronfolge begünstigte.

Schmidt verbrachte hier 1979 seinen Urlaub; dutzende Maler ließen sich von Reine inspirieren, wo sich etwa Otto Sinding das Motiv zu seinem Bild »Reine auf den Lofoten« holte.

Stunden- oder auch tagelang lang möchte man in diesem Ort verweilen, hinter dem sich über türkisfarbenen Fjorden geradezu eigenartige Landschaftsgebilde aus Stein erheben.

Es ist einfach herrlich, Tourist in Reine zu sein. Auch wegen der Rorbuer, teilweise MIT TORFDACH, wegen der Wanderungen (siehe unten), wegen der Bootsausflüge auf dem Reinefjord (siehe Seite 134 f.), wegen möglicher Aktivferien sowie für Fisch-Liebhaber ANITAS SJØMAT (siehe Seite 131) mit Laden und Lokal.

Dort wo das Restaurant Gammelbua am Hafenbecken vor dem sogenannten Markplatz liegt, befindet sich das eigentliche Zentrum mit REINE RORBUER (siehe Seite 119 f.).

◎ Hier ist der Anleger der »MS Fjordskyss«, die je nach Saison 1–3 x täglich auf einer TRAUMHAFTEN ROUTE über **REINE- UND KJERKFJORD** verkehrt (siehe Seite 105, schöne Fotos: www.reinefjorden. no). Auch alle sonstigen sommerlichen Bootstouren haben hier ihren Start- und Endpunkt (siehe Seite 134 ff.).

◎ Oberhalb vom Anleger, am Weg zurück zur E 10, wurde die einstige Dorfschule zum **REINE KULTURSENTER** umgebaut, Tel. 760 91010, www.reinekultursenter.no. 1.5.–30.9. täglich 11–18 Uhr, sonst Absprache mit Tel. 936 00072. Eintritt 90/0 NOK.

Über die Kultur wird bereits auf Seite 79 berichtet. Des Weiteren widmet sich die Ausstellung »Naturutstilling« Fauna, Flora und Geologie, besonders auf Moskenesøya.

◎ Frisch ist die Information, dass das **TOURISTENBÜRO** für Moskenesøya und Flakstadøya vom Fähranleger in Moskenes ins Kultursenter umgezogen ist. Das Personal ist sachkundig, es gibt hilfreiche Prospekte, man kann sich über Aktivitäten informieren und buchen und sogar Fahrräder mieten. Kontaktdaten siehe Seite 100.

◎ Vom Kulturzentrum aus verläuft ein speziell für Touristen angelegter Fußweg parallel zur Straße bis hinauf zum Panoramapunkt Reinehalsen an der Kreuzung mit der E 10, wo man zu Füßen des **REINEBRINGEN** zum Stehen und Staunen kommt.

◎ **WANDERN**: Tour 18, Seite 311.

Unser ultimatives Foto vom Reinebringen aus (siehe Wanderung 18 auf Seite 311) – allerdings ist diese Route wegen des schlechten Zustands des Terrains gesperrt, bis eine von nepalesischen Sherpas angelegte Steintreppe fertig sein wird ▲

Der Lofoten-Highway durchquert südlich des Reinehalsen einen Tunnel und überwindet etwa 1,5 km weiter den nur schmalen Auslauf des **DJUPFJORDS** auf einer Brückenkonstruktion. Während das reizvoll schimmernde Wasser des Meeresarmes direkt unter uns an der Mündungsschwelle nur 10 m tief ist, sind es nur 100 m weiter draußen bereits 120 m, wie es die Seeleute und Fischer berichten. Das Fjord-typische Phänomen resultiert daraus, dass die Gletscher der Eiszeit, die diese Relieftypen schürften, an den Mündungen ins Meer an Dicke abnahmen, dort dementsprechend auch einen geringeren Druck ausübten. Fjord-typisch ist ebenfalls, dass an den Mündungsschwellen ein immenser Fischreichtum auftritt – man spricht in diesem Zusammenhang von Fischbänken; so sind Sportangler häufig auf oder im Bereich der Brücke zu beobachten.

Die nächste Station, 2 km weiter, ist **MOSKENES**, das weniger pittoresk als Hamnøy und Reineist. Als »klassische« Sehenswürdigkeit sei die oberhalb aufragende KREUZKIRCHE (1819) erwähnt, deren Inventar teilweise älter als 400 Jahre ist.

Das benachbarte **SØRVÅGEN** zählt ca. 450 Einwohner. Hier befinden sich das Touristenbüro, einige zur Vermietung stehende Rorbuer als Feriendomizil undmit MAREN ANNA (siehe Seite 131) ein renommiertes Restaurant am Kai , während sich an Kunst Interessierte in der GALLERI KRYSSET und im ATELJÉ ELSE-MAJ JOHANSSON (siehe Seite 79) umsehen werden.

◎ Das **NORSK TELEMUSEUM** informiert über die nicht zu unterschätzende Rolle der Lofoten in der norwegischen bzw. (nord-)europäischen Historie der TELEKOMMUNIKATION: Hier nahm 1908 eine der ersten Funkstationen überhaupt die Verbindung mit Schiffen auf See über Funktelegramm auf. 15.6.–15.8. täglich 11–17 Uhr, sonst nach Absprache mit Tel. 760 91488 oder 994 23545. Eintritt 40/20 NOK. www.museumnord.no/telemuseum.
◎ **WANDERN**: Tour 19 zu MUNKEBU-Hütte und MUNKEN, Seite 313.

Fast übergangslos schließt sich **TIND** an; am Ende der Ortschaft, schon zu Å gehörig, folgt das nächste Museum:
◎ Das einzigartige **LOFOTEN TØRRFISKMUSEUM** berichtet über Produktion und Verkauf von Trockenfisch. So beeindruckend wie die Lokalität – ein altes Lagerhaus – ist die Ausstellung selbst, die das Thema spannend und ausgiebig behandelt und selbst über die unterschiedlichen Trockenfisch-Qualitäten Auskunft gibt. Da Besitzer Steinar Larsen fließend Deutsch und vier weitere Fremdsprachen spricht, ist für Unterhaltung gesorgt, ebenso durch ein Video. Tel. 760 91211. 1.6.–20.8. täglich 10–17 Uhr. Eintritt 90 NOK, Kinder (ab 12) 50 NOK. www.lofoten-info.no im Menü Attractions.

Der mittlerweile 71-jährige Larsen gründete das Museum 1993. Es gehört zum Komplex Å-Hamna, ebenso wie die einzige verbliebene Jugendherberge der Lofoten (siehe Seite 123).

Bei der Einfahrt nach Å ist zu berücksichtigen, dass es sommers im Dorfzentrum sehr häufig zu Verkehrsstaus kommt, weshalb man besser gar nicht links in Richtung »Vandrerhjem« mit Zentrum abbiegen, sondern geradeaus durch den Tunnel fahren sollte, an dessen Ende ein großer Parkplatz, der Busbahnhof und ein Kiosk des Touristenbüros eingerichtet sind.

Å, das Dorf am Ende der Straße und am Ende des berüchtigten Moskenstraumen (siehe Seite 234 f.), mit bunten Holzhäusern, fast wie hingestreut über die abgerundeten Klippen der Åvatn-Mündung. Und im Rücken DIE WAND, DIE DEN HORIZONT FÜLLT, so weit das Auge reicht, doch gen Osten der VESTFJORD, OFFEN BIS ZUM FESTLAND. Im Ort, durch den sich die enge Straße kurvenreich schlängelt, verteilen sich die Filetierfabrik und unzählige *hjeller*, jene zeltförmigen Stangengerüste, an denen die Dorsche baumeln, ein Lebensmittelladen und natürlich, nahezu jedes rot gestrichene Haus betreffend:

◎ Das **NORSK FISKEVÆRSMUSEET**, das Norwegische Fischerdorfmuseum: Die 23 Gebäude aus dem 19. Jahrhundert stehen unter Denkmalschutz, so BAKERIET (die Bäckerei), BUTIKKEN (der Kaufladen), FJØSET (der Stall), BEKKHAUGEN, Rorbu-Hütten (auch zu mieten) ANNA-BUA, BJØRN JOHANSA BUA, BOLLABUA, SALTERIET (die Salzkote), BEDEHUSET (das Gebetshaus), ferner SMIA (die Schmiede), BÅTNAUSTET (der Bootsschuppen mit einigen Nordlandbooten) und TRANDAMPERIET, die (zum Glück) nicht mehr in Betrieb stehende Trankocherei aus dem Jahr 1850 – eine Rarität in Norwegen. Alle näher Interessierte seien auf die Broschüre (auch auf Deutsch) verwiesen, die es im Museumskontor zusammen mit weiteren Publikationen gibt; und hier sind Aktivitäten zu buchen.

Mitte Juni bis 31.8. täglich 9–19 Uhr, sonst Mo–Fr 10–17 Uhr. Eintritt 100 NOK, Kinder (12–15) 50 NOK. www.museumnord.no/fiskevarsmuseum.

◎ Der HÖHENZUG ÜBER DEM **MOSKENESSTRAUMEN CAMPING** (siehe Seite 111) sowie die Anlage selbst, die Hütten hoch über dem Meer, lassen viele Besucher in Widerstreit geraten, ob sie sich hier (weniger komfortabel) oder in Reine einquartieren sollen; was auch eine Nationalitätenfrage zu sein scheint: Die Deutschen halten es zumeist mit Reine, während es in Å im Sommer internationaler zugeht.

Der Platz bietet übrigens leider keine Zeltstellplätze mehr an, nachdem es hier häufiger zu unangenehmen Vorfällen gekommen war. Bis auf Weiteres wird es jedoch geduldet, wenn draußen beim Aussichtspunkt bzw. am Ende des Pfads für eine Nacht gezeltet wird und auch die Toiletten am Parkplatz mitbenutzt werden.

◎ Das Restaurant **BRYGGA** ist schick in einem alten LAGERHAUS am Hafen eingerichtet und verfügt über eine Panorama-Terrasse.

◎ Die Umrundung des Sees **ÅVATN** sei geübten Wanderern vorbehalten, denn sie enthält auf der Bergseite steile und mitunter glitschige Felspassagen. Alternativ kann man auf die Umrundung verzichten und sich auf den leichteren Seeuferweg beschränken, wobei aber die Abzweigung nach ca. 10 Minuten Fußmarsch bergab leicht zu übersehen ist. Am besten lässt man sich in den Unterkünften zur Abzweigung beraten (oder kehrt lieber um, bevor es zu knifflig werden sollte).

LITERARISCH VEREWIGT: DER MOSKENSTRAUMEN

Wer von Moskenesøya nach Værøy will, muss durch den Moskenstraumen. Selbst bis ins ferne Arabien war schon vor Jahrhunderten der berüchtigte Ruf des »Nabels der Welt« gedrungen: Die älteste erhaltene Quelle stammt aus der Feder eines Seefahrers namens *Amund,* der Ende des 17. Jhs. mit dem dänischen (und auch über Norwegen herrschenden) König *Christian IV.* an den Rand des Strudels geriet, den er von einem Felseiland aus überblicken konnte: »Die See hob sich mehrere Fuß höher als sonst und stand wie eine schwarze, polierte Mauer im Mondlicht. Dann vernahm ich das Donnern und Brüllen des Stromes. Die Wassermassen jagten in der Runde und formten dabei einen so weiten und tiefen Tunnel, dass man schon beim Zusehen schwindelig werden konnte.«
Der Irrglauben, der sich bis in das 18. Jh. hielt, besagte, dass der Strom »ein Abgrund sey, der durch die Erdkugel hindurchgienge, und seinen Ablauf in einem entfernten Land hätte« bzw. – wie Pater Kircher meinte – »in den bothnischen Meerbusen.«
Erst der Bischof zu Bergen, *Erik Pontoppidan,* wies diesen Glauben in seinem 1755 erschienenen Buch »Versuch einer natürlichen Historie von Norwegen« zurecht. Er beschrieb die natürlichen Ursachen des Gezeitenstroms: »Sein wütendes Toben übertrifft dasjenige eines Wasserfalls und kann pausenlos auf große Entfernungen vernommen werden, mit Ausnahme einer Viertelstunde nach je sechs Stunden, was also mit dem Zeitpunkt des Gezeitenwechsels zusammenfällt.« Aber auch er kam nicht umhin, voller Anerkennung den Chronisten Rasmus zu zitieren: »Die Wirbel oder Löcher des Stroms sind so tief und groß, dass, wenn ein Schiff hineingeriete, solches sinken oder untergehen müsste.... Es trägt sich auch oft zu, dass, wenn große Walfische dem Strom zu nahe kommen..., sie schrecklich brüllen und blöken, wenn sie hinuntergezogen werden.«
Edgar Allan Poe setzte dem mächtigen Strudel ein Schrecken erregendes literarisches Denkmal: »Nie werde ich das Gefühl des Grauens und der Bewunderung vergessen können. ... Das Boot schien wie durch ein Wunder an der inneren Fläche eines Trichters von ungeheurer Weite und Tiefe zu hängen. ... Mit sinnverwirrender Schnelle wirbelten wir im Kreis herum. ... Da gewahrte ich, dass unser Boot nicht der einzige Gegenstand in den Fängen des Strudels war. Sowohl über wie unter uns sah man Schiffstrümmer aller Art – Massen von Bauholz und Baumstämmen wirbelten mit allerlei Hausrat, zerbrochenen Kisten und Tonnen bunt durcheinander.« Sein fiktive Erzählung »Im Strudel des Mahlstroms« bildete die Grundlage dafür, dass der Moskenstraumen mit dem Begriff Mahlstrom gleichgesetzt wird; ansonsten spricht man von Gezeitenströmen. Die Erzählung ist in den meisten Sammelbänden vertreten, die vom Meister der frühen Horror-Literatur erschienen sind.
Da wir gerade bei fantastischer Literatur sind: Auch *Jules Verne* ließ es sich nicht nehmen, den Moskenstraumen zu verewigen: In »Zwanzigtausend Meilen unter dem Meer« gerät die »Nautilus« in den Strudel des Mahlstroms.

Route 12: Værøy und Røst

IM ÜBERBLICK

◎ **STRECKENVERLAUF**: Moskenes – Moskenstraumen – Værøy-Ort (– Måstadheia) – Røst – Røstlandet.

◎ **LÄNGE/DAUER**: Wegen der umständlichen Fährverbindungen sind mindestens 2 Tage einzuplanen bzw., sofern nur Værøy besucht werden soll, mindestens 1 Tag. Übernachtung siehe Seiten 120 und 123.

◎ **TRANSPORT**: Fähre ab Moskenes bzw. Bodø (siehe Seite 105). Ab Bodø auch per Helikopter.

◎ **ANSCHLUSSMÖGLICHKEITEN**: mit Route 11; oder ab Værøy bzw. Røst die Rückreise aufs Festland nach Bodø per Helikopter oder Fähre.

◎ **ABSTECHER**: verschiedene Wanderziele auf Værøy (siehe Seite 315 ff.), bis zum früheren Flughafengelände auch per Rad, oder eine Bootsfahrt. – Vogelbeobachtung auf VEDØYA, wohin (ab Røst) per Boot überzusetzen ist. – Auf beiden Inseln können das lokale Touristenbüro (siehe Seite 100) oder auch die Unterkunft bei der Anmeldung zur Bootstour helfen.

◎ **KURZBESCHREIBUNG**: Fährpassage entlang der Lofoten-Wand und über den Moskenstraumen hinweg via Værøy (ein Paradies für Wanderer und Vogelkundler) nach Røst, ein 60 Seemeilen vor der Küste gelegener eigener Archipel, bestehend aus zahlreichen Schären und Holmen, einer von Menschen bewohnten Insel und mehreren Klippen, wo sich, zusammen mit denen Værøys, große Seevogelkolonien einfinden.

LETZTE SCHANZEN GEGEN DAS MEER

Wo der Lofoten-Highway endet, liegt – wie ein Symbol für die Wortkargheit der Lofoter – Å, das Dorf, das Lofoten-Übliches ebenso wie Lofoten-Einmaliges kennt: so den freien Blick gen Süden über das Meer, wo, fast 40 km entfernt, die Insel Værøy aufragt.

Zwischen Værøy und Moskenesøya zwängt sich – im Rhythmus der Gezeiten – der gefürchtete **MOSKENSTRAUMEN** (*straum:* Strom). Die ungeheuere Gewalt des Gezeitenstroms hat in mehrere Erzählungen und Romanen Eingang gefunden (siehe Seite 234) – doch ist sie keineswegs nur Legende: Mit fast 10 Knoten, das sind 18,5 km/h, presst sich der Rücklauf des Meeres durch die Enge und befördert bei jedem Tidenwechsel zig Millionen Kubikmeter Wasser, was ihn (nach dem Saltstraumen vor Bodø) zum zweitstärksten Gezeitenstrom der Erde machen soll. Unzählige Schiffe hat er zertrümmert. Also nicht grundlos trägt das Südkap Moskenesøyas den Beinamen *Hell* (Glück), denn die Lofoten-Fischer – abergläubig aus Passion – beten um Glück, wenn sie sich der Düse, durch die auch riesige Fischschwärme gepresst werden, annähern.

Wen wundert es da, dass nach den SAGEN der Wikinger dieser Moskenstraumen geschaffen wurde, um das Menschengeschlecht von den Inseln der Götter fernzuhalten? Oder – wie die Lofoter glaubten –, dass Trolle für *Nordlands Trompet* (wie ihn der dichtende Priester Peter Dass taufte) verantwortlich zeichnen:

Nach dieser Sage hausten einst ein weiblicher Troll auf Moskenesøya und

Værøy wird auch ausführlich im Rahmen unserer Wanderung Nr. 20 vorgestellt. Siehe Seite 317 ff.

INSELROUTEN

VÆRØY: VON PAPAGEITAUCHER UND LUNDEHUND

Måstad, der verlassene Ort am Fuß des Vogelbergs, war das Zentrum der Vogelfänger, und einen Hund gibt es, den MÅSTAD- oder LUNDEHUNDEN, den scheint die Natur eigens zum Fangen des Papageitauchers geschaffen zu haben, wofür er übrigens auch gehalten wurde. Darwin hätte seine helle Freunde an der kynologischen RARITAT gehabt, auch wenn der Hund wie ein normaler Straßenköter daherkommt: Die Evolution stattete ihn jedenfalls mit einer zusätzlichen Zehe aus, die guten Halt beim Klettern gewährt; dann gab sie ihm Ohren, die er beim Kriechen einfach einklappen kann, denn kriechend holte er die Vögel aus ihren oft meterlangen Nisttunneln; weil dabei normale Schultergelenke hinderlich wären, sind die seinigen so gebaut, dass er die Vorderbeine waagrecht vom Körper abspreizen kann. Damit nicht genug, kam der Lundehund lange Zeit nur auf Værøy vor – wie die Wissenschaftler vermuten, handelt es sich bei ihm um einen Urhund, der sich über die letzte Eiszeit hinweg gerettet hat.
Heute ist der PAPAGEITAUCHER gesetzlich geschützt, können die Einwohner von Værøy auf das Verzehren der Vögel verzichten. Früher, in den Jahrhunderten der Armut, waren Seevögel dagegen wichtige Fleischlieferanten, konnte man ihre Federn als Bettfüllung verwenden oder, lebensnotwendig, gegen Salz, Zucker, Mehl, auch Tabak und Branntwein eintauschen. Seit 1976 ist Måstad verlassen (aber Wanderung Nr. 20 führt dorthin, siehe Seite 317 ff.). Den Lundehund jedenfalls gibt es noch, zu verdanken einer Privatzucht, die vor dem 2. Weltkrieg begonnen wurde, wenige Jahre, bevor alle Hunde in Måstad an einer Krankheit starben. Heute sollen landesweit 500–800 Lundehunde leben. 2009 arrangierte man auf Værøy sogar ein mehrtägiges Lundehund-Festival, ein Stelldichein kläffender Vierbeiner.

▲ Das Wetter hat entschieden – unser schönstes Værøy-Bild stammt aus dem Schwarz-Weiß-Bestand: Blick auf die Bucht Sørlandsvågen. Weitere Fotos siehe Seiten 319/323.

ein männlicher auf Værøy. Beide waren verheiratet und lebten schon seit Beginn der Zeit von Fischsuppe, die sie in dem riesigen natürlichen »Kochtopf«, der Meeresenge zwischen den Inseln, zubereiteten. Eines Tages machten Meerjungfrauen das Gebiet unsicher, und Troll-Mann stieg in die Tiefe, sie zu vertreiben. Aber wie er die Schönen sah, legte sich sein Zorn, und Kraft stieg ihm in die Lenden. So verließ er den Pfad der Tugend, und als er in einer Vollmondnacht wieder auftauchte, war seine Angetraute so erbost über das schamlose Tun ihres Alten, dass sie wie eine Furie mit dem Kochlöffel in der Suppe rührte, wodurch riesige Flutwellen entstanden. Er fand das albern und äffte ihr nach. Doch weil er in die andere Richtung rührte, entstanden Wirbel und Sturzseen. Und da sie nicht gestorben sind, rühren sie noch heute, am schlimmsten bei Vollmond, wenn sie sich daran erinnern, wie der Ehekrach begann.

Die Fährfahrt von Moskenes entlang dem Südrand der Lofoten-Wand, dann über den Moskenstraumen hinweg und an der mitten im Gezeitenstrom liegenden, fast 400 m hohen (unbewohnten) Felsinsel Mosken vorbei ist unbedingt ein Höhepunkt einer Reise auf die Lofoten. Dies auch, weil man schon vom Schiff aus reiche Möglichkeit hat, mit der Seevogelwelt des Archipels bekannt zu werden. Vor allem Papageitaucher bekommten die Passagiere mit ein bisschen Glück zu sehen, ebenso Kormorane und Krähenscharben; und so vergeht die Zeit wie im Flug. Schon beschreibt das Schiff einen Bogen, kurvt langsam in die geschützte Hafenbucht von **VÆRØY** hinein, wo all die Passagiere aussteigen, die die rund 18 km^2 große Insel mit einer der größten Seevogelkolonien zu Fuß erkunden (siehe Wanderung 20), oder per Boot die Vogelfelsen ansteuern wollen (1,5 Std., Ticket 590/450 NOK, zu buchen via www.lvb.no).

Die Seevögel von Værøy in Aktion erlebt auch, wer mit dem Schiff zu der nächsten, 40 km langen Etappe nach Røst aufbricht. Je nach Jahreszeit und anderen Faktoren sind mal hunderte,

Røst: Leuchtturm Skomvær fyr (Foto/Copyright: CH / Visitnorway.com) ▲

mal tausende von Papageitauchern zu beobachten. Vor allem im Bereich der MÅSTADHEIA (siehe Seite 322 f.), dem Vogelberg am Südwestzipfel Værøys, ist das Meer mit den drollig ausschauenden Alkvögeln mitunter gespickt. Seltsam berührt es, dass die »Clowns der See« noch vor wenigen Jahrzehnten gefangen und verspeist wurden. (Mit dem Juni begann die Saison, als die Männer mit V-förmigen Netzen an langen Stöcken und mit Schlingen auf Jagd nach Papageitauchern gingen.)

◎ **WANDERN**: Tour 20, Seite 317.

Etwa 2 Stunden nach dem Aufbruch von Værøy erreichen wir die felsigen Außenposten des Inselreiches von **RØST**, und angesichts der überall aus dem Meer ragenden »Granitsplitter« – alle mit Wiese bewachsen und unbewohnt – sind die Worte des Dichters *Carl Dons* zu verstehen, der die Inselgruppe als »Land der tausend Inseln« taufte. Mehr als 60 Seemeilen liegt sie mutterseelenallein vor der Küste, letzte Schanze gegen das offene Meer. Aber sie ist nicht nur isoliert, sondern hat auch ihre eigene Entstehungsgeschichte. Wie es heißt, streifte der Herrgott, vom Schöpfungswerk ermüdet, den Lehm von seinen Händen, und wo er ins Nordmeer fiel, entstand Røst. Manche Lehmklumpen breiten sich als Pfannkuchen-flache Inseln aus, andere krönen Hut-ähnliche Gipfel: Die drei höchsten Berge des zerrissenen Inselreiches messen immerhin 148, 209 und 267 m Höhe.

Bewohnt ist nur ein Eiland: Røstlandet, ein 6 km langes und 3–4 km breites Tellergebilde. Hier ist die Bevölkerungsdichte mit über 60 Menschen/ km^2 die größte der Lofoten. Sie leben von Fischfang und Schafzucht: Über 2.000 Tiere weiden ganzjährig im Freien, da es dank Golfstrom auch im Winter nie knackig kalt wird. Lofoten-Wolle ist landesweit gefragt. Bereits 1432 berichtete der Italiener Pietro Querini, der mehrere Monate auf Røst verbrachte: »Das Volk ist in die derbe Wolle von Schafen gehüllt ... Und alle Menschen sind freundlich und hilfsbereit, man vertraut sich vollständig, ja die Häuser werden nie abgeschlossen. Sie sind rund und aus Holz, und inmitten des Daches ist ein Fenster, das im Winter mit Fischhaut zugedeckt wird. Darin leben die Menschen, aber meist sind sie draußen, und sie sind gut abgehärtet, denn wenn die neugeborenen Kinder vier Tage alt sind, werden sie nackt unter das Dachfenster gelegt, so dass der Schnee auf sie fallen und stärken kann.« Solche Sitten sind Vergangenheit, die Häuser – damals Unikate in Norwegen – sehen nun aus wie überall im Land.

Langsam tuckert das Schiff durch schmale Wasserstraßen, an Untiefen vorbei in den Hafen – Touristen auf Røst sind entweder passionierte Seekajak-Fahrer, Angler oder Ornithologen, denn sonst ist nicht viel zu unternehmen. Die flachen Inselwege eignen sich zwar prima zum Radfahren, ergeben aber zusammen keine 15 Kilometer.

Auf ins Fjell: oben der Anstieg zum Hoven auf Gimsøya, eine leichte Tour für Einsteiger (siehe Wanderung 12, Seite 291), unten beim Anstieg nach Munkebu auf Moskenesøya (siehe Wanderung 19 ab Seite 313), hier mit großem Gepäck samt Zelt zum Übernachten ▶

Wanderungen

20 Pfade in die Bergwildnis

Sir James Bryce, Bergsteiger und früher Präsident des englischen »Alpine Club«, sagte einmal, dass, wenn sich der Meeresspiegel am Fuße von Chamonix befände, man etwa das charakteristische Bild der Lofoten-Gipfel vor Augen hätte: »Alpenkulisse, die aus Wogen steigt«. Ob man dieses hundert Kilometer lange Bollwerk gegen die arktische See aus der Ferne betrachtet – wenn es den Horizont füllt, so weit das Auge reicht – oder aus der Nähe – wenn der Grat der Lofoten-Wand auch Risse zeigt und sich aus dem homogen Geschmiedeten scharf profilierte Gipfel lösen: Stets scheint es ausgeschlossen, die Granitbastion auf Pfaden überwinden zu können.

Doch der Schein trügt: Wer sich die Mühe machen würde, die topografischen Karten des Archipels zu studieren, würde eine Vielzahl möglicher Wanderrouten aufspüren: solche, die fast hochalpine Anforderungen an die Kondition stellen, ebenso wie andere, die auch für »normal« trainierte Bergwanderer taugen – sogar Touren, die den ans Flachland gewöhnten Urlaubern keine großen Strapazen abverlangen, lassen sich entdecken. Jedenfalls macht die Bergwelt des Archipels seinen allergrößten Teil aus.

SICHERHEIT

Alles hängt von der realistischen Einschätzung der eigenen LEISTUNGSFÄHIGKEIT ab. Wer sich seiner Kondition nicht sicher ist, sollte zu Beginn leichten Wanderungen den Vorzug geben; dann stellt sich eine längere von alleine ein. Mit ihr wächst jedoch auch die Risikobereitschaft, die rasch zu LEICHTSINN verführt. Und Leichtsinn ist der Ursprung der meisten Unfälle in den Bergen, die auf den Lofoten fatale Folgen haben können, zumal einige Wanderungen in menschenleere Wildnis führen und kein organisierter Rettungsdienst auf solche Einsätze wartet. Auch wer unzureichend bekleidet ist, FALSCHES SCHUHWERK trägt, ohne ein Orientierungs-Hilfmittel aufbricht oder das eherne Gesetz der wandernden Zunft missachtet – niemals alleine loszugehen –, riskiert Kopf und Kragen.

Deshalb zusammengefasst einige Verhaltenstipps, die selbst erfahrene Wanderer nicht auf die leichte Schulter nehmen sollten, denn es vergeht fast kein Sommer auf den Lofoten, in dem nicht Bergunfälle mit tödlichem Ausgang zu beklagen sind!

◎ BERGTOUREN **NIEMALS ALLEINE** unternehmen; und falls es nicht anders geht, dann niemals, ohne zuvor jemanden informiert zu haben, wohin man geht und wann man ungefähr wieder zurückkommen wird!

Wer ein HANDY dabei hat, muss in der Lage sein, zumindest auf Englisch eine möglichst präzise Ortsbeschreibung an den Empfänger des Notrufs durchzugeben.

◎ Niemals von der **WANDERROUTE** abweichen!

Kurz vor Redaktionsschluss ereignete sich im Mai 2018 der dritte Todesfall im Lofoten-Gebirge allein in diesem Jahr: Es traf einen Wanderer, der zur eigentlich gesperrten Tour zum Reinebringen aufgebrochen war (siehe Seite 311).

◎ Auf **WEGMARKIERUNG** bzw. Orientierungspunkte achten!

◎ Sollte man sich **VERIRREN**, oder verläuft der Weg anders, als es die Karte oder die Wegbeschreibung eigentlich anzeigt – nicht auf eigene Faust weitergehen, sondern umkehren bis zum letzten Orientierungspunkt und von neuem beginnen! – Sich zu verirren kann vor Ort übrigens schnell geschehen, da die sommers in den Bergen lebenden Schafe Pfade anlegen, die rasch mit Wanderwegen verwechselt werden!

◎ Und immer den **WETTERBERICHT** (siehe auf Seite 19 www.yr.no) **ERNST NEHMEN**: Nach starken Regen- oder Schneefällen sowie bei Nebelbildung sollte man auf Bergtouren verzichten. Ebenso bei starkem Wind (in den Wetterberichten beispielsweise der Zeitungen meist als *kuling* bezeichnet), da nämlich bei einer steifen Brise auf Meeresniveau in den Höhenlagen rasch Sturm herrschen kann!

◎ In höheren Berglagen kann das Wetter launisch sein: bei plötzlichem **NEBEL** (der selbst bei eitel Sonnenschein auftreten kann: Temperaturunterschied zwischen der Innen- und Außenseite der Lofoten) die Wanderung sofort unterbrechen und so lange an der selben Stelle verweilen, bis die Sicht wieder gut ist! Sich vom GPS im Nebel leiten zu lassen, muss jede/r für sich selbst entscheiden. Die von den Herstellern eingeräumte mögliche Abweichung kann in kniffligem Terrain schon zu viel sein.

◎ Auf **SCHNEEBRÜCKEN** achten, sie möglichst gar nicht erst betreten, lieber einen noch so langen Umweg in Kauf nehmen: Es ist stets mit Einsturzgefahr zu rechnen und, bei geneigten Schneebrücken oder Schneefeldern, mit Abrutschen!

◎ **MOOS UND FLECHTEN** auf Fels gilt allergrößte Vorsicht, da sich diese bei Betreten oft vom Stein lösen und den Wanderer mit in die Tiefe reißen können: Sie sind für die allermeisten TODESFÄLLE auf den Lofoten verantwortlich!

◎ Immer geeignetes **SCHUHWERK** tragen, das heißt WANDERSCHUHE und nicht, wie häufig zu sehen, Turnschuhe oder Gummistiefel. Selbst die Norweger, die zum Teil Gummistiefeln mit verstärkter Knöchelpartie bevorzugen, sind für uns IN DIESEM TERRAIN keine Vorbilder.

◎ Bei den starken Steigungs- und Gefällstrecken, die hier manche Wandertour auszeichnet, danken es die Bänder, Sehnen, Kniescheiben, wandert man mit einem (höhenverstellbaren) **TREKKINGSTOCK** oder zumindest mit einem Wanderstock, der zudem hilft, Kräfte zu sparen sowie Stabilität und Trittsicherheit zu erhöhren!

◎ **OBLIGATORISCH** mitzunehmen: VERBANDSZEUG, je nach Tour TOPOKARTE, Handy als Notmelder (s.u.), ein FELDSTECHER (auch gut, um eventuell verlorene Orientierung wiederzufinden), ein TASCHENMESSER (am besten ein »Schweizer Messer«), FEUERZEUG, SONNENBRILLE, ERSATZSCHNÜRSENKEL, TOILETTENPAPIER, PLASTIKTÜTEN für den Picknick-Müll!

◎ Da inzwischen stark ins Funknetz investiert wurde, hat man fast überall auf den Lofoten eine GUTE FUNKABDECKUNG, so dass sich das **HANDY ALS NOTMELDER** (NOTRUF **TEL. 112** und **113**) durchaus anbietet. – Und

Achtung: Die »Turkart Lofoten« und die »Wander- und Freizeitkarte Lofoten« von »Projekt Nord« haben den Maßstab 1 : 100.000 und sind nur bedingt als Wanderkarten tauglich! Siehe auch Seite 88 f.

sollte man mal keine Deckung haben, in einer tief eingeschnittenen Schlucht etwa, dann einfach auf den nächsten Hügel oder Pass hinauf, wo man wieder fündig wird.

◎ Stets, also ganz egal, wie das Wetter ist, **REGENKLEIDUNG** und WARME Kleidungsstücke mitnehmen!

◎ Reichlich **PROVIANT**, 1–1,5 kg pro Person (bedeutet um 3.000 kcal/Tag) sollte man einplanen. Sofern WASSER mitzunehmen ist oder Entkeimungstabletten, verweisen wir darauf.

SCHWIERIGKEITSGRAD

Die Tabelle auf Seite 250 ist nur eine grobe Messlatte, denn was für den einen leicht, ist für die andere schwer, weshalb wir auf die den einzelnen Wanderungen vorangestellten Kurzinformationen verweisen. – So kann sich jede/r selbst ausrechnen, was auf sie / ihn zukommt. Generell waren wir bemüht, die Touren so auszuwählen, dass sich leichte, mittelschwere und schwere die Waage halten. Nach alpinen Maßstäben wären sie überwiegend als einfach zu bezeichnen, denn spezielle Berg-Erfahrung und -ausrüstung ist nicht erforderlich; wohl aber Gehtüchtigkeit, Trittsicherheit sowie manchmal auch Schwindelfreiheit.

ORIENTIERUNG

Auf dem Archipel gibt es nur wenige durchgehend markierte Wanderwege; selbst an Startpunkten sucht man mitunter vergeblich eine Markierung. Dennoch ist die Orientierung bei den in diesem Buch vorgestellten Wanderungen in der Regel kein Problem, da sie meistens über deutlich sichtbare Pfade führen bzw. in weglosem Terrain mittels STEINHÄUFCHEN oder ROTEN PUNKTEN markiert sind. Außerdem gibt die Topografie die Marschrichtung meist klar vor und wollen wir so detailliert auf die Wegbeschreibungen eingehen, dass es unserem Ermessen nach stets möglich sein müsste zu wissen, wo es langgeht.

◎ Trotzdem ist das Risiko nicht auszuschließen, dass man sich verläuft, weshalb die Mitnahme einer **TOPOGRAFISCHEN KARTE** – auf Papier oder in digitaler Form (siehe unten) – bzw. eines Detail-Ausdrucks und dazu GPS (siehe Seite 244) oder eventuell SMARTPHONE immer sinnvoll ist. Ein Kompass (im Zusammenspiel mit einer Karte) macht nur Sinn, falls man damit tatsächlich umgehen kann; ein Höhenmesser ist eher überflüssig.

Welche Karten erforderlich sind, finden Sie in den jeweils vorgeschalteten Kurzinformationen. Das Material (stets 1: 50.000) ist von guter Qualität; man kann die Karten entweder von zu Hause mitbringen (siehe Seite 88 f.) oder vor Ort zu erstehen, was insbesondere in den Buchläden bzw. Shops in Svolvær auf Austvågøya, in Leknes auf Vestvågøya, Ramberg auf Flakstadøya sowie in Reine und Moskenes auf Moskenesøya möglich ist. Auch die Touristenbüros (siehe Seite 100) verkaufen Topokarten; der Preis je Karte liegt um 229 NOK.

Aussagekräftig sind die digital abrufbaren topografischen Karten des norwegischen Outdoor-Portals www.ut.no. Sie kann man sich in jedem beliebig großen Ausschnitt ansehen und ausdrucken. Zu diesem Zweck gebe man unter www.ut.no/kart in der Suchmaske den gewünschten Namen

BEGRIFFE AUF DEN TOPOGRAFISCHEN KARTEN...

aksla: Ausläufer
austre/østre: östliche(r)
bekk, bekken: Bach
berg, berget, bergi: Berg(e)
botn, botnen, botnane: Talmulde
bre, breen: Gletscher
bukt, bukti, bukta: Bucht
dal, dalen: Tal
dokk, dokki: Loch, Höhle, Senke
egg, egga, eggi: Gebirgskamm
eid, eidet: Landenge
elv, elva, elvi: Fluss
fjell, fjellet: Berg, Gebirge
foss, fossen: Wasserfall
hallet, halline: Abhang
halsen, halsane: Enpgass
hamar, hamrane: Steilfels
haug, haugen, haugane: Hügel, Anhöhe
hav: Meer
hei, heiane: Gebirgsrücken (flach)
holm, holmen: kleine Insel/Schäre
hovd, hovda: Hügel
hø, høy, høa, høya: Höhe(n), Gipfel
høgda: Hügel, Berg
hølen: Fluss-/Seetiefe
jord: Land
jøkul: Gletscher
kløft: Kluft
kvelven: Wölbung
lang: lang
li, lii, lia: Abhang
lille, litle: klein
mellom, middels: mittel
myr, myra: Moor
ned, nedre: untere, -es, -er

...NACH NORWEGISCHEM ALPHABET SORTIERT

nibba: Gipfel
nordre: nördliche(r)
nut, nuten, nutane: Gipfel, Bergspitze
os, osen: Flussmündung
pigg, piggen: Gipfel, Bergspitze
rygg, ryggen: Gebirgskamm, -rücken
sjø, sjøen: See
skog: Wald
skar, skard, skardet: Pass, Sattel
stein, steinen: Stein
store: groß
strupen: Pass, Sattel
straumen: (Gezeiten-)Strom
sund: Meerenge
sør, søre, søndre: südliche(r)
tangen: Landzunge, Landenge
tind, tinden, tindan, tindane: hohe(r) Gipfel
tjørn, tjørnet, tjine: See, Teich
topp, toppen: Gipfel, Spitze
ur, urd, urdi, urda: Geröllhang
utløper: Ausläufer
varde, varden: Steinhaufen
vatn, vatnet: See
vesle: kleine(r)
vestre: westliche(r)
vik, viki, vika: Bucht
voll, vollen: Bergwiese
vær: Fischerdorf
øv, øvre: obere, -es, -er
øy, øya: Insel(n)
å, åi, åa, åni: Bach
ås, åsen: Bergrücken

Zu Aussprache und Betonung finden Sie in der Wörterkladde die wichtigsten Hilfestellungen (siehe Seite 162).

(wie Glomtinden, Kroktinden etc.) ein; sofort öffnet sich die entsprechende Karte, und nun kann man so weit heranzoomen oder den Ausschnitt vergrößern, wie man möchte. Dann unten links das Drucksymbol angeklickt: fertig ist der Ausschnitt; oder die Karte bzw. den Ausschnitt digital abfotografieren und mitnehmen.

◎ Auch fürs **GPS** gibt es topografisches Kartenmaterial, u.a. die kostenlos downloadbare »Freizeitkarte Norwegen«, die das Projekt Open Street Map (OSM) zur Verfügung stellt, abzurufen über die Website www.frikart.no. Ferner gibt es natürlich das topografischen Kartenmaterial für die einzelnen Geräte(-serien) auf dem Markt, mit dem Tracks aufgenommen und gespeichert werden können. GPS ist als Unterstützung sinnvoll: bei Bedarf zur Tourenvorbereitung, im Gelände auch in Notsituationen, indem man etwaigen Helfern den eigenen Standpunkt durchgeben oder via »Trackback« zum Ausgangspunkt zurückgehen kann.

Wir selbst verzichten zwar auf GPS – es ist eine Mischung verschiedener Gründe: zu teuer in der Anschaffung, zeitintensiv in der Vorbereitung von Touren, teilweise wegen eindeutiger Orientierung überflüssig –, raten aber keineswegs davon ab (siehe oben).

◎ Die Website www.ut.no/kart (siehe Seite 242) ist für **SMARTPHONES** (angeblich aller Typen) optimiert. – So kann man auf einen Wisch hin nahezu stets sehen, wo exakt man sich befindet, denn Netzabdeckung (zumindest »Edge«, meistens auch »4G«) hat man fast überall in der Bergwelt der Lofoten. Allein mit einem Smartphone loszulaufen ist definitiv nicht ratsam.

◎ **ACHTUNG**: In den (auf den Lofoten) erhältlichen Karten (und auf den von den Touristenbüros herausgegebenen Kartenkopien) sind einige Wanderungen ROT eingezeichnet; diese folgen in der Regel dennoch keinem (!) markierten Pfad, sind lediglich ausgetreten und eher als Vorschläge aufzufassen. Ist eine unserer Wanderungen rot verzeichnet, geben wir dies an.

LÄNGE, DAUER, HÖHENANGABEN

Die zu jeder Wanderung unter »Länge« aufgeführte Distanz ist stets ein Schätzwert und sagt bei dem üblichen Auf und Ab mit Abstechern zu Fotopunkten nicht viel darüber aus, wie lange man tatsächlich unterwegs sein wird. Darüber informiert das Stichwort »Dauer«, wobei die aufgeführten Zeiten die von uns (ohne Pausen) benötigten darstellen, also NICHT unbedingt ALS FIXE WERTE AUFGEFASST WERDEN DÜRFEN.

Anders die Höhenangaben, die wir mit einem Höhenmesser ermittelt haben und die etwas darüber aussagen, in welchem Maße es hinauf und wieder hinab geht.

INFO-QUELLEN ONLINE

◎ Gibt man auf dem Outdoor-Portal **www.ut.no** in der Suchmaske »Lofoten Turlag« ein, öffnen sich Beschreibungen (auf Norwegisch) zu 35 Wanderungen auf dem Archipel. Eine jede lässt sich separat anklicken; dort finden sich alle wichtigen Routenhinweise, dazu eine Topokarte mit Routenverlauf und (zumeist auch) die downloadbaren Dateien fürs GPS (s.o.). Die eigentlichen Wanderbeschreibungen (in automatisierter Übersetzung u.a. auf Deutsch) bieten zwar nur oberflächliche Informationen; doch mit einer gewissen Erfahrung kann man mit der (ausgedruckten und/oder abfotografierten) Topokarte schon auf Tour gehen.

◎ Eine recht gut gemachte Website, die sich dem »Bergwandern auf den Lofoten« widmet, ist **www.68north.com**. Immerhin 24 Lofoten-Wanderungen in allen Schwierigkeitsgraden werden kurz auf Englisch vorgestellt; 5 davon finden sich auch im vorliegenden Buch. Zu jeder Tour kann man sich eine Topokarte anzeigen und ausdrucken lassen und viele FOTOS von zum Teil hervorragender Qualität betrachten; auch drei Wanderungen zu Stränden an der Außenseite von Moskenesøya gehören zum Repertoire.

◎ Empfehlenswert ist auch **www.rando-lofoten.net/de**, auf der stolze 91 Wanderungen vorgestellt werden, darunter auch ein 4-Tagestrek sowie ein 11-TAGESTREK, der den Archipel von Nord nach Süd quert. Die Touren kommen ohne ausführliche Beschreibung, aber mit sehr gutem topografischen Kartenmaterial und GPS-Tracks zum (kostenlosen) Downloaden.

◎ Zu guter Letzt informieren auch die Websites der **TOURISTENBÜROS** über Wanderungen. In der jährlich erscheinenden Lofoten-Broschüre, die über www.lofoten.info herunterzuladen ist, werden 13 eher einfache Touren auf allen Inseln kurz skizziert, während www.lofoten-info.no unter »Tourist Information« sowie »Mountain Adventures« 14 Touren auf Flakstadøya und Moskenesøya (auch auf Englisch) präsentiert.

Sommerwandern

WANDERZEIT

Die Wandersaison auf den Lofoten beginnt einige Wochen früher als in Festland-Norwegen – nämlich bereits Mitte Mai – und endet rund fünf Monate später gegen Mitte Oktober mit Beginn der Herbststürme.

Am aufregendsten präsentiert sich der Archipel etwa VON MITTE MAI BIS ANFANG JULI, wenn die Höhenlagen der Berge noch das weiße Kleid des Winters tragen, in den tieferen Region aber schon der Frühling Einzug gehalten hat, wenn sich die Wasserfälle noch in ungezähmter Macht die Felswände herabstürzen und auf Meeresniveau längst der Sommer sein Stelldichein gibt – wenn obendrein die Tage am längsten sind, ja die Nächte mit umfassen. In dieser Zeit wandert man zwar streckenweise noch über geschlossene Schneeflächen, können bestimmte Wegabschnitte recht morastig sein. Diese Mühen nimmt man allerdings gerne in Kauf für das Erleben, als WANDERER ZWISCHEN DEN JAHRESZEITEN auf den Lofoten unterwegs zu sein.

Ab Anfang Juli, dem Beginn der Hauptreisezeit, schmilzt die Schneedecke selbst auf den höchsten Gipfeln mit rapider Geschwindigkeit ab. Gegen Mitte bis Ende des Monats liegen die »Mont Blancs« des Inselreiches als schwarz-braun-grau-grüne Felstürme über dem nun ÜPPIG ERBLÜHENDEN LAND. Und sofern die letzten Wochen nicht zu regenreich waren, trocknen die Feuchtstellen aus. Noch immer ist es TAG UND NACHT HELL und sind die

BEGRIFFE ZUM WETTER UND AUS DEM WETTERBERICHT

Hvordan blir været i dag: Wie wird das Wetter heute?
Det blir pent/dårlig vær: Es wird schönes/schlechtes Wetter
Det er kjølig/varmt: Es ist kalt/warm
Det regner: Es regnet
Det blåser: Es ist windig

i aften: am Abend
i ettermiddagen: am Nachmittag
i formiddagen: am Vormittag
i morgen: morgen (gemeint der ganze morgige Tag)
i natten: in der Nacht
lavere/stigende temperatur: fallende/steigende Temperatur
oppholdsvær: heiteres, stabiles Wetter
regn av og til: zeitweise Regen
skiftende skydekke: wechselnd bewölkt
skyet: bewölkt
snø: Schnee
soloppgang: Sonnenaufgang
store nedbørmengder: große Niederschlagsmengen
storm: Sturm
tidlig: früh
tåke: Nebel
uvær: Unwetter
vekslende vindforhold: wechselnde Winde
værmelding: Wetterbericht

WINDSTARKEN:
lett/laber/frisk bris: 5–10 m/s
liten/stiv/sterk kuling: 12–20 m/s
liten/full/sterk storm: 22–30 m/s
orkan: Windstärke 12, 33 m/s

Temperaturen von solcher Art, dass man hier und da ein kurzes, erfrischendes BAD im Bergsee einlegen kann.

Im August werden die Tage schon wieder merklich kürzer. Kälte und Feuchtigkeit kriechen nun nachts die Berge hinunter, schlagen sich als Nebel nieder und sorgen gegen Ende des Monats dafür, dass die Birken und Eschen, aber auch das Heidekraut und viele andere Pflanzen ihre farbenfrohen HERBSTKLEIDER überstreifen. In den Höhenlagen können Seen und Tümpel frühmorgens bereits mit einer dünnen Eisschicht bedeckt sein, die tagsüber noch kraftvoll scheinende Sonne lässt die Vorboten des Winters aber rasch wieder verschwinden.

Bis sie gegen Mitte Oktober – wenn das Wetter mit Temperaturstürzen einhergeht und erste gewaltige Stürme vom offenen Atlantik gegen die Lofoten-Wand hämmern – endgültig die Oberhand gewinnen und bald das ganze Bergland unter einem weißen Leinentuch begraben. Selbst der SPÄTHERBST hat seine Wanderreize – wie manche Lofoten-Kenner meinen, die schönsten. Doch ist er von kurzer Dauer und launisch: Wer jetzt noch in die Hochlagen der Lofoten vorstoßen will, muss eine gute Ausrüstung und viel Erfahrung mitbringen, am besten auch Schneeschuhe!

SOMMERTOUREN ORGANISIERT

Wer kein Risiko eingehen möchte, nehme an den geführten Bergtouren teil, die der Lofoten Turlag jeden Sommer organisiert. Die Touristenbüros (zumindest diejenigen in Svolvær sowie Moskenes) halten über diese Touren in der Regel Informationen bereit;

Zu Aussprache und Betonung finden Sie in der Wörterkladde die wichtigsten Hilfestellungen (siehe Seite 162).

weitere Kontaktadresse ist der Wanderverein selbst (siehe unten), dessen Website jedoch bisher leider nur auf Norwegisch gehalten ist. Unter »Turer og aktiviteter« kann man sich dennoch einen Überblick verschaffen.

Die Ziele variieren je Insel und Woche: Auf dem PROGRAMM stehen u.a. die Matmora auf Austvågøya (siehe Wanderung Nr. 6, Seite 262), der Småtindskardet auf Austvågøya (siehe Wanderung Nr. 10, Seite 280), der Flakstadstien auf Flakstadøya (siehe Wanderung Nr. 16, Seite 302), die Kvalvika auf Moskenesøya (siehe Wanderung Nr. 17, Seite 306), ferner der Himmeltindan auf Vestvågøya, der Nappsatinden auf Flakstadøya, Hermannsdalstinden und Hell auf Moskensøya.

◎ **LOFOTEN TURLAG**, P.Boks 90, N–8376 Leknes, lofoten.dnt.no.

◎ **BERGFÜHRER** stehen ebenso zur Verfügung, wobei die Touristenbüros deutschsprachige Guides vermitteln.

Die NORD NORSK KLATRESKOLE in Henningsvær organisiert Bergwanderungen, ebenso Jann Engstad von LOFOTEN AKTIV, der einen auch auf normalen Wanderungen im Archipel begleitet. Zwischen etwa 20.5. und Ende September führt Jann jede Woche mehrere Bergtouren; leichte wie anspruchsvolle, Dauer 3–7 Std. für 895–1.530 NOK. Ein weiterer Anbieter für geführte Wanderungen ist REINE ADVENTURE auf Moskenesøya: Auf dem Programm stehen 3 Touren von 6–11 Stunden Dauer (1.100–1.350 NOK je Person, bei mindestens 2 Personen); es sind jedoch auch »Custom-made-Touren« möglich.

Winterwandern

SCHNEESCHUH-TRIPS

Wer jemals in vollkommener Stille sowie idyllischer Einsamkeit in den unberührten Schneelandschaften der Lofoten unterwegs war, mit Schneeschuhen bis hinauf ins Hochgebirge, wird selbst als eingefleischter Sommerwanderer garantiert hin und weg und von da an süchtig sein nach dem LOFOTEN-WINTERMÄRCHEN; dieses beginnt in der Regel zwischen Ende Oktober und Ende November und ist meist bis April oder Mai zu genießen.

Uns ist in Europa – auch in den Alpen – nichts Vergleichbares bekannt. Seit wir, persönlich gesprochen, hier zum ersten Mal mit »Truger« (norwegisch für Schneeschuhe) auf Topptur unterwegs waren, gibt es für uns keine schönere, entspanntere Fortbewegungsart, denken wir bereits im Juni sehnsuchtsvoll an den letzten Winter und freuen uns auf den nächsten.

Selbst während tiefster Polarnacht, wenn nicht mehr als ein paar Stunden Dämmerlicht drin sind, lassen sich Schneeschuhtouren gut bewältigen. Und wenn es dann dunkel wird und bei klarer Wetterlage das vom Schnee reflektierte Nordlicht in grün- oder etwa pinkfarbenen Schleiern über den Himmel huscht oder das Mondlicht die Bergwelt in strahlend helles Silber taucht, verlieren sich auch ganz nüchtern veranlagte Naturen im Staunen über die Schönheit der Lofoten.

VORBEREITET SEIN

Worauf kommt es beim Schneeschuhwandern an, welche (alpinen) Gefah-

Auf den Seiten 272 und 282 verraten wir zwei Gebiete, wo Anfänger ihre ersten Schritte mit Schneeschuhen unternehmen können.

ren sind zu beachten und wie verhält man sich in einer winterlichen Bergwelt? Eine brauchbare **EINFÜHRUNG** ermöglicht die (kommerzielle) Website www.outdooractive.com/de/schneeschuhwanderungen/5125.

◎ Ergänzend zu diesen Ausführungen ist speziell für Schneeschuhwanderungen auf den Lofoten zu berücksichtigen, dass hier das **WETTER** eine herausragende Rolle spielt. Dementsprechend ist immer und unbedingt DIREKT VOR EINER TOUR die Website www.yr.no anzuklicken, die nämlich konkrete sowie ständig aktualisierte Angaben zu allen Bergen der Lofoten macht: einfach den Namen des anvisierten Berges (z.B. »Kroktinden« oder »Småtinden«) in die Suchmaske eingeben – und fertig.

◎ Ebenso gilt es sich unbedingt über die **LAWINENVERHÄLTNISSE** zu informieren, was gemäß unserer Erfahrung bestens über www.varsom.no/en/avalanche-bulletins funktioniert: im aufkommenden Menü »Lofoten og Vesterålen« anklicken und die (auf Englisch gehaltenen) Empfehlungen studieren – also nur bei »low« und »moderate« aufbrechen, besser nicht bei »considerable« sowie niemals bei »high« oder »extrem high«!

Weitere Auskünfte zu Schneehöhe, Bergwetter und gerade auch Lawinengefahr sind abzurufen unter www.xgeo.no/index.html?p=snoskred.

◎ **AUSRÜSTUNG**: siehe Seite 86 f. – Schneeschuhe zu mieten *(trugeutleie)* gibt es bei LOFOTEN AKTIV in Kabelvåg: Tel. 760 73000. »Tubbs«-Schneeschuhe kosteten zuletzt (Teleskopstöcke inklusive) 325 NOK/Tag.

TOUREN IN DIESEM BUCH

◎ Zu allen unserer 20 Wanderungen geben wir im einleitenden Info-Block IM ÜBERBLICK konkret darüber Auskunft, ob und wie gut diese Route als **SCHNEESCHUHTOUR** geeignet ist. Anfängertouren siehe Seiten 272/282.

Pfade sieht man im Winter freilich keine; man muss einen eigenen Weg suchen, was in der Regel gut möglich ist, da man selten die oder der Erste am Berg sein wird, also oft den Spuren versierter Vorgänger folgen kann. Um sich an den Umgang mit Schneebedingungen zu gewöhnen, ist es für die meisten Touristen überlegenswert, folgende Angebote wahrzunehmen:

WINTERTOUREN ORGANISIERT

Für Schneeschuh-Novizen ist es gewiss eine gute Idee, zuerst einmal organisiert auf Schneeschuhtour zu gehen. Zwei Anbieter waren zuletzt auf den Lofoten aktiv:

◎ **XXLOFOTEN** , Svolvær, J.E. Paulsens gate 12, Tel. 916 55500, www.xxlofoten.no. Von Mitte März bis Ende April täglich geführte Touren für alle (4 Std. Dauer, 11–15 Uhr, 890 NOK). Kleidung und vor allem Schneeschuhe sind selbst mitzubringen.

◎ Ausgefeilter ist das Programm von **LOFOTEN AKTIV** in Kabelvåg, Tel. 760 7300 und 992 31100, www.lofoten-aktiv.no.

Wann immer die Schneebedingungen günstig sind – normalerweise zwischen November und April – werden Halbtagestouren (3 Std., 1.110 NOK), Tagestouren (5–6 Std., 1.550 NOK) und vor allem auch Topp-Touren (6–7 Std., 2.035 NOK) auf verschiedene Gipfel durchgeführt.

Oben Sommerwandern, links unterwegs von der Munkebu-Hütte zum Gipfel Munken (Tour 19), rechts Steinmann auf dem Himmeltindan (Tour 15), unten Ausflug im Winter auf Austvågøya, bei Vaterfjord / Svolvær ▶

20 Wandertouren im Überblick

Tour **1**: Tjeldbergtinden (Austvågoya)	ca. 3:15 h	/ leicht+
Tour **2**: Glomtinden (Austvågoya)	ca. 3:15 h	/ leicht+
Tour **3**: Kleppstadheia (Austvågoya)	ca. 3:45 h	/ mittel
Tour **4**: Sautinden (Austvågoya)	ca. 3:30 h	/ leicht+
Tour **5**: Festvågtinden (Austvågoya)	ca. 3:30 h	/ mittel+
Tour **6**: Matmora (Austvågoya)	ca. 6:00 h	/ mittel+
Tour **7**: Fløya (Svolvær, Austvågoya)	ca. 5:30 h	/ schwer
Tour **8**: Kroktinden (Austvågoya)	ca. 5:45 h	/ schwer
Tour **9**: Svarttinden (Austvågoya)	ca. 5:00 h	/ mittel+
Tour **10**: Småtindsskardet (Austvågoya)	ca. 5:15 h	/ schwer
Tour **11**: Vågakallen (Austvågoya)	ca. 6:30 h	/ extrem
Tour **12**: Hoven (Gimsøya)	ca. 2:15 h	/ leicht
Tour **13**: Unstad – Eggum (Vestvågoya)	ca. 2:30 h	/ leicht+
Tour **14**: Am Steinsfjord (Vestvågoya)	ca. 1:15 h	/ leicht
Tour **15**: Himmeltindan (Vestvågoya)	ca. 5:00 h	/ mittel+
Tour **16**: Flakstadstien (Flakstadøya)	ca. 2:15 h	/ leicht+
Tour **17**: Kvalvika (Moskenesøya)	ca. 3:00 h	/ leicht+
Tour **18**: Reinebringen (Moskenesøya)	ca. 2:45 h	/ mittel+
Tour **19**: Munkebu-Hütte (Moskenesøya)	ca. 5:00 h	/ mittel
Tour **20**: Værøy-Ort – Måstadheia (Værøy)	ca. 6:15 h	/ mittel+

◎ **DAUER**: angegeben wird die reine Gehzeit, abhängig u.a. von Kondition, Jahreszeit, Wetter (z.B. Regenfälle in letzter Zeit); siehe auch Seite 244.

◎ **SCHWIERIGKEITSGRAD**: ausschlaggebend sind Höhenprofil und/oder Distanz sowie der Wegzustand; siehe auch Seite 242.

◎ TIPP für eine **PROBETOUR**, um sich selbst besser einschätzen zu lernen: Beginn nahe Svolvær und Kabelvåg, wo die meisten Touristen ohnehin vorbeikommen. Hilfreich sind die KARTEN auf Seite 251 nebenan sowie 281; die gepunkteten Wege auf Seite 251 sind überwiegend Spazierwege und leichte Wanderwege für die Einwohner und Besucher der Region.

Beginnen Sie mit dem auf Seite 175 geschilderten Spaziergang am See Lillekongsvatnet (rechtes Ufer ab Ausgangspunkt) zum Kraftwerk am Storkongsvatnet. Für mindestens 2–3 weitere Tourenstunden folgen Sie dem hinter dem Kraftwerk beginnenden Seeuferpfad. Unterwegs sind Bäche zu queren, geht es durch Wald, Gestrüpp und über Geröllfelder; stellenweise ist der Weg matschig und mühsam, aber niemals langweilig. Er mündet nach rund 3 km bei einem weiteren Kraftwerk wieder auf eine Schotterstraße, die nach ca. 4 km direkt auf die E 10 bei Ørsvågvær südlich von Kabelvåg stößt. Man kann von dort einen Bus zurück nach Svolvær nehmen – die Haltestelle befindet sich direkt gegenüber – oder dem Fußgänger-/Radweg folgen, der nach Svolvær zurückführt (etwa 6 km). Jedenfalls: Wer hier Probleme mit der Fitness hat, sollte sich ansonsten/zunächst an die leichten Touren halten.

Tour 1, Austvågøya: Tjeldbergtinden – Wanderziel Nummer 1

IM ÜBERBLICK

◎ **DAUER/LÄNGE**: 3–3,5 Std. retour (ohne Pausen/mit Gipfel) / gut 4 km.

◎ **WEGVERLAUF**: Parkplatz – Findling (122 m, 40 Min. ohne Abstecher zum Sendemast) – Plateau (300 m, 50 Min.) – Gipfel (367 m, 15 Min.).

◎ **WEGBESCHAFFENHEIT**: Einstieg über einen befestigten Weg; der sich anschließende Pfad kann je nach Wetter rutschig sein und ist stellenweise auch steil, aber diese Hürden sollten eigentlich alle bewältigen, die regelmäßig sportlich aktiv und keine völligen Wander-Anfänger sind – ist dies gegeben, ist die Tour auch gut von Familien mit Kindern und älteren Wanderern zu meistern; für die Reststrecke vom Plateau zum Gipfel ist Trittsicherheit erforderlich; ohne Gipfelausflug eine »norwegisch leichte« Tour.

◎ **ORIENTIERUNG**: problemlos auf Fahrweg sowie ausgetretenem Pfad.

◎ **KARTEN**: Topokarte »Turkart Vågan«, Maßstab 1 : 50.000; ist für diese Tour jedoch nicht erforderlich.

◎ **SCHNEESCHUHTOUR**: Standardroute geführter Touren, einfach, nur zu Beginn kurze steile Abschnitte; bedingt auch für Anfänger tauglich. Die Richtung ist klar vorgegeben. Wegen der Nähe zu Svolvær wird der Berg im Rahmen von Ski-Topptouren stark begangen, weshalb so gut wie immer deutliche Skispuren vorhanden sind, die zum Gipfel führen. Die Lawinengefahr ist sehr gering.

◎ **AN-/RÜCKFAHRT**: Am westlichen Ortsausgang von Svolvær in Richtung Kabelvåg zweigt an der ESSO-Tankstelle eine Nebenstraße rechts ab. Im Bereich dieser Kreuzung oder an der Straße inseleinwärts ist zu parken.

Das wohl meist begangene Wanderziel der Lofoter beherrscht als TAFELBERG den gesamten Abschnitt zwischen Svolvær und Kabelvåg und ge-

währt auf beide Orte sowie auf den Vågakallen und den gesamten Vestfjord mit Skrova und Lille Molla das schönste Panorama.

Von der Tankstelle aus einfach der Straße (nicht der E 10) ca. 250–300 m inseleinwärts folgen, bis links die Seitenstraße Dalfaret abzweigt, die sich nach 100 m gabelt: Es geht die schmalere Piste nach rechts hügelaufwärts; der Wegweiser *pistolbane* meint den Schießplatz unterwegs rechter Hand. Es geht hinauf bis auf gut 120 m Höhe: Die Piste führt zu einem SENDEMAST, wo eine Bank samt nettem Panorama wartet. Der Pfad zum Tjeldbergtinden zweigt allerdings bereits vorher ab:

Zurück hügelabwärts, sind es keine 200 m bis zu einem links der Piste aufragenden großen **FINDLING**, an dem der ausgetretene Pfad startet, der sich deutlich sichtbar durch zunächst bewaldetes Gebiet auf den angrenzenden Tafelberg zieht.

Dann ist das **PLATEAU** des Tafelbergs erreicht, von rechts stößt ein anderer Pfad hinzu, es geht weiter nach Westen. Schon von hier auf dem Plateau ist die AUSSICHT fabelhaft! Doch sie kann noch eine Steigerung erfahren, wenn man dem auch weiterhin deutlich sichtbaren Pfad bis auf den im Hintergrund wartenden Gipfel folgt; das bedeutet im letzten Abschnitt ein wenig leichte Kletterei, wie auch der vom Gipfel aus nach hinten, zum See Storkongsvatnet (siehe auch Seite 175) hin absteigende Pfad streckenweise steil ist – weshalb alle, die nicht trittsicher sind, den Gipfel meiden und auch den Hin- zum Rückweg machen sollten.

Tour 2, Austvågøya: Glomtinden – Panoramatour für alle

IM ÜBERBLICK

◎ **DAUER/LÄNGE**: gut 3 Std. / 5 km.

◎ **WEGVERLAUF/ENTFERNUNGS-/HÖHENANGABEN** (Streckenwanderung): Parkplatz an der E 10, westlich der Abzweigung nach Hopen (6 m) – Rørvikskaret (150 m, 40 Min.) - Felsbalkon (360 m, 1 Std.) – Glomtinden (419 m, 20 Min.).

◎ **WEGBESCHAFFENHEIT**: Vom Startpunkt aus bis zur Rørvikskaret folgt der Weg der alten Trasse der E10, die sich als Schotter- und Wiesenweg präsentiert; bis hinauf zum Plateau geht es über konstant ansteigende Pfade, zwar gut ausgetreten, aber teilweise etwas rutschig; das letzte Teilstück (vom Felsbalkon) zum Gipfel ist sehr steil und rutschig.

◎ **ORIENTIERUNG**: problemlos, da die Richtung durch die Topografie vorgegeben und der Weg damit kaum zu verfehlen ist.

◎ **KARTEN**: Topokarte »Turkart Vågan«, Maßstab 1 : 50.000; die Wanderroute ist rot eingezeichnet; auch die Rundwanderung (siehe unter »Alternativwanderungen«) ist vorgestellt.

◎ **SCHNEESCHUHTOUR**: Standardroute geführter Touren; erst ab Rørvikskaret stehen vereinzelte steilere Abschnitte an; auch für Anfänger geeignet. Start entweder am Parkplatz an der E10 (s.o.) oder am Rørvikvatnet (s.u. unter »Alternativwanderungen«), nicht aber am Hopspollen, da zu steil, zu ausgesetzt. Lawinengefahr besteht

Zu jeder Wanderung gibt es einen einleitenden Info-Block. Über ggf. schwieriges Terrain informieren vor allem die Angaben zu »Wegbeschaffenheit«, »Orientierung« und (sofern vorhanden) die »Kurzbeschreibung«.

WANDERUNGEN 2/5/11

vor allem an einer Stelle am Weg vom Parkplatz an der E 10 hinauf zum Rørvikskaret.

◎ **AN-/RÜCKFAHRT**: Der E 10 Svolvær – Leknes folgen (Route 4), an der Abzweigung nach Hopen vorbei und zum ca. 1,2 km weiter erreichten Parkplatz auf der rechten Seite.

Jeder Bus der Linien Svolvær - Henningsvær sowie Svolvær - Leknes passiert den direkt an der E10 gelegenen Parkplatz.

◎ **ZELTTOUR**: Im Höhenbereich ist das Terrain zumeist steinig, uneben und ist auch kein Trinkwasser vorhanden, während im Abschnitt zwischen Parkplatz und Rørvikskaret mehrere Wiesenflächen zum Zelten einladen; es plätschern dort einige Bäche.

◎ **ALTERNATIVWANDERUNGEN**: Anstatt die Wanderung am o. g. Parkplatz zu beginnen, kann man ca. 4 km weiter fahren (muss also den Tunnel durchqueren), wo, am Ende des Rørvikvatnet und kurz vor der Abbiegung nach Henningsvær, ein weiterer Parkplatz direkt rechts an der E10 liegt; ab dort aus folgt man dem diesseitigen Abschnitt der alten Trasse bis auf den Rørvikskaret. Diese Strecke ist etwas kürzer, aber steiler, der Weg stellenweise sehr steinig, die Landschaft und Panoramen sind weniger schön.

Wer höhere Ansprüche stellt, kann alternativ nicht an der E 10 starten, sondern am Hopspollen: dann der E 10 Svolvær – Leknes wie oben folgen, jedoch links ab nach Hopen und wieder rechts auf die mit »Kalle« ausgeschilderte Schotterstraße; über den Fahrdamm hinweg, gleich rechts in einer Einbuchtung (okay für einige Autos) parken. Direkt oberhalb vom Parkplatz beginnen deutliche Pfade, die sich über einen Kamm allesamt zum unübersehbaren Glomtinden-Gipfel hinziehen, sich aber immer wieder mal verlieren und in späteren Abschnitten auch recht steil sind; deshalb ist diese Tour nur für jene Wanderer tauglich, die konditionsstark und trittsicher sind. Der Weg endet auf dem Felsbalkon auf 360 m Höhe (s.o.), von wo sich der »Gipfelsturm« anschließen lässt. Auch diese Route (hin und zurück ca. 4 Std.) ist auf der o.g. Topokarte verzeichnet; anstatt den selben Weg wieder zurück zu nehmen, ist eine Rundwanderung möglich, indem man der oben vorgestellten Wanderung zum Startpunkt an der E 10 hinab folgt und von dort aus entlang der Straße zum Parkplatz wandert; dann sind etwa 5 Std. insgesamt anzusetzen, wobei der Abschnitt entlang der E 10 nicht gerade gemütlich ist. – Der Tunnel ist zu Fuß nicht zu durchqueren!

◎ **KURZBESCHREIBUNG**: Der erste Abschnitt dieser Wanderung bis zur Rørvikskaret ist denkbar leicht und eher ein Spaziergang, der sich gerade auch für Senioren oder für Familien mit kleinen Kindern anbietet. Von dieser aussichtsschönen Passhöhe aus geht es konstant, teils etwas rutschig und steil bergauf, aber die »Mühen« sind kurz, und das nächste Etappenziel ist ein wahrer Panorama-Balkon. Wer bis zum Gipfel aufsteigt, erfährt noch eine gute Steigerung, aber dieser letzte Abschnitt ist nur für geübte Bergwanderer zu empfehlen.

Schon bei der Anfahrt aus Richtung Svolvær kann man den ersten Wegabschnitt der Tour überblicken, denn

Früh im Jahr auf der Glomtinden-Route: oben Mitte April (ab alternativem Start am noch zugefrorenen See Rørviksvatnet hinten im Tal), unten Ende Mai (der See ist nun aufgetaut; der fotogene Aussichtspunkt liegt übrigens nicht direkt an der Route) ▶

deutlich sichtbar zieht sich die alte Trasse an den Hängen der wie ein Amphitheater geformten Bergwelt zu einer Passhöhe hinauf. Bis in die frühen 1970er Jahren, als der Rørviktunnel eröffnet wurde, war diese Wegstrecke »der« Gefahrenpunkt der alten Reichsstraße, denn immer wieder sorgten Bergrutsche und Steinschlag für Aufregung, und im Winter gar war es oft tagelang unmöglich, sie nur zu befahren: Zu gewaltig waren die oft meterhoch aufgehäuften Schneewehen, zu groß auch die Gefahr von Schneelawinen, die hier in Vergangenheit so manches Opfer gefordert hatten. Wer die Wanderung im Frühsommer angeht, kann sich davon überzeugen, wie spät hier erst der Schnee wegtaut: Vor Anfang Juni ist in manchem Jahr (mit ergiebigen Schneefällen) in den höheren Lagen kein Durchkommen.

Der Weg beginnt am **PARKPLATZ** hinter einer Schranke und führt in gerader Linie für etwa 1,5 km durch lichten Birkenwald sanft hinauf.

Die Aussicht nach links versperren zumeist Bäume, was sich erst am Ende dieses Teilstücks ändert, wo ein kleiner Wildbach auf einem alten *ferist* (Viehsperre) zu queren ist. Wer einen schönen Zeltplatz für die Nacht sucht, kann hier fündig werden. Der Weg beschreibt nun eine 90°-Kurve und zieht sich bis zur Passhöhe, noch etwa 1 km entfernt, als Saumpfad am Steilhang entlang. Unterwegs kann man deutlich Spuren der im Winter zahlreichen Geröll- sowie Schneelawinen ausmachen, und hier auch ist es, wo mitunter noch bin in den frühen Juni hinein wegen Schnee kein Durchkommen ist. Der Weg ist nun zumeist steinig, viel mit losem Geröll bedeckt und bietet immer imposanter werdende Tiefblicke auf den Hopen-See hinunter sowie Richtung Kabelvåg hinüber.

Der **RØRVIKSKARET** ist erreicht, gut 140 m ü.d.M. Das Erste, was man auf dieser Passhöhe zu sehen bekommt, ist ein hoher Zaun mit Warnschildern *livsfare* (Lebensgefahr), denn beim Tunnelbau BRACH hier DER BERG EIN, woran ein klaffendes Loch erinnert.

Ein paar Meter noch – dann kann man auch auf die andere Seite hinabblicken, wo sich der Rørvikvatnet vor der Rørvika mit dem Henningsværstraumen öffnet. Im Hintergrund rückt die Bergkette von Vestvågøya ins Bild, das auf der sich nun anschließenden Strecke von Höhenmeter zu Höhenmeter beeindruckender wird: Der Zaun liegt ein paar Meter zurück, da sehen wir linker Hand einen ausgetretenen Pfad den angrenzenden Birkenhang hinaufführen. Er markiert die weitere Richtung, läuft bald mit weiteren vom Pass her kommenden Pfaden zusammen. Von nun an geht es auf einem deutlich erkennbaren Kamm in direkter Linie in Richtung Glomtinden hinauf.

Der Weg wird steinig und auch rutschig, weil oft sandig; mit ein bisschen Glück kann man auf diesem Abschnitt FOSSILIEN finden, insbesondere versteinerte Muscheln, die belegen, dass sich einst der gesamte Archipel unter der Meeresoberfläche befand. Sonst ist über dieses Teilstück nicht viel zu sagen, der eigentliche Weg nicht zu verlieren: Auch wenn er sich hin und wieder gabelt – diese Spuren laufen weiter oben stets wieder zusammen.

Ab etwa halber Hangstrecke, wo ein großer Steinhaufen passiert wird, kommt zusätzlich zu dem Panorama Richtung Vestvågøy die Aussicht über Ørsnes sowie Kabelvåg bis über den Vestfjord hinweg zum Festland ins Bild. Aber erst, wenn der letzte Buckel genommen ist, wo der Hang nahezu senkrecht zum Trolldal hin abstürzt, genießt man die optimale Fernsicht gen Osten Richtung Schweden-Grenze, in die Tiefe auf Hopen sowie gen Westen bis weit über Vestvågøya hinweg. Wir stehen hier auf einem ausgedehnten **FELSBALKON**, gut 360 m hoch. Im Inselreich sind uns nicht viele Touren bekannt, die vergleichsweise leicht und schnell mit solch beeindruckenden Ausblicken belohnen. Zu genießen im Bild auf Seite 51.

Auf den umher liegenden Felsblöcken in Garagengröße lassen sich herrliche Logenplätze für eine Rast finden, und wer nicht wirklich trittsicher und in der Höhe erfahren ist, sollte es hier genug sein lassen. Den Spezialisten sei empfohlen, den am rechten Balkonrand erkennbaren Pfad zu begehen, der in direkter, teilweise sehr steiler Linie auf den 419 m hohen **GIPFEL** des Glomtinden führt, wobei in den oberen Lagen sich jede/r den eigenen Weg ersteigen muss.

Oben angekommen, dort wo flache Felsblöcke bequemes Sitzen ermöglichen und es auf zwei Seiten senkrecht gut 100 m hinuntergeht, ist das Panorama noch famoser als vom Felsbalkon aus. Denn nur von hier aus zeigt sich das gewaltige Felsmassiv des Vågakallen voll im Blick!

Tour 3, Austvågøya: Kleppstadheia – Buckelberg mit Blick

IM ÜBERBLICK

◎ **DAUER/LÄNGE**: ca. 3,5– 4 Std. retour / etwa 6 km.

◎ **WEGVERLAUF/ENTFERNUNGS-/HÖHENANGABEN** (Streckenwanderung): Parkplatz Kreuzung E 10 mit der nach Brenna ausgeschilderten Straße (5 m) – Baumgrenze (250 m, 1 Std.) – Kleppstadheia (534 m, 1,5 Std.) – Rückweg rund 1,5 Std.

◎ **WEGBESCHAFFENHEIT**: Es geht deutlich erkennbare Wald- und Wiesenpfade, oberhalb der Baumgrenze vereinzelt über kurze, problemlos zu begehende Geröllfelder.

◎ **ORIENTIERUNG**: problemlos, da die Richtung durch die Topografie zumeist klar vorgegeben und der Pfad duetlich ausgetreten ist.

◎ **KARTEN**: Topokarte »Turkart Vågan« im Maßstab 1 : 50.000; die Wanderroute ist darauf rot eingezeichnet.

◎ **SCHNEESCHUHTOUR**: Ohne vorgegebene Skispuren ist die Idealroute nicht leicht auszumachen; aber ab Januar etwa wird der Berg regelmäßig Ziel von Topptur-Fahrern. Im unteren Abschnitt bis zur Baumgrenze kann der Weg hinauf etwas mühsam sein; ab der Baumgrenze bis zum Gipfel ist mit vereisten Abschnitten und häufig schlechten Schneeverhältnissen zu rechnen, da der Berg oft heftigen Winden ausgesetzt ist. Deshalb ist diese Schneeschuhtour alles in allem eher nicht für Anfänger geeignet. Das Lawinenrisiko ist gering.

Der Verlauf der Wanderung 3 ist auf unserer Übersichtskarte zu Tour 9 skizziert (siehe Seite 279). Das Foto einer Herbstwanderung schmückt Seite 10.

◎ **AN-/RÜCKFAHRT**: Der E 10 Svolvær Richtung Leknes folgen (Route 7), hinter Kleppstad und kurz vor der Bogenbrücke über den Gimsøystraumen den Parkplatz direkt an der Kreuzung der E 10 mit der Nebenstraße nach Brenna ansteuern.

Die Busse aus Svolvær und Leknes passieren den Startort-Parkplatz, der zwar Bushaltestelle ist, wo sie bei einigen Abfahrten aber nur bei Bedarf anhalten – deshalb deutlich auf sich aufmerksam machen!

◎ **ZELTTOUR**: Das Terrain ist meist steinig und uneben, auch Trinkwasser ist hier kaum aufzutreiben; das Zelten würde hier wenig Spaß bereiten.

◎ **ANMERKUNGEN**: Trinkwasser ist mitzubringen.

Von dem Parkplatz aus folgt man der Straße Richtung Brenna für vielleicht 100 m, bis man rechter Hand und direkt nach dem Überqueren eines Viehgitters *(ferist)* unübersehbar einen Pfad den teilweise bewaldeten Höhenrücken hinaufsteigen sieht. Diesem Pfad ist zu folgen, unterwegs nach links abzweigende Spuren sind zu ignorieren.

Es geht mäßig steil und streckenweise ein bisschen rutschig durch Birkendickicht bergauf bis an die **BAUMGRENZE** heran; oberhalb dominieren Wiese und Heidekraut. Vereinzelt sind kurze Geröllfelder und Felsbänder zu queren, doch ist die Orientierung zu keinem Zeitpunkt problematisch.

Auf der Höhe dann öffnet sich jäh ein STEILHANG nach Norden: die Kleppstadheia, wohin ab hier deutliche Pfade führen, liegt linker Hand, markiert mit jenem trigonometrischen Punkt.

Das Besondere auch dieser Tour ist natürlich das Panorama, das dermaßen farbenprächtig selbst auf dem Archipel nicht allgegenwärtig ist: Denn wegen der vielen Untiefen schimmert der Gimsøystraumen in den verführerischsten Farben zwischen Schwarzblau und hellem Türkis, während die Berge Gimsøyas und Vestvågøyas als hellbraune bis tiefgraue Skulpturen aus dem Vestfjord ragen und sich das Sydal im Nordosten in sattem Wiesengrün präsentiert. (Ein Leser empfiehlt den Nachbar-Gipfel im Südosten, gut zu erreichen über die leichte Senke.)

Tour 4, Austvågøya: Sautinden – Einfach (und) schön

IM ÜBERBLICK

◎ **DAUER/LÄNGE**: ca. 3,5 Std. retour / etwa 6 km.

◎ **WEGVERLAUF/ENTFERNUNGS-/HÖHENANGABEN** (Streckenwanderung): Laupstad (3 m ü.d.M.) – Tverrfjellet (100 m, 30 Min.) – Stromleitung (240 m, 40 Min.) – Sautinden (596 m, 55 Min. Std.) – Rückweg ca. 1,5 Std.

◎ **WEGBESCHAFFENHEIT**: über einen Schotterweg, Aufstieg Richtung Höhe Morfjordskardet über Schafspfade, zum Gipfel über Wiesenhänge; die Tour ist relativ einfach, auch für Familien mit (älteren) Kindern geeignet.

◎ **ORIENTIERUNG**: problemlos, die Richtung ist zumeist klar vorgegeben.

◎ **KARTEN**: Topokarte »Turkart Vågan«, Maßstab 1:50 000; die eigentliche Wanderroute ist rot verzeichnet und führt auf die andere Inselseite bei Morfjord, während wir vor Morfjordskardet zum Sautinden aufsteigen.

◎ **SCHNEESCHUHTOUR**: eine relativ einfache Tour, auch für Einsteiger (die schon die eine oder andere Tour hinter sich haben, aber noch weit davon entfernt sind, wirklich Erfahrung im Schneeschuhgehen zu haben), jedoch nicht für Anfänger geeignet! Die Richtung ist klar vorgegeben, und da der Berg häufig von Topptur-Skifahrern begangen wird, ist fast immer auch eine deutliche Spur auszumachen. Das Besondere am Sautinden ist, dass man von ihm aus ein ganz und gar grandioses Panorama auf die gewaltigen Frostriesen Higravtindan und Geitgaljen genießt. Es besteht erhöhte Lawinengefahr, da die Hänge rechts vom Weg, der zum Sattel führt, sehr steil sind.

◎ **AN-/RÜCKFAHRT**: der E 10 Svolvær - Fiskebøl (siehe Route 5) bis nach Laupstad folgen, wo sich (aus Svolvær kommend) vor dem Ort rechter Hand eine Parkbucht befindet.

◎ **ZELTTOUR**: Da unterwegs einige herrliche Zeltwiesen anstehen (selbst auf dem Gipfel des Sautinden), auch reichlich Süßwasser (dies jedoch nicht auf dem Gipfel), drängt sich die Route inklusive Abstecher und Anschlusswanderungen zum Zelten auf.

◎ **ANSCHLUSSWANDERUNGEN**: Vom Sautinden aus kann man leicht den nächsten nördlichen Gipfel (Piktindan, 662 m) erreichen; auch der Abstieg von dort ins Budalen an der E 10 nördlich Laupstads ist möglich. Vom Morfjordskardet aus bietet es sich an, die linker Hand aufragenden Gipfel zu besteigen (über 600 m); geradeaus weiter erreicht man vom Pass aus problemlos die ca. 2,5 km entfernten Ortschaft Morfjord, die am gleichnamigen Fjord liegt.

◎ **ANMERKUNGEN**: Trinkwasser ist vorhanden (mehrere Bachläufe), aber nicht mehr ab Bach/Stromleitung; es ist besser zu filtern, entkeimen etc., da vor Ort viele Schafe weiden.

Ab der Parkbucht geht es noch für ca. 300 m weiter auf der E 10. Am Ende der Kurve biegt man auf ein neueres, links abzweigendes Asphaltsträßchen und hält sich nach dem ersten Haus rechts an den Fahrweg, der rechts in Nachbarschaft des Bachs Morfjordel-

Zu jeder Wanderung gibt es einen einleitenden Info-Block. Über ggf. schwieriges Terrain informieren vor allem die Angaben zu »Wegbeschaffenheit«, »Orientierung« und (sofern vorhanden) die »Kurzbeschreibung«.

va bergauf führt; unterwegs ist ein SCHAFGATTER zu passieren, zweigt die Route auf Schafspfaden links vom Fahrweg ab und geht es über Wiesenhänge den Sattel hinauf.

Im Bereich der Stromleitung noch vor dem Wasserlauf knickt die Route rechts zum 596 m-Wiesenbuckel des Sautinden ab, der sich als Panorama-Balkon erweist: Gegenüber, zum Greifen nahe, die in den Höhen teils noch vergletscherten Reif-Riesen etwa des Higravtindan über dem Austnesfjord (rechts) sowie über dem Higravfjord (links), während im Norden die mächtigen Zinnen des Trolldalstind mit dem Morfjord kontrastieren und im Süden Skrova und Lille Molla aus dem Vestfjord steigen. Es gibt viel zu sehen für ein solch einfaches Streckenprofil.

Tour 5, Austvågøya: Festvågtinden – Henningsvær von oben

IM ÜBERBLICK

◎ **DAUER/LÄNGE**: ca. 3,5 Std. retour / etwa 3 km.

◎ **WEGVERLAUF/ENTFERNUNGS-/HÖHENANGABEN** (Streckenwanderung): Festvåg an der R 816 – (3 m) – Heiavatnet (189 m, 1 Std.) – Festvågtinden (541 m, 1 Std.) – Rückweg rund 1,5 Std.

◎ **WEGBESCHAFFENHEIT**: Es geht über deutliche Pfade, streckenweise sehr steil, aber ungefährlich.

◎ **ORIENTIERUNG**: problemlos, da die Richtung durch die Topografie zumeist klar vorgegeben ist.

◎ **KARTEN**: Topokarte »Turkart Vågan« im Maßstab 1:50 000; verzeichnet ist aber nur der erste Teil der Wanderung, bis zum See Heiavatnet.

◎ **SCHNEESCHUHTOUR**: nicht geeignet, da die Schneeverhältnisse wegen des nahen Meeres meistens sehr schlecht sind und der Weg insbesondere ab dem Heiavatnet zu steil und ausgesetzt ist.

◎ **AN-/RÜCKFAHRT**: Wie unter Route 4 beschrieben Richtung Henningsvær, aber vor Erreichen der ersten Bogenbrücke parken. Entweder direkt linker Hand davor (und dann ungefähr 200 m retour) oder bei dem einzigen winzigen Festvåg (rechts an der Straße) und der Straße noch etwa 200 m weiter folgen bis zu dem unübersehbaren, aus Granitquadern gemauerten Wasserbecken links der Straße.

Der Verlauf der Wanderung 5 ist auf unserer Übersichtskarte zu Tour 2 skizziert (siehe Seite 253). Das Foto nebenan zeigt die Aussicht auf Henningsvær.

Der Bus Svolvær – Henningsvær passiert Festvåg und Wasserbecken auf der Straße 816; zu Fuß ist man ab Henningsvær etwa 15 Min. bis dorthin unterwegs.

◎ **ZELTTOUR**: Im Bereich des Heiavatnet kann man vereinzelte Zeltplätze finden, komfortabel ist das Gelände dafür allerdings nicht.

Ab dem Wasserbecken als Startpunkt ist die Richtung deutlich vorgegeben, geht es doch lediglich die Geröllkerbe hinauf. Wichtig: Der Pfad beginnt rechts vom Becken, und die Idealroute hinauf verläuft mehr in der rechten Kerbhälfte. Kletterer haben viele Wege an die steilen Bergflanken herangeführt; man sollte unbedingt nach Topografie zum See aufsteigen sowie keineswegs links in die große Scharte hinein; man versteigt sich sonst leicht. Der See **HEIAVATNET** ist erreicht; von hier aus genießt man bereits ein schönes, aber noch kein überragendes Panorama; das folgt erst auf dem Gipfel.

Vom See aus sieht man bereits deutlich den Pfad, der sich in Zickzackkurven hinaufzieht. Die Richtung ist kaum zu verlieren, aber es ist teilweise sehr steil. Am Ende des Aufstiegs ist ein **BERGRÜCKEN** erreicht; der Festvågtinden, mit einem trigonometrischen Punkt gekrönt, liegt linker Hand.

Der Kick dieser Tour ist das PANORAMA von der Höhe aus, die nämlich nahezu senkrecht zur Straße 816 und zum Henningsværstraumen abfällt. Von hier aus betrachtet man wahre Postkartenmotive auf das über Inseln und Holme hingestreute Henningsvær, auf den gesamten Vestfjord und auf die Bergmauern von Vestvågøya.

Via youtube sind Videos abzurufen, die während des Festvågtinden-Musikfestivals mit Sondre Justad aufgenommen wurden (siehe Seite 153).

Tour 6, Austvågøya: Zur Matmora – Alpine Bergwelt zwischen Fjorden

IM ÜBERBLICK

◎ **DAUER/LÄNGE**: ca. 6 Std./8 km.

◎ **WEGVERLAUF/ENTFERNUNGS-/HÖHENANGABEN** (Streckenwanderung): Nordpollen mit Schotterpiste (15 m) – Rangeldal (200 m, 30 Min.) – Rangeldalsvatnet (240 m, 15 Min.) – Sattel (400 m, 45 Min.) – Steindalsvatnet (450 m, 20 Minuten) – Wiesenkamm (550 m, 15 Min.) – Felsnase (auf 750 m, 30 Min.) – Matmora (788 m, 5 Min.) – Storskardet (560 m, 1 Std.) – Gjersvollheia (450 m, 30 Minuten) – Delpen (400 m, 45 Min.) – Küstenstraße (1 m, 20 Min.).

◎ **WEGBESCHAFFENHEIT**: bei dem Aufstieg zum Matmora teils über loses Gestein, Geröllfelder; bis zum Ziel über größtenteils weichen und leicht zu begehenden Heideboden.

◎ **ORIENTIERUNG**: problemlos; der Weg folgt weitgehend einem Pfad, und sporadisch sind Steinhaufen als Markierungen gesetzt.

◎ **KARTEN**: Topokarte »Turkart Vågan«; Wegverlauf rot markiert.

◎ **SCHNEESCHUHTOUR**: ungeeignet, da der Weg hinauf zum Rangeldal extrem mühsam und die Schneeverhältnisse wegen des nahen offenen Meeres zumeist sehr schlecht sind.

◎ **ANFAHRT**: ab E 10 bei Vestpollen (19 km nördlich von Svolvær) auf die Straße 888 nach Laukvika abbiegen und ihr etwa 15 km folgen. 2 km nördlich von Sandsletta Camping, am Ufer des Nordpollen, zweigt eine parallel zur Küstenstraße verlaufende Schotterpiste rechts ab, die den Ausgangspunkt der Tour markiert. – Unter Route 5 (siehe Seite 192 f.) ist die Anfahrt ab Svolvær beschrieben.

◎ **RÜCKFAHRT**: Der Endpunkt der Wanderung ist 9 km vom Ausgangspunkt entfernt; dorthin sind es rund 2 Std. über die Straße, aber auch das Trampen sollte möglich sein. Alternativ bietet es sich an, am Endpunkt der Wanderung ein Fahrrad zu deponieren (Vermietung auf manchen Campingplätzen oder siehe Seite 106).

◎ **ZELTTOUR**: prima geeignet, viele potenzielle Stellplätze im Rangeldal.

◎ **ALTERNATIVWANDERUNG**: Wer zwar reiche Aussicht genießen will, jedoch eher Lust auf einen kurzen Spaziergang und nicht eine anstrengende Wanderung hat, kann dem ausgetretenen (und nicht zu verlierenden) Serpentinenweg vom Ausgangspunkt der Tour ins Rangeldal folgen. Rund 30 Min. ist man bis dorthin unterwegs – unsere Eltern, beide über 70 Jahre, schafften es in 50 Minuten. Am Eingang zum Tal kann man sich ins Heidekraut setzen und die Aussicht Richtung Laukvik, Gimsøy und Vestvågøy sowie zu den Vesterålen genießen. An einem nahen See lässt es sich herrlich relaxen, die lichten Birkenwälder rings umher sind für ihre Fülle an Blaubeeren und Pilzen bekannt. Der Abstieg nimmt etwa 20–30 Min. in Anspruch.

◎ **ANMERKUNGEN**: letztes Trinkwasser im Steindal (am See), wo man die Wasserflasche auffüllen sollte.

◎ **KURZBESCHREIBUNG**: Wir kennen keine Wanderung auf dem Archipel, die so hoch (auf 788 m) hinauf-

Zu jeder Wanderung gibt es einen einleitenden Info-Block. Über ggf. schwieriges Terrain informieren vor allem die Angaben zu »Wegbeschaffenheit«, »Orientierung« und (sofern vorhanden) die »Kurzbeschreibung«.

WANDERUNG 6
N
Nordmeer
nach Fiskebøl
888
Grunnfør
Delpneset
Delp
Grunnfør-
fjord
Delpen
374
Gjersvoll
Straumnes
Gjersvolldalen
Laukvika
Straumnes-
myran
Gjersvollheia
424
Storskardet
529
Trolldalen
888
Mølndalsvatnan
W6
Matmora
788
Stornestinden
644
Steindalen
Nordpollen
Jordene
Rangeldalen
Maritdalstinden
648
Vatnfjord
Rangeldalsvatnet
AUSTVÅGØYA
Vatn-
fjord
Sandsletta
Camping
0
1 km
nach Vestpollen
E10

führt, während nahezu ihrem ganzen Verlauf so ein hochalpines Panorama freigibt und gleichzeitig Meerblick nach drei, manchmal vier Seiten, bei all diesen Superlativen so relativ unbeschwerlich ist wie diese – die das »Dach« der Wand nicht überschreitet, sondern gewissermaßen auf ihrem »First« verläuft. Nur das Teilstück vom Rangeldal bis zum Gipfel des Matmora ist streckenweise Schweiß treibend und die Muskeln ermüdend – da steil. Für die folgenden 5 km bis zum Abstieg ans Meer folgt der Weg erst einem (nicht zu schmalen) Grat, dann einem Hochplateau. Auch botanisch Interessierten wird's gefallen, denn alle lokalen Vegetationsstufen werden der Reihe nach durchschritten.

Direkt unterhalb des Startpunktes erstreckt sich der **NORDPOLLEN**, ein nur 2-8 m tiefer (und darum akzeptable Badetemperaturen aufweisender) Seitenarm des Vatnfjords. An seinem Südufer zweigt parallel zum Pollen eine SCHOTTERPISTE nach Osten ab, die 2 km oberhalb wieder auf die Asphaltstraße mündet. Die südliche Einfahrt ist gesperrt; so geht's zum Nordende, wo wir einbiegen: Kurz hinter dem Abzweig kann man links parken.

Wiederum ein paar Meter weiter beginnt linker Hand ein stark ausgetretener, deutlich sichtbarer Pfad, der eher sanft und über Serpentinen den Hang hinauf ansteigt, mitunter sogar mit einem roten »T« markiert ist (was überflüssig ist). Er führt schnell und problemlos ins etwa 200 m hoch gelegene Rangeldal und wurde einst für den Abtransport von Eisenerz angelegt, das am linken Talrand abgebaut wurde. Wo sich das Tal inseleinwärts öffnet, genießt man imposante Panoramen. Bis hierhin bzw. auch weiter ins Rangeldal hinein kann auch wandern, wer nur eine geringe Kondition hat (s. o. unter »Alternativwanderung«).

Der Weg führt von hier an deutlich sichtbar und teilweise ausgeschildert entlang der linken Talflanke ins **RANGELDAL** hinein. Hier kann man einige Stollenlöcher der früheren Eisenerzmine ausmachen; auch eine alte Lorenrampe sowie Hausfundamente liegen am Weg, der sich bald in einen üppig wuchernden Wiesengrund-Birkenwald hineinschlängelt.

Überall blüht und duftet es – zwischen den Birken wachsen Eschen, ein paar Espen sowie Weidengebüsche, während von den Hängen her das Blöken und Glockenbimmeln von Schafen ans Ohr dringt, die hier zwischen Mai / Juni und September ihre Sommerweide haben. Es ist eine Idylle, das der auf 240 m gelegene See Rangeldalsvatnet endgültig perfekt macht.

Am Nordufer des Sees vorbei verläuft der stets gut sichtbare Wanderpfad, der schließlich, und etwa in Höhe des Ostufers, nach links führt, den Wiesenhang hinauf in gerader Linie auf das Steindal zu.

Nach ca. 30 Min. wird der auf knapp 400 m Höhe gelegene **SATTEL** überschritten. Voraus steigt die Pyramide des STORNESTINDEN markant in den Himmel, rechts ragt der MARITDALSTINDEN auf.

Die Richtung – geradeaus auf den Stornestinden zu – ist klar, aber das

Diesmal kein Gipfelblick: Sonnenuntergang im Rangeldal, wo es sich prima zelten lässt ▶

Fortkommen streckenweise mühsam: von Felsblock zu Felsblock, ein Geröllfeld folgt dem anderen, und obwohl Steinhäufchen die Richtung anzeigen, sind schon 20 Min. anzusetzen, bis der auf 450 m gelegene und vom Sattel nur 400 m entfernte See **STEINDALSVATNET** erreicht ist. Nach Norden und Osten begrenzen ihn steile Felswände, gen Westen steigt ein von Geröll übersäter Hang gut 45° steil in die Höhe. Diese Schräge markiert fortan den Weg, aber bevor man sich an den Aufstieg macht, sollte man noch einmal die Wasserflasche füllen, denn bis zum Ziel der Wanderung lässt sich nichts Trinkbares mehr auftreiben.

Auf einer Distanz von rund 1 km ist jetzt ein Höhenunterschied von fast 400 m zu überwinden. Ob man in spitzem oder rechtem Winkel vom See her aufsteigt, ob in gerader oder Serpentinenlinie: es bleibt gleich, sofern man einfach den höchsten Punkt des Hangs zum Ziel macht. Streckenweise läuft man wie auf einem Kugellager aus Felsmurmeln, bis man, nach etwa 15 Minuten ab Steindalsvatnet, einen **WIESENKAMM** erreicht, an dem entlang ein deutlich erkennbarer Pfad nach links führt. Er markiert die weitere Richtung und verläuft zunächst an der rechten Seite einer weiteren Geröllhalde bergauf, bevor er sich, mit vereinzelten Steinhäufchen markiert, über einen Wiesenhang in die Höhe schlängelt, wo er eine Scharte rechts neben einer MARKANTEN **FELSNASE** erreicht.

Rund 30 Min. währte der Aufstieg von der Wiesenschulter bis hier hinauf; nur noch etwa 5 Min. über Geröll bleiben zum **MATMORA**-GIPFEL. Im Westen umfasst der Blick tausende von winzigen Felseilanden, bevor er sich an Gimsøya und Vestvågøya vorbei auf dem offenen Meer verliert. Gen Norden schimmert der Grunnførfjord so türkis wie eine Lagune in den Tropen, heben sich hinter dem kilometerbreiten Hadselfjord die wild modellierten Berge der Vesterålen dunkel gegen das blaue Nordmeer ab. Zu unseren Füßen aber stürzt der Blick senkrecht in einen gigantischen Felskessel, aus dem die beiden Seen Mølndalsvatnan grün emporleuchten.

Dieses Panorama ist jede Mühe wert, zumal jetzt keine Strapazen mehr anstehen. Die Richtung ist klar: Es geht nach links, wo man sogar die Spur eines Pfades ausmachen kann. Während des folgenden Kilometers wandern wir stets im Angesicht des Felskessels, der ein Kraterloch sein könnte. Aber zu nahe sollte man nicht an den Abgrund treten, denn die Felsen HÄNGEN ÜBER, wie auch die Schneewechten, die sich bis Mitte Juli blendend weiß ins Bild fügen, keinen Boden unter sich haben – wer sie betritt, begibt sich in LEBENSGEFAHR.

Nach 15 Min. ist man eher sanft bis auf 700 m abgestiegen. 10 Min. später ist der Kessel halb umrundet und blicken wir nach links über eine Schräge auf das vielfarbig braune Straumnes-Moor, das sich bis zu den Orten Straumnes und Gjervoll erstreckt, wo das Meer an grünen Wiesen leckt. Ungefähr 1 Std. ist seit dem Matmora vergangen, da betreten wir die 100 m tiefer als das Umland gelegene Kerbe des

STORSKARDET – der rechts abzweigende Pfad ist zu ignorieren! –, aus der sich ein Pfad wieder 70 m emporwindet, einem Steinhaufen entgegen.

Für die folgenden 30 Min. verläuft die deutlich sichtbare Spur etwa 20 m unterhalb des Grat-Scheitelpunktes auf seiner linken Seite. Dann öffnet sich voraus das VOM HEIDEKRAUT ROTE Hochplateau der **GJERSVOLLHEIA**. Bis zu ihrem Nordrand, wo sie sich steil über den Delpneset ins Meer stürzt, ist das Wandern eine reine Freude, denn der Boden ist angenehm nachgiebig, das Terrain eben, das Panorama unbegrenzt. Rund 30 Min. wandert man so dahin. Dann läuft die Heia zur Felsnase von **DELPEN** aus.

Rechter Hand schwingt sich der Straßendamm durch das Türkis des Grunnførfjords, voraus erstrecken sich die Felder- und Wiesenparzellen von DELP ans Meer, dort wo rote Bootsschuppen leuchten, zur Linken setzt der Tafelberg von Gimsøya Akzente in Braun, Grau und Schwarz. Dieser Anblick ist ein letzter Höhepunkt, dem die abschließende Anstrengung folgt: der Abstieg zur Küste.

Der Pfad führt direkt auf einen tiefer gelegenen FELSBALKON zu und von dort an, deutlich sichtbar, jedoch teilweise steil und durch Bachbetten bis auf Meeresniveau hinab, wo bald die **KÜSTENSTRASSE** erreicht wird und wo ein Wegweiser mit der Aufschrift »Matmora« nach dorthin weist, woher wir gekommen sind. Jenseits der Straße öffnen sich kleine SANDBUCHTEN im Wiesen- und Felssaum zum Meer – dort kann man auch prima zelten.

Tour 7, Austvågøya: Fløya – Svolvær aus Vogelflug-luftiger Höhe

IM ÜBERBLICK

◎ **DAUER/LÄNGE**: etwa 5–6 Std. retour / rund 5 km

◎ **WEGVERLAUF/ENTFERNUNGS-/HÖHENANGABEN** (Streckenwanderung): Blåtindveien (5 m) – Hochtal/Aussichtspunkt (40 Min., 200 m) – Felsbuckel (30 Min., 350 m) – Fuß des Frosken/Djevelporten (30 Min., etwa 500 m) – Grat unterhalb der Fløya (30 Min., 560 m) – Felsspitze (5 Min., auf 550 m).

◎ **WEGBESCHAFFENHEIT**: Die Route steigt im unteren Abschnitt teilweise sehr steil an, ist mitunter auch rutschig; ab dem Aussichtspunkt ist der Pfad leichter zu begehen; der Aufstieg zur Djevelporten und weiter zur Fløya erfolgt teils über Geröll und erfordert Trittsicherheit.

◎ **ORIENTIERUNG**: Der Einstieg zu dieser Tour ist nicht zu übersehen, der Pfad im weiteren Verlauf kaum zu verlieren; obendrein gibt die Topografie die Richtung vor. Die Orientierung ist zu keinem Zeitpunkt ein Problem.

◎ **KARTEN**: Topokarte »Turkarte Vågan«; nicht erforderlich (s.o.).

◎ **SCHNEESCHUHTOUR**: ungeeignet, da der Weg hinauf zu steil und die Begehung des Grates unterhalb der Fløya lebensgefährlich ist.

◎ **AN-/RÜCKFAHRT**: Ausgangspunkt der Wanderung ist im Norden Svolværs der Parkplatz vor dem Kindergarten am Blåtindveien. Hin kommt man

WANDERUNGEN

Der Verlauf der Wanderung 7 ist auf unserer Übersichtskarte zu Tour 1 skizziert (siehe Seite 251).

von der E10 Richtung Fiskebøl, indem man kurz vor Erreichen des Friedhofs links in den mit »Melkerdalen« markierten Nyveien abbiegt. Dann nächste rechts (= Øvreværveien) und gleich wieder links in den Blåtindveien mit dem Kindergarten linker Hand.

◎ **ZELTTOUR**: eher nicht geeignet, denn mögliche Zeltplätze finden sich nur im Hochtal auf etwa 250 m Höhe, und bis dorthin ist der Weg teilweise extrem steil; es macht keinen Spaß, ihn mit großem Gepäck zu begehen.

◎ **ANMERKUNGEN**: Die Fløya, auf die diese Wanderung führt, ist schon mehrfach Wanderern zum Verhängnis geworden, da ihre Flanken teils senkrecht abstürzen, weshalb ein Verlassen des Pfades fatale Folgen haben kann. Vorsicht ist also dringend angesagt. Nach Regen sowie bei Frost bzw. wenn in den höheren Lagen Schnee liegt (was bis Ende Juni und ab Mitte September der Fall sein kann), sollte die Tour unbedingt unterlassen werden, da dann Lebensgefahr besteht.

◎ **KURZBESCHREIBUNG**: Aufgrund der Steigung, der Geröllpartien und der erforderlichen Schwindelfreiheit und Trittsicherheit wird dieser Wanderweg in der norwegischen Literatur als »schwer« bezeichnet; von der Orientierung her ist sie einfach. – Aber eben auch als *helt fantastisk!*, wurde doch die bei Felskletterern so beliebte Svolværgeita (siehe Seiten 171 und 196), an der es auf dieser Tour nahe vorbei geht und auf die man schlussendlich gut 300 m tief hinabblickt, in der Tageszeitung *Dagbladet* unlängst gar als Norwegens bester Aussichtspunkt überhaupt bezeichnet. Das will schon etwas heißen, doch wir möchten gar behaupten, dass das Panorama vom Wanderziel aus wesentlich beeindrucksender ist als von der Svolværgeita, die zu besteigen man wirklich ein versierter Kletterer sein sollte, während die vorliegende Tour eigentlich für all diejenigen tauglich ist, die trittsicher und schwindelfrei sind und eine überdurchschnittliche Kondition haben. Für diese Klientel ist die Tour einer der populärsten im Archipel.

Blickt man vom Ausgangspunkt der Wanderung bergwärts, kann einer/m ein wenig Angst und Bange werden, denn extrem steil sind die felsgespickten Hänge, die sich im Rücken der Stadt erheben und den Weg zur Fløya markieren (die von hier aus nicht einsehbar ist). Es scheint vermessen, dort hinauf steigen zu wollen, und dass es gar einen Pfad gibt, dem man folgen kann, ist schwer zu glauben. So geht es mit eher gemischten Gefühlen los, der am Kindergarten vorbeiführende **BLÅTINDVEIEN** weist den Weg, und dass direkt am Einstieg zur Wanderung, dem schon nach wenigen Metern erreichten Birkenhain, ein Wegweiser mit Aufschrift »Tursti« steht, vermittelt ein wenig Sicherheit. Ein Schild weist, auch auf Deutsch, noch einmal ausdrücklich darauf hin, dass der Weg bei Nässe glatt und gefährlich sein kann und man den Weg niemals verlassen sollte.

Nun aber hinein ins Birkendickicht auf dem stark ausgetretenen, deutlich sichtbaren Pfad, der bereits nach wenigen Metern an ein STEILES FELSBAND führt. Eine gespannte KETTE macht es leicht, dieses erste Hindernis zu überwinden. Es schließt sich ein

Der Verlauf der Wanderung 7 ist auf unserer Übersichtskarte zu Tour 1 skizziert (siehe Seite 251). Und die Svolværgeita finden Sie auf Seite 171 im Bild.

Geschiebe aus großen Felsblöcken an, und nur ein paar Minuten, dann liegt auch diese etwas mühsame Passage zurück und der eigentliche Hang voraus, an dem es von nun an auf stets gut sichtbarem Pfad im Zickzack hinauf geht. Ein paar sporadisch verteilte, aber teilweise stark verblasste rote Punkte sowie rote »Ts« bilden zusätzliche Markierungen, aber das Anstrengende ist hier nicht die Orientierung, sondern die Steigung, die zu bewältigen ist. Immer wieder auch ist der mal rechts, mal links neben einem Bachlauf verflaufende Erdpfad feucht und dann recht rutschig, immer wieder auch muss man sich an Ästen in die Höhe ziehen und stets muss man sich auf jeden Schritt konzentrieren.

Aber das geht vorbei, auch wenn es rund 40 Minuten dauert, bis sich der Pfad zu einem mit Birken bestandenen, in Wellen ansteigenden **HOCHTAL** hin öffnet. Wo es erreicht wird, erweist sich ein FELSBLOCK ALS **AUSSICHTSPUNKT**, und aus mittlerweile schon ca. 200 m Höhe blicken wir hinunter auf Svolvær, das sich pittoresk auf Schären, Inseln sowie Halbinseln zwischen dem Vestfjord und von Seen umschwiegenen Bergen ausbreitet. Der Anblick ist fantastisch, kaum in Worte zu fassen und doch nur ein »Klacks« im Vergleich mit den Panoramen, die voraus liegen und spektakulärer werden, je höher es geht.

Wenden wir uns wieder bergwärts, umfasst der Blick rechter Hand die dank ihrer beiden »Hörner« so markante SVOLVÆRGEITA, während direkt voraus hoch oben über dem Talrand der Frosken (»Frosch«) sprechende Bezeichnung ist sowie halbrechts die Fløya selbst den höchsten und ab hier noch ca. 1,5 Std. entfernten Punkt markiert. Der Pfad ist auch weiterhin unübersehbar ausgetreten und sporadisch mit roten Punkten und/oder Steinhäufchen markiert; er zieht sich im Großen und Ganzen in ziemlich gerader Linie in das Tal hinein auf den Frosken zu. Nach rechts abzweigende Spuren sind zu ignorieren; sie haben den Fuß der Svolværgeita zum Ziel, den Ausgangpunkt für Felskletterer.

Die Route setzt sich durch Feuchtstellen und über Felsbänder hangaufwärts fort: Je höher es geht, desto niedriger sind die Birken, die bald nur noch bis zu den Knien reichen.

Im Vergleich zum ersten Abschnitt der Wanderung ist der Weg nun geradezu als leicht zu bezeichnen, und er ist rund 30 Minuten lang, obwohl er auch schnell doppelt so viel an Zeit benötigen kann: dann nämlich, wenn man sich oft umdreht, um das immer imposanter werdende Panorama zu bestaunen. Schließlich, schon nahe dem Talschluss, erklimmt der Pfad einen kahlen **FELSBUCKEL**, der die bislang umfassendste Aussicht ermöglicht. Die Svolværgeita ist von hier aus nicht mehr sichtbar, sehr wohl aber ein Teich, an dessen rechtem Ufer der weitere Weg verläuft. Einen anderen Pfad gibt es, der zweigt hier vom Felsbuckel aus als deutliche Spur nach rechts ab und verläuft in direkter Linie auf die Fløya zu. Ihn werden wir aber erst auf unserem Rückweg von der Fløya begehen, denn hinauf ist es wesentlich beeindruckender, den »Umweg« über den FROSKEN zu nehmen.

Rund 150 Höhenmeter trennen uns noch von diesem Ziel, und steil steigt der nun teils mit Steinhäufchen markierte Pfad über Geröllfelder auf den Frosken zu bzw. auf den rechts davon und zur Fløya weisenden Felsgrat. Ca. 30 Minuten sind für diese Etappe anzusetzen, und erst, wenn man ganz oben auf dem Grat steht, kann man die **DJEVELPORTEN** ausmachen, die durch einen großen Felsblock gebildet wird, der direkt über der Abbruchkante des Grats IN EINER SCHMALEN FELSSPALTE EINGEKLEMMT ist. Wer ein wenig abenteuerlustig, vollkommen trittsicher und absolut schwindelfrei ist, kann auf diese »Teufelspforte« hinaufklettern (rechts am Hang über eine schmale Trasse), die sich in Sachen Panorama viel eher als eine »Traumpforte« präsentiert. Von dem Grat aus blickt sie einige hundert Meter mehr oder weniger senkrecht in Richtung Norden zu dem von Mooren umgebenen und berggesäumten Vatterfjordpollen hinunter, hinter dem sich Reihe um Reihe das Bergdach der Lofoten in den Himmel staffelt. Rechts unten funkelt der Austnesfjord, ferner ist Store Molla im Bild, Svolvær und Kabelvåg sowieso und all die Berggiganten daneben, davor und dahinter bis zum Vågakallen hin, der im Süden den Horizont begrenzt.

Welch ein Panorama; und obwohl eine Steigerung nicht denkbar scheint, wird es am weiteren Weg und am Ziel ohnehin doch übertrumpft, weshalb man sich auch den etwas haarigen Aufstieg auf den links angrenzenden Frosken (wohin eine Spur verläuft) ruhig schenken darf.

Also weiter, auf zur letzten Etappe entlang der deutlich sichtbaren Pfadspur, die nahe der Abbruchkante zum **GRAT UNTERHALB DER FLØYA** hin ansteigt. Nur ungefähr 60 Höhenmeter verbleiben bis dort hinauf zu bewältigen; aber 30 Minuten sind dennoch anzusetzen, denn mal ist es steil, mal rutschig und streckenweise geht es über Geröll, weshalb jeder Schritt konzentriert gesetzt werden muss – das gilt auch und insbesondere am Ziel selbst, dem Grat, der an manchen Stellen nur wenig mehr als 1 m breit ist und sich vom Gipfel der Fløya aus Richtung Svolvær, das von hier aus nicht einsehbar ist, hinzieht. Vor allem bricht er senkrecht zur 560 m tiefer gelegenen E 10 hin ab, hinter der sich der vielfarbig blaugrün schimmernde Vestfjord öffnet. Auch die Inseln Skrova, Store und Lille Molla sind im Bild, ebenso der Flughafen. Wer im Voraus dessen Flugplan studiert, kann es womöglich so einrichten, zum richtigen Zeitpunkt hier zu stehen – was nichts Anderes bedeutet, als einer auf den Lofoten ankommenden Maschine im Landeanflug auf das Dach zu blicken.

Wie schon den Frosken, so muss man auch die Fløya selbst, noch etwa 30 m höher, nicht besteigen. Ein Muss hingegen ist es, dem auf/neben dem Grat verlaufenden Pfad noch für ein paar Minuten nach rechts zu folgen: Dieser führt, ganz am Ende und dort ein wenig luftig (Schwindelfreiheit erforderlich!) zu einer **FELSSPITZE**, von der aus man Svolvær vollständig überblicken kann. Auch die Svolværgeita liegt einer/m hier zu Füßen, und nun fällt förmlich in die Sinne, warum, wie ein-

Aussicht für Schwindelfreie: von der Felsspitze hinunter auf Svolvær ▶

gangs geschrieben, der »Ziegenberg« doch nicht Norwegens schönster Aussichtspunkt sein kann!

Man wird begeistert sein und sollte »alle Zeit der Welt« mitbringen, auf diesem Logenplatz so lange wie möglich sitzen zu bleiben und zu staunen. Wiesige Mulden, auch wingeschützt, lassen sich aufspüren. – Das Einzige, was man hier oben in Vogelflug-luftiger Höhe als nervig empfinden kann, ist der Lärm, der von der Stadt unten heraufdringt.

Kann man sich endlich losreißen von diesem Traumpanorama, um wieder abzusteigen, gibt es zwei Möglichkeiten: Entweder es geht über den selben Weg zurück, den man auch hinauf genommen hat oder aber, und empfehlenswerter, auch leichter, entlang dem deutlich sichtbaren Erdpfad, der vom Grat zwischen der Fløya und der Felsspitze auf etwa halber Strecke talwärts absteigt. Die Hangneigung ist nicht allzu steil, und das Ziel liegt die ganze Zeit über deutlich sichtbar in der Tiefe: der Felsbuckel unterhalb des kleinen Sees, wo wir geradeaus in Richtung Frosken aufgestiegen sind; die Gabelung dort ist von Svolvær aus kommend eher unscheinbar und entsprechend leicht zu übersehen. Aber Vorsicht: Auch auf diesem Alternativabstieg kann es rutschig sein, sind einige Geröllfelder zu queren, weshalb der Abstieg zum See (und weiter zum Endpunkt der Wanderung) ab Fløya unter Umständen fast genauso lang dauern kann, wie zuvor die andere Route hinauf.

Tour 8, Austvågøya: Kroktinden – Ins Zentrum der »Wand«

IM ÜBERBLICK

◎ **DAUER/LÄNGE**: ca. 5–6,5 Std. retour / etwa 9 km.

◎ **WEGVERLAUF/ENTFERNUNGS-/HÖHENANGABEN** (Streckenwanderung): Parkplatz Friedhof Sydalen (siehe Route 4; etwa 10 m) – Fichtenwald (40 m, 20 Min.) – Sydalsskardet (240 m, 40 Min.) – Bergsee – (450 m, 60 Min.) – Panorama-Balkon (550 m, 15 Min.) – Abbruchkante (640 m, 30 Min.) – Kroktinden (707 m, 20 Min.).

◎ **WEGBESCHAFFENHEIT**: in den unteren Lagen streckenweise morastig; dann über Serpentinen zum Sydalsskardet; ab dieser Passhöhe über Wiese, Fels und Geröll bis zum Gipfel.

◎ **ORIENTIERUNG**: problemlos, da die Richtung durch die Topografie klar vorgegeben und der Weg meist deutlich sichtbar ist. Auf den Teilstrecken über Geröllfelder markieren Steinhaufen den Wegverlauf.

◎ **KARTEN**: Topokarte »Turkart Vågan«; der Wegverlauf ist rot markiert.

◎ **SCHNEESCHUHTOUR**: für etwas erfahrene Schneeschuhwanderer mit Kondition eine Spitzentour in Sachen Panorama! Die Schotterstraße ab dem Parkplatz vor dem Friedhof ist im Winter eine gespurte Loipe; sie zieht sich um den Fichtenwald herum, der rechter Hand umgangen wird. Die Stromleitungen markieren den Weg zum Hang gen Sydalsskaret, doch hinauf muss man sich im Zickzack seine Spur suchen. Oben am Pass gleich nach rechts queren und bald nach rechts zum Hochtal hin ansteigen, was in einigen Abschnitten etwas steil und auch vereist sein kann. Dann zum Bergsee und dort nach links den Hang hinauf zum Panorama-Balkon, wo man die Tour besser enden lässt: Der Weg zum Gipfel ist zu steil und gefährlich.

Hin und zurück sind etwa 4 Std. anzusetzen; ab Januar etwa finden sich hier in aller Regel auch Skispuren, denen man folgen kann. Die Lawinengefahr ist eher moderat, ist vor allem am Weg vom Pass zum Hochtal gegeben.

◎ **SCHNEESCHUHTOUR FÜR ANFÄNGER**: Für erste Schritte folge man ab dem Parkplatz der gespurten, beleuchteten Loipe, die einen etwa 3 km langen Rundkurs bildet.

◎ **AN-/RÜCKFAHRT**: der E 10 Svolvær - Leknes folgen (Route 7); an der Abzweigung vor der Gimsøyabrücke auf die nach Sydalen und Brenna ausgeschilderte Nebenstraße bis nach Sydalen; dort an der Schule vorbei, die nächste Schotterstraße rechts ab, geradeaus ins Tal bis zum Friedhof mit Parkplatz (siehe auch Seite 202). Mit öffentlichen Verkehrsmitteln ist Sydalen im Sommer kaum zu erreichen.

◎ **ZELTTOUR**: Im oberen Bereich der Strecke, im Umfeld des Bergsees, lassen sich schöne Wiesenplätze finden, ebenso beim Sydalsskardet; Wasser ist vorhanden, sollte aber eventuell abgekocht bzw. entkeimt werden, da hier viele Schafe unterwegs sind.

◎ **ANMERKUNGEN**: Die Wanderung sollte man nur bei wirklich guter Wetterlage machen und nur bei Winden, die nicht aus nördlicher Richtung wehen; dann nämlich kondensiert die vom offenen Nordmeer her aufsteigende

Zu jeder Wanderung gibt es einen einleitenden Info-Block. Über ggf. schwieriges Terrain informieren vor allem die Angaben zu »Wegbeschaffenheit«, »Orientierung« und (sofern vorhanden) die »Kurzbeschreibung«.

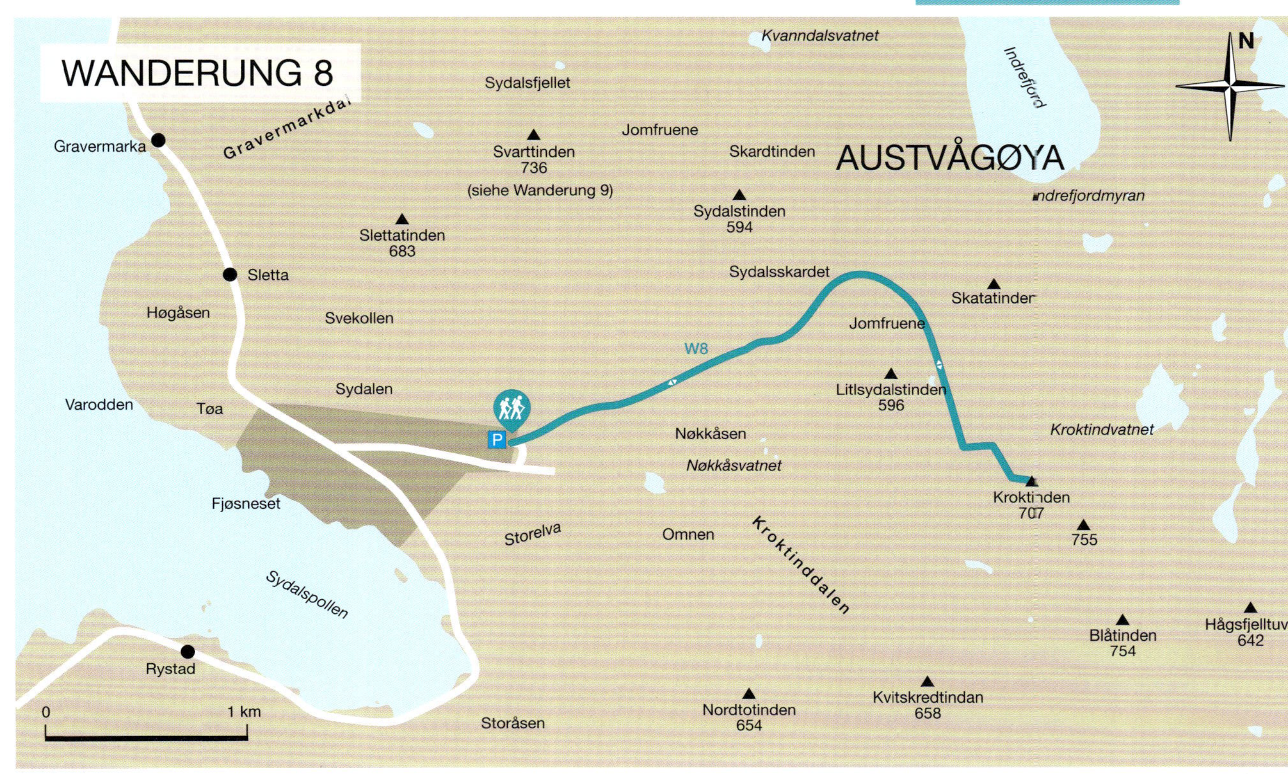

WANDERUNG 8
Kvanndalsvatnet
Sydalsfjellet
Indrefjord
N
Gravermarka
Gravermarkdal
Svarttinden
736
(siehe Wanderung 9)
Jomfruene
Skardtinden
AUSTVÅGØYA
Indrefjordmyran
Sydalstinden
594
Slettatinden
683
Sletta
Sydalsskardet
Skatatinden
Høgåsen
Svekollen
Jomfruene
W8
Litlsydalstinden
596
Sydalen
Varodden
Tøa
P
Nøkkåsen
Kroktindvatnet
Nøkkåsvatnet
Fjøsneset
Kroktinden
707
Storelva
Omnen
Kroktinddalen
755
Sydalspollen
Blåtinden
754
Hågsfjelltuva
642
Rystad
0
1 km
Kvitskredtindan
658
Nordtotinden
654
Storåsen

Feuchtigkeit oft zu Nebel, der eine derart »dicke Suppe« zu bilden vermag, dass man gerade noch die eigenen Füße sieht. Wir sprechen aus Erfahrung, mussten ein Mal im Sprühregen stundenlang in einer Felsmulde ausharren. Und diese Tour ist ein gutes Beispiel, wie hilfreich ein Wanderstock bei Auf- und vor allem auch Abstieg sein kann.

◎ **ALTERNATIVWANDERUNGEN**: Auf der o. g. Topokarte ist ab der Passhöhe Sydalsskardet ein Weg hinunter an den Indrefjord eingezeichnet; weiter führt er nach Nedreneset, wo Anschluss an die Wanderung nach Brenna besteht (siehe Seite 277); ab Nedreneset ist der Weg gut sichtbar und problemlos, doch von der Passhöhe zum Indrefjord hinunter ist es streckenweise rutschig und steil, so dass man bis zum »Geisterdorf« (für die gut 4,5 km) mindestens 2 Std. ansetzen sollte; ab BRENNA dann, weitere 6 km entfernt, müsste man zudem nach Sydalen zurückwandern (weitere 10 km), so dass wir stattdessen die separate Tour von Brenna aus und retour empfehlen (eben jene auf Seite 277).

◎ **KURZBESCHREIBUNG**: Diese abwechslungsreiche Wanderung auf den Gipfel des im Zentrum der Lofoten-Wand gelegenen Kroktinden ist wegen ihrer Steigungsstrecken als eher schwer einzustufen; sie steigt aus dem wild romantischen Sydal steil zur Passhöhe Sydalsskardet auf. Ein Seitental markiert ab dort den mehr oder weniger steilen, teilweise rutschigen Weg zu einem kleinen Bergsee, von wo aus es auf einen lang gestreckten Felssaum hinaufgeht, der sich bis an die Flanke des Kroktinden als Panorama-Balkon hinzieht. Es folgt der eigentliche Aufstieg, der mitunter recht steil ist und eine gute Portion Kondition erfordert. Die Gipfelaussicht ist (für Schwindelfreie) Lohn aller Mühen.

Ziel der Tour soll der Kroktinden sein, der schon bei der Anfahrt um den Sydalspollen herum auffällt: Über dem rechten Talschluss des Sydalen bildet er mit seiner markanten Form eines nach rechts gebogenen Hakens einen deutlichen Blickfang, und dieser Form auch verdankt der 707 m hohe Gipfel seinen Namen: Kroktind nämlich bedeutet übersetzt so viel wie »Hakenberg«. Aus der Tiefe des Tals betrachtet, wohin hinter der rechter Hand am Weg liegenden Dorfschule bald eine Schotterstraße abbiegt, sieht er »unendlich« fern, steil und fast unerreichbar aus, doch geübte Wanderer sind dann doch nach 3 Stunden am Ziel.

Sobald wir von der Straße auf die Schotterpiste eingebogen sind, sieht man sich von einer zunehmend wild romantischer werdenden Landschaft umgeben: Das Trogtal Sydalen könnte durchaus in den Alpen liegen.

Die letzten Häuser bleiben zurück; nach etwa 1,5 km wird vor dem Friedhof des Ortes ein kleiner **PARKPLATZ** erreicht. Dort stellen wir den Wagen ab und folgen der Schotterstraße, die von hier aus noch weiter ins Tal führt und im Winter eine beleuchtete Skiloipe ist. Zur Rechten geben die »Jungfrauen« (Jomfruene) mit ihren nahezu 600 m senkrecht aufragenden Felswänden ein tolles Bild ab – nach links durch steile Wiesenflanken begrenzt, die zum Svarttinden (Wanderung 9) hin ansteigen. Geradeaus allerdings ist deutlich ein Pass auszumachen, der

Lohn aller Mühen: auf dem Kroktinden ▶

Sydalsskardet: Stromleitungen führen hinüber, der Pass wird in etwa 1 Std. Ziel der ersten Etappe sein.

Nach geschätzt ca. 800 m und an jener Stelle, wo die Schotterstraße eine sanfte Rechtskurve beschreibt, zweigt linker Hand eine deutlich sichtbare Traktorspur ab. Sie markiert die weitere Richtung und geht bald in einen Pfad über, der sich über leicht ansteigendes, stellenweise recht feuchtes Birken-Terrain in einen dichten FICHTENWALD zieht.

Hinter der stockdunklen Pflanzung führt der stets deutlich sichtbare Pfad an den Fuß des Wiesenhangs heran, der zum Pass führt. Es geht bald steil im Zickzack bergauf; etwa 30-40 Min. sind anzusetzen, bis die ca. 200 m höher gelegene Passkerbe des **SYDALSSKARDET** voraus liegt. Wo sie erreicht wird, fällt ein »Briefkasten« ins Auge; er enthält ein Tourbuch, in dem man sich verewigen kann. Rasch ist hier, im Umfeld mehrerer großer Felsblöcke, ein RAST- und AUSSICHTSPLATZ gefunden: Man überblickt das gesamte Sydal, den Sydalspollen und den Gimsøystraumen bis nach Gimsøya hinüber.

Ein Hinweisschild sowie ein rotes, auf den Fels gemaltes »T«markieren den weiteren Weg. Es geht an den rechten Rand der Talflanke heran, die den lang gestreckten Passsattel begrenzt. Gut sichtbar zieht sich der Pfad von hieraus über Heidekraut und Wiesen in

Richtung auf den Indrefjord zu, denman etwa 10 Min. weiter in der Tiefe ausmachen kann. Die Aussicht dort hinunter sowie auf den angrenzenden Sunnlandsfjord, Schären und Strände in Richtung Laukvika, Nordmeer ist ein Höhepunkt, aber erst der Anfang...

Der Pfad schlängelt sich stellenweise recht steil halbrechts den Hang hinauf; immer wieder bildet die zumeist feuchte Grasnabe einen rutschigen Untergrund, so dass man langsam, jedoch ordentlich vorwärts kommt.

An einigen Stellen, wo Geröllfelder zu queren sind, markieren STEINHAUFEN den Weg, der ab einer Höhe von etwa 350 m einen schmalen Bachlauf begleitet, der wiederum direkt an den **BERGSEE** führt, eher ein Teich, der am linken Ufer umrundet wird.

Von den zahlreichen Wegspuren, die bald in alle Richtungen abzweigen, wählen wir eine beliebige, die nach links den WIESENHANG hinaufführt. Etwa 15 Min. währt die Steigung, bis der von Schafen bevölkerte Wiesenhang plötzlich und übergangslos vor einer abstürzenden Felswand endet.

Der **PANORAMA-BALKON** ist erreicht: Der ganze Nordostzipfel mit all seinen wild verzweigten Fjordarmen der Insel liegt zu Füßen; im Nordosten thronen die bis über 1.000 m aufragenden Berggiganten von Hinnøya; direkt unter uns, bis 300 m tiefer, breiten sich in Fels gefasste Bergseen aus, die untereinander durch Wildbäche und Wasserfälle verbunden sowie oft noch Mitte Juni mit Eis bedeckt sind.

Wer das Gefühl hat, sich zu viel zuzumuten, sollte es damit bewenden lassen und zurückkehren.

Dem Panorama-Balkon ist nun nach rechts entlang eines nahe an der Abbruchkante verlaufenden Pfades zu folgen, teils über Felsblöcke hinweg, teils um sie herum.

Nach ca. 10–15 Min. stehen wir an der »Wurzel« des Kroktinden, der die ganze Zeit über deutlich voraus liegt und die Richtung weist. Bis hierhin war die Steigung erträglich, nun wird sie heftig; hier sollte man den Balkon verlassen und sich stattdessen geradeaus halten und so den vom Gipfel herabführenden Kamm zu seiner anderen Seite queren. Ein paar Minuten, dann ist es geschafft: Wieder stehen wir an einer ABBRUCHKANTE, die ihrerseits steil in das Kroktinddal abfällt und weit über den Gimsøystraumen hinweg nach Süden auf Gimsøya und gen Vestvågøya blickt. An ihrem Rand ist deutlich ein Pfad auszumachen, dem wir in ziemlich gerader Linie dem Kamm hinauf Richtung Gipfel folgen. Es wird noch einmal arg steil; immer wieder geht es um Felsblöcke herum oder über sie hinweg. Doch näher und näher rückt der Gipfelturm, der schließlich nach ca. 3 Std. (oder 2 Std., wie die Lofoter gehen) erreicht ist und in einer Höhlung ein Gipfelbuch bereit hält.

Der 707 m messende **GIPFEL** des **KROKTINDEN** ist nicht mehr als ein ca. 1 m breites, 2 m langes Felsband, so dass man wirklich das Gefühl hat, auf einer Gipfelspitze zu stehen. So etwas kann man sonst fast nur als Bergsteiger erleben, und auch das Panorama ist außergewöhnlich: Eine Stunde mag man wenigstens hier oben sitzen und staunen; ein paar kleine Felsmulden bieten sich zu diesem Zweck an.

Blick vom Svarttinden auf die Ortschaft Sydalen ▶

Tour 9, Austvågøya: Svarttinden – Hoch über dem Gimsøystraumen

IM ÜBERBLICK

◎ **DAUER/LÄNGE**: etwa 4,5–5,5 Std. retour / ca. 7 km.

◎ **WEGVERLAUF/ENTFERNUNGS-/HÖHENANGABEN** (Streckenwanderung): Scheune in Gravermarka (20 m) – Baumgrenze (45 Minuten, 200 m) – Steindalsheia (1,5 Std., 650–700 m) – Svarttinden (20 Min., 736 m).

◎ **WEGBESCHAFFENHEIT**: Wege über Erde, Wiese, Heide, im obersten Abschnitt einige leichte Geröllfelder.

◎ **ORIENTIERUNG**: ist problemlos, die Topografie weist die Richtung.

◎ **KARTEN**: Topokarte »Turkart Vågan«, aber ohne Routendarstellung.

◎ **SCHNEESCHUHTOUR**: Von Gravermarka bis zum bewaldeten Hang ist die Tour problemlos auch für Anfänger. Doch der Hang selbst, der zur Baumgrenze führt, ist ziemlich steil, oft zudem vereist und nur bei guten Schneeverhältnissen zu begehen, da sonst zu viele Steine aus dem Schnee lugen. Ab der Baumgrenze zur Steindalsheia ist der Weg wieder leichter. Doch vom letzten Wegstück über den Kamm (nicht zu weit am Abgrund gehen: Schneewachten) zum Gipfel ist abzuraten, da schmal und gefährlich. Geringe Lawinengefahr. Eine Tour für Einsteiger, nicht Anfänger (s.S. 259!).

◎ **ANFAHRT**: der E 10 bis zum Gimsøystraumen bei Kleppstad/Austvågøya folgen, aber nicht über die Sundbrücke nach Gimsøya, sondern entlang der nach Brenna ausgeschilderten Straße bis Gravermarka.

◎ **ZELTTOUR**: geeignet; Stellplätze im Trogtal oberhalb der Baumgrenze.

◎ **ANMERKUNG**: nicht bei Schlechtwetter aufbrechen, nie bei Nordwind (siehe Wanderung Nr. 8, Seite 272)!

◎ **ANSCHLUSSWANDERUNGEN**: der Küstenstraße über Gravermarka hinaus bis ans Straßenende bei Brenna folgen, von wo aus die Küstenlinie um das Felskap zu umzandern ist; dieser Weg ist bis Festvåg als Piste ausgebaut, gut zu begehen, macht kaum Steigung und ist als treuer Begleiter der Stromleitung nicht zu verfehlen; Endstation ist NEDRENESET, das ansonsten nur per Boot zu erreichen ist; tolles Panorama auf den Sunnlandsfjord samt den vielen Schären in seiner Mitte; je Strecke ca. 6 km. Die Tour ist mit älteren und erprobten Kindern zu meistern und unvergesslich, wenn die Mitternachstsonne scheint.
◎ **KURZBESCHREIBUNG**: Die Wege sind gut und kaum zu verfehlen, die Steigung hält sich in Grenzen, es ist keine besondere Trittsicherheit erforderlich. Wegen der Gesamtsteigung eine mittelschwere Tour mit +, in Sachen Panorama ist sie extrem, besonders zur MITTERNACHTSSONNE!

Der Einstieg zur Wanderung beginnt in **GRAVERMARKA** bei der links der Straße stehenden – einzigen – roten Scheune. Hier kann man parken, um anschließend dem Schotterweg gegenüber der Scheune (sowie auf der rechten Seite eines Wohnhauses) den Hang hinauf zu folgen, wo ein Schild mit Aufschrift »Tursti« (»Wanderweg«) die weitere Richtung markiert. Auch ohne Schild ist der Wegverlauf klar.

Es geht einen Wiesenbuckel hinauf, dann durch ein Schafgatter. Nun wird der Weg zum Pfad, biegt nach rechts ab und durchquert oberhalb des Dorfes einen jungen Fichtenhain.

Im weiteren Verlauf geht es bald einen mit Fichten, Birken und Weiden bestandenen Hang hinauf; auch ein kleines Geröllfeld ist zu queren. Etwa 30–45 Min. braucht es ab Gravermarka, bis die **BAUMGRENZE** (auf etwa 200 m ü.d.M.) erreicht ist und sich der gut sichtbare, vereinzelt mit roten Punkten markierte Pfad in ein TROGTAL zieht, das (halbrechts) der Svarttinden-Gipfel überragt – wohin man noch etwa 1 Std. unterwegs sein wird.

Hinein ins Trogtal, wo ein Bächlein gequert wird: letzte Gelegenheit, Trinkwasser nachzufüllen. Die Route führt an der linken Talflanke bergauf. Steinhäufchen geben die Richtung vor, es geht im Zickzack bergauf zur nach ca. 2:15 Std. erreichten **STEINDALSHEIA**, die auf 650–700 m Höhe gelegen und ein wahrer PANORAMA-BALKON ist.

Aber am Ziel ist die Aussicht noch viel schöner, noch viel extremer, und nur etwa 20 Min. ist man bis dorthin noch unterwegs. Der Pfad, nach rechts, ist deutlich und kaum zu verfehlen: Von Steinhäufchen zu Steinhäufchen geht es über einen Kamm, an dessen Ende die von einem Steinturm (mit Gipfel-»Briefkasten« und Gipfelbuch) gekrönte Spitze des **SVARTTINDEN** aufragt. 736 m ist man hier hoch, und der Blick senkrecht hinunter auf Gravermarka und das Sydalen mit dem Kroktinden (vorige Wanderung 8, siehe Seite 272), auf den Gimsøystraumen und Gimsøya, aufs offene Nordmeer mit Laukvika sowie der Matmora (unsere Wanderung 6, siehe Seite 262), ferner auf Hadselfjord, die Vesterålen und ... ist eine weitere Lofoten-Top-Aussicht.

WANDERUNGEN 3 + 9
RISØYA
Festvågneset
Breidvika
Nordmeer
Festvåg
Sunnlandsfjord
Festvågtinden
617
Anschlusswanderung
Brenna
P
Mølnelva
Nedreneset
Durmålstinden
592
Nedrevatnet
53
Gimsøy
Trolldalsvatnet
241
Indrefjorden
Vassula
448
Øvrevatnet
145
Flottinden
542
Steindalsheia
708
Steindal
Gravermark-
dal
Gravermarka
W9
Svarttinden
736
GIMSØYA
Slettatinden
633
AUSTVÅGØYA
Sydalen
Gimsøystraumen
Kleppstadheia
534
N
E10
W3
P
Kleppstad
Olderfjord
0
1 km
nach Kabelvåg (16 km)

Tour 10, Austvågøya: Über das »Dach« der Inselwelt

IM ÜBERBLICK

◎ **DAUER**: zwischen 4,5 und 6 Std. reine Gehzeit.

◎ **WEGVERLAUF/ENTFERNUNGS-/HÖHENANGABEN – AUFSTIEG**: Litlhaugen (5 m) – Jorden (10 m, rund 15 Min.) – Storvika (10 m, 10 Min.) – Höhe 250 m ü.d.M. (45 Min.) – Kamm (350 m, 15 Min.) – Finnmarkdal (250 m, 15 Min.) – Småtindskardet (550 m, 1 Std.);

Kürzerer Alternativaufstieg: ab Litlhaugen (5 m) – Jorasmusdal (20 m, 30 Min.) – Finnmarkdal (250 m, 30 Min.) – Småtindskardet (550 m, 1 Std.).

◎ **WEGVERLAUF/ENTFERNUNGS-/HÖHENANGABEN – ABSTIEG**: Småtindskardet (550 m) – Storkongsvatnet (35 m, nach 2 Std.) – E 10 (5 m, nach 30 Min.);

Alternativ: Småtindskardet (550 m) – Damvatnet (133 m, 1,5 Std.) – Turbinenhaus beim Storkongsvatnet (5 m, 30 Min.) – E 10 (5 m, 1 Std.).

◎ **WEGBESCHAFFENHEIT**: im ersten Abschnitt (beider Aufstiegsrouten) überwiegend durch morastiges Terrain, danach über Fels und Geröll bis zum Pass; ab Småtindskardet Fels und Geröll (direkter Abstieg zum See Storkongsvatnet) bzw. mit Geröll durchsetztes Wiesenterrain (Alternativabstieg via Damvatnet).

◎ **ORIENTIERUNG**: via Jorden zum Teil schwierig ohne Erfahrung im Lesen von Topokarten; via Finnmarkdal problemlos; ab Småtindskardet sollte man für den Direktabstieg ebenfalls etwas versiert sein (da kein Weg sichtbar), wohingegen die Alternativroute via Damvatnet eher leicht ist.

◎ **KARTEN**: Die Topokarte »Turkart Vågan« stellt das gesamte Gemeindeareal und die Wanderung selbst dar, jedoch nur den Alternativaufstieg sowie den Alternativabstieg auf anderer Route nördlich (!) des Damvatnet mit einer extrem steilen Passage.

◎ **SCHNEESCHUHTOUR**: Der Wanderweg ist für den Winter zu steil und stark lawinengefährdet. Der Pass aber zwischen Småtindan und Varden ist inselweit das populärste Topptur-Ziel für Skifahrer, der Weg hinauf fast stets vorgespurt – und für Schneeschuhgeher mit Kondition und einiger Erfahrung ebenso ein Höhepunkt. Der Start ist dort, wo der Sommerwanderweg endet, am Parkplatz an der E10. Direkt angrenzend beginnt die oft gespurte Loipe von Kabelvåg am Karlsvatnet vorbei. Nach etwa 10 Min. gabelt sich die Loipe, die Route führt nach links, mit »Skihytta« markiert. Nach weiteren 10 Min. liegt links, etwas oberhalb vom Weg (der hier eine scharfe Rechtskurve nimmt), die Skihütte, wo man an Wochenden Kaffe, Tee sowie Waffeln erhalten kann. Hier startet die eigentliche Route geradeaus den Hang hoch. Die Skispuren führen im Zickzack hinauf; diese ersten 30–45 Min., die an den Fuß des Ørntindaksla führen, sind teilsweise steil und anstrengend. Von oben aus genießt man bereits ein fantastisches Panorama Richtung Kabelvåg, das im weiteren Verlauf des Weges noch besser wird. Der Aksla wird rechts passiert, dann geht's mal 'rauf, mal 'runter, bevor es nur noch bergauf direkt auf den deutlich sichtbaren

Zu jeder Wanderung gibt es einen einleitenden Info-Block. Über ggf. schwieriges Terrain informieren vor allem die Angaben zu »Wegbeschaffenheit«, »Orientierung« und (sofern vorhanden) die »Kurzbeschreibung«.

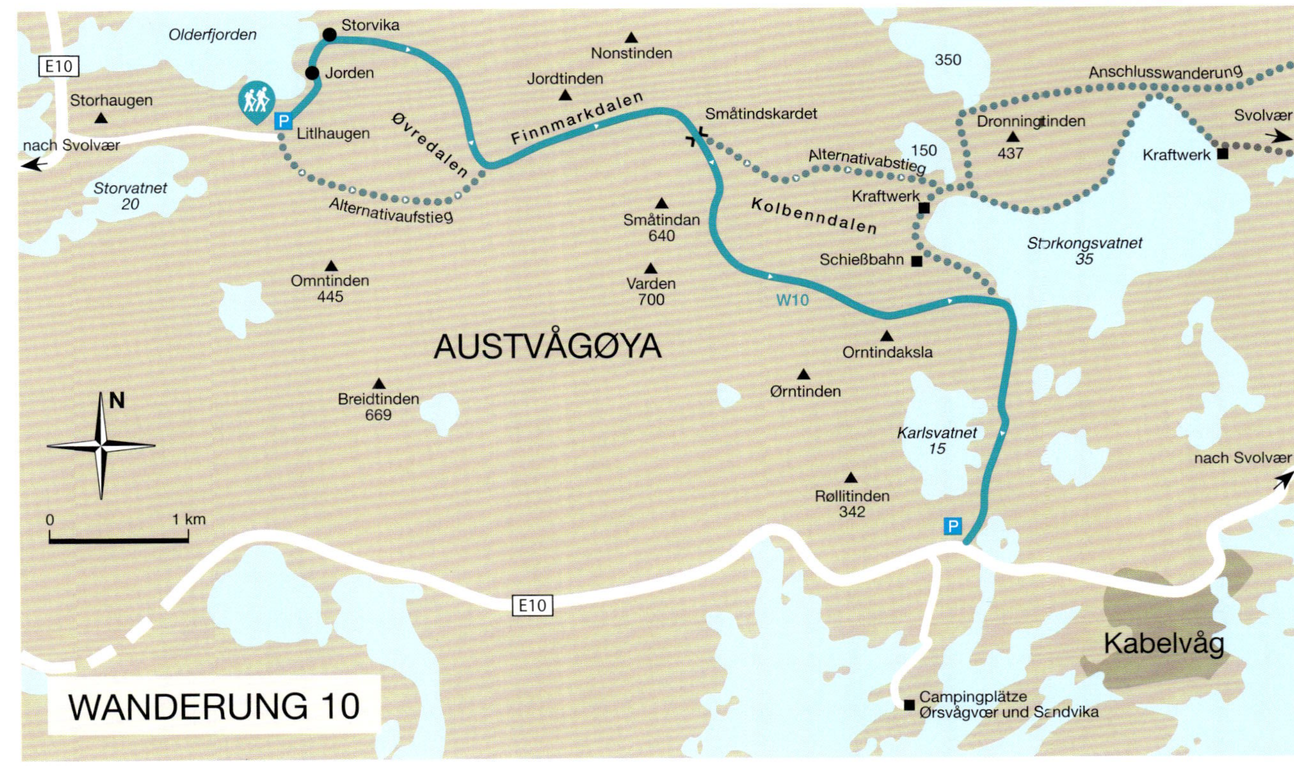
WANDERUNG 10
AUSTVÅGØYA
Olderfjorden
E10
Storhaugen
nach Svolvær
Storvatnet
20
Storvika
Jorden
P
Litlhaugen
Øvredalen
Alternativaufstieg
Nonstinden
Jordtinden
Finnmarkdalen
Småtindskardet
Småtindan
640
Varden
700
Omntinden
445
Breidtinden
669
N
0
1 km
Alternativabstieg
Kolbenndalen
150
350
Anschlusswanderung
Dronningtinden
437
Svolvær
Kraftwerk
Kraftwerk
Schießbahn
Storkongsvatnet
35
W10
Orntindaksla
Ørntinden
Karlsvatnet
15
Røllitinden
342
nach Svolvær
P
E10
Kabelvåg
Campingplätze
Ørsvågvær und Sandvika

Pass zwischen Småtindan und Varden zugeht. Es geht gut voran, erst die allerletzten 100 Höhenmeter etwa sind wieder sehr steil und oft stark vereist. Der Pass belohnt mit einem wundervollen Panorama, liegt aber meist in heftigem Wind. – Bis hierhin sind rund 2 Std. mindestens anzusetzen; der Rückweg ist mit dem hinauf identisch, die Lawinengefahr eher moderat.

◎ **SCHNEESCHUHTOUR FÜR ANFÄNGER**: Perfekt geeignet ist die Kabelvågmarka mit gespurten, beleuchteten Loipen. Alle Schleifen inklusive, geht es über einige Kilometer u.a. am Schießstand vorbei zum Kraftwerk, von wo aus man den Storkongsvatnet umrunden und zum Ausgangspunkt zurückkehren kann.

◎ **ANFAHRT**: von Svolvær/Austvågøya aus über die E 10 bis 2 km nördlich der Sundbrücke nach Gimsøya, wo in einer Linkskurve (von 90°) eine Schotterpiste rechts abzweigt; diese führt nach 2 km zum Ausgangspunkt.

Der Bus Svolvær – Leknes verkehrt Mo–Fr mehrmals täglich (Sa sowie vor allem So wenige Abfahrten) und fährt direkt an der Abzweigung nach Litlhaugen vorbei; ab dort sind es 2 km zu Fuß zum Ausgangspunkt dieser Tour. Info zu Busfahrplänen siehe Seite 104.

◎ **RÜCKFAHRT**: Bushalt siehe oben unter »Anfahrt«. Wer sein Fahrzeug am Ausgangspunkt der Wanderung geparkt hat, kann vom Zielpunkt aus einen Bus dorthin zurück nehmen (in Richtung Leknes). Taxis finden sich im Zentrum von Kabelvåg auf dem Parkplatz vor dem Supermarkt, ca. 1,5 km ab dem Endpunkt der Tour.

◎ **ZELTTOUR**: Der Småtindskardet ist ein wildromantischer Zeltplatz.

◎ **ANSCHLUSS-/ALTERNATIVWANDERUNGEN**: Der Damvatnet (Alternativabstieg) bietet sich als Ausgangspunkt für eine Anschlusswanderung zum direkt oberhalb gelegenen See Vestrenøkkvatnet an: Der Wegverlauf ist deutlich zu erkennen, man folgt nämlich einfach der unübersehbaren Rohrleitung, die direkt zum Vestrenøkkvatnet hinaufführt. Dieser Pfad ist mitunter rutschig, an den gefährlichsten Stellen jedoch durch ein Seil gesichert. Aufstieg für die rund 200 Höhenmeter etwa 45 Min.

Oben angekommen, erwartet die Wanderer wieder einmal ein Traumpanorama (imposanter als vom Damvatnet aus), befindet man sich einem wundervollen, teils von Wiesenmatten gesäumten Bergsee gegenüber.

Wer wenig Zeit hat, kann diese Variante anstatt der eigentlichen Tour machen und wandert ab der E 10 entlang der Schotterstraße am Schießstand vorbei bis ans Wegende beim Kraftwerk samt Turbinenhaus. Oberhalb befindet sich ein unbewohntes Gehöft, neben dem rechts ein ausgetretener Pfad in mäßiger Steigung den Hang zum Damvatnet aufsteigt. Laufzeit ab E 10 bis Kraftwerk ca. 45 Min., dann 30 Min. bis zum Damvatnet plus 45 Min. bis zum Vestrenøkkvatnet; das ergibt total etwa 2 Std./Weg.

◎ **ANMERKUNGEN**: Bis etwa Mitte Juli zeigt sich der Småtindskardet von Schnee bedeckt, wie auch die direkte Abstiegsroute zum Storkongsvatnet dann mitunter noch Schneefelder behindern: in diesem Fall besser auf den Alternativabstieg ausweichen.

◎ **KURZBESCHREIBUNG**: Wer die komplette Tour begehen will, die eine

Überquerung der Lofoten-Wand darstellt, braucht KONDITION, denn die Wanderung gehört zu den schweren, die wir vorstellen. Wer nicht fit ist im Lesen von Topokarten, steige durch das Jorasmusdal auf und via Damvatnet ab. Egal welche Route, ob mit oder ohne Anschluss-/Alternativwanderung – die Landschaft ist umwerfend.

Ausgangspunkt der Wanderung ist **LITLHAUGEN**, ein aus drei, vier Häusern bestehendes Dorf am Olderfjord, das kaum als solches zu erkennen ist. Wir folgen der bei Storhaugen von der E 10 westwärts abzweigenden Stichstraße für etwa 2 km und parken an der dritten, links abzweigenden Hauseinfahrt; gegenüber führt ein weiterer Fahrweg zu einem rechts liegenden Gehöft mit Scheune. Die Tour folgt der am westlichen Talschluss klaffenden Kerbe des Finnmarkdals. Zwei »Wege« gibt es dorthin, beide sind beschwerlich. Die Wahl hängt von der Jahreszeit ab, oder besser: vom Wasserstand der ausgedehnten Feuchtstelle, die sich Litlhaugen westlich anschließt und ins Finnmarkdal übergeht.

Früh im Jahr, etwa bis Anfang Juli, wenn die Schmelzwasser noch reichlich fließen, sollte man die Route via Jorden und Storvika wählen, die einen weiten Bogen nach Nordost beschreibt, bevor sie unterhalb des Jordtinden in die Talkerbe absteigt. Der andere Weg ist in der Orientierung viel einfacher, aber erst begehbar, wenn besagte Feuchtstelle auszutrocknen beginnt. Er zweigt rechts ab, führt also zunächst nach Westen, umrundet so die Feuchtstelle, durchquert nach ca. 1 km den aus dem Jorasmusadal abfließenden Bach und steigt in das vorausliegende Finnmarkdal ein, durch das sich ebenfalls ein Bach ergießt. Einfach geradeaus durch die tief eingeschnittene Felskerbe bis zu ihrem Ende – dem Småtindskardet, einem Pass im Zentrum der Lofoten-Wand. Das hört sich einfacher an, als es ist, denn im ersten Teil behindern Morast – wie gesagt – und schwer zu durchdringendes Weidegehölz ebenso wie Geröllfelder.

Nicht anders verhält es sich mit der ALTERNATIVROUTE, der wir während der Recherche (Mitte Juni) den Vorzug geben mussten. Aber zumindest das erste Wegstück ist einfach und folgt dem links abzweigenden Fahrweg, der zu einer Kiesgrube führt und hier endet. Wir steigen auf den links angrenzenden Erdwall hinauf, von dem aus man deutlich das noch etwa 500 m entfernte Gehöft von Jorden ausmachen kann, das etwas oberhalb des Olderfjords am Wiesenhang liegt. Dorthin wollen wir wandern, folgen dazu dem Erdwall, überqueren einen Bach und halten durch lichtes Birkengestrüpp auf das Haus zu. Wenn das Terrain zu feucht ist, läuft man direkt am Fjordufer entlang. Wir passieren **JORDEN** rechter Hand: Über saftige Wiesen blickt man auf den niedrigen, daher türkisfarbenen Fjord vor Gimsøystraumen und Vestvågøya sowie, im Westen und Süden auf die Zackenlinie der Austvågøya-»Wand«.

Hinter dem Haus lässt sich mit etwas Glück ein Trampelpfad ausmachen. Aber selbst wenn nicht, ist es egal, denn die Richtung steht fest: nahe am

Fjordufer entlang, über Wiesen und durch lichte Birkenhaine nach **STORVIKA**, einem verlassenen und vielleicht noch idyllischer als Jorden liegenden Gehöft. Etwa 100 m vor diesem Etappenziel biegen wir rechts ab, queren die Wiese, laufen unter den dort entlangführenden Stromleitungen hindurch und betreten einen bewaldeten Hang. Einen Pfad gibt's jetzt nicht mehr; es gilt den eigenen Idealweg zu finden: bis auf ca. 100 m Höhe zwischen eng stehenden Birken und Fichten, bis etwa 200 m durch ein Dickicht aus sperrigen Weidengerten.

Endlich werden die Weiden niedriger, und auf **250 M HÖHE** weichen sie Heidekraut und glatten Felsbahnen; das Panorama entschädigt für die Anstrengungen: Im Süden erstreckt sich das Moor bei Litlhaugen zu Füßen des Lyngværsfjellet, dessen Geröllfelder in den Gimsøystraumen stürzen; auch die Bogenbrücken nach Gimsøya sowie von dort nach Vestvågøya sind im Bild. Voraus, gen Westen, ragt die kleine Felspyramide des JORDTINDEN auf, dessen rechter Rand anzuvisieren ist: In gerader Linie geht es hinauf, das Felsterrain hilft zügig voranzukommen: Schon nach etwa 15 Min. ist eine Höhe von 350 m genommen, ist die Grenze zwischen Hochheide und der nackten Felswelt überschritten.

Wir stehen auf einem **KAMM**, der in einem Bogen nach Südosten um den Jordtinden herumführt, wo deutlich die Kerbe des Finnmarkdals auszumachen ist. Wir folgen ihm, steigen dabei leicht, aber konstant ab, so dass die Höhe nur noch 300 m beträgt, als kurze Zeit später der obere Rand des **FINNMARKDALS** erreicht ist, in das es nun über eine (nicht zu) steile Wiesenflanke hinuntergeht.

Knapp 105 Min. sind seit dem Aufbruch von Litlhaugen vergangen. Der Alternativweg, der hier mit dem von uns begangenen zusammenläuft, ist schneller, aber ohne Ausblick. Zur Zeit der Recherche (Mitte Juni) war der Talgrund noch komplett mit Schnee bedeckt, so dass wir keine Aussage darüber treffen können, wie er sich ab Mitte Juli präsentiert, wenn das Winterkleid endgültig geschmolzen ist.

Die weitere Richtung ist immerhin klar ersichtlich. Während des folgenden Kilometers sind rund 300 Höhenmeter zu überwinden; 1 Stunde sollte man für die Steigungsstrecke ansetzen. In der Höhe öffnet sich bald das »V« eines Sattels am Himmel, aber bei Erreichen (400 m) wird klar, dass erst die Hälfte der Strecke zu einem weiteren »V« in der Höhe zurückgelegt ist.

Die letzten Meter sind vermutlich die anstrengendsten, aber dann ist es geschafft: Man steht in dem mit Felsbrocken übersäten Einschnitt des **SMÅTINDSKARDET**, der die Wasserscheide markiert und im Zentrum der Lofoten-Wand liegt. Wir sehen Svolvær, die Schären, den rotbraunen Felkskoloss der Insel Lille Molla, überspannen den Vestfjord bis hin zum Kaledonischen Gebirge. Es geht etwas weiter in den von einem kleinen See mit Wiesenufern ausgefüllten Passsattel hinein, dann liegt auch Kabelvåg mit der ockerfarbenen LOFOTEN-KATHEDRALE zu Füßen, während sich links Store Molla gegen das Meer abhebt.

Es scheint unvorstellbar, dass von hier ein gangbarer Weg hinunter nach Kabelvåg führen soll. Um zu erkennen, dass der Schein trügt, gilt es direkt am Saum der rechten Berglehne entlang ca. 30 m abzusteigen, aber nicht in gerader Linie dem offenen Kolbenndal entgegen, sondern rechts herum auf die Felsnase des Ørntindaksla (»Ørntind-Ausläufer«) zu, die rechts über dem Kolbenndal aufragt und sanft gen Südwesten abfällt.

Während der Recherche begingen wir den Fehler, der Talmulde zu folgen. Es ging steil hinab, schließlich mit solchem Gefälle über spiegelglatte Felsbahnen, dass an ein erneutes Aufsteigen nicht zu denken war; wir hatten uns verstiegen, benötigten ca. 3 Std., um sehr steile Felsen kletternd zu bezwingen – dies nur als Warnung, nicht dem einfach scheinenden Weg durch das Tal zu folgen, sondern stets oberhalb der rechten Flanke zu bleiben. Dort verläuft ein leidlich ausgetretener Pfad, gut zu folgen; falls man ihn aufgespürt hat, was zuletzt knifflig war. Das Gefälle ist gering, erst nach ca. 1,3 km (unterhalb zwei kleiner Seen) ist die 300-m-Marke überschritten. Jetzt erkennt man die Nasenform des Bergausläufers und auch den Storkongsvatnet an dessen Wurzel, den eine Straße umrundet. Zu der gilt es abzusteigen; von hier aus, direkt unterhalb des ØRNTINDEN auf dem Ørntindaksal, ist der breit ausgetretene Pfad (siehe oben), der bis ans Seeufer führt, eigentlich nicht mehr zu verfehlen: Er führt – direkt gegenüber eine Bushaltestelle für beide Richtungen – gen Westen, auf die nach unten geneigte Nasenspitze zu; ab Höhe 200 m behindern wiederum Gestrüpp und Weidedickicht, bald auch Geröll, aber es geht zügig voran, so dass gerade 2 Std. seit der Passhöhe vorbei sind, als das Ufer des **STORKONGSVATNET** (35 m) im Bereich einiger Ferienhäuser voraus liegt (s. Seiten 175 und 250).

Der ALTERNATIVABSTIEG ab Småtindskardet ist ebenfalls von der Passhöhe nicht erkennbar: Anstatt nach rechts halten wir uns nun unterhalb des Sattels links und steigen, direkt am Saum der linken und mit Wiese bewachsenen Berglehne, sanft auf einen (noch nicht erkennbaren) Kamm hinunter. Streckenweise macht man klar einen Pfad aus; sofern man nicht zu weit nach rechts läuft (wo der Kamm bald über Steilwände ins Tal fällt), kann eigentlich nichts schief gehen. Bald taucht voraus der Vestrenøkkvatnet (Anschlusswanderung) auf mit dem unterhalb gelegenen Damvatnet, an den es hinuntergeht. Zuletzt ist der Pfad morastig, führt durch Weidendickicht, aber die Orientierung ist kein Problem. Der **DAMVATNET** ist erreicht, es geht an seinem Ufer mit Mini-Staudamm und Schleusenhaus entlang, einige Meter weiter den Hang (teilweise morastig) zum Turbinenhaus am Storkongsvatnet hinunter.

Wer die Anschlusswanderung anhängt, hält sich vom Damvatnet hinter dem Schleusenhaus Richtung Wasserrohr, wo ein Pfad bergauf verläuft.

Wir folgen der Schotterstraße nach rechts, passieren die Seen Svarttjørna sowie Karlsvatnet und stehen 30 Min. später am MØLNOSEN-Meerarm, den die **E 10** überspannt.

Tour 11, Austvågøya: Vågakallen – Extremer geht's nicht

IM ÜBERBLICK

◎ **DAUER/LÄNGE**: etwa 6–7 Std. retour / ca. 9 km.

◎ **WEGVERLAUF/ENTFERNUNGS-/HÖHENANGABEN** (Streckenwanderung): Djupfjord (5 m) – Ablauf des Djupfjordvatnet (30 Min., 20 m) – Pass über dem Durmålsdalen (1,5 Std., ca. 500 m) – Geröllhalde (1 Std., ca. 700 m) – Felsvorsprung/Rastplatz (25 Min., 750 m) – Taket (30 Min., 800 m) – Vågakallen (1 Std., 943 m); Steigungs- sowie Gefällstrecken summieren sich auf insgesamt fast 1.350 m!

◎ **WEGBESCHAFFENHEIT**: in den unteren Lagen Erdwege; im anschließenden Durmålsdalen teilweise recht morastig; im weiteren Anstieg bis zum Pass größtenteils über Geröll; im obersten Abschnitt leichte Kletterei; weiter über Wiesenwege, dann eine lange Geröllhalde hinauf sowie über Fels mit vereinzelten leichten Kletterpartien; im letzten Abschnitt geht es nur noch über Fels, mehrmals auch mit kniffligen Klettereinlagen.

◎ **ORIENTIERUNG**: im unteren Abschnitt entlang dem Djupfjordvatnet problemlos; im Durmålsdalen gibt die Topografie zwar die Richtung vor, jedoch muss man genau hinsehen, um die Markierungen (Steinhaufen) zu erkennen und nicht zwischen den großen Felsblöcken in die Irre zu gehen; ab dem Pass wieder deutlich sichtbarer Pfad, der sich die Geröllhalde hinaufzieht und weiter in die Felsregion führt; ein direkter Pfad ist dort nicht mehr sichtbar, aber wer ein wenig Erfahrung hat, kann anhand der Spuren am Fels sowie diverser Markierungen aus Steinhaufen den Weg dennoch gut nachvollziehen.

◎ **KARTEN**: Topokarte »Turkarte Vågan«; ist nur bedingt unterstützend, da der Wegverlauf nicht verzeichnet und der Maßstab für die Tour unzureichend ist; bis zum Pass wird die Karte hilfreich sein, für die oberen Lagen ist sie es nicht. – Einen groben Überblick über den Wanderweg mag die Karte geben, die *Vågakallens Venner* (»Vågakallens Freunde« ist eine Facebook-Gruppe) publiziert haben. Ansonsten bleibt: Kartenausschnitt bei www.ut.no (siehe Seite 242) ausdrucken oder abfotografieren, GPS/Smartphone als Unterstützung (siehe Seite 244).

◎ **SCHNEESCHUHTOUR**: Bis zum Djupfjordvatnet kann man dem Weg mit Schneeschuhen folgen, aber der Vågakallen ist im Winter nicht zu besteigen, mit was auch immer.

◎ **AN-/RÜCKFAHRT**: wie unter der Route 4 beschrieben in Richtung Henningsvær, Parkplätze direkt vor dem Überqueren des Fahrdamms über den Djupfjord, die Straßenseite ist gleich. Jeder Bus von/nach Henningsvær passiert den Djupfjord.

◎ **ZELTTOUR**: Zeltplätze finden sich nur ganz zu Beginn der Wanderung am Djupfjord (schöne Wiese, nur die nahe Straße kann störend sein); wer eine Nacht auf dem Vågakallen verbringen möchte, ist mit einem Biwaksack gut beraten.

◎ **ANMERKUNGEN**: Eine stabile Wetterlage mit möglichst wenig Wind ist Voraussetzung für diese Tour, wäh-

Der Verlauf der Wanderung 11 ist auf unserer Übersichtskarte zu Tour 2 skizziert (siehe Seite 253).

rend der man wirklich nicht in schlechtes Wetter kommen möchte und die man auf gar keinen Fall alleine begehen sollte. Als beste Wanderzeit gelten die Monate etwa zwischen Mitte Juli und Mitte September, da sonst in den oberen Lagen noch bzw. schon wieder Schnee liegt – in diesem Fall sind Steigeisen und Eisaxt unbedingt erforderlich. Für den Fall, dass man in Bergnot gerät: Auf dem Gipfel ist ein »Notplakat« befestigt (direkt neben dem Gipfel-»Briefkasten«) mit wichtigen Notfallrufnummern und den genauen Koordinaten.

◎ **KURZBESCHREIBUNG**: Die Tour ist in vielerlei Hinsicht die extremste, die wir auf den Lofoten kennen, und daher nur denjenigen zu empfehlen, die Bergerfahrung haben und absolut trittsicher sind, zudem vollkommen schwindelfrei und in der Lage, vereinzelte Kletterpartien zu meistern. An ein, zwei Stellen wäre ein Seil hilfreich, aber wer ein wenig versiert ist, sollte diese Passagen auch ohne meistern können. Dabei fängt die Tour recht entspannt an, geht es auf guten Wegen am Djupfjord entlang und dann über große Felsblöcke hinweg über vereinzelte Feuchtstellen in das bald steil ansteigende Durmålsdalen, das in einem 500 m hoch gelegenen Pass gipfelt, von dem aus man den Gipfel des Vågakallen bereits ausmachen kann. Unverändert markiert ein deutlicher Pfad die Richtung zu einer steilen Geröllrinne hin, die es zu erklimmen gilt. Von oben sind es noch rund 250 Höhenmeter bis zum Gipfel, und wo der Weg nicht klar ist, weisen vereinzelte Steinhaufen die Route über den Fels. Immer wieder gilt es nun, ein wenig zu klettern, aber die Anforderungen sind relativ gering. Schwerer fällt es bald schon, das sogenannte *Taket* zu queren, »das Dach«, bei dem es sich um eine etwa 2 m breite Felsbahn handelt, die eine gewisse Neigung zur Steilwand hin hat und die überschritten werden muss – auf der Facebook-Seite von *Vågakallens Venner* (s.o.) sind 2 kurze Videos gepostet, die diese »Dach-Querung« aufzeigen. Es folgen weitere Kletterpassagen, für die schon Erfahrung erforderlich ist. Dann ist man oben – und versteht augenblicklich, warum man sich solche Strapazen antut: Das Panorama ist extraordinär, die ganzen Lofoten liegen einer/m zu Füßen: Norwegen aus der Vogelperspektive erleben – ohne im Flieger zu sitzen.

Wer unsicher darin ist, den Anforderungen dieser Tour gewachsen zu sein, findet unter http://turliv.no/lofoten/07vagakallen.html ausreichend Anschauungsmaterial.

Obwohl nicht einmal der höchste Lofoten-Berg, galt der Vågakallen in früheren Zeiten gar als einer der höchsten Berge Norwegens, wenn nicht als der höchste überhaupt (Rückblende, siehe Seite 186). Wer sich dieser weithin sichtbaren Landmarke vom Vestfjord aus nähert, aus dem er mit seinen tiefgrauen Granitflanken geradezu senkrecht 943 m hoch aufragt, versteht, wie es zu dieser Annahme kam. Wie man es aber schaffen soll, seinen Gipfel zu Fuß zu erreichen, kann man sich weder vom Meer noch von Land aus vorstellen – denn viel zu schroff scheinen seine Felswände, viel zu unnahbar präsentiert sich der Felskoloss, der in Nordlands Sagen eine zentrale Rolle spielt, galt er doch als der »König der Lofoten«, bis er zu Stein erstarrte.

Diesem »Våga-Kerl« nun wollen wir heute »aufs Dach steigen«, und da das hin und zurück und mit langen Pausen durchaus 10–12 Stunden dauern kann, ist man gut beraten, möglichst früh zu starten. Dann hat man zudem die größte Chance, am Fahrdamm vor dem **DJUPFJORD** (falls man aus Richtung Rørvik kommt) einen Parkplatz zu ergattern, denn hier parken auch gerne Angler. Rund eine halbe Stunde lang geht es nun auf deutlich sichtbarem Erdpfad nahe am nördlichen Ufer des Djupfjords entlang, und insbesondere im ersten Abschnitt laden recht ebene Wiesenplätze zum Zelten ein. Mitunter geht es über »Stock und Stein«, einige kleinere Geröllgeschiebe sind zu queren, bis sich der Pfad auf Höhe des Fjordendes nach halbrechts zu einem dichten Fichtenwald zieht.

An Waldrand gilt es, den ABLAUF des weiter taleinwärts gelegenen Sees **DJUPFJORDVATNET** zu queren. Von nun an ist ein wenig Konzentration erforderlich, den Weg nicht zu verlieren, da er sich von hier aus teils über große Felsblöcke und Felsbahnen hinzieht, wo man Spuren nicht auf Anhieb ausmachen kann. Zwischendurch ist er wieder klar sichtbar, fungieren Steinhaufen oder einfach zwei, drei übereinander gelegte Steine als Wegweiser ins konstant ansteigende Durmålsdalen, das die Richtung grob vorgibt. Etappenziel wird die hoch oben deutlich VORAUS liegende Passkerbe sein (während mehrere links abzweigende Pfade die populäre Kletterwand »Bare Blåbær« zum Ziel haben).

Vereinzelt sind Feuchtstellen zum umgehen, Felsblöcke zu erklimmen, mal steigt der Pfad auf rutschigem Erdreich steil an, mal geht es über Geröll, bis schließlich (ca. 40–50 Min. seit der Bachquerung) ein großes GERÖLLFELD vorausliegt, das sich bis zum Pass hinaufzieht. Hier liegt ein letzter Bachlauf am Weg, und man ist gut beraten, die Wasserflaschen aufzufüllen, denn weiter oben am Berg ist zumindest sommers kein Tropfen zu finden.

Nun also über das Geröll und bald steil und steiler in Richtung Pass hinauf, wohin der Pfad bald in einer schmaler werdenden Felsrinne verläuft. Ab und zu muss man sich am Fels hinaufziehen, abstützen, ein wenig klettern sowie stets auf Steinschlag achten bzw. darauf, selbst kein Gestein loszutreten, was für Nachfolgende fatale Folgen haben könnte. Die letzten Meter sind recht rutschig, dann ist der **PASS** erreicht; womit mehr als die halbe Höhe genommen und die halbe Strecke zum Gipfel bewältigt ist, der halblinks als gewaltiger Felsturm aufragt.

Uns zu Füßen aber fällt ein mit Sommerblumen getupfter WIESENHANG steil bis zum 500 m tiefer gelegenen Vestfjord ab. Auch das Festland ist klar zu erkennen, während man im Rücken über die Felsbarriere des Djupfjord-Tales hinweg auf die Gipfel des Lyngværfjells blickt und rechter Hand auf den 818 m hohen Kvanndalstinden. Dieser Ort allein wäre die Anstrengungen bereits wert: Einladende Wiesenplätze legen eine ausgiebige Rast nahe, und endlich STEHT MAN IN DER SONNE, die morgens während des gesamten Aufstiegs verborgen bleibt.

Rund 2 Stunden liegen bis zum Gipfel immer noch vor uns – es werden die anstrengendsten sein, aber auch die kürzesten, da spannend und abwechslungsreich. Der Pfad ist deutlich sichtbar: Er verläuft ab dem Pass nach halblinks, steigt ein Stück weit ab und beschreibt einen Bogen direkt auf eine steil ansteigende, etwa 10–15 m breite Rinne zu, die mit Geröll gefüllt ist. Wer zu früh oder zu spät im Jahr dran ist, steht hier vor einer geschlossenen Schnee- bzw. Eisrinne, die, außer mit Steigeisen und Eisaxt, wegen ihrer extremen Steigung nur unter Lebensgefahr zu erklimmen ist!

Sommers kann man diese **GERÖLLHALDE** ohne besondere Sicherheitsvorkehrungen meistern; doch da der Boden sandig ist und das Geröll von kiesel- bis kopfgroß, kann es durchaus gut 40 Min. bis zum oberen Rand der Halde dauern: ein Felssattel, der gen Nord für nunmehr rund 700 m steilst zum oberen Djupfjord-Tal mit dem Djupfjordvatnet abfällt.

Bis hierhin ist ein Wanderstock hilfreich, doch im weiteren Wegverlauf eher hinderlich, weshalb man ihn hier zurücklassen und auf dem Rückweg wieder einsammeln sollte. Wiederum markiert ein ausgetretener Pfad ganz deutlich die Richtung nach rechts, auf den Gipfel zu. Nur wenige Minuten, da liegt oberhalb ein schmaler »Kamin« von etwa zwei, drei Meter Länge voraus. In ihm gilt es aufzusteigen, was auf den ersten Blick hin schwerer aussieht, als es ist, da sich genügend kleine Vorsprünge etc. finden. Oberhalb dominiert bald nackter Fels, doch kann man anhand der Felsfärbung und anderer Spuren eigentlich stets sehen, wo der eigentliche Weg verläuft; er gewährt eine ständig wachsende Aussicht insbesondere auf den Vestfjord hinunter und passiert u.a. einen wiesenbewachsenen FELSVORSPRUNG rechter Hand, der sich als ein Panorama- und damit auch Rastplatz entpuppt.

Etwa 25 Min. war man vom Sattel aus bis hierhin unterwegs. Nur ein kurzes Stück, dann liegt **TAKET** voraus, »das Dach«, das in der norwegischen Fjellliteratur häufig als schwierigste Passage auf der Route zum Vågakallen benannt wird. Diese Einschätzung jedoch können wir nicht teilen: Denn die Felsbahn, die es zu queren gilt, ist immerhin mehr als 2 m breit, wobei der Felsen selbst sehr rau ist, so dass er – mit angemessenem Schuhwerk – stets guten Halt trotz der Schrägneigung zum Steilhang hin bietet. Und wenn man dann noch ganz links geht, sich also oben an der Wand entlang tastet, kann (eigentlich) nichts mehr schiefgehen. Die Kniee werden zwar vielleicht dennoch zittern, aber das liegt einfach daran, dass man solche »Wanderwege« wahrscheinlich nicht gewohnt ist... Auch die nun folgenden Abschnitte durch Felsrinnen hinauf, über Felsbrocken hinweg und, an einer Stelle, über einen in einer Kerbe eingeklemmten Stein hinüber – von dem aus man beidseits absolute Tiefblicke genießt –, gehen in diese Richtung. Deshalb sollte man sich womöglich spätestens jetzt noch einmal fragen, ob man sich nicht vielleicht überschätzt hat und es nicht genug damit ist, bis zu diesem »Dach« gekommen zu sein.

Setzt man fort, sind noch etwa 30–60 Min. zu veranschlagen; es kommt nun ganz darauf an, wie findig man darin ist, den (immer wieder mit Steinhaufen markierten und auch sonst anhand von Spuren zumeist offenbaren) Weg zu finden, wie gut darin, sich in Felskerben hinaufzustemmen, Tritt auf schmalen Felsabsätzen zu finden etc.

Technisch stellt das Gelände keine besonderen Herausforderungen, d.h. kaum ein Kletterer würde sich hier anseilen und mit Klemmen sichern; aber wer es nicht gewohnt ist zu klettern und/oder nicht (mehr) genügend Körperkraft besitzt, für die oder den kann dieser letzte Abschnitt zum Gipfel ein Problem darstellen. Zu zweit unterwegs zu sein, das kann enorm helfen, wie ohnehin man einen solchen Berg wie den Vågakallen nicht allein besteigen sollte, einer der ältesten Wanderregeln überhaupt.

Nun jedoch heißt es hinauf entlang der dem Vestfjord mit Henningsvær zugewandten Bergseite – um dann zu staunen, wohl erst einmal nichts anderes sonst, denn zu »abgefahren«, zu atemberaubend, zu fantastisch ist das 360°-Rundumpanorama, das der **VÅGAKALLEN**, der höchste Berg der in Tausenden zu zählenden Inselberge von Austvågøya, freigibt.

Erst nachdem man sich satt gesehen hat, wird man vielleicht den knallroten GIPFELBRIEFKASTEN bemerken, der hier von *Vågakallens Venner* (siehe Seite 286) am 7.10.2014 montiert wurde und in dessen Gipfelbuch man sich wie üblich eintragen kann – wie auch wir es am besagten 7. Oktober 2014 getan haben.

Tour 12, Gimsøya: Hoven – Hoch über Gimsøya

IM ÜBERBLICK

◎ **DAUER/LÄNGE**: ca. 2–2,5 Std. retour / etwa 4 km.

◎ **WEGVERLAUF/ENTFERNUNGS-/HÖHENANGABEN** (Streckenwanderung): Parkplatz am Golfplatz (10 m) – Hoven (368 m, 1–1,5 Std.) – Parkplatz (10 m, 1 Std.).

◎ **WEGBESCHAFFENHEIT**: deutliche Pfade durch das Heidekraut und Feuchtstellen bis zum Fuß des Berges, sodann auf ausgetretenen Erdpfaden den Wiesenhang hinauf zum Gipfel.

◎ **ORIENTIERUNG**: problemlos, da die Richtung durch die Topografie zumeist klar vorgegeben ist.

◎ **KARTEN**: Topokarte »Turkart Vestvågøy« im Maßstab 1 : 50 000; die Route ist darin nicht eingezeichnet, wohl aber in der Lofoten-Karte von »Projekt Nord« (siehe Seite 88 f.); eine Topokarte ist nicht unbedingt erforderlich.

◎ **SCHNEESCHUHTOUR**: Zwar gibt es steile Abschnitte, aber mit ein wenig Kondition ist der Weg hinauf auch für Anfänger zu bewältigen. Das Problem ist vielmehr die Lage am offenen Nordmeer, so dass die Schneeverhältnisse häufig miserabel sind.

◎ **AN-/RÜCKFAHRT**: Der E 10 Svolvær – Leknes (Route 7) bis zum Golfplatz in Gimsøyas Norden folgen, aber nicht dort parken (da unerwünscht), sondern etwa 100 m weiter (Platz genug). – Keine Anfahrt per Bus möglich.

◎ **ZELTTOUR**: Das Terrain ist schlecht geeignet, meist steinig, uneben und:

◎ **ANMERKUNGEN**: Trinkwasser ist mitzubringen.

Vom Parkplatz zurück Richtung Golfplatz, beginnt links vom Werkzeugschuppen ein deutlich ausgetretener Pfad, der in ziemlich direkter Linie auf den Berg zuhält. Leser berichten, dass auch vom Campinplatz ein beschilderter Zugang besteht, der sich später mit dem anderen Einstieg vereint.

Nach wenigen Minuten ist der Fuß des Hoven erreicht. Weiter geht's auf teils stark ausgetretenen Pfaden den mal mehr, mal weniger steilen Wiesenhang hinauf. Der Weg ist kaum zu verlieren; fast alle nach oben führenden Pfade sind recht. Mit jedem Höhenmeter wächst das Panorama auf den Golfplatz, die Küstenlinie, Moor und Feuchtgebiete sowie schließlich auf ganz Gimsøya und hinüber nach Vestvågøya und auf die Vesterålen.

Da der mit einem trigonometrischen Punkt »gekrönte« **HOVEN** isoliert aus dem ausgedehnten GIMSØYA-MOOR ragt, hat man RINGSUM FREIE SICHT; deutlich auch kann man von der Höhe aus erkennen, dass in früheren Zeiten, als der Meeresspiegel noch höher lag, die Küstenlinie von Gimsøya mitten durch das heutige Moor verlief.

Die Tour ist leicht, auch für sportliche Kinder ohne Problem zu meistern (unsere waren bereits im Alter von 3 Jahren dabei), könnte sogar mit Turnschuhen angegangen werden. VORSICHT ist lediglich auf dem Gipfel angeraten – denn so sanft er von Süden her aufsteigt, so ABRUPT fällt er nach Norden hin ab, wo sein Gestein außerdem ziemlich brüchig ist.

◄ **Massive Bergwelt: Ausblick vom Vågakallen Richtung Henningsvær, der Nachbar-Gipfel dort drüben ist der Kvanndalstinden (818 m ü.d.M.) – Zur oben beginnenden Wanderung Nr. 12: Ein Foto vom Aufstieg leitet das Kapitel der Wanderungen auf Seite 239 ein.**

Tour 13, Vestvågøya: Von Unstad nach Eggum – Am offenen Nordmeer

IM ÜBERBLICK

◎ **DAUER/LÄNGE**: ca. 2,5 Std. für den einfachen Weg / etwa 5 km.

◎ **WEGVERLAUF/ENTFERNUNGS-HÖHENANGABEN** (Streckenwanderung): Parkplatz (10 m) – Norddalselva (10 m, 10 Min.) – Leuchttürmchen (60 m, 30 Min.) – Utdalsvatnet (13 m, 1 Std.) – Tøan (10 m, 45 Min.).

◎ **WEGBESCHAFFENHEIT**: Wiesen-/Erdpfad, angenehm zu begehen, mit vorübergehenden Fels-/Geröllpassagen, die bei Nässe etwas rutschig geraten können. Einige Passagen in steil abfallendem Terrain sind mit Ketten gesichert.

◎ **ORIENTIERUNG**: ist problemlos.

◎ **KARTEN**: Topokarte »Turkart Vestvågøya«; ist nicht erforderlich.

◎ **SCHNEESCHUHTOUR**: ungeeignet. Da sich der Weg am offenen Nordmeer entlangzieht, liegt hier zumeist kaum Schnee; desto mehr finden sich vollkommen vereiste Stellen.

◎ **ANFAHRT**: von der E 10 auf Vestvågøya bei Liland (ca. 12 km nördlich Leknes') auf die nach Mærvoll und Unstad ausgeschilderte Straße abzweigen. Durch Unstad, dem Küstenweg nach rechts bis zum Parkplatz folgen. (siehe Route 9, Seite 215, auch zu den möglichen Übernachtungen vor Ort).

◎ **ZELTTOUR**: unbedingt geeignet; Stellplätze fürs Zelt am Utdalsvatnet (Wasser/Treibholz vorhanden) und am Ziel bei Eggum (Trinkwasser vorhanden), aber auch am Ausgangspunkt in Unstad, falls retour am selben Tag.

◎ **KURZBESCHREIBUNG**: relativ einfache Küstenwanderung, bei Familien mit (älteren) Kindern und auch rüstigen Senioren beliebt. Geht man zur sommerlichen Nachtzeit, ist man im goldenen Licht der Mitternachtssonne unterwegs. Bei Nässe weniger anzuraten. Geht man am selben Tag retour, eine mittelschwere Wanderung.

Was den Berlinern ihr Grunewald, das ist den Bewohnern von Vestvågøya ihr KYSTSTIEN. Der Küsten-Wanderweg zwischen Unstad und Eggum erfreut sich großer Beliebtheit.

Der Weg ist schnell gefunden. Er beginnt direkt am Parkplatz und verläuft entlang der Küste zum **NORDDALSELVA**, der als breiter Bach weiter rechts an einem Kiefernhain entlang verläuft sowie bei ortskundigen Lofotern als PICKNICKPLATZ beliebt ist. Schöner aber als hier, an der Mündung des Bachs ins Meer, picknickt es sich ein paar hundert Meter weiter halbrechts auf dem direkt vor dem Kiefernwald gelegenen Heidekraut- und Wiesenhügel: Hier haben 2014 Surfer einen mit Grassoden gedeckten Shelter errichtet, der die Bucht von Unstad vollständig überblickt und Schutz vor den vorherrschenden Winden bietet. Auch zum Zelten ist es herrlich dort: Wasser gibt es ein paar Gehminuten entfernt am Bachlauf der Norddalselva. Noch populärer ist der Kiefernwald selbst, in dem sommers mitunter dutzende Wellenreiter übernachten.

Ein rotes »T« markiert ab dem Bach den eigentlichen Beginn der Route.

Zu jeder Wanderung gibt es einen einleitenden Info-Block. Über ggf. schwieriges Terrain informieren vor allem die Angaben zu »Wegbeschaffenheit«, »Orientierung« und (sofern vorhanden) die »Kurzbeschreibung«.

WANDERUNGEN 13-15
Nordmeer
Tøan
Eggum
Wildcamplatz
Skulptur Hode
8
Nedre
Heimredalsvatnet 527
456
Mustaren
W13
Utdalsvatnet
Utdalen
Middagsheia
570
Jellvollstinden
746
Kleivneset
Kleivheia
361
Troll-
dalen
338
Øvre
Heimredalsvatnet
Norddalselva
Norddalen
771
E10
Unstadvika
P
Gatter
540
Unstad
VESTVÅGØYA
77 Utdalsvatnet
Kleivdalen
597
Skolmen
W14
Mærvoll
Felsbalkon
Zeltwiese
Sortland
Tangvåg
Steinsfjord
883
E10
594
964
Himmeltindan
931
862
Utakleiv
W15
489
E10
P
Haukland
Strand von
Haukland
169
Vik
N
E10
0
1 km
WANDERUNGEN

Unmerklich steigt der (noch) traktorbreite Weg zum Kleivneset an. Nach 10 Min. ist ein weiteres Gatter zu durchschreiten, jenseits dem die Piste zum breiten Trampelpfad wird; der windet sich hangaufwärts, umrundet die Felsklippe von Kleiv auf 60 m Höhe. Zur Linken stürzt das Land senkrecht ins Meer, aber auch für ängstliche Naturen ist diese spektakuläre Passage zu bewältigen, denn entlang dieses Abgrunds wie auch der noch folgenden sind SICHERNDE KETTEN gespannt. Es sind noch ein paar Geröllbänder zu übersteigen, bevor man die HÖHE KLEIVHEIA endgültig umgangen hat. Die Küste schmückt ein **LEUCHTTÜRMCHEN**.

Über den jetzt schmaler werdenden Pfad blickt man in gerader Linie über den ganzen Wanderweg bis zu seinem Ziel vor Eggum. Auch hier sichert eine Kette den folgenden Abstieg zur Küstenlinie hinab. Im weiteren Verlauf geht es in ständigem Wechsel hangauf- oder -abwärts, und nach gut 1,5 Std. ab Norddalselva findet dieser Abschnitt sein Ende.

Die Bergflanken treten weiter nach rechts zurück, das Terrain ist eben und ermöglicht leichtes Wandern direkt über dem Kies- und Geröllsaum der Küste. 1 km weiter ist eine leichte Anhöhe zu nehmen, von der aus man einen Blick in den Trichter des rechts klaffenden Utdals werfen kann. Zu Füßen liegt der schmale See **UTDALSVATNET**, über dessen Ablauf ins Meer sich eine Holzbrücke schwingt.

Am nördlichen Ufer der langen, schmalen Wasserfläche lädt ein Tisch mit Bänken zum Picknicken ein, und wer zelten will, findet hier geeignete Wiesenplätze. Treibholz ist vorhanden. Hinten im Utdal stürzt ein Wildbach über Felsstufen, es rauscht das Meer – romantisch, hier die Nacht zu verbringen.

Der Weg ist jetzt wieder breit und ausgebaut, passiert winzig kleine Sandbuchten und eröffnet ein Panorama auf den zerhackten Felsgiganten der Middagsheia, die den Blick auf Eggum verstellt. Ihr zu Füßen erstreckt sich eine von Meter zu Meter größer werdende Wasserfläche: der See NEDRE HEIMREDALSVATNET, der immerhin fast 2 mal 1 km misst. An sein jenseitiges Ufer schmiegen sich ein paar Ferienhütten.

Bevor sich die Route zwischen See und Meer fortsetzt, erregt eine Skulptur Aufmerksamkeit, die Teil der sog. »Skulpturlandschaft Nordland« ist – HODE (1992, *Markus Raetz)* ist auf den ersten Blick nur irgendein Kopf. Wer die Skulptur jedoch umrundet, wird – so die offizielle Beschreibung – sich ständig ändernde Formen und Linien an diesem Kopf wahrnehmen. Auf der Website www.skulpturlandskap.no, Stichwort »Kunstverk«, erhält man einen Überblick über alle 36 im Rahmen des gleichnamigen Projekts geschaffenen Werke (siehe auch Seite 202).

Über einen sandigen Isthmus gelangen wir über den abflusslosen See und damit an den Fuß der begrünten Dünengürtels von TØAN, ein beliebter Platz zum Wildcampen (gegen Gebühr, siehe Route 9 auf Seite 218). Der Fahrweg führt nach **EGGUM**, wo relativ preiswerte, gute Sjøhus vermietet werden.

Auf dem Kyststien, oben bei Unstad, unten auf dem Weg nach Eggum; unterwegs gibt es auch steilere Teilstrecken mit Kettensicherung ▶

Tour 14, Vestvågøya: Baden und Angeln am Steinsfjord

IM ÜBERBLICK

◎ **DAUER/LÄNGE**: rund 75 Minuten retour / etwa 2,5 km.

◎ **WEGVERLAUF/ENTFERNUNGS-/HÖHENANGABEN** (Streckenwanderung, stets auf Meeresniveau): Sortland – Geröllstrand (20 Min.) – gespaltener Findling (5 Min.) – Zeltwiese (5 Min.) – Felsbalkon (5 Min.).

◎ **WEGBESCHAFFENHEIT**: simpler Pfad entlang der an Geröll reichen Küste, im letzten Teil über Felsbänder.

◎ **ORIENTIERUNG**: problemlos, da die Richtung entlang der Küste vorgegeben, das Ziel nicht zu verfehlen ist.

◎ **KARTEN**: Passend, aber nicht erforderlich, ist die Topokarte »Turkart Vestvågøy« im Maßstab 1 : 50.000.

◎ **SCHNEESCHUHTOUR**: Falls denn Schnee liegen sollte (hier am offenen Nordmeer), ist die Tour auch von Anfängern zu meistern.

◎ **AN-/RÜCKFAHRT**: In Liland (nur knapp 2,5 km südlich des Wikingermuseums an der E10 gelegen; siehe Route 9) dem Hinweisschild Richtung »Unstad« folgen, via Eltoft und durch den Tunnel nach Saupstad, wo sich die Straße gabelt: Wir biegen links ein (geradeaus geht es weiter nach Unstad) und folgen der zur Schotterpiste gewordenen Fjorduferstraße für rund 2,5 km via Mærvoll bis Sortland, wo sie endet. Kurz vor dem letzten Haus ist rechts eine Parkgelegenheit.

◎ **ZELTTOUR**: Nahe des Ziels liegt eine wunderschöne kleine Zeltwiese direkt am Steinsfjord – idyllisch, dort zu übernachten; nur muss man Trinkwasser mitbringen.

◎ **ANSCHLUSSWANDERUNGEN**: Ab Mærvoll/Saupstad sind es nur ca. 2 km bis zur Abzweigung der nach Unstad führenden Passstraße, wo sich die KÜSTENWANDERUNG NACH EGGUM (Nr. 13, Seite 292) anschließt.

◎ **ANMERKUNGEN**: Trinkwasser ist mitzubringen, bei Lust und Laune außerdem Bade- und Angelzeug.

◎ **KURZBESCHREIBUNG**: Ziel dieser denkbar leichten, kurzen und deshalb auch für Familien (selbst mit kleineren halbwegs sportlichen Kindern) geeigneten Wanderung ist ein landschaftlich sehr eindrucksvoll gelegener Felsbalkon direkt über dem Meer. Dort kann man sich herrlich sonnen, auch ins kühle Nass springen (schwimmen und schnorcheln) und vor allem direkt von der Klippe aus angeln; im Hintergrund werden die Kleinsten einen Badetümpel finden – schön, hier an diesem abgelegenen Ort zu zelten.

Schon die Fahrt nach **SORTLAND,** die vorbeiführt an malerisch in schmale Fjorde geschmiegte Dörfer, mag die Lust wecken, die Straße mit dem Wanderweg zu tauschen, und nachdem wir den kleinen Parkplatz angesteuert haben, der sich ca. 100 m vor dem letzten Haus und dem Schluss der Schotterstraße findet, machen wir uns mit »Kind und Kegel«, Picknick- und Badezeug sowie natürlich Angelausrüstung auf den nicht zu verfehlenden Weg. Er verläuft zwischen dem letzten Haus und der seitlich angrenzenden Hütte, führt dann direkt ans Nordufer der Sortlandsvika heran und folgt der

Der Verlauf der Wanderung 14 ist auf unserer Übersichtskarte zu Tour 13 skizziert (siehe Seite 293).

Geröll- und Felsküste als erkennbarer Pfad.

Nach ca. 15 Min. erreichen wir ein Geschiebe bis hausgroßer Felsblöcke, in längst vergessenen Zeiten vom Steilhang des Bjørnskardryggan herabgestürzt. Hier kann das Laufen ein wenig Mühe bereiten, was aber ein kurzes Zwischenspiel bleibt, stehen wir doch bald schon am Westrand der Vika, gebildet durch eine in den Steinsfjord reichende und bis maximal 20 m hoch aufragende Halbinsel. An deren Südwestzipfel liegt das Ziel unseres Spaziergangs, der uns nun am Rand eines aus kugelrunden Steinen bestehenden **GERÖLLSTRANDS** entlangführt. Linker Hand wird diese ehemalige Strandlinie von einer kleinen und sehr seichten Wasserfläche begrenzt, die nur bei Hochflut vereinzelt mit dem Meer in Verbindung steht und daher im Sommer entsprechend warm ist.

Am Westende des Pools geht der Geröllstrand in flache Felsbahnen über. Wir queren nach links und halten direkt auf einen gut 2 m hohen und in der Mitte GESPALTENEN FINDLING zu.

Durch die Kerbe und in gerader Linie weiter, sind es nur ein paar Minuten bis zu einer idyllischen **ZELTWIESE** dunkelgrünen und (von den Schafen) kurz gefressenen Grases. Dieser Platz, eben und trocken und direkt an den Fjord grenzend, ist wie kein anderer zum Campen geeignet. Zu bedauern ist nur, dass es vor Ort kein Süßwasser gibt; aber dafür Treibholz für's abendliche Lagerfeuer, ebenso wie alte Feuerstellen, die unbedingt benutzt werden sollten, um die Natur zu schonen.

Die Küste bilden hier flach ins Meer ragenden Felsbahnen – allesamt prädestiniert zum In-der-Sonne-Dösen –, und geht gen Westen in bis 20 m hohe Felsbuckel über. Von der schnell erreichten Höhe genießt man ein tolles Panorama zurück in die Fjordkerbe bei Mærvoll, hinauf aufs offene Nordmeer, hinunter auf die markanten Gebirgszacken von Flakstadøy, und über den etwa 2 km breiten Steinsfjord hinweg auf den Tangstadpollen und insbesondere auf den jäh aus dem Meer aufsteigenden Himmelstindan, der als 964 m hoher Felsendom seinem Namen alle Ehre macht. Auf dem Gipfel machen wir eine rotierende Radaranlage aus, die als »Auge« der Nato das Nordmeer nach verdächtigen Schiffen absucht. Ein paar Soldaten versehen dort ihren Höhendienst in einer in den Fels gesprengten Kammer, erreichbar nur durch einen im Himmeltindan verlaufenden Fahrstuhl (siehe Seite 212).

Doch uns lockt jetzt das Wanderziel, jener **FELSBALKON**, der direkt über dem Westkap der Halbinsel liegt und von der Buckelhöhe nach wenigen Metern erreicht ist. Das Panorama ist fast so eindrucksvoll wie das von oben genossene, vor allem aber fasziniert auf diesem etwa 10 m langen, 2–3 m breiten sowie von Land nicht einsehbaren Aussichtsplatz der Blick in die kristallklare Tiefe des Meeres, dessen Oberfläche 2–3 m weiter unten liegt.

An warmen Sommertagen gibt es nichts Schöneres und Erfrischenderes als den Sprung ins kühle Nass; ebenso wie es sich lohnt, die Angel auszuwerfen und den Fang des Tages über einem Feuer gegrillt zu schmecken.

Angeln am Steinsfjord: Das Meer ist hier direkt an der Küste richtig tief. Sogar Rotbarsche wurden hier schon gefangen, Seelachse und Dorsche sowieso und ab etwa Mitte Juli / Anfang August sind auch Makrelen zu fischen.

Tour 15, Vestvågøya: Himmeltindan – Bis zum Himmel hoch

IM ÜBERBLICK

◎ **DAUER/LÄNGE**: etwa 4,5–5,5 Std. retour / ca. 9 km.

◎ **WEGVERLAUF/ENTFERNUNGS-/HÖHENANGABEN** Haukland (2 m) – Abzweigung vom alten Karrenweg (etwa 45 Min., 150 m) – Fehammaren (1 Std. 30 Min., 800 m) – Himmeltindan (1 Std., 931 m).

◎ **WEGBESCHAFFENHEIT**: hinauf zum alten Karrenweg auf Asphalt und anschließend auf guten Erdpfaden; es folgt der rund 650 Höhenmeter messende Aufstieg zum Fehammaren entlang deutlich sichtbarer Pfade, die teilweise rutschig, da steil sind; erst die letzte Teilstrecke führt verstärkt über Geröll sowie, ganz oben, größere Felsbänder und -buckel.

◎ **ORIENTIERUNG**: Die gesamte Wanderung erfolgt über deutlich sichtbare, gut ausgetretene Pfade, zudem gibt die Topografie die Richtung stets vor, und alles in allem ist die Orientierung ein Kinderspiel.

◎ **KARTEN**: Topokarte »Turkart Vestvågøya«; nicht zwingend erforderlich.

◎ **SCHNEESCHUHTOUR**: ungeeignet – drei Mal haben wir uns am Himmeltindan versucht und mussten aufgeben, da die Schneeverhältnisse wegen der Meeresnähe miserabel waren und oft schieres Eis zu begehen war. Den eigentlichen Gipfel mit Schneeschuhen zu erreichen halten wir ohnehin für zu gefährlich; zudem ist der Weg im Winter extrem steil.

◎ **AN-/RÜCKFAHRT**: Der Ausgangspunkt der Wanderung ist mit öffentlichen Transportmitteln nicht zu erreichen. Man benötigt also ein eigenes Fahrzeug (Anfahrt siehe Route 9, Seite 212); oder trampt, wofür die Chancen zumindest an schönen Sommertagen, wenn sich sozusagen halb Leknes am Haukland-Strand zum (Sonnen-)Baden einfindet, recht günstig sind.

◎ **ZELTTOUR**: Auf dem Gipfel kann man Zelten getrost vergessen (ein Biwaksack wäre angemessen); auch auf dem darunter gelegenen Wiesenplateau bringt es nichts. So bleiben nur ein paar mögliche Wiesen-Stellplätze im Bereich und oberhalb des alten Karrenwegs, der Haukland mit Utakleiv verbindet und dem auch der Wanderweg eingangs folgt; Trinkwasser ist vorhanden.

◎ **ANSCHLUSSWANDERUNGEN**: Anstatt dem Karrenweg vom Fuße des Himmeltind wieder zurück nach Haukland zu folgen, kann man auch den Abstieg nach UTAKLEIV hinunter nehmen und von dort aus entlang der alten – und heute gesperrten – Fahrstraße oberhalb der Küste nach Haukland gelangen. Gehzeit ab Karrenweg bis Haukland etwa 60–75 Minuten.

◎ **ANMERKUNGEN**: Bis Mitte/Ende Juni hinein sowie ab Mitte/Ende September liegen die oberen Berglagen mitunter noch bzw. schon wieder unter Schnee, weshalb man dann vom Aufstieg absehen sollte. – Und ob Sie es nun glauben oder nicht: Der Himmeltindan erfreut sich in Kreisen insularer Trailrunner großer Beliebtheit: Wie es heißt, liegt der Rekord für hin und zurück bei nur wenig mehr als 90 Minuten!

Der Verlauf der Wanderung 15 ist auf unserer Übersichtskarte zu Tour 13 skizziert (siehe Seite 293).

◎ **KURZBESCHREIBUNG**: Der Himmeltindan, mit 931 m höchster Berg auf Vestvågøya, ist unserer Meinung nach auch in punkto Panorama mit Abstand der schönste Berg der Insel, gleichzeitig bei Weitem nicht so anstrengend zu besteigen, wie die Höhe glauben machen könnte. Vom Haukland-Strand aus geht es bald auf den alten Karrenweg nach Utakleiv voran, von dem aus ein deutlich sichtbarer Pfad nach rechts auf den Himmeltindan hinzu abzweigt. Er ist steil, aber zu keinem Zeitpunkt extrem, ebenso wie der letzte Abschnitt ab Ausichtspunkt Fehammaren zum Gipfel keine außergewöhnlichen Anforderungen stellt. Gewiss: Trittsicher muss man sein und auch möglichst schwindelfrei, während über 900 m Anstieg eine ordentliche Kondition verlangen.

Obwohl höchster Berg der Insel, zählt der Himmeltindan zu den am häufigsten bestiegenen: An warmen Sommertagen mit unverdächtigem Wetter gibt es kaum etwas Schöneres als dort oben und fast 1 km über Meer und Strand und Land zu stehen und zu staunen!

Ausgangspunkt ist der PARKPLATZ am **HAUKLAND**-Strand (siehe Route 9, Seite 212), der ein ganz und gar malerisches Halbrund aus schneeweißem Pulversand bildet (und der später, aus der Vogelperspektive betrachtet, noch spektakulärer aussieht als vom Meeresniveau aus). In seinem Rücken steigt eine mit einem Schlagbaum gesperrte Straße (siehe ebenfalls Seite 212) in das angrenzende Wiesental an. Dieser Straße folgen wir für etwa 500 m, bis linker Hand und deutlich auszumachen, eine breite Spur den Wiesenhang hinaufführt. Sie ist Teil des alten Reit- und Karrenweges zwischen Haukland und Utakleiv, der um 1850 herum ausgebaut und bis 1947, als die – heute gesperrte und durch einen Tunnel ersetzte – Küstenstraße nach Utakleiv fertig gestellt wurde, in Benutzung war.

Es geht nun steil hinauf. An mehreren Stellen ist die Trasse weggewaschen, muss man ein wenig kraxeln; jedoch alles in allem kommt man zügig voran, so dass man nach insgesamt etwa 20–30 Minuten einen Punkt errreicht, wo der Karrenweg in einen Sattel verläuft, der sich gen Nordwesten, nach Utakleiv hin öffnet. Weiter geht es auf dem hier und da noch sichtbaren alten Steinbelag weiter in den SATTEL, dann an einem kleinen See, eher ein Teich, vorbei, an den sich eine Feuchtstelle anschließt. Direkt dahinter und dort, wo man voraus den ersten Blick auf den Strand von Utakleiv genießt, befindet sich ein **ABZWEIG VOM ALTEN KARRENWEG** nach rechts – auf den Himmeltindan zu, der aber von hier aus noch nicht einsehbar ist. Als Markierung findet sich an dieser Gabelung zusätzlich ein rotes »T«, auf einen Felsblock gesprüht, aber zuletzt ziemlich verblichen. Jedenfalls scheint es unmöglich zu sein, an dieser Stelle fehl zu gehen.

Auch im weiteren Wegverlauf ist es eigentlich unmöglich, die Route zu verlieren, denn in stets deutlich sichtbarer Spur zieht er sich erst sanft ansteigend, dann steil und immer steiler werdend über Wiesen-, Heidekraut-

und Mooshänge in die Höhe, mitunter von kurzen Blockfeldern unterbrochen. Nach etwa 30 Min. wird ein letzter Bachlauf gequert, und dort auch hat man letzte Gelegenheit, noch einmal Wasser aufzufüllen, denn weiter oben gibt es, zumindest im Sommer, nichts Trinkbares mehr.

So steigt man auf, die Zeit vergeht wie im Flug – wann immer man sich umdreht und zurückblickt, hat man das Gefühl, in der Tat im Flug unterwegs zu sein. Erst tauchte der schneeweiße Sandstrand Utakleivs aus dem Meer auf, ab etwa 400 m Höhe auch Hauklands Doppel-Halbmond, ab etwa 500 m Höhe blickt man über alle Strände sowie das angrenzende Küstengebirge hinweg auf die schroffen Gipfel von Flakstadøya und Moskenesøya, und nach insgesamt etwa 2 Std. schließlich öffnet sich vom **FEHAMMAREN** aus, einem kleinen und recht eben verlaufenden Wiesensattel, das Panorama auch nach Norden, wo der fast 600 m hohe Skolmen den Steinsfjord (siehe Wanderung 14, Seite 296) von der Unstadvika (siehe Seite Wanderung 13, Seite 292) trennt.

Und noch etwas rückt jetzt ins Bild, die Radarscheibe nämlich, die zu dem unterhalb eingerichteten NATO-Lauschposten gehört (siehe Seite 212 f.) und vor allem den höchsten Punkt des Himmeltindan markiert.

Nur wenig mehr als etwa 130 Höhenmeter sind bis dort hinauf noch zu bewältigen, wofür man aber wegen der Topografie mindestens noch rund 45 Min. einplanen muss: Der Weg hinauf beginnt ganz am rechten Felsrand unseres Sattels und zieht sich ab dort nur sanft Steigung machend nach Süden um einen Wiesenhang herum, um anschließend steil direkt zum Gipfel anzusteigen. Im letzten Abschnitt geht es über lang gestreckte Felsbahnen hinweg und über mehrere große Felsblöcke hinüber, aber das Gestein ist rau, der Aufstieg geschenkt und schließlich geschafft, wenn man den rund 2 m hohen und fast 1 m durchmessenden STEINTURM erreicht hat, der den Gipfel krönt. Genau 931 m ist man hier hoch; weitere 33 m ließen sich anschließen, wenn man hinüber zur Nato-Radarscheibe gehen würde, die sich seit mehr als zwei Jahrzehnten ständig um die Achse dreht, um feindliche Flotten frühestmöglich auszumachen... Verboten ist es nicht, dorthin zu gehen, aber mehr an Aussicht bringt der Abstecher nicht. Also setzen wir uns auf die schmalen Felsnischen vor dem Gipfeltum und staunen bis zum Horizont hin, der sich bis in unsere Höhe zu wölben scheint. Die Welt erscheint als Riesenschale, über Wolkenkissen schweben die Pyramiden, Monolithen und Tafelberge von Flakstadøya und Moskenesøya, auch Værøy und Røst sind klar zu erkennen; ebenso wie Gischtflecken auf dem offenen Ozean, weiße Brandungssäume vor Utakleiv und Haukland, zwischen grünen Wiesen und hellblauen Seen verstreute Spielzeughäuser.

Ästhetischer Genuss am Schönen, vom Gipfel des Himmeltindan aus in Vollendung zu genießen!

Auf dem Weg zum Himmeltindan, oben kurz vor dem Gipfel, unten Utakleiv im Wiesental mit Strand ▶

Tour 16, Flakstadøya: Flakstadstien – Mit Vestfjord-Blick

IM ÜBERBLICK

◎ **DAUER / LÄNGE**: ca. 2–2,5 Std. für den einfachen Weg / etwa 5 km.

◎ **WEGVERLAUF/ENTFERNUNGS-/ HÖHENANGABEN** (Streckenwanderung): Nesland – Sloka (25 Min.) – Kvalkeila (40 Min.) – Lyrvika (35 Min.) – Nusfjord (35 Min.); die Höhenunterschiede sind gering, mehrmals steigt man von Meeresniveau auf 50 m, einmal bis auf 120 m.

◎ **WEGBESCHAFFENHEIT**: relativ gute und leicht zu begehende Pfade, auch an steil abfallenden Hängen, vereinzelt über schmale Geröllfelder, eventuell morastige Wiesen.

◎ **ORIENTIERUNG**: Der Pfad ist weitgehend ausgetreten und gut sichtbar, obendrein sporadisch mit roten Farbklecksen sowie Steinpyramiden markiert; er folgt der Küstenlinie, was die Orientierung problemlos macht.

◎ **KARTEN**: Topokarte »Turkart Vest-Lofoten« im Maßstab 1 : 50.000 (siehe Seite 88 f.); nicht zwingend erforderlich.

◎ **SCHNEESCHUHTOUR**: ungeeignet, da sehr viele vereiste Stellen und fast stets miese Schneeverhältnisse.

◎ **ANFAHRT**: 2 km südwestlich von Ramberg von der E 10 (siehe Route 10, Seite 224) auf die nach Skjelford und Nesland ausgeschilderte Straße abzweigen, ihr bis zum Ende nach Nesland folgen (etwa 10 km); parken auf dem Wendeplatz direkt am Meer.

Nach Nesland fährt kein Bus; man kann versuchen, an der Abzweigung von der E 10 zu trampen, aber viele Fahrzeuge nehmen die Strecke nicht.

◎ **RÜCKFAHRT**: Nusfjord ist 27 Straßenkilometer von Nesland entfernt (zurück zur E 10, nach links und über Ramberg zur Abzweigung nach Nesland) und wird nicht von Bussen angefahren. So bleibt nur die Möglichkeit, in Nusfjord andere Touristen um einen Lift zu bitten, sofern man nicht vor Ort ein Fahrrad mieten will, was dort in der Tat angeboten wird. Andererseits erlaubt es die Kürze der Etappe, noch am selben Tag retour zu gehen.

◎ **ZELTTOUR**: An der Bucht von Lyrvika und Kvalkeila verteilen sich idyllische Wiesenmulden, die zum Zelten wie geschaffen sind; Frischwasser ist vorhanden, jedoch kein Brennholz.

◎ **ANMERKUNGEN**: Die Route führt vorbei an einem interessanten Florenbezirk, kennt außerdem gute Plätze, um Seevögel zu beobachten: insbesondere Dreizehenmöwen, die an der Küste ihre Nistplätze haben. – Für Nusfjord müssen Touristen im Sommer eigentlich »Eintritt« bezahlen; Leser, die von Nusfjord aus die Wanderstrecke in umgekehrter Richtung gingen, haben jedenfalls nichts bezahlen müssen, als sie darauf hinweisen, nur des Wanderns wegen nach Nusfjord gekommen zu sein. – In der Bucht Lyrvika hilft eine Leiter beim Abstieg; zu einigen Passagen äußerten Leser die Meinung, dass Schwindelfreiheit vorteilhaft sei.

◎ **KURZBESCHREIBUNG**: Auf Pfaden geht es an der wunderschönen Felsküste der Innenseite Flakstadøyas entlang; stets hat man Aussicht auf den

Zu jeder Wanderung gibt es einen einleitenden Info-Block. Über ggf. schwieriges Terrain informieren vor allem die Angaben zu »Wegbeschaffenheit«, »Orientierung« und (sofern vorhanden) die »Kurzbeschreibung«.

WANDERUNGEN

Vestfjord und (bei gutem Wetter) auf den Gebirgsriegel des norwegischen Festlands. Es bestehen Möglichkeiten zur Vogelbeobachtung, ebenso zum Schnorcheln (Wassertemperatur im August um 14–16°C). Idyllische Wiesen- und Blumenmulden laden zum Picknicken ein; sowohl der Ausgangs- als auch der Endpunkt der Tour sind den Besuch wert; vom Schwierigkeitsgrad her an der Grenze von der leichten zur mittelschweren Wanderung, die durchaus mit erfahrenen älteren, trittsicheren Kindern zu meistern ist. Geht man am selben Tag retour, eine gewiss mittelschwere Tour.

Ausgangspunkt dieser »Wanderung fast für jedermann« ist das am Südwestzipfel von Flakstadøya gelegene Dorf **ØSTRE NESLAND**, das erst gegen Mitte des 19. Jhs. gegründet wurde und trotz seines geringen Alters als eine der besuchenswerten Ortschaften der Insel gilt. Die Lage in einer kleinen Felsbucht am Fuß der steil ansteigenden Neslandheia ist von großer Schönheit, und bei guter Wetterlage genießt man von hier aus einen Fernblick auf die ganzjährig beschneite Zackenlinie des 50 km entfernt aus dem Meer steigenden Kaledonischen Gebirgszuges. Vor fünfundzwanzig Jahren glich Nesland einer Geisterstadt, denn seit 1950 – dem Zeitpunkt, als die Fischereiflotte der Lofoten komplett motorisiert wurde – verlor dieser Fischerort, der über keinen für Motorschiffe tauglichen Hafen verfügt, rapide an Bedeutung: Die Fischer wanderten ab. Ihre Kinder jedoch kehrten zurück, denn heutzutage, wo fast alle Familien mit einem eigenen Auto ausgestattet sind, macht es nichts, wenn der nächste Hafen ein paar Kilometer entfernt ist.

Vom **WENDEPLATZ** (der das Ende der Straße markiert; dort wo eine hölzerne Info-Tafel den Flakstadstien vorstellt) wenden wir uns nach Norden einem breiteren Schotterweg zu, der sich – zwischen zwei Holzschuppen – den Hang hinaufzieht. Ein paar Meter nur, und dann endet der breite Weg vor einer Felsnische, um gegenüber, wo ein rotes »T« als Markierung dient, als Pfad weiterzuführen.

Die Spur ist ausgetreten, gut sichtbar, steigt innerhalb der nächsten 10 Min. sanft, aber konstant bis auf 50 m Höhe und ist nur sporadisch mit Farbklecksen gekennzeichnet. Der Hang kippt schräg zum Meer hin ab, kolonisiert von zahlreichen SEEVÖGELN (vor allem Dreizehenmöwen) und bewachsen mit Heidekraut und vereinzelten Wiesenbüscheln; wem dieser Abhang Unbehagen bereitet, sollte umkehren.

Das Meer schillert in seinen bestechendsten Farben und ist so klar, dass man stellenweise bis auf den 40 m tiefen Grund spähen kann, auf dem eine reiche Unterwasserflora hin und her wogt. Am schönsten aber ist der Tiefenblick (nach etwa 20 Min.) während der Umrundung der sich keilförmig öffnenden KLUFT VON **SLOKA**. Unser Pfad schlängelt sich in diesem Abschnitt direkt auf den senkrecht abstürzenden Felswänden entlang, und nach links abzweigende Spuren führen zu weiter oben liegenden Berghängen, wo Mertensien, Baldrian und Weidenröschen, Sonnentau und Ährenlilien auf satten Wiesen gedeihen. Die Spuren haben Schafe getreten, und wer ihnen folgt, erreicht nach rund 15 Min. den auf 111 m gelegenen Skardslag-Haugen, von wo es – Richtung Westen – noch rund 20 Min. bis zu diesem interessanten Florenbezirk sind.

Die Felsnase von Slokneset umgehen wir weiträumig; worauf die Bucht von Vedvika voraus liegt, an deren Nordrand wir fast auf Meeresniveau hinabgehen und ein paar Felsblöcke überklettern müssen. Nach einer kurzen Steigungsstrecke – als Wegmarkierung dienen Steinhäufchen – geht es wieder abwärts, über ein schmales Kiesfeld hinweg und hinein in die mit Birken und Weiden sowie vielen Blumen bestandene Wiesenmulde, die direkt an die Bucht von **KVALKEILA** grenzt und einen idyllischen Zeltplatz abgeben könnte. Der von dem 438 m hoch gelegenen Vedvikvatnet kommende Bergbach plätschert durch die Idylle; wir überspringen ihn, steigen ein Stück an, und unser Blick umfasst gleichermaßen das Meer und die Wiesenoase. Wenig später, nach nun insgesamt etwa 50 Min., betrachten wir die markante Felsnase von HESSURDHOLMAN, dermaßen zerfurcht und zerhackt vom steten Wogenschlag, dass sie an ein Felsenmeer erinnern kann. 40 m dann über dem STEINERNEN KUNSTWERK ist eine schräg liegende Felsplatte zu überqueren, was schwerer aussieht, als es ist.

Eine weitere Wiesen- und Birkenmulde mitsamt Bachlauf schließt sich an, und zur Rechten liegen fantastische Schnorchelgründe für Unentwegte; eine schmale Kluft mit mehreren (einfach zu querenden) Geröllbändern führt den Hang hinauf, den hier übereinander gestapelte Felsterrassen bilden. Zickzackförmig steigt der Pfad bis auf 120 m und gibt ein imposantes Panorama bis hinunter zur Slokneset und hinüber nach Vestvågøya frei. Die früheren Route in die Bucht **LYRVIKA** (durch eine steile, rutschige Kiesrinne) ersetzt heute eine hölzerne Leiter. Schären tauchen grau aus der türkisfarbenen See auf, während aus dem Zentrum Flakstadøyas der Stjerntinden 931 m hoch aufragt und man selbst in einer feuchten Wiesenmulde steht, in der ein Bachlauf zwei Mal zu überqueren ist.

Es folgt ein Aufstieg bis auf 80 m, ein Abstieg bis 5 m, noch einmal mühen wir uns bis über 50 m hinauf – dann endlich tauchen rechts unten die ersten kupferroten Fassaden der Rorbuhütten von **NUSFJORD** auf. Ein paar Minuten noch, und der Pfad endet vor der Rückfront eines Wohnhauses. Wir wenden uns nach rechts, der Straße entgegen, die hier einen Wendeplatz ausspart und direkt am Nusfjord verläuft, einer der dramatischsten, engsten Fjorde, an seinem Ufer das gleichnamige Dorf aus bunten Holzhäusern, auf Pfählen im Wasser stehend. Seine ungewöhnliche jüngere Vergangenheit wie sein historisches Erbe finden Sie im Rahmen der Route 10 auf Seite 223 ausführlich beschrieben.

Tour 17, Moskenesøya: Kvalvika – Strände von karibischer Schönheit

IM ÜBERBLICK

◎ **DAUER/LÄNGE**: ca. 3–3,5 Std. retour / etwa 4 km.

◎ **WEGVERLAUF/ENTFERNUNGS-/HÖHENANGABEN** (Streckenwanderung): Parkplatz am Torsfjord (5 m) – Skoren (160 m, 45 Min.) – Kvalvika-Strand (45 Min.).

◎ **WEGBESCHAFFENHEIT**: sanfter Aufstieg zum Skoren über Erdpfade, die dort, wo es zu feucht und morastig ist, mit Holzstegen versehen wurden; ab dem Skoren steiler Abstieg über Fels und Geröll.

◎ **ORIENTIERUNG**: leicht; der Weg ist ausgeschildert, nicht zu verlieren.

◎ **KARTEN**: Topokarte »Turkart Vest-Lofoten«; bis Kvalvika nicht erforderlich, aber für die Anschluss-/Alternativwanderungen.

◎ **SCHNEESCHUHTOUR**: ungeeignet, da zu steil und zu nahe am Meer.

◎ **AN-/RÜCKFAHRT**: In Fredvang (Route 10, siehe Seite 226) biegt man auf der einzigen Kreuzung nach links ab: Die Asphaltstraße durchquert das Dorf und führt an die Küste des Torsfjords, bis man nach ca. 2 km ein linker Hand rot getünchtes Bootshaus direkt über dem Fjord passiert. Unmittelbar dahinter befindet sich links ein asphaltierter Parkplatz, der Ausgangspunkt der Wanderung. – Mit öffentlichen Verkehrsmitteln ist der Ort nicht erreichbar; auch Fredvang wird kaum bedient, weshalb, wer mit dem Bus aus Richtung Å sowie Leknes anreist, auf der E 10 an der Abzweigung nach Fredvang aussteigen muss, um über die beiden Bogenbrücken (rund 2 km) bis Fredvang und nochmal ca. 2 km bis zum Parkplatz zu laufen.

◎ **ZELTTOUR**: An der Kvalvika finden sich TRAUMHAFTE Stellplätze für Zelte, die schönsten entlang des Wiesenstreifens an der rechten Strandseite; es sind mehrere Feuerstellen eingerichtet, Trinkwasser ist vorhanden (Bachlauf vom Forsvatnet), sogar eine aus Treibgut gebaute Strandschaukel bereichert die Infrastruktur; lediglich Toiletten fehlen. Im Sommer ist der Strand bei Campern außerordentlich beliebt; allein wird man kaum stehen; alternativ bietet es sich an, am 240 m über dem Strand gelegenen Forsvatnet zu zelten (an der Anschlusswanderung zum Ryten gelegen, siehe unten) oder am Kvalvikvatnet (ebenfalls eine Alternativwanderung). Last not least gibt es die Variante, in der Fredvangshytta am Weg nach Fredvang (siehe Alternativwanderung) zu nächtigen – oder aber, das ist eine Empfehlung, in der seit 2011 an der Kvalvika stehenden Surfer-»Hobbit«-Hütte.

◎ **ANSCHLUSSWANDERUNG – AUFSTIEG RYTEN**: Der 543 m hohe Tafelberg Ryten, der den Strand der Kvalvika im Norden begrenzt, ist geradezu prädestiniert für den Aufstieg: Der Weg ist leicht, auch nicht zu verfehlen, benötigt kaum mehr als 1 Std. und die Aussicht aufs Nordmeer und den Doppelstrand der Kvalvika sowie Richtung Ramberg und Vikten könnte schöner nicht sein. Insbesondere (jedoch nicht nur) im Schein der Mitternachtssonne kann man hier wundervolle Stunden verbringen, weshalb es

Zu jeder Wanderung gibt es einen einleitenden Info-Block. Über ggf. schwieriges Terrain informieren vor allem die Angaben zu »Wegbeschaffenheit«, »Orientierung« und (sofern vorhanden) die »Kurzbeschreibung«.

empfohlen sei, reichlich Vorrat für ein ausgedehntes Picknick mitzunehmen. Der Pfad startet an der rechten Strandseite der Kvalvika und folgt ab den Zeltwiesen als deutlich sichtbar dem Ablauf des Forsvatnet hinauf. Nach etwa 20 Min. wird der auf 240 m Höhe gelegene See Forsvatnet passiert (am Seeufer Richtung Kvalvika finden sich weitere herrliche Stellplätze zum Zelten); weiter geht es am linken Seeufer entlang, wo sich der Weg gabelt: Nach rechts geht es über einen Panorama-Wiesenbalkon (ein paar Minuten) zur Fredvangshytta und weiter nach Fredvang (etwa 30-40 Min.) hinunter, nach links auf weichem Moosweg zum Ryten hinauf, der nach weiteren 30–40 Min. erreicht wird. Unterwegs gabelt sich der Pfad an mehreren Stellen; alle Spuren führen zwar zum Ziel, doch am schönsten (zumindest wenn man schwindelfrei ist) sind diejenigen, die ganz links verlaufen: Sie führen nahe an der teils senkrecht zur Kvalvika hin abstürzenden Felswand entlang, was für atemberaubende Motive gut ist. So natürlich auch der plateauförmige Gipfel des Ryten selbst – von einem Steinturm gekrönt und mit Wiese und Moos bewachsen.

◎ **ANSCHLUSSWANDERUNG – RUNDWANDERUNG VIA KVALVIKVATNET**: Anstatt zurück den gleichen Weg wie hin zu gehen, kann man auch eine Rundwanderung unternehmen;

es gilt der Kvalvika nach links zu folgen, wo der Strand in die Felsklippen der Kuhella übergeht. Bei Ebbe ist es problemlos, das niedrige Felsband zum umrunden – bei Flut hingegen muss man aufpassen, da der (an einer Stelle durch eine Kette gesicherte) Pfad äußerst glitschig sein kann. Jenseits der Kuhella erstreckt sich ein weiterer Traumstrand, etwa 300 m lang, von Dünen gesäumt und mit dem See Kvalvikvatnet hintendran. Der deutlich sichtbare Weg verläuft nahe dem linken Seeufer ins trichterförmig angrenzende Tal hinein, das bald zu einem Sattel (etwa 100 m hoch) aufsteigt. Dort hinauf und am sich bald folgenden See Ågovatnet links vorbei hinab zum Markavatnet, der ebenfalls auf der linken Seite umrundet wird und zur Straße führt, die bei der Streusiedlung MARKA erreicht wird. – Etwa 1,5 Std. sind es von der Kvalvika bis nach Marka, plus eine weitere Stunde für die 4 km auf dem Fahrweg bis zum Ausgangspunkt, dem Parkpklatz am Torsfjord, ab Marka nach links.

◎ **ALTERNATIVWANDERUNG AB FREDVANG**: Anstatt die Wanderung wie beschrieben am Torsfjord zu beginnen, kann man auch direkt in Fredvang starten. Am Ortseingang ist eine Infotafel mit Karte aufgestellt, auf der die Route von Fredvang vorbei an der Fredvangshytta zum Ryten und hinab zur Kvalvika verzeichnet ist. Bis zum Ryten sind etwa maximal 1,5 Std. anzusetzen, für die Kvalvika gut 2 Std. Und anstatt den selben Weg zurück zu gehen, können ab der Kvalvika natürlich unsere eigentliche Hauptroute zum Parkplatz am Torsfjord (etwa 1 Std.) und anschließend die Straße nach Fredvang (etwa 40 Min.) aus der Tour eine Rundwanderung machen.

◎ **ANMERKUNGEN**: Da die Berge, die die Kvalvika auf drei Seiten eng umschnüren, relativ hoch sowie steil sind, liegt der Strand selbst morgens und bis zum Nachmittag im Schatten; Mitte Juli zum Beispiel erreicht die Sonne den erst am frühen Nachmittag und Anfang September erst nach 18 Uhr. Darauf sollte man das Timing für die Wanderung abstimmen, die ohnehin zur Mitternachtssonnenzeit am stimmungsvollsten ist.

◎ **KURZBESCHREIBUNG**: Von der Länge her (etwa 2 km je Weg) ist die Wanderung geschenkt, und bis zum Skoren hinauf muss sie als sehr leicht eingestuft werden. Lediglich der Abstieg von dort zum Strand ist teils steil und rutschig, weshalb die Tour in der norwegischsprachigen Literatur nur als »leicht« bezeichnet wird. Doch vor allem anderen sonst als »unbedingt begehenswert«, ist die Kvalvika doch in der Tat einer der schönsten Strände der Lofoten. Kurz und gut: Eine Toptour für die ganze Familie, die dank der Anschlussmöglichkeiten auch für mehrere Tage gut ist.

Ausgangspunkt dieser Wanderung ist der **PARKPLATZ AM TORSFJORD**. Auf der anderen Straßenseite weist ein Holzschild mit Aufschrift »Kvalvika« die Richtung. Da der bevorstehende Wiesen- und Birkenhang ziemlich feucht und morastig ist, wurden inzwischen Steinplatten gelegt, über die man trockenen Fußes Höhe macht. Auch im weiteren Verlauf des deutlich sichtbaren Wegverlaufs helfen immer wieder Steinplatten und Holzbohlen

Blick vom Ryten auf den geteilten Sandstrand der Kvalvika, unten der verborgene Eingang zur Surfer-»Hobbit«-Hütte; ein Bild vom Wildcampen an der Bucht ziert bereits Seite 113 ▶

beim Umgehen der Feuchtstellen, so dass man zügig vorankommt.
Nach schon etwa 20 Min. erreicht man einen inseleinwärts verlaufenden Talzug, der sich zum Skoren zieht, einem nur rund 160 m hohen Passsattel, der gerade voraus die weitere Richtung markiert. Nach wiederum ca. 20 Min. ist der **SKOREN** erreicht, und so schön das Panorama zurück Richtung Torsfjord auch ist – mit demjenigen hinunter auf das sandig-weiße Dreieck des Strands in der Bucht Kvalvika vor dem wogenden Meer sowie im Saum des Ryten-Tafelberges kann es nicht konkurrieren. Man steht und staunt.

Mit dem Abstieg wird das Panorama von Schritt zu Schritt eindrucksvoller, weil größer. Aber die Felsstufen sind teilweise recht hoch, vereinzelt geht es über loses Geröll, mehrmals auch gabelt sich der Weg: stets den nach rechts weisenden Pfad nehmen. Obwohl das Ziel greifbar nahe scheint, währt es doch etwa 45 Min., bis der **KVALVIKA-STRAND** erreicht ist.

Er bildet das besagte große Sand-Dreieck, umgeben von niedrigen Dünenhügeln und an seinem Nordende mit dem Felsfuß des Tafelbergs Ryten verwachsen. Dorthin verläuft die Verlängerung des vom Skoren herabführenden Wegs, und ebenfalls dort, wo mehrere Wiesenbalkone einladen, finden sich die attraktivsten Picknick- und eben auch Zeltplätze. Auch der Pfad zum Ryten hinauf (siehe unsere erste Anschlusswanderung, siehe Seite 306 f.) nimmt hier seinen Anfang.

Wer die Anschlusswanderung zum Kvalvikvatnet und dem dort gelegenen Sandstrand angehen möchte, folge dem Dünengürtel an der Kvalvika nach rechts. – Und passiert dabei auf etwa halber Strecke zur Kuhella eine versteckt zwischen großen Felsbrocken liegende ERDHÜTTE. Auf Anhieb ist sie kaum zu sehen, weil so perfekt in die Natur integriert, und als wir hier im Herbst 2014 auf Recherche waren, fiel uns die Hütte lediglich durch ein Rohr auf, dass auf einem Wiesenhügel aufragte. Der Hügel entpuppte sich als Grassodendach, das Rohr als Ofenrohr, darunter die gehörige Hütte, die, mitsamt kreisrunder Holztür, stark an eine »Hobbit«-Hütte erinnern kann. Errichtet haben sie 2011 zwei Surfer aus Kabelvåg, die hier den gesamten Winter verbrachten. Dabei ist Hütte aber vielleicht zu wenig gesagt, denn das ganz und gar mit allem Drum und Dran aus Treibgut errichtete Gebäude ist absolut wind- und wetterfest, mehr Haus als Hütte, und beinhaltet eigentlich alles, was man, auch zum Überwintern, benötigen mag. Da sind 2 Betten mitsamt Isomatten, da ist ein Waschbecken und Bollerofen, da sind Regale voller Bücher und Gewürze, da finden sich Fotos vom norwegischen Königspaar, sogar italienischer Espresso-Kaffee sowie kaltgepresstes Olivenöl nebst einer halben Flasche Vodka konnten wir ausmachen. Sogar eine Angel mit allem Zubehör hängt unter der Decke. Für Taschenlampe und Kerzen ist gesorgt – nichts wäre gemütlicher, als hier eine Nacht zu verbringen. Doch die Hütte (die auch bereits im norwegischen Fernsehen vorgestellt wurde) ist begehrt, und es kommt fast einem Sechser im Lotto gleich, sollte man sie in den Sommermonaten unbelegt vorfinden.

Tour 18, Moskenesøya: Reinebringen – Blicke wie aus dem Flugzeug

IM ÜBERBLICK

◎ **DAUER/LÄNGE**: via Treppe (noch im Bau) etwa 1,5–2 Std. retour.

◎ **WEGVERLAUF/ENTFERNUNGS-/HÖHENANGABEN**: Kreuzung E 10 mit der Straße Richtung Zentrum Reine – Startpunkt Treppe (10 m, 10 Min.) – Panorama-Sattel (420 m, 50 Min.).

◎ **WEGBESCHAFFENHEIT**: Steintreppe mit etwa 1.000 Stufen.

◎ **ORIENTIERUNG**: problemlos.

◎ **KARTEN**: Topokarte »Turkart Vest-Lofoten« im Maßstab 1 : 50.000; ist nicht erforderlich.

◎ **SCHNEESCHUHTOUR**: ungeeignet, da viel zu steil.

◎ **ANFAHRT**: über die E 10 nach Reine, wohin von allen größeren Orten des Archipels täglicher Busanschluss besteht. Der Parkplatz befindet sich dort, wo die Ortseinfahrt von der E 10 abzweigt, der Einstieg weiter südlich.

◎ **ZELTTOUR**: ungeeignet.

◎ **ANSCHLUSSWANDERUNGEN**: Sehr zu empfehlen ist ein kurzer Abstecher vom Panorama-Sattel auf den GIPFEL DES REINEBRINGEN (je Weg etwa 10 Min.). Eine andere Anschlussmöglichkeit besteht vom Sattel aus nach links, wo sich ein zusehends zum Grat werdender Felsrücken erstreckt.

◎ **KURZBESCHREIBUNG**: Wenn es auf den Lofoten nun eine Wanderung gibt, die man unbedingt unternommen haben sollte, dann ist es diese: weil das Panorama schlicht Oscar-reif ist. Und weil schon seit vielen Jahren viel zu viele Touristen in den Genuss der Aussicht kommen wollten, wurde der Pfad immer schlechter und damit gefährlicher, so dass sich die Moskenes-Gemeinde bereits 2015 genötigt sah, am Startpunkt Warnschilder aufzustellen und von der Begehung dringend abzuraten. Das jedoch brachte nichts: Allein im Juli 2017 zählte man dort über 4.000 Wanderer. Also musste der Wanderweg im Frühling 2018 vorübergehend gesperrt werden, bis der sogenannte **SHERPASTIGEN** fertig gestellt sein wird: ein von nepalesischen Sherpas errichteter Steintreppenweg, der gut und gerne 1.000 Stufen zählen wird. Begonnen wurde mit seinem Bau schon 2016, bis zum Redaktionsschluss waren rund 260 Stufen gelegt. Da der Kommune das Geld ausgegangen ist – rund 3,8 Mio. NOK fehlen noch zu den bislang schon ausgegebenen 1,2 Mio. NOK –, bleibt abzuwarten, wann der Berg wieder frei ist. Wer das Verbot ignoriert und improvisiert aufsteigt, beansprucht die malträtierte Natur und hat eventuelle Rettungsmaßnahmen teuer zu bezahlen. Letzter TODESFALL: im Mai 2018.

Ausgangspunkt zum »Höhenflug« ist die KREUZUNG der E 10 mit der ins Zentrum von Reine führenden Straße, wo sich ein Parkplatz finden lässt. Nun hält man sich auf der E 10 Richtung Å, wo bald ein Tunnel erreicht wird. Vor diesem biegen wir auf die alte Küstenstraße ab, bis nach etwa 700 m ab Ausgangspunkt der Beginn des **TREPPENSTEIGS** erreicht ist.

Informieren Sie sich im Voraus, ob die Treppe fertig und die Route damit wieder zugänglich ist (siehe oben).

Die Übersichtskarte zur Tour 18 folgt gleich auf Seite 312. Der Verlauf der noch im Bau befindlichen Steintreppe soll der alten Route entsprechen, die auf der Karte eingezeichnet ist.

WANDERUNGEN 18 + 19

Tour 19, Moskenesøya: Munkebu und Munken – Wo die »Wand« am monumentalsten ist

IM ÜBERBLICK

◎ **DAUER/LÄNGE**: nur Munkebu ca. 5–5,5 Std. retour / etwa 8 km.

◎ **WEGVERLAUF/ENTFERNUNGS-/HÖHENANGABEN** (Streckenwanderung): Sørvågvatnet (15 m) – Badevika (40 Min., 80 m) – Steintürmchen-gekrönte Höhe (1 Std., 250 m) – Djupfjordheia (45 Min., 510 m) – Abzweigung zum Munken (10 Min., 490 m) – Munkebu (10 Min., 450 m).

◎ **WEGBESCHAFFENHEIT**: Vom Start bis zum Ziel geht es über den wahrscheinlich am stärksten frequentierten Wanderweg dieser Insel; er ist entsprechend einfach zu begehen, jedoch streckenweise sehr ausgetreten und reich an Feuchtstellen. Mehrfach geht es zudem über steil ansteigende Felsbänder dahin, und an insgesamt drei Stellen ist die Route daher durch Ketten gesichert, die es enorm erleichtern, sich in die Höhe zu ziehen.

◎ **ORIENTIERUNG**: problemlos, die Route ist ausgetreten, wie erwähnt.

◎ **KARTEN**: Topokarte »Turkart Vest-Lofoten«; nicht unbedingt erforderlich bis Munkebu-Hütte oder Munken, doch unverzichtbar für mögliche Anschlusswanderungen, wie etwa zum Hermannsdalstinden.

◎ **SCHNEESCHUHTOUR**: Unter den ortsansässigen Skifahrern ist die Tour sehr beliebt; an Spuren wird es also nicht fehlen. Für Einsteiger (aber nicht Anfänger, siehe Unterscheidung Seite 259) ist diese Tour sehr zu empfehlen. Auch den Munken kann man besteigen, doch nicht den – zu steilen – Hermannsdalstinden. Perfekt ist diese Wanderung als Übernachtungstour – doch steht die Munkebu-Wanderhütte nur DNT-Mitgliedern offen (siehe unten), und im Winter 2017/2018 zumindest war sie sogar geschlossen.

◎ **AN-/RÜCKFAHRT**: Sørvågen ist sowohl Start- als auch Endpunkt dieser Wanderung; die Ortschaft wird mehrmals täglich von Bussen aus Richtung Å sowie Reine, Leknes und Svolvær bedient. Dem Busfahrer als Fahrtziel *vei til Munkebu* sagen, dann stoppt er auf der E 10 an der Abzweigung zum Sørvågvatnet. – Wer mit dem eigenen Fahrzeug anreist, passiert (aus Leknes kommend) die Ortsschule linker Hand und muss der nächsten Straße rechts abfolgen; sie führt direkt zum Sørvågvatnet mit einem Parkplatz für mehrere Fahrzeuge.

◎ **ZELT-/HÜTTENTOUR**: Die Wanderung ist zum Zelten geradezu prädestiniert, finden sich doch viele panoramareiche Zeltplätze auf der Teilstrecke zwischen Djupfjordheia und Munkebu sowie am Weg hinauf zum Munken. Trinkwasser ist vorhanden.

Wer kein eigenes Zelt hat, sollte erwägen, in der Munkebu eine Nacht zu verbringen: Sie liegt traumhaft und panoramareich an einem kleinen See, ist urgemütlich in Holz eingerichtet, gut ausgestattet, hat Schlafplätze für 15 Pers. in mehreren Schlafräumen und kostet 350 NOK pro Nacht/Person; Tagesbesucher zahlen 60 NOK, wer nebenan sein Zelt aufbaut, muss 100 NOK berappen, dies alles im Voraus: Die Hütte ist nämlich verschlos-

Zur Karte nebenan: Der Verlauf der noch im Bau befindlichen Steintreppe von Tour 18 soll der alten Route entsprechen, die auf der Karte eingezeichnet ist.

sen; den Schlüssel erhält man nur als Mitglied des Wanderervereins DNT zwischen dem 1.5. und 20.8. und gegen Vorkasse im Touristenbüro von Sørvågen sowie im Winterhalbjahr im Restaurant »Maren Anna«, Sørvågen (Tel. 760 92050), täglich 13–20 Uhr. Ob die Hütte im Winter geöffnet wird/ bleibt, war zuletzt jedoch ungeklärt.

◎ **ANSCHLUSSWANDERUNG ZUM MUNKEN**: Eine Wanderung zur Munkebu, ohne den Mönch, den namengebenden Munken bestiegen zu haben, wäre nur die halbe Freude: Gerade mal eine Stunde dauert es etwa, von der Wanderhütte zum 775 m hohen Berg hinaufzugehen. Ist der Einstieg oberhalb der Wanderhütte am Haupt-Wanderweg auf etwa halber Strecke zwischen Djupfjordheia und der Munkebu gefunden – zuletzt war er durch einen größeren Steinhaufen mit darin befestigtem Stock markiert –, kann nicht mehr viel falsch laufen: Die Spur einen Wiesenhang hinauf, ist deutlich sichtbar, und im Falle eines Zweifels markieren Steinhäufchen die Richtung. Es geht mäßig steil bergauf, an einer malerischen Felsterrasse mit kleinem See im Wiesengrund vorbei, und schon ist man oben auf dem ausgedehnten Gipfelplateau, durch einen stattlichen Steinturm gekrönt. Direkt angrenzend das aus Steinen gelegte Halbrund eines Biwakplatzes – und rings umher Panoramen, wie man sie ähnlich dramatisch nur vom Reinebringen kennt: Direkt gegenüber kratzen Hermannsdalstinden (1.029 m), Ertenhelltinden (940 m), die Storskiva (850 m) und weitere Gipfel am subarktischen Himmel über dem offenen Nordmeer; nach Süden hin öffnet sich der Blick bis weit über Røst hinaus, im Osten breitet sich der Vestfjord aus, und gen Norden guckt man in direkter Linie auf den unvergleichlich schönen Kjerkfjord sowie Bunesfjord und die Bergskulpturen dahinter.

◎ **ANSCHLUSSWANDERUNG ZUM HERMANNSDALSTINDEN**: Wer das »MATTERHORN DER WESTLOFOTEN« besteigen will, tut gut daran, Munkebu als Basecamp zu wählen, denn für den hin und zurück etwa 8 km langen (und dabei über 600 Höhenmeter erklimmenden) Weg sind von/bis Munkebu gut 5–6 Std. anzusetzen. Im Hüttenbuch von Munkebu finden sich detaillierte Wegbeschreibungen; obendrein wird der Weg zum »Hermann« auf www.ut.no mitsamt druckfähiger Topokarte und GPX-Dateien fürs GPS vorgestellt; oder man kontaktiert das Touristenbüro in Sørvågen.

◎ **ANMERKUNGEN**: Viele Touristen beschreiben die Wanderung zur Munkebu und zurück als Tagestour – nur, wenn es eine Lofoten-Tour gibt, für die man sich zwei, drei Tage an Zeit nehmen sollte und auch kann (dank Wanderhütte an der Route), dann ist es diese, die zudem für weitere Anschlusswanderungen gut ist.

◎ **KURZBESCHREIBUNG**: Ist man nicht gerade mit schwerem Gepäck unterwegs, ist diese Wanderung eher leicht+. Wer an einem Tag zur Hütte und zurück gehen will, hat eine mittelschwere Tour vor sich, inklusive Aufstieg zum Munken eine schwere. Jedenfalls sind viele Einheimische hier mit Kind und Kegel unterwegs; unser Sohn zum Beispiel war 4 Jahre alt, als er erstmals zur Munkebu aufstieg, wohin auch unsere Eltern noch mit über

Impressionen von einer herbstlichen (Zelt-)Tour zu Munkebu und Munken, die Hütte (auf 450 m ü.d.M.) mit »Haus-See« über dem Tennesvatnet (237 m) ▶

70 gehen konnten. Wer normal trainiert ist, kommt hier zurecht. Und wer in Anbetracht der vielfachen dramatischen Berg-, See-, Fjord- und Meerbilder auf dieser Tour keine Lust verspüren sollte, ist auf den Lofoten womöglich ohnehin fehl am Platz.

Ausgangspunkt ist der Parkplatz am Westufer des »Haus-Sees« SØRVÅGVATNET. Bevor es losgeht, sollte man kurz einen Blick auf die Karte werfen, die an dem angrenzenden weißen Flachbau befestigt ist und auf der alle Berge und viele Wanderwege in der Umgebung vermerkt sind.

Dann geht es los; der breite Weg, an jener Karte vorbei, ist beim besten Willen nicht zu verlieren. Er führt an den Fuß eines Felsbands, das gequert wird, passiert ein paar nette Picknickplätze mitsamt Bänken und Tischen und gewährt reiche Aussicht über Ort und See auf den Vestfjord, nach links auf den Tindsvatnet, sowie halblinks auf einen herabgischtenden Wasserfall, bevor er zum Ablauf eines Bachs absteigt und diesen auf einem Steg quert. Wenig später geht es durch Birken- und Weidendickicht ans Ufer des von Wald und Fels gesäumten Stuvdalsvatnet heran, der als Trinkwasserreservoir Sørvågen zum Baden tabu ist. Ein paar Ferienhäuser schmiegen sich ins malerische Bild, bis nach insgesamt ca. 40 Min. die **BADEVIKA** erreicht ist, in der man aber, dem Namen zum Trotz, ebenfalls nicht Baden darf; auch das Zelten ist verboten. Die Route gabelt sich; diejenige Richtung Munkebu ist mit einem Schild ausgewiesen und steigt rechts ab einem bewaldeten Hang empor.

Im weiteren Verlauf markieren rote Punkte, rote »T«s und Steinhäufchen die Route, die ohnehin ausgetreten und daher stellenweise recht rutschig ist, zumal sie nun bald steil ansteigt. An den steilsten Stellen, und das sind insgesamt drei, sichern KETTEN das Vorwärtskommen. Eine **STEINTÜRMCHEN-GEKRÖNTE HÖHE** wird genommen, und wer eine Rast möchte, sollte sie hier einlegen, wo man ein imposantes Panorama auf die tief unten liegenden Seen Tridalsvatnet und Fjerddalsvatnet genießt – aus denen steigen graue Felsflanken auf, so glatt poliert und viele hundert Meter hoch.

Nun gilt es wieder, ein paar Meter abzusteigen: Die folgende Etappe bis an den Fuß der halbrechts vorausliegenden Djupfjordheia kann je nach Wetter ziemlich feucht und morastig sein. Ein paar kleinere Seen liegen am Weg, der sich im Verlauf der fogenden etwa 30–40 Min. zum HÖCHSTEN PUNKT der Wanderung aufmacht: der **DJUPFJORDHEIA.** Auch sie ist mit einem mächtigen Steinhaufen markiert und unverkennbar, da sie sich zum Vestfjord hin öffnet, wo sich die Brücke über den Djupfjord erstreckt.

Ein Wegstück hinab und wieder einen Hügel hinauf: Schon sieht man links unterhalb die Munkebu liegen. Dorthin sind nun nur noch wenig mehr als 15 Min. zurückzulegen. Etwa auf halber Strecke geht es an der ABZWEIGUNG ZUM MUNKEN (siehe Seite 314) vorbei. Dann ist die **MUNKEBU** selbst erreicht, die wunderschön an einem kleinen See mit Blick auf den Tennesvatnet und die Berge platziert ist.

Tour 20, Værøy: Værøy – Ein Paradies nicht nur für Seevögel

IM ÜBERBLICK

◎ **DAUER/LÄNGE**: je Strecke ca. 5,5 –7 Std. / rund 16,5 km. Ideal wäre es, am Morgen in Værøy-Ort (noch besser: in Nordland) zu beginnen, bis Måstad zu wandern, dort – im Zelt – zu nächtigen, den ganzen nächsten Tag hier und/oder am Vogelberg zu bleiben und am 3. Tag zurückzuwandern.

2–3 Tage sollte man sich also mindestens Zeit geben.

◎ **WEGVERLAUF/ENTFERNUNGS-/ HÖHENANGABEN** (Streckenwanderung): Fährkai (2 m) – Sattel (70 m, 25 Min.) – Nordland (3 m, 90 Min.) – Tussen (2 m, 15 Min.) – Wiesensattel (20 m, 70 Min.) – Måstad (2 m, 30 Min.) – Måstadheia (300 m, 60 Min.) – Fladneset (400 m, 30 Min.).

◎ **WEGBESCHAFFENHEIT**: Asphalt bis Nordland, Schotter bis Tussen, ein schmaler, steiniger Saumpfad bis zum Wiesensattel und über einen breiten Wiesenweg nach Måstad; der Aufstieg zur Heia folgt einem schmalen, streckenweise rutschigen Lehmpfad, der absolute Trittsicherheit und Schwindelfreiheit erfordert – denn es besteht Absturzgefahr!

◎ **ORIENTIERUNG**: ist zumindest bis Måstad problemlos.

◎ **KARTEN**: »Turkart Vest-Lofoten« (siehe Seite 88 f.); die Strecke bis Måstad ist eingezeichnet, der Aufstieg zur Måstadheia allerdings nicht. Alternativ siehe www.varoy.kommune.no im Menü »Kart«.

◎ **SCHNEESCHUHTOUR**: ungeeignet, da es viel zu nah und dementsprechend vereist am Meer entlanggeht.

◎ **ANFAHRT**: In der Hauptsaison verkehrt Mo–Sa 1 x eine Autofähre ab Moskenes/Moskenesøya nach Værøy und Røst, ab Bodø per Helikopter oder auch mit der Fähre (siehe Seite 104 f.).

◎ **ZELTTOUR**: Ein Zelt ist ideal, denn auf Værøy gibt's zwar derzeit keinen Campingplatz, aber auf der Nordseite in Richtung Måstad mehrere Gelegenheiten zum Wildcampen, so zwischen Nordland und Tussen nahe dem Start der eigentlichen Wanderung, insbesondere bei Tussen, zudem bei Eidet, im Bereich des Wiesensattels, entlang der Küstenebene bei Måstad sowie in Måstad selbst. Möglich, aber weniger zu empfehlen ist das Zelten auf Måstadheia und Fladneset: Brennholz ist freilich keines vorhanden und Wasser aus Måstad mitzubringen.

◎ **KÜRZERE VARIANTE**: mit dem Taxi zum früheren Airport oder Tussen, was die Strecke um 7 bzw. 8 km verkürzt. – Auch kann man nur eine Strecke wandern und legt die andere per Boot zurück (siehe Seite 237).

◎ **ANMERKUNGEN**: Wasserflasche nicht vergessen! Trinkwasser gibt es nur in Værøy-Ort, in Nordland und in Måstad. ACHTUNG: Die Seevögel sind nicht ganzjährig auf Værøy: Einheimische berichten, dass die Tour zu den Vogelfelsen nur von Ende Mai bis Juli Sinn macht. Nach Måstad freilich ist die Wandersaison länger.

◎ **KURZBESCHREIBUNG**: Die Wanderung führt um die äußere Ost- und Nordseite von Værøy herum zur Westseite aufs Måstad-Gebirge, Heimat für eine der größten Seevogelkolonien im Norden. Unterwegs passiert man weiße Sandstrände, das charmante Nordland-Dorf, den still gelegten, jedoch nicht verlassenen, sondern bewohnten Airport, folgt der zerrissenen Steilküste und gelangt nach Måstad, einem seit den 1950er Jahren weitgehend und seit 1976 endgültig verlassenen Dorf. Es liegt unter Klippen eingebettet, die sich bis auf 400 m erheben und auf der dem Meer zugewandten Seite von Papageitauchern, Gryllteisten, Trottellummen, Kormoranen, Eistauchern u.a. bevölkert werden.

Die Route gehört zu den abwechslungsreichsten auf dem Archipel, und gleichzeitig zu den leichteren – etwa bis Tussen könnte man allemal mit Turnschuhen wandern. – Der Aufstieg zum Vogelberg jedoch ist schweißtreibend, erfordert Schwindelfreiheit, Trittsicherheit und gutes Schuhwerk.

Beginnen wir am **FERGEKAI**, wo bald klar wird, wovon fast die Hälfte der Berufstätigen auf der rund 17,7 km^2 großen Insel (etwa 770 Einwohner) leben: vom Fischfang. Zunächst hat die Insel wichtige Betrieb für den Fang und die Verarbeitung von Hering. Und dann ist da noch der traditionelle Klipp- und Stockfisch für den italienischen Markt. (Für ersteren braucht man SALZ, das sich früher tonnenweise als grobkörniges, meist aus Nordafrika importiertes Natriumchlorid vor den Fischereibetrieben am Hafenweg stapelte).

Auch heute prägen die dreieckigen HOLZGERÜSTE das Bild der von kürzeren Fjordarmen zergliederten Ortschaft; die Gestelle werden zum Trocknen für den Stockfisch benötigt. Früh im Jahr, bis Mitte Juni, machen zigtausende ZUM TROCKNEN AUFGEHÄNGTE Fischleiber (vor allem Dorsch) von sich riechen, löschen die Fischer fortwährend ihre schuppigen Ladungen.

Für rund 500 m bestimmen diese Bilder die Wanderung, dann beginnt der eigentliche Ort. Die Richtung ist klar – geradeaus. Während der folgenden 10 Min. bis zu einer Kreuzung ist die lang gestreckte Siedlung zu durchqueren. Wohl jedes Anwesen scheint einen kleinen Garten zu besitzen – in vielen wird WACHOLDER gezogen.

An der Kreuzung biegen wir rechts ab, folgen also derjenigen Asphaltstraße, die sich in ausgesetzten Kurven zu einer Kerbe im Küstengebirge emporschlängelt. Ca. 10 Min. dauert der Aufstieg zum knapp 70 m hohen **SATTEL**; während der ganzen Zeit hat man ein tolles Panorama auf die von Prielen und von Meerzungen durchschnittene Siedlungsebene, die im Norden in den lang gestreckten Felsriegel des Hornet übergeht. Auf der höchsten Erhebung, der 446 m hohen Heia, ist die graue Wabenkuppel einer NATO-Lauschstation auszumachen; der Aufzug hinauf verläuft lotrecht im Inneren des Berges. Weit hinten im Südwesten ragt die grünbraune Kuppe der Måstadheia aus dem Meer, das Ziel der Wanderung.

Jenseits des Sattels fällt der Blick auf die zwei türkis schimmernden Buchten von Breivik und Alveneset, die beide in weiße Sandbänder auslaufen. Im Nordwesten steigt Moskenesøya auf, oben im Norden sind die verwischten Konturen der Lofoten-Wand von Austvågøya zu erblicken – immerhin mehr als 100 km entfernt.

Am Anleger von Værøy, zur Linken Säcke mit Salz aus Nordafrika. Das Bild ist bald 30 Jahre alt, die Stimmung aber nach wie vor den Abdruck wert. Ein neueres Panorama-Foto von Værøys Südspitze folgt auf Seite 323. ▶

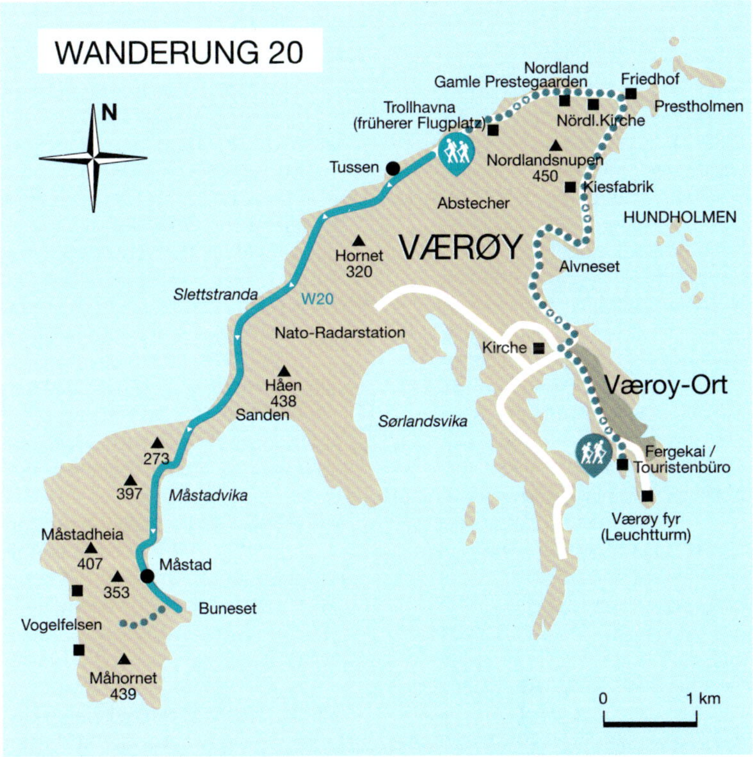

WANDERUNG 20

N

Nordland
Gamle Prestegaarden
Friedhof
Trollhavna
(früherer Flugplatz)
Nördl.Kirche
Prestholmen
Tussen
Nordlandsnupen
450
Kiesfabrik
Abstecher
HUNDHOLMEN
VÆRØY
Hornet
320
Alvneset
Slettstranda
W20
Nato-Radarstation
Kirche
Håen
438
Værøy-Ort
Sanden
Sørlandsvika
273
Fergekai /
Touristenbüro
397
Måstadvika
Værøy fyr
(Leuchtturm)
Måstadheia
407
Måstad
353
Buneset
Vogelfelsen
Måhornet
439

0 1 km

Es geht weiter, bald zur Küstenebene hinunter und dann in den Norden der Insel hinauf, der mit dem Friedhof von Værøy erreicht wird. Wer dort gebettet ist, liegt sozusagen in Gesellschaft von Nordmeer, Moskenstraumen und Lofoten-Wand.

Während des folgenden Kilometers, vorbei an der empfehlenswerten Unterkunft GAMLE PRESTEGAARDEN (siehe Seite 123), verläuft die Straße durch das lang gezogene Dorf **NORDLAND**, dessen zwei Dutzend Häuser eine vielleicht 500 m breite Wiesenebene schmücken, die über Geröllstrände ins Meer übergeht. Dieser Ort hat CHARME: Jedes Haus ist in einer anderen Farbe getüncht, am auffälligsten allerdings präsentiert sich die purpurrote HOLZKIRCHE, auf deren Schieferdach eine Zwiebel-förmige (!) Kuppel thront. Die Kirche wurde im Jahr 1714 errichtet – und zwar auf Austvågøya, von wo sie 1799 hierher umzog. Sein blendendes Aussehen erhielt das Gotteshaus während Restaurierungsarbeiten 1974, und zu bedauern ist nur, dass das schlicht-schöne Innere mit einem 250 Jahre alten Altar nur zu den sonntäglichen Gottesdiensten zugänglich ist.

Wer direkt weiter will, sollte im Bereich Nordlands noch mal die WASSERFLASCHE AUFFÜLLEN, denn bis Måstad gibt's kaum Gelegenheiten.

2 Std. sind wir jetzt unterwegs, als das letzte Haus von Nordland hinter uns zurückbleibt und sich nach Westen die Landebahn des früheren Airports erstreckt. Vier Jahre, von 1986 bis 1990, leistete sich Værøy einen FLUGPLATZ, dessen Start- und Landebahn hier auf der Nordseite, parallel zu Bergwand und Küste, angelegt wurde. Die Verhältnisse waren wegen der Fallwinde und Böen oft schwierig. Als ein Flugzeug abstürzte und alle fünf Insassen ums Leben kamen, wurde der Betrieb eingestellt. Ein paar Jahre später richtete sich eine Schokoladenfabrik auf dem verwaisten Gelände ein, brannte aber im Herbst 2015 nieder. »Lofoten Sjokolade« zog nach Jotunheimen um und heißt heute »Odins Gull«.

Nach weiteren ca. 15 Gehminuten ist **TUSSEN** erreicht, wohin sich »solvente« Wanderer (ab Værøy-Ort) mit dem Taxi kutschieren lassen können. Tussen – mit Tisch, Bank und Abfallkorb ausgestattet – stellt einen idealen ZELTPLATZ dar: ein ebenes Wiesenterrain, das in einen kleinen Sandstrand ausläuft und sich inseleinwärts mit begrünten DÜNEN bis an den Fuß der felsigen Barriere hinzieht. Ein paar Tümpel (hinter dem Dünengürtel) bieten sich zum Baden und Waschen an, aber trinken sollte man das Wasser nicht, solange in der Gegend Schafe weiden und es verschmutzen.

Wo die Schotterpiste endet, beginnt ein breiter Pfad. Rote Pfeile auf säumenden Felsen zeigen, dass man richtig ist. AUFGEPASST! Nach links oben führende Farbtupfen sind zu ignorieren: Sie haben lediglich einen Aussichtspunkt zum Ziel. Der richtige Weg steigt sanft bis auf 50 m an, führt durch eine Felskerbe, jenseits der sich die ganze KÜSTE der Insel bis hinunter nach Eidet überblicken lässt. Das Gestade macht einen wilden, unzugänglichen Eindruck: Hausgroße Felsbrocken liegen am Meeresrand, die

Brandung hämmert gegen die Klippen, und das Land steigt bis zu 60° steil aus dem Meer empor. Der Hang ist größtenteils mit Wiese bewachsen, und die braune Spur eines ausreichend breiten Trampelpfads zieht sich deutlich sichtbar hinüber.

Über diese Passage – rund 3,5 km lang und in 70 Min. gut zu bewältigen – ist nicht viel zu sagen. Der Weg ist eindeutig, nicht zu verlieren, steigt mal bis (maximal) 80 m an, fällt wieder ab bis auf Meeresniveau. Wir passieren wild romantische SANDBUCHTEN, staunen etwa auf halber Strecke eine 440 m aufragende Steilwand empor, auf der ganz oben, häufig von Wolken umhüllt, jene bereits gesichtete RADARKUPPEL der NATO thront. In der Regel leisten kreischende Möwen auf diesem Teilstück Gesellschaft.

Imponierender als der Radar wirken die (vergeblichen) Bemühungen der Bauingenieure, entlang dieser Küste eine Straße zu bauen. Immer wieder erinnern Spuren daran, dass hier früher eine streckenweise gerade mal Fahrzeug-breite Verkehrsader entlang führte – dieses Projekt wurde 1950 gestartet, denn man wollte Nordland mit Måstad verbinden und hätte es wohl erreicht, hätten nicht Felsstürze immer und immer wieder die Arbeit zunichte gemacht. Das Scheitern bedeutete das Aus auch für Måstad.

Über eine geröllüberhäufte Felsterrasse gelangen wir an jene Stelle, wo im Gebirgsrücken der Insel ein über 400 m tief eingeschnittenes TROGTAL klafft. Ihm zu Füßen gabelt sich der Weg: Während es geradeaus nach Eidet ausgeschildert ist, geht es links ab nach Måstad, in unsere Zielrichtung.

Ein breiter, vorübergehend sogar gepflasterter Pfad führt in den Trog und auf einen 20 m hoch gelegenen **WIESENSATTEL** hinauf. Hinter uns das Nordmeer, vor uns der Vestfjord, in den sich die sichelförmige Bucht von Måstad öffnet.

Bald blicken wir auf SANDEN – der Name kommt von »Sand« und ist treffend gewählt, denn es handelt es sich um einen geradezu SPEKTAKULÄREN SANDSTRAND, schneeweiß und blendend vor einer türkisfarbenen Bucht. Er geht in einen schmalen Wiesenstreifen über und ist von senkrechten, teils sogar überhängenden Steilwänden gesäumt. Als Wanderer kann man ihn jedoch nicht erreichen (bzw. nur nach haarigen Klettereien, von denen wir abraten).

5 Min. später sind wir sanft auf 100 m angestiegen und befinden uns auf einem 1,5 m breiten Sims, den ein Eisengeländer sichert. Voraus erstreckt sich die etwa 1,5 km lange, bis 500 m breite Küstenebene von Måstad, die inseleinwärts eine 350 m hohe, durchgehende Felswand begrenzt. Niedrige Steinmauern legen nahe, dass Måstad ebenfalls von der Schafzucht lebte. Nur, heute sucht man die Tiere vergebens, denn Måstad, das den südlichen Rand der Ebene markiert, ist inzwischen verlassen. – Die wichtigsten Einnahmequellen des Dorfs waren jedoch Fischerei und Vogelfang, der Ort ist immerhin die Heimat des LUNDEHUNDEN (siehe Seite 236).

Knapp 1,5 km sind wir noch vom »Geisterdorf« **MÅSTAD** entfernt, das in den 1950er Jahren aufgegeben wurde, nachdem also die geplante Stra-

WANDERUNGEN

Leser berichten, dass an besonders schmalen Stellen zwischen Wiesensattel und Måstad inzwischen Drahtseile gespannt worden sein sollen. Alternativ ist der verlassene Ort sonst nur mit einem Ausflugsboot zu erreichen (s. Seite 237).

ßenverbindung gescheitert war. Die Räumung ging ohne Widerstand vonstatten – wer ging, bekam auf Staatskosten ein neues Heim in Værøy-Ort. Zu der Regelung hatte man sich entschieden, weil sich nicht nur der Bau der Straße als undurchführbar erwiesen hatte, sondern da auch die Stromleitungen so oft von STEINSCHLÄGEN zerstört worden waren, dass die Einwohner häufig ohne Elektrizität auskommen mussten. Strom gibt es noch immer nicht, auch keine festen Siedler mehr, aber an den Wochenenden sowie in den Sommerferien erwacht Måstad zu neuem Leben: Die meisten Häuser sind renoviert, kleine Hütten wurden außerdem neu errichtet, von einigen wenigen Gebäuden blieben nur Fundamente übrig. Måstad avancierte sozusagen zum Feriendomizil für »gestresste« Bürger aus Værøy-Ort. Leser erlebten Restaurierungsarbeiten in Måstad und entdeckten auf ihrem Rundgang sogar ein »Sauna-Fass«.

Måstad ist selbst ein Ziel für Wanderer. Aber nicht nur das eigentliche Dorf übt eine fast magische Anziehung aus, sondern auch der von hier schnell (wenn auch nicht leicht) erreichbare VOGELBERG. Schon vom Wiesensattel über Eidet erkennt man südlich von Måstad einen Serpentinenpfad zum Måstadhornet hinauf. Dieser Spur ist zu folgen, wofür das Dorf zu durchqueren ist, bis von dem auch weiterhin breiten Weg ein TRAMPELPFAD nach rechts an den Fuß dieses Wiesenberges abzweigt.

Die folgende Strecke ist steil, serpentinenreich und kann sehr rutschig (Lehm) und dann ziemlich gefährlich sein. Es besteht ABSTURZGEFAHR, da die etwa 30 cm breite Spur mehrmals direkt am Abgrund entlangführt. Ein sicherer Tritt, angemessenes Schuhwerk und Schwindelfreiheit sind unumgänglich. Dann wendet sich der Saumpfad vom Abgrund weg, um in schräger Linie den Wiesenhang emporzusteigen, der sich auf 300 m wiederum in eine weit geschwungene Mulde abflacht.

Ein paar Meter noch, dann ist die **MÅSTADHEIA** genommen, stürzt der Blick senkrecht auf das offene Meer hinunter, von wo das Rauschen der gegen die Klippen drängenden Brandung zu uns heraufdröhnt. Die finster wirkende graue Felsmasse, unten von schmalen, schäumenden Buchten und Landspitzen zernagt, ist Heimat für eine der größten Seevogelkolonien des Landes.

Hoch oben, weit über den Brutkolonien, schweben SEEADLER. Vor wenigen Jahrzehnten noch war der König der Lüfte ein seltener Anblick auf den Lofoten, denn auf den Kopf des auch Lämmer schlagenden Greifs waren Preise ausgesetzt, und die Bewohner von Værøy waren berühmt für ihre Kunst des Adlerfangs. Ein einziger Fallensteller konnte innerhalb eines Jahres durchaus mehr als 100 Vögel fangen, wofür er sich einer künstlich angelegten Grube bediente, die mit einer Steinplatte gedeckt und mit einem Sichtschlitz versehen war. Vor der Grube wurde ein Köder abgelegt, üblicherweise ein Stück rohes Fleisch, das an einem in die Grube führenden Seil befestigt war. Stieß ein Adler nieder und begann – nachdem sein Hungergefühl allen Argwohn besiegt hat-

Værøys Südspitze, hinten links an der Küste die verlassene Ortschaft Måstad sowie unten links der Ausläufer von Sanden (Foto/Copyright: Bård Løken / www.nordnorge.com / Værøy) ▶

te – richtig zu fressen, zog der Fallensteller den Köder vorsichtig zu seinem Sichtschlitz hin. Sobald sich dann der Vogel in Griffweite befand, schoss die behandschuhte Hand des Fängers hervor, ergriff die Beine des Tieres und zog es in die Grube. Seit der Adler in den 1960er Jahren unter NATURSCHUTZ gestellt wurde, sind diese Methoden verboten. – Langsam geht es wieder bergauf mit dem Bestand des weißschwänzigen Giganten, der bis 2,5 m FLÜGELSPANNWEITE erlangen kann. Alte Adlerfangstellen sind inzwischen sogar zum Touristenziel geworden, wofür man sich im Touristenbüro erkundigen sollte (siehe Seite 100).

Der beste BEOBACHTUNGSPLATZ sowohl für Adler als auch die anderen Bewohner des Vogelbergs *(fuglefjell)* ist jedoch nicht der auf 300 m gelegene Wiesensattel der Heia, sondern der rechts an sie grenzende **FLADNESET**, der bis auf 400 m ansteigt und über einen Saumpfad innerhalb von etwa 30 Min. erreicht werden kann. Von dort blickt man nicht in gerader Linie auf die belebten Felssimse hinunter, sondern vielmehr schräg hinüber, hat gewissermaßen die ganze Wand aus weißen Flügeln direkt vor Augen und genießt obendrein das schönstmögliche Panorama auf die Måstadbukta, den kompletten Inselklotz von Værøy, die Lofoten-Wand im Norden, die Konturen von Røst im Süden. Leser bekräftigen, dass für Fladneset Schwindelfreiheit erforderlich ist. Das Panorama sei in der Tat herrlich, doch bei Nebel und/oder tiefen Wolken lohne der Aufstieg nicht.

Register

Die 3 nordischen Sonderbuchstaben Æ (æ), Ø (ø) und Å (å) stehen am Ende des norwegischen Alphabets; sie sind dementsprechend eingereiht.

ORTS-/SACHREGISTER

Museen und weitere Attraktionen stehen auf Seite 327 zusammenfassend gelistet unter »Museen«.

Museen und weitere Attraktionen stehen auf Seite 327 zusammenfassend gelistet unter »Museen«.

Åland-Inseln
Heiner Labonde / Jessika Kuehn-Velten
Edition Elch

Museen und weitere Attraktionen stehen auf Seite 327 zusammenfassend gelistet unter »Museen«.

Färöer
mit 14 Wanderungen +
Empfehlungen für Island-Reisende
Alexander Wachter
Färöer
Edition Elch

Museen und weitere Attraktionen stehen auf Seite 327 zusammenfassend gelistet unter »Museen«.

PERSONENREGISTER

Museen und weitere Attraktionen stehen auf Seite 327 zusammenfassend gelistet unter »Museen«.

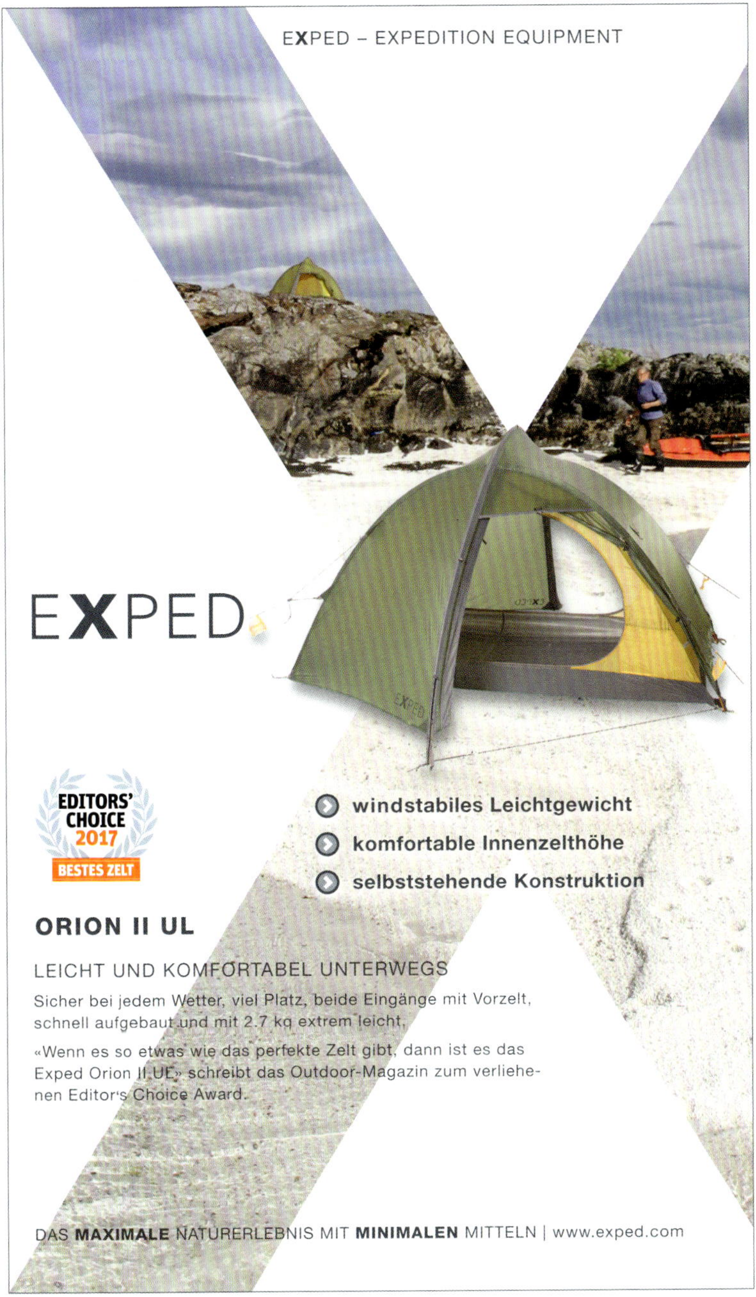

Bildnachweis

Annette Ster:
sämtliche Fotos außer den im Folgenden aufgeführten

Christmeier, Familie:
Cover Bilderreihe unten rechts / Seite 295 unten / 309 oben

Elch-Archiv, Trollskog:
Seite 47

Flaschel, Cornelia:
Seite 107

Galleri Espolin / Kaare Espolin Johnson:
Seite 44 / 69 – Illustrationen aus »De siste viking« von Johan Bojer

Geh, Alexander:
Seite 221

Glasshytta Vikten:
Seite 225 oben

Larsen, Arnstein:
Seite 61

Lofotr Vikingmuseum:
Seite 217 *(Kjell Ove Storvik)*

Sakrisøy Rorbuer:
Seite 121 oben

Visitnorway.com:
Cover Bilderreihe links *(Alex Conu)*
Seite 17 *(Alex Conu)*
Seite 21 unten *(Samuel Taipale)*
Seite 56 / 139 unten links / 171 unten sowie 237 (alle *CH)*
Seite 133 / 139 unten rechts sowie 181 (alle *Thomas Rasmus Skaug)*

www.nordnorge.com:
Seite 36 *(Ernst Furuhatt)*
Seite 72 / 121 unten *(Roger Johansen)*
Seite 323 *(Bård Løken)*

www.visitvesteralen.com:
Seite 139 oben *(Marten Bril)*

Museen und weitere Attraktionen stehen auf Seite 327 zusammenfassend gelistet unter »Museen«.

Skandinavien –
Pflanzen im Fjäll
2. Auflage
aktualisiert und erweitert
Hans-Jürgen Gottschalk
Skandinavien – Pflanzen im Fjäll
Edition Elch